21世纪实用外语语法系列

西班牙语基础语法与练习
Gramática básica de español y ejercicios

常福良　编著

北京大学出版社
北京

图书在版编目(CIP)数据

西班牙语基础语法与练习/常福良编著.—北京:北京大学出版社,2003.11
(21世纪实用外语语法系列)
ISBN 978-7-301-06526-6

Ⅰ.西… Ⅱ.常… Ⅲ.西班牙—语法 Ⅳ.H344

中国版本图书馆 CIP 数据核字(2003)第 079601 号

书　　　名:西班牙语基础语法与练习
著作责任者:常福良　编著
责　任　编　辑:沈浦娜
标　准　书　号:ISBN 978-7-301-06526-6/H·0888
出　版　发　行:北京大学出版社
地　　　　址:北京市海淀区成府路 205 号　100871
网　　　　址:http://www.pup.cn
电　子　邮　箱:zpup@pup.pku.edu.cn
电　　　　话:邮购部 62752015　发行部 62750672　编辑部 62752028
　　　　　　出版部 62754962
印　　刷　者:北京虎彩文化传播有限公司
经　　销　者:新华书店
　　　　　　890 毫米×1240 毫米　A5　14.5 印张　390 千字
　　　　　　2003 年 11 月第 1 版　2021 年 2 月第 11 次印刷
定　　　　价:32.00 元

未经许可,不得以任何方式复制或抄袭本书之部分或全部内容。
版权所有,侵权必究　举报电话:010—62752024
　　　　　　　　　　电子邮箱:fd@pup.pku.edu.cn

目　录

出版前言 ·· 1
序　言 ·· 1
编者的话 ·· 1

第一章　字母表、音节和重音、正字法
  1.1　字母表 ··· 1
    1.1.1　字母表 ··· 1
    1.1.2　西班牙语字母表的特征 ···························· 2
      练　习 ··· 2
  1.2　音节和重音 ·· 3
    1.2.1　音节的构成及划分 ··································· 3
    1.2.2　重音音节 ·· 6
      练　习 ··· 6
  1.3　正字法 ·· 9
      练　习 ··· 10

第二章　名词、冠词
  2.1　名　词 ·· 18
    2.1.1　词类 ··· 18
    2.1.2　名词 ··· 18

~ 1 ~

2.1.3 名词的性···19
　　　2.1.4 阴性名词的构成···21
　　　　　　练　习···22
　　　2.1.5 指大词和指小词···26
　　　2.1.6 名词的数···28
　　　2.1.7 名词复数的构成···28
　　　　　　练　习···29
　2.2　冠　词···33
　　　2.2.1 定冠词和不定冠词·······································33
　　　2.2.2 冠词与名词的一致性···································34
　　　2.2.3 定冠词的用法和意义···································36
　　　2.2.4 不定冠词的用法和意义·······························38
　　　2.2.5 中性定冠词 lo 的用法和意义······················39
　　　　　　练　习···40

第三章　形容词
　3.1　形容词及其性数···49
　　　3.1.1 形容词···49
　　　3.1.2 形容词的性···49
　　　3.1.3 形容词的数···50
　　　　　　练　习···50
　3.2　形容词的类别···53
　　　3.2.1 形容词的类别···53
　　　3.2.2 性质形容词···54
　　　3.2.3 限制性形容词···55
　　　　　　练　习···55
　　　3.2.3.1 指示形容词···56

　　　　　练　习···57
　　3.2.3.2　物主形容词···61
　　　　　练　习···64
　　3.2.3.3　概数词···71
　　3.2.3.4　基数词···71
　　3.2.3.5　序数词···74
　　3.2.3.6　倍数词···76
　　3.2.3.7　分数词···77
　　　　　练　习···79
　　3.2.3.8　不定形容词···83
　　3.2.3.9　并列形容词···84
　　　　　练　习···85
　　3.2.3.10　疑问形容词和感叹形容词·······························89
　　　　　练　习···90
3.3　形容词的位置···93
　　3.3.1　位置的重要性··93
　　3.3.2　性质形容词的位置··93
　　3.3.3　限制性形容词的位置··94
　　3.3.4　形容词的短尾··95
3.4　形容词的名词化···96
　　　　　练　习···97
3.5　形容词的级··104
　　3.5.1　形容词的级···104
　　3.5.2　原级··104
　　3.5.3　比较级···104
　　3.5.4　最高级···106
　　　　　练　习···108

第四章 动词

4.1 动词概述 ······ 116
- 4.1.1 动词 ······ 116
- 4.1.2 西班牙语动词的特征 ······ 116
- 4.1.3 动词的人称和数 ······ 117
- 4.1.4 动词的式(modo) ······ 118
- 4.1.5 动词的时态(tiempo) ······ 119
- 4.1.6 动词的语态(voz) ······ 120
- 4.1.7 动词变位 ······ 121
- 4.1.8 单一人称动词 ······ 123
- 4.1.9 动词的无人称形式 ······ 123
- 4.1.10 动词的种类 ······ 124
  - 练 习 ······ 125

4.2 陈述式 ······ 129
- 4.2.1 陈述式及其时态 ······ 129
- 4.2.2 陈述式现在时的变位 ······ 129
- 4.2.3 陈述式现在时的用法及意义 ······ 133
  - 练 习 ······ 134
- 4.2.4 简单过去时的变位 ······ 138
- 4.2.5 简单过去时的用法及意义 ······ 140
  - 练 习 ······ 141
- 4.2.6 陈述式过去未完成时的变位 ······ 144
- 4.2.7 陈述式过去未完成时的用法及意义 ······ 144
  - 练 习 ······ 146
- 4.2.8 陈述式过去未完成时和简单过去时的区别 ······ 150
  - 练 习 ······ 151
- 4.2.9 陈述式现在完成时的变位 ······ 155

4.2.10 陈述式现在完成时的用法及意义⋯⋯⋯⋯⋯⋯156
　　　　　练　习⋯⋯⋯⋯⋯⋯⋯⋯⋯⋯⋯⋯⋯⋯⋯⋯⋯157
　　4.2.11 陈述式现在完成时与简单过去时的区别⋯⋯⋯⋯159
　　　　　练　习⋯⋯⋯⋯⋯⋯⋯⋯⋯⋯⋯⋯⋯⋯⋯⋯⋯161
　　4.2.12 陈述式过去完成时的变位⋯⋯⋯⋯⋯⋯⋯⋯⋯164
　　4.2.13 陈述式过去完成时的用法及意义⋯⋯⋯⋯⋯⋯164
　　　　　练　习⋯⋯⋯⋯⋯⋯⋯⋯⋯⋯⋯⋯⋯⋯⋯⋯⋯165
　　4.2.14 陈述式将来未完成时的变位⋯⋯⋯⋯⋯⋯⋯⋯167
　　4.2.15 陈述式将来未完成时的用法及意义⋯⋯⋯⋯⋯168
　　　　　练　习⋯⋯⋯⋯⋯⋯⋯⋯⋯⋯⋯⋯⋯⋯⋯⋯⋯169
　　4.2.16 陈述式将来完成时的变位⋯⋯⋯⋯⋯⋯⋯⋯⋯173
　　4.2.17 陈述式将来完成时的用法及意义⋯⋯⋯⋯⋯⋯174
　　4.2.18 陈述式过去将来时态⋯⋯⋯⋯⋯⋯⋯⋯⋯⋯⋯174
　　　　　练　习⋯⋯⋯⋯⋯⋯⋯⋯⋯⋯⋯⋯⋯⋯⋯⋯⋯174
4.3　虚拟式⋯⋯⋯⋯⋯⋯⋯⋯⋯⋯⋯⋯⋯⋯⋯⋯⋯⋯⋯177
　　4.3.1　虚拟式及其时态⋯⋯⋯⋯⋯⋯⋯⋯⋯⋯⋯⋯⋯177
　　4.3.2　虚拟式现在时的变位⋯⋯⋯⋯⋯⋯⋯⋯⋯⋯⋯178
　　4.3.3　虚拟式现在时的用法及意义⋯⋯⋯⋯⋯⋯⋯⋯181
　　4.3.4　虚拟式现在时的时值⋯⋯⋯⋯⋯⋯⋯⋯⋯⋯⋯184
　　　　　练　习⋯⋯⋯⋯⋯⋯⋯⋯⋯⋯⋯⋯⋯⋯⋯⋯⋯184
　　4.3.5　虚拟式现在完成时的变位⋯⋯⋯⋯⋯⋯⋯⋯⋯189
　　4.3.6　虚拟式现在完成时的用法及意义⋯⋯⋯⋯⋯⋯189
　　　　　练　习⋯⋯⋯⋯⋯⋯⋯⋯⋯⋯⋯⋯⋯⋯⋯⋯⋯190
　　4.3.7　虚拟式过去未完成时的变位⋯⋯⋯⋯⋯⋯⋯⋯191
　　4.3.8　虚拟式过去未完成时的用法及意义⋯⋯⋯⋯⋯192
　　　　　练　习⋯⋯⋯⋯⋯⋯⋯⋯⋯⋯⋯⋯⋯⋯⋯⋯⋯193
　　4.3.9　虚拟式过去完成时的变位⋯⋯⋯⋯⋯⋯⋯⋯⋯197

  4.3.10 虚拟式过去完成时的用法及意义 ·················· 198
  4.3.11 简单句中的虚拟式 ·················· 199
    练 习 ·················· 200
 4.4 命令式 ·················· 201
  4.4.1 动词命令式的变位 ·················· 201
  4.4.2 命令式与轻读人称代词 ·················· 203
  4.4.3 命令式的用法和意义 ·················· 204
    练 习 ·················· 205
 4.5 条件式 ·················· 209
  4.5.1 条件式 ·················· 209
  4.5.2 条件式简单时态的变位 ·················· 210
  4.5.3 条件式简单时态的用法及意义 ·················· 211
    练 习 ·················· 212
  4.5.4 条件式复合时态的变位 ·················· 214
  4.5.5 条件式复合时态的用法及意义 ·················· 215
    练 习 ·················· 215
 4.6 动词的无人称形式 ·················· 219
  4.6.1 原形动词 ·················· 219
  4.6.2 副动词的变位 ·················· 220
  4.6.3 副动词的用法及意义 ·················· 221
  4.6.4 过去分词的变位 ·················· 222
  4.6.5 过去分词的用法及意义 ·················· 223
    练 习 ·················· 224
 4.7 被动语态 ·················· 227
  4.7.1 被动语态形式 ·················· 227
  4.7.2 被动语态的用法及意义 ·················· 228
    练 习 ·················· 229

4.8 动词短语··231
  4.8.1 动词短语··231
  4.8.2 动词短语的种类及意义····························232
    练 习···236
4.9 ser 和 estar··245
    练 习···249

第五章　前置词

5.1 前置词···255
5.2 前置词 a 的用法及意义··································256
5.3 前置词 de 的用法及意义································257
5.4 前置词 por 的用法及意义·······························259
5.5 前置词 en 的用法及意义································261
5.6 前置词 para 的用法及意义·····························262
5.7 前置词 con 的用法及意义·······························263
5.8 前置词 sin 的用法及意义································264
5.9 前置词 sobre 的用法及意义····························264
5.10 前置词 bajo 的用法及意义·····························265
5.11 前置词 entre 的用法及意义····························265
5.12 前置词 hasta 的用法及意义····························266
5.13 前置词 desde 的用法及意义····························267
5.14 前置词 hacia 的用法及意义····························267
5.15 前置词 ante 的用法及意义·····························268
5.16 前置词 tras 的用法及意义······························268
5.17 前置词 según 的用法及意义····························269
5.18 前置词 contra 的用法及意义····························269
5.19 前置词 durante 的用法及意义··························270

练 习 270

第六章 副词

6.1 副词及其种类 285
6.2 副词与形容词 285
6.3 副词短语 289
　　练 习 289

第七章 代词

7.1 代词及其种类 298
　7.1.1 代词 298
　7.1.2 代词的种类 298
7.2 主语人称代词 298
　7.2.1 主语人称代词 298
　7.2.2 主语人称代词的用法 299
7.3 直接宾语轻读代词 300
　7.3.1 直接宾语轻读代词 300
　7.3.2 直接宾语轻读代词的用法 300
7.4 间接宾语轻读代词 301
　7.4.1 间接宾语轻读代词 301
　7.4.2 间接宾语轻读代词的用法 301
　7.4.3 兴趣与格 302
7.5 轻读代词的排列组合及其与动词的相对位置 302
7.6 前置词补语人称代词 304
　7.6.1 前置词补语人称代词的形式 304
　7.6.2 前置词补语人称代词的用法 304
　　练 习 306

- 7.7 小品词 se ··317
  - 练 习 ··318
- 7.8 物主代词 ··323
- 7.9 指示代词 ··324
- 7.10 不定代词 ··325
  - 7.10.1 不定代词 ··325
  - 7.10.2 不定代词的用法及意义 ··325
- 7.11 数量代词 ··327
- 7.12 关系代词 ··327
  - 7.12.1 关系代词 ··327
  - 7.12.2 关系代词的用法 ··328
- 7.13 疑问代词 ··329
  - 练 习 ··330

第八章 连词

- 8.1 连词 ··342
- 8.2 连词的种类 ··342
  - 练 习 ··344

第九章 感叹词

- 9.1 感叹词 ··351
- 9.2 感叹词的种类 ··351
- 9.3 感叹词的用法 ··352
  - 练 习 ··353

附录 1 练习参考答案 ··358
附录 2 参考书目 ··443

常福良,男,1967年7月生于陕西省富平县。1986—1990年,本科阶段,就读于西安外国语学院德、法、西语系;1993—2001年,硕士研究生和博士研究生阶段,就读于北京外国语大学西班牙语系,获西班牙语语言文学专业文学博士学位;现执教于首都师范大学外国语学院西班牙语系。作品除专著《西班牙语和汉语中的形象用法及其翻译》之外,还有论文 La Cultura, la Lengua y la Enseñanza del Español(《文化、语言和西班牙语教学》),《浅谈西班牙语翻译中的译易》和《西班牙语和汉语中的隐喻句式结构》。

出 版 前 言

随着新世纪的到来，申办奥运会的成功，以及加入 WTO，中国对外交往将会愈加频繁，而科技的发展、经济的繁荣更需要懂得多种语言的人才。英语仍是我们最需要掌握的外语，不少人希望能把英语学好，以方便与外国朋友的沟通；同时，由于中国与非英语国家的交往逐步扩大，使得人们学习小语种的需求也逐步增加：有的人因为学位需求要学习第二外语；有的人要去读大学或进修需要通过相关语种的考试；有的人要去异国短期做生意或工作数月；还有的只是要去旅游数日，想了解一点儿那里的民风民情。

为适应广大中外读者希望学习各种外语知识，打好外语学习基础的特殊需要，北京大学出版社组织了北京大学、北京国际关系学院、天津外国语学院、首都师范大学数位在国外进修过、有丰富语法教学经验的教师编写了这套"实用外语语法系列"。本套丛书包括《英语基础语法与练习》、《法语基础语法与练习》、《德语基础语法与练习》、《日语基础语法与练习》、《西班牙语基础语法与练习》等数种外语基础语法。今后，我们会根据市场需求增加出版其他语种。

此丛书以读者为本进行设计，全面而系统地介绍各种语法现象，基本分为传统的语法讲解和练习两大部分，讲解部分力求简明扼要，例句配译中文，以方便学生自学使用。练习部分力求密切配合讲解内容，由浅入深，帮助学生通过大量练习熟练掌握运用所学的知识。本套书可供在校各语种专业基础阶段学生、公共外语学生和社会自学者使用。

本丛书由沈浦娜女士策划，得到了主管副总编郭力女士的大力支持,先后参加编辑工作的有汪晓丹女士、杜若明先生、张弘泓女士等。他们认真、严谨地编辑手稿,得到了作者的赞赏。

依托高校聚集的中关村地区,拥有丰富教学与研究经验的作者队伍,北大出版社在编写系列性的、多语种的简明实用外语口语读物方面具有一定的实力。我们根据读者需要,编辑出版了一套包括英、法、德、日、西等语言在内的"标准语音训练丛书"。通过有针对性的系统讲解、分专题练习,提供了学习相关外语时掌握各种语音发音的便捷方法。另外,新近推出的"SOS外语实用口语丛书"市场反响很好。这套丛书包括《即学即用英语120句》、《即学即用法语120句》、《即学即用德语120句》、《即学即用日语120句》、《即学即用西班牙语120句》、《即学即用意大利语120句》和《即学即用韩国语120句》等数种外语口语。此丛书以读者为本进行设计,有120个供基本生存用的例句;每课扩展了数个相关的句子,均配读音注释;全真的情景对话及语言文化背景知识介绍提供了交际时需掌握的特定语言环境及各种礼仪。淡化语法,通过听录音跟读学习口语。部分书还附了一些实用而活泼的信息,大到各国主要节假日、著名旅游点,小到常用应急电话、电压的情况,为读者出国旅游、学习、公干提供方便。为了方便自学,北京大学音像出版社特聘各国语言专家为该系列各语种录制了语音教学音带,供读者选购。

数年前出版的外语实用口语三百句系列至今已达 14 个语种。总之,从语言的发音与纠音,到速成 120 句,最后到掌握 300 句,我们希望用各种合您胃口的外语"小菜"为您铺垫好一条通向国外的语言桥梁,助您顺利踏上前往异国的征程。

今后,我们还将陆续出版多语种的初中级口语教材、适用于短期班培训的精读教材以及国外的移民语言考试辅导书。敬请读者予以多多关注。

我们真诚欢迎广大读者对我们的图书提出批评意见和建议,以便在再版时修订,来信可直接寄各册责任编辑。

序　言

常福良老师的《西班牙语基础语法与练习》脱了稿，他要我看看，并写一篇序文。对西班牙语语法，我的知识有限，我只能以普通西班牙语教师和学习者的资格写几句吧。

纵观全书，我认为它有以下几方面的特色：

1. 材料丰富，内容充实

本书基本上是以传统语法为框架，对语法现象的分类和范畴进行描述。但其内容仍能体现当代语言学的进展。例如，作者在阐述条件式、虚拟式的用法以及分析句子成分时，注意用当代语言学研究的一些重要思想如系统思想、关系思想、深层表层思想等从语用、语境角度进行分析，有些实例出现在大段落中，便于读者理解。

2. 以"实用"为主导的明确定位

作者将名词与冠词合在同一章中讲述，这样的布局很明显是出于教育学实用功能的考虑，是教学需求驱动的结果。又如作者把 ser 和 estar 作为一个独立单元。它是中国学生学习的难点之一。首先作者从逻辑—语义分析两者的区别特征，接着列举了两者不同的搭配关系，供学习者理解和掌握，而没有偏重其理据分析。这些都显示了本书的实用性特点。

3. 大量练习，形式多样

全书 400 多页，其中练习占绝大部分。练习形式多达 20 多种；有大练习，每个大练习中有若干个小练习。这是我读到过的国内出版的西班牙语语法教学用书中绝无仅有的。除了量多、形式多之外，本书的练习不着重思辨性的说明，而是着重实际的运用性；有单一复习巩固性的练习，也有综合创造性的练习。不难看出这些练习不是随心所欲拼凑起来，而是精心设计而成的。但是综合创造性练习略感不足，似可更着力一些。

总之，《西班牙语基础语法与练习》是一本很有参考价值和实用价值的教学用书。感谢作者对西班牙语教学所做的贡献。我诚挚地希望他的这本书只是一个良好的开端，期待他更多更好的研究成果贡献给西班牙语教学事业。

李 多

二零零三年元月

编者的话

近几年来，学习西班牙语的人数迅速增长。为适应多、快、好、省的学习需要，我们奉献出这本《西班牙语基础语法与练习》。书中对西班牙语语法现象的阐释力求简洁明了、深入浅出；举例力求典型形象、举一反三；练习力求丰富全面、形式多样。

全书共分九章，分别对西班牙语语法中的基本成分——字母表、正字法、名词、冠词、形容词、动词、前置词、副词、代词、连词、感叹词——作了较为全面的介绍，各个知识点基本上都配备了相应的练习。其实，练习题本身也是例词、例句，在作练习的过程中，语言技能提高的同时也会加深对知识的理解。书尾附有练习的答案，仅供参考。

西班牙语是一种屈折语，即许多词类主要以形态的变化来履行其语法功能或者体现其语法意义。词的屈折变化一般发生在词与词横向组合的时候，或者说是在组词、构句的过程当中。而且，不少语义学家认为，在具体的语境以外，一个孤立的词往往是没有任何意义的，词义只有在语境中才得以实现。语境可大可小，种类庞杂，词组和句子都是语境。本书为了说明和理解的方便，把不同的词类分离在不同的章节里；但是，即使这样，在讨论一类词的特性和功能的时候，离开语境常常是无法说清楚的。因此，尽管书中各章节的标题上看起来只涉及西班牙语的九大词类，其实正文中不乏该语言的句法内涵。

本书适用于非西班牙语专业的学习者和西班牙语专业基础阶段的学习者。

由于作者水平有限,错误在所难免,恳请同仁批评指正。

作 者

二零零三年七月

第一章 字母表、音节和重音、正字法

1.1 字母表

1.1.1 字母表

字母是代表一种语言中音素①的一个个书写符号，而字母表则是该语言中所有字母的全部列举。

包括 w 在内，西班牙语的字母表共由二十九个(rr 不算)字母构成，每个字母都有各自的大、小写形式，及其名称：

大写	小写	名称	大写	小写	名称
A	a	a	J	j	jota
B	b	be	K	k	ca
C	c	ce	L	l	ele
Ch	ch	che	LL	ll	elle
D	d	de	M	m	eme
E	e	e	N	n	ene
F	f	efe	Ñ	ñ	eñe
G	g	ge	O	o	o
H	h	hache	P	p	pe
I	i	I	Q	q	cu

---

① 音素：最小的语音单位。

R	r	ere	V	v	uve
Rr	rr	erre	W	w	doble uve
S	s	ese	X	x	equis
T	t	te	Y	y	i griega (ye)
U	u	u	Z	z	zeta (zeda)

1.1.2 西班牙语字母表的特征

西班牙语中每一个字母都有自己的名称。上面字母表中所有字母的名称都是阴性的。例如人们总是说：la a, la be, la ese 等。字母表中的字母按其所代表的语音，可分为两类：元音和辅音，a, e, i, o, u 五个为元音（其中 a, e, o 为强元音，i, u 为弱元音），其余均为辅音。字母 w 只在外来语汇中使用。Ch, ll, ñ 是西班牙语所特有的字母。现在，以 ch 和 ll 开头的单词在词典中不自成单元，而是分别被排在 c 和 l 的行列里。Ñ 以与 n 平等的身份自成一单元，居于其后。Q 总带着 u 与之同时出现，这时 u 不发音。除 c, n, r 而外，其余辅音都不双写。例如：*acc*ión, i*nn*umerable, co*rr*eo 等。

练　　习

一、请按顺序写出西班牙语字母表中的所有字母的大写、小写及其名称。

二、下面是以 a 开头的单词，请按字母顺序予以排列。

1. abrazar
2. abrigo
3. abreviar
4. abrasar
5. abrir
6. abril
7. abuso
8. abundar
9. abusar
10. absoluto
11. abstracto
12. abstraer

三、下面是以 b 开头的单词，请按字母顺序予以排列。

1. barrio   5. bala   9. baile
2. barco   6. batalla   10. bacteria
3. bañar   7. bajar   11. baba
4. banco   8. baja   12. bacilo

四、下列人名、地名怎么拼写，请用各个字母的名称将其拼读出来。

例：PEDRO→Todo en mayúscula: pe-e-de-ere-o

1. INMACULADA   7. BEATRIZ   13. CONCHA
2. FELIPE   8. ELISA   14. RAMÓN
3. MIGUEL   9. INÉS   15. SALVADOR
4. ANDRÉS   10. NICOLÁS   16. VÍCTOR
5. Uruguay   11. México   17. Inglaterra
6. Venezuela   12. Kenia   18. Washington

五、根据所给拼读，写出相应的单词。

例：de-i-che-o→dicho.

1. elle-a-uve-e   2. che-a-cu-u-e-te-a   3. e-ese-pe-a-eñe-a
4. i griega-a-te-e   5. ce-o-ene-ce-e-be-i-erre
6. zeda-a-eme-be-o-eme-be-a   7. ce-ele-a-uve-e-ele
8. erre-e-de-u-ce-ce-i-o-ene   9. te-a-equis-i
10. pe-a-ese-a-pe-o-ere-te-e   11. eme-a-ene-u-a-ele

1.2　音节和重音

1.2.1　音节的构成及划分

在话语中音素往往不是孤立存在的，而是相互结合在一起构成语音链。语音链要么由于呼吸的需要、要么由于话语内容中的逻辑单位的自然分段会发生中断，从而出现停顿。两个停顿之间的一组语音称为语音群。例如：

Hoy ha sido un día provechoso / porque hemos aprendido muchas cosas. / De la escuela / nos llevaron a una imprenta grande, / impresionante. / Al llegar, / nos recibió el ruido acompasado de las máquinas; / tuve la impresión de que / la imprenta era un gigante / y que nosotros oíamos el ruido de su corazón, / de sus pulmones, / de su sangre agolpada en las arterias.

当然，语音群的划分没有固定的条条框框，而是以上面所说的呼吸节奏的需要和话语的内容为依据，这就意味着随情形的不同，划分会有所不同。上面例句中的语音群可以划得更细，也可以划得更粗一些。

音节是最基本的语音群，由一个或几个音素组成，其核心为元音。没有元音就不会有音节（少量的特殊情形除外）。以元音结尾的音节称为开音节，以辅音结尾的音节称为闭音节。西班牙语中的音节大半为开音节，因此该语言听起来是清脆响亮的。

西班牙语中的音节基本上可以分为四类：
- 单元音音节：*a*/la, *o*/sa, *i*/ra, *e*/sa, *u*/no
- 辅音+元音音节：*ca*/sa, *tro*/no, *cla*/se
- 元音+辅音音节：*al*/ma, *un*/to, *es*/to, *is*/la
- 辅音+元音+辅音音节：*pes*/te, *plan*/ta, *dril*, *mar*

两个音节之间的界限往往会落在一个或几个相邻的辅音的位置。如此处境的辅音应该归于哪个音节，属于前面的还是属于后面的，这既是一个语音问题同时又涉及正字法。因此，下面介绍的有关音节划分的原则对这两个领域都有意义：
- 在两个元音之间的一个辅音，与后者构成音节：a/*gu*/ja, sa/*no*。
- 在两个元音之间的两个辅音，无论相同还是不同，前一个辅音属于前一个音节，后一个辅音属于后一个音节：in/*no*/var,

des/*na*/tar, ten/*sión*。

下面这些辅音组合为特殊情况：pr, pl, br, bl, fr, fl, dr, tr, cl, cr, gl, gr, 每组形成一个不可分割的整体，共同与其后边的元音构成音节：a/*pro*/ve/char, a/*trás*, Á/*fri*/ca。

- 三个辅音相邻出现于单词中时，前面的两个归于前一个音节，后面的一个归于后一个音节：con*s*/tar, ob*s*/*tá*/cu/lo, tran*s*/*por*/te。不过，当三个辅音中第二个和第三个是上面我们说过的 pr, pl 等组合时，则前一个辅音属于前一个音节，后两个辅音属于后一个音节：des/*tru*/yo, des/*pre*/cia, en/*tre*。同样，四个辅音挨在一起时，因为后面的两个辅音常常为上述一类组合，前面的两个辅音和后面的两个辅音分别与其前、其后的元音构成音节：cons/*tru*/yo。

前面我们说过，元音是音节的核心。然而，有时两个甚至于三个元音会在一个单词中相邻排列，这种情况下，音节的划分就较为复杂。概括起来须掌握以下要领：

- 在诸如 *ai*/re, *au*/la, p*ei*/ne, n*eu*/tro, c*oi*n/ci/den/*cia*, v*io*, p*ie*/dra, an/*sia*, c*ue*/va, c*ua*/tro, c*uo*/ta 等词中，ai、au、ei、eu、ua、io 等分别都是*强元音+弱元音*或者*弱元音+强元音*结构，即所谓的双重元音。它们同属一个音节，不能分开。但是，在这两种结构中，若其中的弱元音为单词的重音所在，二者则分属不同的音节：a/*hí*, re/*ír*, ba/*úl*, o/*í*, *pú*/a。在诸如 r*ui*/do, v*iu*/da 等词语中，ui 和 iu 分别是*弱元音+弱元音*结构，也同属一个音节，不分开。

- 两个强元音相邻时，各自构成不同音节的核心：ca/er, a/ho/ra, le/er, le/*ón*, se/a。

- 在语音序列中也会有三个元音相连，形成三重元音，这时常常是强元音和弱元音相比邻。其排列若为*弱+强+弱*，则三者同属一个音节：a/ve/ri/*guáis*, es/tu/*diéis*；三重元音中，若某个弱元音为单词的重音所在，则三者分属三个不同的音节：

o/í/as, le/í/a, hu/í/a, bo/hí/o。

1.2.2 重音音节

说话时，两个以上音节的单词里，其中一个音节的强度相对于其他音节要高一些，这个音节就叫做重音音节。例如：cal/cio, dá/me/lo, 两个词中的第一个音节；ar/roz 和 su/frien/do 中的第二个音节；以及 des/lum/brar, es/tu/dió 的第三个音节。西班牙语的每个单词只有一个重音音节。虽说有一些词汇有两个重音音节，比如以 –mente 结尾的副词：fá/cil/men/te, sua/ve/men/te, pri/me/ra/men/te 等，其实它们都是由两个词而来的合成词，各部分在合成体中都依然保留着自己的重音。

西班牙语中重音音节的位置因词而异，是自由的，但这种自由度一般局限在词汇的后三个音节上。把握好重音的位置很重要，因为重音位置的转移常常会意味着语意的变化：

paso / pasó, cobre / cobré, anden / andén, término / termino / terminó, la ven / laven。

单音节词中重音音节的位置不成问题；在多音节词中重音一般落在：

- 以元音，或辅音 n 或者 s 结尾的词，倒数第二个音节：her/ma/no, can/ta/ban, se/ño/res。
- 以辅音字母(n, s 除外)结尾的词，倒数第一个音节：pa/pel, pa/red, es/cri/bir, di/rec/triz。

若非以上两种情形，书写时则应使用重音符号将重音位置予以标明：mon/tón, ca/fé, ma/má, su/bís, in/cli/nó。

练　习

一、请划分下列单词的音节。

carro, reina, revista, callar, seguir, fotografia, ciudad, maestro, viaje, chiquillo, inmóvil, recurrir, memoria, nieve, inocencia, social, piedras, encarcelamiento, escenarios, medios, puerta, vuelos, güiro, benjuí, poemario, despreciaríais, náutico, confiéis, fortuito, incoherencia, menguáis, muestrario, cuido, desagüe, prohibición, lingüísta, expiación, violencia, estaríais, cohibir, oíamos, poesía, acreedores, destituimos, sarcásticamente, seis, actual, incompatibilidad, regadío, ahumado

二、下面每个单词中给出四种音节划分方法，请在正确的前面划"×"表示。

1. a) in/sus/ti/tu/i/ble   b) ins/us/ti/tui/ble
   c) ins/us/ti/tu/i/ble   d) in/sus/ti/tui/ble
2. a) cohe/si/ón   b) co/he/si/ón
   c) co/he/sión   d) cohe/sión
3. a) en/vi/diáis   b) en/vi/di/áis
   c) en/vid/i/áis   d) en/vid/iáis
4. a) re/íamos   b) reí/a/mos
   c) re/ía/mos   d) re/í/a/mos
5. a) a/cuá/ti/co   b) acu/á/tico
   c) ac/uá/ti/co   d) ac/u/áti/co
6. a) des/is/tí/ais   b) de/sis/tí/ais
   c) des/is/tí/a/is   d) de/sis/tí/a/is
7. a) res/fri/ad/o   b) res/fri/a/do
   c) res/friado   d) res/fria/do
8. a) co/e/du/ca/cion/al   b) coe/du/ca/cio/nal
   c) co/e/du/ca/cio/nal   d) coe/du/ca/ci/o/nal
9. a) pía/men/te   b) pí/a/men/te
   c) pí/a/mente   d) pía/mente
10. a) pa/ra/caí/das   b) pa/ra/ca/í/das
    c) par/a/ca/í/das   d) para/ca/í/das

三、请在下面单词的重音音节下划一横线。

torrencial, dígaselo, amén, Australia, crueldad, perjuicio, archipiélago, cruz, horriblemente, mendigo, rubí, veintitrés, Ruiz, violeta, guárdamelo, roído, miope, incluso, coordinación, distraer, instantáneo, coincidencia, balneario, ataúd, escaseaba, toalla, ambiguo, sagaz, arbitrario, inaudito, trivial, efímero, perplejo, sosiego, fieles, inteligente, difícilmente, agridulce, adjetivos, llaman, sean, tardan, ideas

四、下面单词中哪个元音的发音较重，请在下面划线指出。

vértebra, volvéis, ardua, acentuación, simplemente, laúd, martirio, huida, irreal, inquietud, prohibido, cuéntamelo, tapiz, pensamiento, buey, cualquiera, aparecen, pronombre, buscaban, desconocidos, objetivo, interrogación, guardias, propiedades, construcciones, guardián, bebés, porqué, camarón, vacunaron, fuimos, profesor

五、下面单词中哪个重音音节正确，请用"×"标出。

1. a) cafe   b) café
2. a) autobus   b) autobús
3. a) tren   b) trén
4. a) exito   b) éxito
5. a) camión   b) camion
6. a) cancíon   b) canción
7. a) pie   b) píe
8. a) informática b) informatica
9. a) averiá   b) avería
10. a) cuaderno   b) cúaderno

六、下面单词中的重音是否正确，请将错误的予以改正。

fé, genuino, espectro, carguéis, velozmente, vaiven, hibrido, quietud, periódo, décimosegundo, destruido, climax, audaz, poseé, contribuí, díos, sombrio, leyóle, dadiva, Félix, lingüistica, intúido, puéril, sintaxis, analisis, aliviáis, heroícidad, mediodia, pués, comunmente, voraz, portatil, freir, soís

1.3 正字法

  正字法是有关正确地使用字母或文字代表言语的规则。像说话要清晰、准确、自然、讲究抑扬顿挫等一样，任何使用文字代表言语来表达思想的人，也必须遵循一定的规范，否则，读者可能就会误解其意思。西班牙语的正字法主要包括正确使用字母、重音符号、大小写、标点符号以及行尾单词的断字移行等一系列规则。这里我们仅涉及最基本的一些规则：

- 人名、地名、机构名称、书名和文章题目等的第一个字母要大写，但这类语汇的形容词形式不大写：Francia（法国）—francés（法国的），Inglaterra（英国）—inglés（英国的），China（中国）—chino（中国的），Cervantes（塞万提斯）—cervantino（塞万提斯的）。

- 字母 h，以及 que, qui, gue, gui 序列中的 u 不发音；在后面两种情况下，u 若要发音，就得在其上面加两点标明：cigüeña, lingüista, vergüenza, agüista。

- 以元音、n 或 s 结尾的多音节词，其重音音节一般落在倒数第二个音节上：cuidado, vocablo, cantan, estructuras；末尾字母为辅音(n, s 除外)的多音节词，重音一般落在倒数第一个音节上：general, cumplid, conquistar。在上述这些情况下，重音音节不必注明；重音音节不在上述几种位置时，则须在应该重读的元音上用重音符号´注明：ortografía, resonó, telón, través, función, sílaba, díganoslo。除非要区分两个同音异义词，单音节词不需带重音符号：fue, pie, dio。
- 一个强元音和一个弱元音相邻构成双重元音，这时若词语的重音落在其中的弱元音上，双重元音结构即破裂，重读的弱元音上要加重音符号：frío, reúne, reírse。
- 有一些单词（多为单音节词）为了与别的同形异义的词相区分而带重音符号，例如：

aun (= incluso)	aún (= todavía)
de（前置词）	dé（动词 dar 的虚拟式）
el（定冠词）	él（主语人称代词）
este, ese, aquel（指示形容词）	éste, ése, aquél（指示代词）
mas (= pero)	más（比较级）
mi（物主形容词）	mí（前置词补语代词）
se（自复代词）	sé（动词 ser 的命令式，saber 的陈述式现在未完成时）
si（连词）	sí（副词）
solo（形容词）	sólo (= solamente)
te（直接宾语、间接宾语代词）	té（名词）
tu（物主形容词）	tú（主语人称代词）
como（关系词）	cómo（疑问副词）
cual（关系词）	cuál（疑问副词）
cuando（关系词）	cuándo（疑问副词）
cuanto（关系词）	cuánto（疑问副词）

- 以 -mente 结尾的合成副词的前半部分保留其重音：cálido + mente = cálidamente, rápido + mente = rápidamente。

练 习

一、在下面词汇中需要加重音符号的地方加上重音符号。

segun, norma, continuacion, acentuan, asimismo, debil, finalmente, entonces, acuerdo, historico, escribiome, tambien, fuimos, partiamos, deciais, gramatica, crisis, ultimo, monumento, estentoreo, comodamente, obvio, vio, resumen, policia, aplauso, quédense

二、说明下面单词为什么要带重音符号。

puntapié, fríamente, levantóse, dénos, geográfico-histórico, freír, baúl, espléndido, árbol, ¡cuándo!, ¿cómo?, después, huyó, lección, miércoles, paraíso, Andrés, leído, explicábaselo, gallego-portugués

三、下面单词中的斜体部分为重读音节，在应该带重音符号的地方补上重音符号。

1. *j*oven / *j*ovenes
2. *re*gimen / *re*gimenes
3. cora*zon* / cora*zo*nes
4. esca*le*ra / esca*le*ras
5. Navi*dad* / Navi*da*des
6. *ca*non / *ca*nones
7. ca*rac*ter / ca*rac*teres
8. japo*nes* / japo*ne*ses
9. za*guan* / za*gua*nes
10. elec*cion* / elec*cio*nes

四、下面所给的词汇中，哪一个可以用来替换句子中的斜体部分？

aun, él, aún, sólo, tú

1. *Todavía* no han venido.
2. Tiene *solamente* un hijo.
3. ¡A ver, *Irene*, ven aquí!
4. *Manolo* está enfermo.
5. Todos se fueron, *incluso* Paco.

五、下列名词中，若 u 应为 ü，请更正。

sinverguenza, arguir, pague, guirnalda, linguística, guerra, cigueña

六、下面句子中须大写的地方请改为大写。

1. Muchos visitantes americanos visitan diariamente el castillo de el moro y su interesante museo.
2. La llegada del año nuevo se celebra con gran júbilo en madrid en la puerta del sol.
3. En belén nació el salvador.
4. En 1513 balboa descubrió el océano pacífico.
5. El generalísimo francisco franco murió en noviembre de 1975 en el hospital la paz a los ochenta y dos años de edad.
6. Es profesora del departamento de ciencias secretariales de la universidad de puerto rico.
7. Hay una región de américa, la del río de la plata, o sea, el uruguay y la argentina, que llegó a producir un tipo muy pintoresco: el gaucho.
8. En la sierra de guadarrama, no muy lejos del monasterio de san lorenzo del escorial, queda la gigantesca basílica del valle de los caídos.
9. Leí ese artículo en horizontes, la revista que publica la universidad católica.
10. Cuando miguel ángel cumplió veinticinco años esculpió su famosa piedad, una figura de la virgen maría con cristo muerto en los brazos.
11. Esa obra se presentará en el festival de teatro del instituto de cultura hispánica.
12. Vive en el paseo de la castellana, cerca de la plaza de colón.
13. Cuando vayas a la ciudad méxico, no dejes de visitar el maravilloso museo de antropología e historia natural.
14. La mancha lechosa que cruza el espacio se llama vía láctea.
15. Según la mitología griega, apolo, hijo de júpiter, era el dios

del sol.

16. Ha publicado artículos en las revistas cuadernos americanos, hispania y la torre.
17. Atletas de todas las naciones se reunieron en montreal, canadá, para la celebración de los juegos olímpicos de 1976.
18. Mercurio, venus, la tierra y marte son los planetas que se encuentran más cerca del sol.

七、请用 m 或 n 填空白完成下面句子中的单词。

1. E___paca bien a___bos eje___plares de la novela.
2. La a___bulancia se llevó al i___válido.
3. Debes e___viar esos e___vases vacíos al super___ercado.
4. Su a___bición es desmedida.
5. Todas las oraciones i___pares de ese ejercicio lleva___ el sujeto i___plícito.
6. Nuestro equipo quedó i___victo en el ca___peonato de balo___cesto.
7. Ese hombre i___prudente me miraba e___bobado.
8. Sus respuestas son a___biguas.
9. El e___balaje del colu___pio nos va a costar mucho dinero.

八、各个句子下面所给出的形式中，哪一种适用于句子中的空白处，请用"×"表示出来。

1. ¿Estás _____ en el cuarto de baño?
   a. aún   b. aun
2. ¿_____ bien?
   a. Estás   b. Estas
3. _____ director de la empresa durante tres años.
   a. Fué   b. Fúe   c. Fue

4. Quiero ____ pan.
   a. más   b. mas
5. ¿Tomas ___?
   a. té   b. te
6. Toma ____ maleta.
   a. tú   b. tu
7. ____ padre no está.
   a. Mi   b. Mí
8. Busco ____.
   a. al   b. a él
9. Para ____ que no venga ella.
   a. mi   b. mí
10. ¿Crees ____ te dijo la verdad?
    a. qué   b. que
11. No ____ si quiere venir con nosotros.
    a. sé   b. se
12. Nunca está _____ lo necesitamos.
    a. cuando   b. cuándo
13. Me preguntó ____ estaba de acuerdo.
    a. sí   b. si

九、下面单词上应该加重音符号的地方请加上重音符号。

1. Realizo hazañas que han causado admiracion a la generacion coetanea.
2. Empece a sentir frio, aunque luchara aun ventajosamnete con el.
3. El disco del fonografo giraba junto a un fenix de marmol.
4. Oi despues como el paseaba al niño monotonamente por el recibidor.

5. El tiempo era humedo y aquella mañana tenia olor a nubes y a neumaticos mojados.
6. ¿Deciais que aquella era nuestra patria?
7. Argüi que asi habia menos peligro, mas no pude convencer al capitan del navio.
8. Lo erroneo de tus calculos puede costarte caro.
9. Echose al tronco encima con ademan ligero.
10. La lluvia se precipito interceptandonos el horizonte.
11. Compre un bellisimo jarron color ambar.
12. El señor Santacana nos saludo friamente.
13. Acercose a la ventana, agito subitamente las alas y volo al cielo.
14. Raul palpo el cuerpo fragil del animal.
15. Un mareo azul y alivioso le volteo el craneo.
16. Se transformo de un personaje patetico en el hazmerreir de los muelles.
17. Murio victima de la mordida de un aspid.
18. Compuso operas, sinfonias y musica de camara.

十、下面句子中的斜体部分是否应该带重音符号，若是，请加上。

1. Regálame esta foto y *esa*, Alfredo.
2. ¿Vio usted *quien* trajo *eso*? *Si*, creo que *fue* su secretaria.
3. Yo *solo* deseo que *tu* seas feliz, porque *se* que eres buena.
4. *Como* no le has dicho *donde* vives, no ha podido entregarte esto.
5. *Mi fe* me sostiene en los momentos *mas* dificiles de la vida.
6. No hay *quien* pueda con *ese* niño.
7. *Bien* que vengas, *mal*, si vienes *solo*.
8. *Aun* no *se donde* colocar *este* y *ese* cuadro.
9. ¿Por *que* vivías *solo* en aquel lugar tan deprimente?

10. *Aquello fue* un desastre.

11. La policía averiguó el *porque*, el *cuando* y el *como* del crimen.

12. *Aun* sus íntimos amigos ignoran *cual* es su problema.

十一、下列句子中的斜体单音节词若需带重音符号，请加上。

1. De todas sus novelas, la que *mas* me gusta es *Sotileza*.
2. No *se* todavía si necesitaré un libro de historia hoy.
3. *Si*, señorita, necesito que le *de* esto a su jefe inmediatamente.
4. Siempre *se* debe ayudar al *que* lo necesite.
5. Ignoro en *que* van parar todo, *mas* no puedo ayudarte.
6. Me lo dijo *el* mismo.
7. Hoy por *ti* y mañana por *mi*.
8. *Se* bueno y todo te *ira* bien.
9. No creas *tu que* fue mala *mi* intención.
10. *Tu* siempre has tenido *mas* talento *que el*.
11. *Si*, señora, *el te* de manzanilla es muy agradable.
12. Ya volvió en *si* la enferma, pero *aun se* siente mareada.
13. *Te* suplico que no me molestes *mas*.
14. No *se* a *que se* dedica, *mas* no me atrevo a preguntarle.
15. Eso depende de *ti*, no de *mi*.

十二、下列句子中的各个括号里给出两种选择，请选出正确的用"×"表示。

1. Cuando pienses en (a. *mí*, b. *mi*), (a. *se*, b. *sé*) bueno y generoso.
2. Si (a. *tú*, b. *tu*) quieres, obtendrás el (a. *si*, b. *sí*) muy pronto.
3. Dígame, ¿no hay una forma (a. *más*, b. *mas*) fácil que (a. *ésta*, b. *esta*)?
4. Es fuerte (a. *cuál*, b. *cual*) una roca.

5. (a. *Sé*, b. *Se*) aman; bien lo (a. *se*, b. *sé*).
6. Les (a. *dí*, b. *di*) un vaso de (a, *té*, b. *te*) frío.
7. Ignoro (a. *como*, b. *cómo*) está el jefe.
8. Ella encargó (a. *éso*, b. *eso*) para (a. *tí*, b. *ti*).
9. ¡(a. *Cuan*, b. *Cuán*) hermoso es nuestro mar azul!
10. Nos cambiamos de piso (a. *porque*, b. *por que*) necesitábamos uno (a. *más*, b. *mas*) grande.
11. (a. *Este*, b. *Éste*) lo quiero aquí; (a. *aquel*, b. *aquél*), allá.
12. Tomé el taxi (a. *dónde*, b. *donde*) me dijiste.
13. (a. *¿Por qué*, b. *¿Porque*) siempre andas contra (a. *mí*, b. *mi*)?
14. Haré (a. *cuanto*, b. *cuánto*) sea necesario, (a. *mas*, b. *más*) no sé si podré salvarlo.

第二章 名词、冠词

2.1 名词

2.1.1 词类

研究语言须从句子开始，而句子是由一个或若干个词构成的能够表达完整的思想或判断的语言单位。因此，分析句子又得先从研究词开始。

西班牙语的词，根据其在句子里的不同语法功能，可以分为九类，即：名词、形容词、代词、动词、冠词、副词、连词、前置词和感叹词。其中五类：名词、动词、形容词、代词和冠词的词尾，在言语表达中会随所指称的实际发生变化；而另外四类：副词、连词、前置词和感叹词，无论在什么情况下词尾也不会变化。

2.1.2 名词

名词是所有用来指代人或事物的词，无论这些人或事物是实际存在的，还是人们抽象或想象出来的。例如：Antonio（安东尼奥），hombre（人），caballo（马），puerta（门），movimiento（运动），virtud（美德）等，都是名词。根据所指示的对象，名词又可以分为以下两种：具体名词和抽象名词。具体名词是那些表示具体的人或事物的名词：niño（小孩），ángel（天使），planeta（行星），América（美洲）；而抽象名词则是那些从具体的人或事物中抽象出来的性质或特征等：grandeza（伟大），debilidad（虚弱），docena（十二），centenar（百），

conjunto(整体)，vacilación(犹豫)。具体名词又可再分为普通名词和专用名词。前者是适用于同类事物中的一切个体的名词：mujer(女人)，gato(猫)，libro(书)；后者仅适用于各个不同的人、动物或社会组织等，把某一个体与同类中的其他对象区别出来：Pedro(佩德罗)，el Río Tajo(塔霍河)，Rocinante(洛希南特)，el Partido Comunista de China(中国共产党)。请看下图：

2.1.3 名词的性

西班牙语中的名词在语法上有阳性和阴性之别。自然界的人和动物有雄性和雌性，与此相对应，语言中表示人和动物的名词也常有阳性和阴性的不同。这种区别大都由名词词尾的变化表现出来：profes*or*(男老师，阳性)/ profes*ora*(女老师，阴性)，perr*o*(公狗，阳性)/ perr*a*(母狗，阴性)，chic*o*(男孩，阳性)/ chic*a*(女孩，阴性)，mon*o*(公猴，阳性)/ mon*a*(母猴，阴性)。然而无生命的存在物，如río(河流，阳性)，ciudad(城市，阴性)，pupitre(课桌，阳性)，taza(杯子，阴性)等，甚至于抽象概念，如socialismo(社会主义，阳性)，libertad(自由，阴性)，valor(价值，阳性)，separación(分离，阴性)等也有阴阳性之分，这就不免有点令人费解了。不过，应该把生物界的性概念和语法上的性概念区别开来。语法中的性是语言强加给客体的，具有任意性，但由于是约定俗成的，又不可随意变更。

大多数情况下，名词性的区别在词尾显示出来(专用名词也如此)。最具普遍性的是：以字母 o 结尾的名词(包括城市、组织等的专用名词)一般为阳性，而词尾是 a 的名词则往往是阴性：alumn*o*/ alumn*a*, obrer*o*/obrer*a*, os*o*/os*a*, corder*o*/corder*a*, mur*o*/cas*a*, suel*o*/

tierr*a*, Méxic*o*/Argentin*a*, Santiag*o* de Chile/Barcelon*a*。河流的名字一般为阳性名词，即使其词尾有 a：El(río) La Plata(拉普拉塔河)。但也有一些例外的情形，像 man*o*(手)，radi*o*(半导体)，mot*o*(摩托车)，fot*o*(照片)等词，尽管以 o 结尾，却是阴性的；而 dí*a*(日)，clim*a*(气候)，map*a*(地图)，poet*a*(诗人)，program*a*(程序)等，虽然尾部都带 a，反而是阳性的。以其他字母结尾的名词常常是阳性名词，例如：estánda*r*(标准)，accident*e*(事故)，árbo*l*(树)，espírit*u*(精神)，saló*n*(大厅)等。不过也不乏阴性的例子：cárce*l*(监狱)，crisi*s*(危机)，noch*e*(夜晚)，trib*u*(部落)，razó*n*(道理)，determinació*n*(决定)等等，都是阴性名词。

以-d, -z, -sis, -ción, -sión, -zón, -dumbre 等结尾的词，一般是阴性的：edad(年龄)，realidad(现实)，nariz(鼻子)，perdiz(石鸡)，atención(注意)，decisión(决定)，función(功能)，razón(道理)，lumbre(闪光)，pesadumbre(伤心)。

以-ista 结尾的词，阴阳性同形，既可以是阳性的也可以是阴性的，随实际所指称的对象的性别而定。其性属的标志为名词前的冠词：el periodista(男记者)/ la periodista(女记者)，el ciclista(男骑车人)/ la ciclista(女骑车人)，el artista(男艺人)/ la artista(女艺人)，el comunista(男共产主义者)/ la comunista(女共产主义者)。类似的情形还有：el testigo(男证人)/ la testigo(女证人)，el culpable(男罪人)/ la culpable(女罪人)，el reo(男嫌疑犯)/ la reo(女嫌疑犯)，el joven(男青年)/ la joven(女青年)，el estudiante(男学生)/ la estudiante(女学生)等。

一些指称动物的名词，在后面加上 macho(雄) 或 hembra(雌) 来确定其性属：el ratón macho(雄鼠)/ el ratón hembra(雌鼠)，la jirafa macho(雄长颈鹿)/ la jirafa hembra(雌长颈鹿)，la rana macho(雄蛙)/ la rana hembra(雌蛙)(注意：冠词的性与其后面名词的词尾相一致)。

有一些名词有时用作阳性，有时用作阴性，但相应的意思不同：

el frente (前面，前线) → la frente (前额)

el cólera (霍乱) → la cólera (愤怒)

el capital（资金） → la capital（首府）
el cometa（彗星） → la cometa（风筝）
el espada（斗牛士） → la espada（剑）
el pez（鱼） → la pez（沥青）
el cura（牧师） → la cura（治疗）

也有一些名词既可以是阳性也可以是阴性，意思不变：el mar(大海)/ la mar(大海)，el color(色彩)/ la color(色彩)，el azúcar(糖)/ la azúcar(糖)等。

2.1.4 阴性名词的构成

指人或动物的名词，其阳性形式的外延比阴性形式的外延要大。言语表达中，若不必区分对象的性别、或者若干个对象中既有阳性又有阴性、或者泛指同类事物中的全体等等，在这些情况下，一般使用名词的阳性形式：los padres（父母亲），los hombres（男男女女），el hombre（人类），el niño（小孩），el león（狮子），los estudiantes（学生们），el pájaro（鸟）。而要确指阴性，往往将名词阳性形式的词尾作适当变化：

- 以 o 结尾的名词，把 o 变为 a: el gato→la gata, el tío→la tía, el muchacho→la muchacha, el lobo→la loba。
- 以辅音字母结尾的名词，在词尾加 a: el doctor→la doctora, el bailarín→la bailarina, el japonés→la japonesa, el león→la leona。
- 有些阳性名词在词尾加后缀-esa, -isa, -triz, -ina 等构成阴性：el conde→la condesa, el duque→la duquesa, el tigre→la tigresa, el actor→la actriz, el emperador→la emperatriz, el rey→la reina, el héroe→la heroína, el gallo→la gallina。
- 一些名词的阴性形式与阳性形式是两个全然不同的词：el hombre（男人）/ la mujer（女人），el marido（丈夫）/ la esposa（妻子），el padre（爸爸）/ la madre（妈妈），el caballo（公马）/ la

yegua(母马)，el yerno(女婿)/ la nuera(儿媳)，el carnero(公羊)/ la oveja(母羊)，el macho(雄)/ la hembra(雌)，el toro(公牛)/ la vaca(母牛)。

很有意思，也存在一些两性同形的名词。例如：la hormiga(蚂蚁)，la liebre(兔子)，la pulga(跳蚤)等，只有阴性形式，尽管这些物种实际上也有雄性；而 el mosquito(蚊子)，el ruiseñor(夜莺)等，只有阳性形式，虽然现实中也有雌性；同样，la criatura(生灵)，la persona(人)，la víctima(牺牲品)等都为阴性名词，但却可以指称雄性对象。

自然，表示非生物的名词，如：papel(纸)，espejo(镜子)，tierra(土地)，precio(价格)等，一般不会有阴阳性的形式变化。

练 习

一、请写出下列名词的阴性形式。

amigo, novio, abuelo, gato, tío, chico, niño, hermano, perro, maestro, príncipe, rey, padre, jugador, deportista, hijo, campesino, actor, vecino, león, estudiante, marido, padrino, macho, jinete, emperador, yerno, héroe, gallo, caballo, poeta, presidente, suegro, sobrino, pastor

二、请写出下列句子中斜体名词的阳性形式，并将句子中的相关成分作适当变化。

1. Necesitamos una *secretaria*.
2. ¿Es ella tu *sobrina*?
3. Quiero hablar con la *directora*.
4. La *profesora* dijo que trajéramos los trabajos mañana.
5. Viene nuestra *prima* a visitarnos.
6. Hay 80 *alumnas* en el departamento de español.
7. ¿Dónde están las *compañeras*?

8. Hemos conocido a la *duquesa*.
9. Su *esposa* fue a trabajar en Europa.
10. ¿Has visto a mi *mujer*?

三、请把下列名词按阴性、阳性分类。

hermano, amiga, hijo, chica, alumno, portero, niña, muchacha, novia, tío, pintor, león, ladrón, señora, lectora, conductor, tema, día, sistema, foto, problema, clima, programa, moto, mapa, telegrama, idioma, radio, viaje, noche, muerte, chiste, nieve, llave, diente, pie, nieve, accidente, tomate, sangre, cárcel, animal, papel, árbol, sal, señal, postal, portal, hotel, hospital, macho, gallina, madrina, yegua, desastre

四、下列名词的阴性和阳性是否形式相同，若是，请用"×"标出来。

mercantil, chófer, padre, tenista, gimnasta, andaluz, catalán, periodista, dentista, macho, comunista, toro, gallo, artista, papá, cantante, estudiante, campesina, asistente, taxista, francés, alpinista, artista, telefonista, aprendiz, poetisa, actriz, intérprete, tigre, ave, español, alemán, emperatriz, príncipe, médico, cliente, dependiente, lector, campeón, juez, modelo, arquitecto, secretario, técnico, abogado

五、将下列句子中的斜体词按要求填在右边的空白处。

                    Nombres masculinos Nombres femeninos

1. Luis es *periodista* y *deportista*. _____ _____
2. Voy de *viaje* en *moto*. _____ _____
3. *Madrid, capital* de España _____ _____

4. *Andrés* quiere ser
cura.
5. Son *problemas* de
mujeres.
6. *Petra* es *policía*.
7. Mucha *gente*
murió de *cólera*.
8. Vamos en *coche* a
la *playa*.
9. Mi *cometa* de
papel no funciona.
10. No tengo *paraguas*
ni *impermeable*.
11. Estuvo tres *días* en
China.
12. Se venden *entradas*
en aquella *taquilla*.
13. Su *nariz* tiene forma
de la cabeza de *ajo*.
14. No introducir *gas*
por aquí.
15. Da un trozo de *pan*
al *perro*.

六、下面句子中所给的斜体名词中哪个正确，请在下面划线指出。
1. Mi hermano es *artisto / artista*.
2. Pilar es mi *yerna / nuera*.
3. Mi amiga es *cantante / cantanta*.
4. El señor es *electricista / electricisto*.

~ 24 ~

5. La profesora es *testigo / testiga*.
6. Su mamá es *médico / médica*.
7. Unas *estudiantas / estudiantes* me lo preguntaron.
8. Todas las chicas fueron como *intérpretes / intérpretas*.
9. El me gusta más como *pianista / pianisto* que como profesor.
10. Las *jóvenes / jóvenas* prefieren esta canción.
11. Esta es una *caballa / yegua*.
12. Las que ponen huevo son las *gallas / gallinas*.
13. La *conductora / conductor* está enferma.
14. Marido y *marida / mujer* no usan la misma cocina.
15. La *princesa / príncipa* es la hija mayor de los reyes.

七、把下面的各个阳性名词与相对应的阴性名词用线连接起来。

阳性名词	阴性名词
hombre	mujer
padre	yegua
esposo	esposa
cólera	mamá
bolso	madre
ramo	policía
manzano	cólera
capital	rama
policía	manzana
papá	vaca
caballo	capital
toro	bolsa

八、下面哪些词变为阳性时意思不会发生变化，请写出其相应的阳性形式。

la alcaldesa, la fonda, la punta, la pianista, la policía, la orden, la loma, la manga, la barca, la espada, la moda, la estudiante, la guardia, la resta, la ría, la frente, la culpable, la banda, la suela, la bula, la corte, la capital, la huerta, la artista, la lavadora

2.1.5 指大词和指小词

为了表达的需要，说话人会把名词所指的客观对象在主观上予以增大或者缩小。对对象的这种处理往往通过给名词的词尾施加一定的变化（即加后缀）来实现的。指大词，比如：casa→*casona*=casa grande, perro→*perrazo*=perro grande 等，分别指大房子和大狗。不过这种大不只限于形体外观上，也可以是精神领域里的。比如：señorón（大人物），不是指 señor grande（大块头的先生），而是 gran señor（伟大的先生）。同样，指小词 hombre→*hombrecillo*=hombre pequeño, árbol→*arbolito*=árbol pequeño 分别指身材小的男人和小树，而 mamá（妈妈）→*mamaíta*（我的好妈妈）则并不言其身材高低，而是在情感上把距离拉近，使关系显得更亲密。

指大词的构成主要是加后缀：

-*ón*, -*ona*: hombre→hombr*ón*, mujer→mujer*ona*, corral→corral*ón*, gigante→gigant*ón*

-*azo*, -*aza*: animal→animal*azo*, cara→car*aza*, perro→perr*azo*, bigote→bigot*azo*

-*ote*, -*ota*: libro → libr*ote*, cabeza → cabez*ota*, muchacho → muchach*ote*, palabra→parabr*ota*.

指小词的构成主要是加后缀：

-*ito*, -*ita*: árbol→arbol*ito*, jaula→jaul*ita*, nido→nid*ito*, corral→ corral*ito*, bigote→bigot*ito*, casa→cas*ita*

-*illo*, -*illa*: chico(a)→chiqu*illo*(a), casa→cas*illa*, horno→horn*illo*, ventana→ventan*illa*

-*cito*, -*cita*: corazón→corazon*cito*, mujer→mujer*cita*, coche→ coche*cito*, Cármen→Carmen*cita*, virgen→virgen*cita*

-*cillo*, -*cilla*: jardín→jardin*cillo*, rincón→rincon*cillo*, altar→ altar*cillo*, amor→amor*cillo*, germen→germen*cillo*

-*ecito*, -*ecita*: flor→flor*ecita*, genio→geni*ecito*, huevo→huev*ecito*, luz→luc*ecita*

值得注意的是，无论是指大词还是指小词的性，一般都保持其原始名词的性不变。如：campan*a*（钟）→campanill*a*（小钟），chico（男孩）→chiquill*o*（小男孩），mujer（女人）→mujeron*a*（高大的女人），perr*o*（狗）→perraz*o*（大笨狗）。

有关指小词和指大词的语义需要做几点说明：

● 很多情况下它们并不是指人或事物形体本身的大小，而是表现说话人对客体本身的主观情感。例如在以下句子中，我们就可以体味到词的这种用意：Este cuaderno me ha costado tres *pesotes*.（这个笔记本竟然花了我三个比索）用 pesote 把 peso 有意放大，凸现其价格昂贵。与此相反：Esta chaqueta me ha costado cien mil *pesetillas*.（这件夹克才花了我十万比塞塔）用 pesetilla 把 peseta 有意缩小，目的在于说明"我"并不认为其价格昂贵。其实，pesote 本身无论在价值上还是在体积上都不会比 peso 大；同样，pesetilla 的价值和体积也不会比 peseta 小。在句子中它们实质上是显现"我"对购买这个商品所花费用的评价。请再仔细琢磨下面两个指小词的用意：¿Puedes escribirme dos *letritas*?（你能不能给我写两个字）Mañana te daré el *taloncito* para que lo cobres en el banco.（明天我把折子给你，你去银行取钱吧）前句中的 letritas 体现说话人的谦虚、客气；后句中的 taloncito 则表明说话人对支票上的数字并不在意，体现了他的慷慨大方。

● 指大词往往带有贬义，而指小词一般表达诸如亲热、喜爱之情，尽管根据语境的不同，有时也会有讽刺或贬低的意味。

例如在：¿Conoces a aquel *gigantón* que se nos acerca? (你认识冲我们走过来的那个傻大个吗) 这一句中，指大词 gigantón 有 "傻大个" 之意；在：¡Fuera! Me gritó la *mujerona*. ("滚开！" 那母老虎冲我喊道) 一句中，指大词 mujerona 给人 "母老虎" 的印象；在：¿*Juanito*, cómo estamos? (小胡安，你好呀) 和 Te llevaré en mi *cochecito*. (我将开车带着你) 两句中，Juanito 有亲热的口吻，cochecito 表现喜欢之情。

2.1.6 名词的数

根据所指称的对象是单个还是多个，名词可分为单数和复数。如果名词只指同类中的一个人或一件东西，使用单数形式；而若指称同类中的两个或两个以上的个体时，就得采用复数形式。

2.1.7 名词复数的构成

名词的单数形式即名词本身，其复数形式一般通过在词尾加 s 或 es 构成。

- 加 s 的：
  △ 词尾是不重读的元音字母时：cuer*da*→cuer*das*, mon*te*→mon*tes*, estudian*te*→estudian*tes*, ga*ta*→ga*tas*。
  △ 词尾是重读的 é 时：cor*sé*→cor*sés*, comi*té*→comi*tés*, ca*fé*→ca*fés*, cli*ché*→cli*chés*。

- 加 es 的：
  △ 词尾为辅音字母的：bot*ón*→bot*ones*, bill*ar*→bill*ares*, cárce*l*→cárce*les*, to*s*→to*ses*, virtu*d*→virtu*des*。
  △ 词尾为重读的元音字母 (é 除外) 的：bistur*í* → bistur*íes*, marroqu*í*→marroqu*íes*, jabal*í*→jabal*íes*, baj*á*→baj*áes*, rond*ó*→rond*óes*。
  △ 五个元音字母的名称：a→a*es*, e→e*es*, i→*íes*, o→o*es*, u→*úes*。

不过，有一部分名词的复数形式的构成不加-e, 也不加-es, 即单、复数只有一种形式。其指称的对象究竟为单数还是复数则由前面的冠词或数词表现，具体有以下几种类型：

- 末尾音节为-sis 时：la cri*sis*→las cri*sis*, el éxta*sis*→las éxta*sis*, la do*sis*→las do*sis*, el análi*sis*→los análi*sis*。
- 星期的周一至周五：el lunes→los lunes, el martes→los martes, el miércoles→los miércoles, el jueves→los jueves, el viernes→los viernes。
- 人名：Carlos→los Carlos, Gloria→las Gloria, García→los García。人名用作比喻意义时可以有复数形式：Vega→los Vegas（像 Vega 一样的天才），Goya→los Goyas（像 Goya 一样的画家），Venus→las Venus（像维纳斯的人，维纳斯塑像）。
- papá, mamá, sofá, chacó, chapó 的复数形式分别是：papá*s*, mamá*s*, sofá*s*, chacó*s*, chapó*s*。
- 以字母 x 和 z 结尾的名词的复数形式是：先将二者变为 c，再加-es：nariz→nari*ces*, ónix→óni*ces*, voz→vo*ces*, vez→ve*ces*, pez→pe*ces*。
- 名词所指对象为多个，其中既有雄性又有雌性时，复数形式取阳性：el alumno + las alumnas = los alumnos, los gatos + las gatas = los gatos。
- 有些表示人的名词的复数形式往往指一对夫妇：los padres = el padre + la madre, los reyes = el rey + la reina, los marqueses = el marqués + la marquesa。
- Car*á*cter, espec*í*men 和 r*é*gimen 变为复数时，其重音位置随之发生移动：carac*te*res, espec*í*menes, reg*í*menes。

练 习

一、写出下列名词的指大词。

hombre, mujer, tonto, disgusto, problema, perro, libro, caja, boca, mano, sueldo, plato, barriga, aldea, poeta, piso, ojos, casa, copa, cabeza, cuchara, muchacho, noticia, maestro, calle, tapa, ventana, puerta, sala

二、写出下列名词的指小词。

maleta, tos, Francisco, joven, cigarro, vara, Dolores, galleta, plaza, silla, pollo, pan, hueso, arroyo, ventana, mesa, niño, gata, árbol, amor, sartén, plato, paso, flor, pie, color, hombre, mujer, piedra, ratón, puerta, tren, música, mosca, siesta, espada, salto, castaña, café, ladrón, nariz, comida, leche, manga, cara, calor, pierna, fuente, fuego, cuarto, palo, copa, animal, caballo, hermano, mancha, voz, zapato

三、查词典说明下列词是否指小词。

israelita, mejilla, amarillo, mosquito, pueblecito, rabillo, hermanito, pajarillo, cerámica, bocadillo, animalote, casita, cuentecito, caramelito, bonito, pececillo, librito, informática, angelito, portezuela, neblina, historieta, florecilla, maletín, casquete, cariño, chiquitín, semilla

四、查词典说明下列词是否指大词。

ladrón, ratón, callejón, cajón, botellón, islote, hombretón, rabón, tifón, palabrota, cañón, librote, mujerona, telón, ricacha, abuela, muchacha, hilacha, montón, mocetón, raigón, tentón

五、下面这些词是从哪个词衍生来的，请写出来。

cigarrillo, carrito, banqueta, gachupín, quietecito, poquito, chiquillo, granito, boquita, corpachón, pelucona, raigón, burlón, juguetón, preguntón, rabón, cochinillo, tenacillas, dominguillo, boquete, membrete, camilla, camarilla, pitillo, tornillo, pajarito, librito, papaíto, Joselito, estatuilla, historieta, iglesuela, Antoniuela, amorcillo, florcilla, pececillo, manecita, maletín, neblina, casquete, platillo, calorcillo

六、请说明下列句子中指小词的实际用意。
1. ¡A *casita*, que llueve!
2. Me gané unas *pesetillas*.
3. Come, es una *sopita* muy rica.
4. Pasaremos una *semanita* en el campo.
5. Se celebrará la boda por la *mañanita* de San Juan.
6. El polvo está formado por *cuerpecillos*.
7. En la sangre hay millones y millones de *globillos* rojos.

七、把下面每句话中的两个斜体名词用一个复数名词替代。
例：*El chico y la chica* viven en la ciudad. → *Los chicos* viven en la ciudad.
1. *El padre y la madre* de Juan son simpáticos.
2. *El hermano y la hermana* de Antonio son muy altos.
3. *El hijo y la hija* del bibliotecario estudian en Madrid.
4. *El tío y la tía* de Pedro están de viaje.
5. Vendrán a cenar *el amigo y la amiga* del profesor.
6. *El abuelo y la abuela* le dejaron una finca grande.
7. *El alumno y la alumna* invitan al maestro al teatro.
8. *El novio y la novia* se casarán el próximo domingo.
9. *Mi suegro y mi suegra* no quieren vivir con nosotros.
10. *Su cuñado y su cuñada* se marcharán para Europa.

八、请写出下列名词的复数形式。

camino, rosa, isla, café, pierna, sofá, mano, niña, papá, mundo, iglesia, cuaderno, página, negocio, vida, chico, señora, coche, papel, razón, canción, examen, bar, olor, dolor, opinión, andén, pie, bambú, capataz, ay, do, brindis, martes, paraguas, cumpleaños, radio, idioma, domingo, lápiz, pez, cruz, vez, paz, ley, té, voz, la a, comité, dosis, mitin, farol, trece, mes, dosis, tribu, reloj, bisturí, club, sí, la efe, compás, taxi, esquí, tos, coliflor, vaivén, buey, gas, marroquí, rubí, andaluz, orden, drama, libertad, gentilhombre, caracol, convoy, barniz, quinqué, corsé, cráneo, nube, huésped, viernes, análisis, oasis, tórax, ferrocarril, quienquiera, pararrayos, hazmerreír, puntapié, cualquiera, guardaropas, verdad, dios, ciudad, amor, pared, bombón, calor, lección, sociedad

九、下面哪些名词的单数和复数为同一形式，请在下面划线指出。

rey, café, gas, rubí, lunes, martes, sábado, paraguas, anteojos, mes, marroquí, pantalones, alrededor, tijeras, vacación, tenis, fútbol, ajedrez, parálisis, la o, la ene, joven, periodista, policía, sí, puntapié, esquí, cómplice, domingo, julio, noviembre, contratiempo, régimen, carácter

十、请把下面句子变为复数形式。

1. La madrina está en el bautizo.
2. El niño espera a su padre.
3. Ha llegado la profesora.
4. El barco va al puerto.
5. Es la agenda de Pilar.
6. Se marchó el nuevo ministro.
7. Es catalán, de Barcelona.
8. El escultor ha ganado el premio.
9. El autobús está en la parada.
10. Tiene que adelantar el reloj.
11. La foto se cuelga de la pared.
12. Se me ha roto el esquí.
13. En esa pared no hay enchufe.
14. ¿Se sabe ya la lección?
15. ¿Habéis visto ya el menú?

16. El jersey que has comprado es precioso.

十一、请把下面句子变为单数形式。

1. ¿Tienen zapatos las chicas?
2. Las niñas vienen los martes.
3. Los peces están en los mares.
4. Los poetas escriben poesías.
5. Los sillones son para los invitados.
6. No conocemos las nuevas leyes.
7. Han visitado dos países extranjeros.
8. Los profesores han explicado las lecciones.
9. Se han rayado los parabrisas.
10. Tenéis que preparar los sacacorchos.
11. Podréis dormir en las camas-nido.
12. Han hecho los regímenes que les habían aconsejado.

2.2 冠　词

2.2.1 定冠词和不定冠词

请比较下面几句话：1. Dame *el* periódico de hoy.（你把今天的报纸给我）2. Dame *un* periódico de hoy.（你把今天的报纸给我一张）3. Estudia arte.（他学艺术）4. Estudia *el* arte del siglo diecinueve.（他学十九世纪的艺术）5. Quiero pan y queso.（我想要面包和奶酪）6. Quiero *el* queso de ayer.（我想要昨天的奶酪）7. *Un* alumno se sintió enfermo en clase.（在课堂上一位学生觉得自己生病了）*El* alumno（él）fue llevado al hospital.（这个学生被带往医院）

在 1、4、6、7 句中，el 分别限制着其后面的名词 periódico, arte, queso, alumno 的范围，指明他们是特定的，为说话人和听话人所共知的人或事物。比如在 1 句中，el 明确是每天都读的报纸，这是听话人也知道的，同时又把今天出版的和其他各天出版的区别开来，特指今天的报纸。El 特指为交际双方所共知的对象的功能，在 7 句中显得更加明确。那个学生在前文已有所提及，之后，便成为说、听者所共知的具体对象，因此后文再说他时，就用 el 予以框定。相反，在 2 和 7 句中，un 则对其后的名词所表示的对象不进行限制，它可以是同类中的任意一个：在 2 中，今天出版的随便那一份报纸；在 7 中，由于这个学生是第一次提到，又不直说他的姓名，无法具体特指。在 3 和 4 中，名词 arte, pan 以及 queso 前面既无 el 也无 un，其所指范围就更为模糊、更具任意性了。El 和 un 都称作冠词，前者常常起限定性作用，为定冠词，后者不具限定性作用，为不定冠词。

冠词都放在名词之前，且大都与名词直接比邻：*el* alumno, *el* queso, *el* periódico, *un* árbol, *un* mapa。冠词还要和其后面的名词保持性数一致，因此有阴、阳性以及单、复数等不同形式。

阳性单数形式是：el, un；阴性单数形式是：la, una；还有中性形式 lo。

阳性复数形式是：los, unos；阴性复数形式是：las, unas；中性冠词 lo 没有复数形式。请看下表：

性	阳性	阴性	中性
单数	el, un	la, una	lo
复数	los, unos	las, unas	

2.2.2 冠词与名词的一致性

如上所述，冠词要和相关的名词在性、数上搭配一致。

- 与阳性单数名词相搭配的是：

定冠词 el：*el* muro, *el* suelo, *el* salón, *el* perfil, *el* valor。

不定冠词 un：*un* libro, *un* sombrero, *un* carácter, *un* precio, *un*

mercantil。
- 与阳性复数名词相搭配的是：

  定冠词 los：*los* diccionarios, *los* abrigos, *los* relojes, *los* hospitales。

  不定冠词 unos：*unos* períodos, *unos* ratones, *unos* vasos, *unos* coches。

- 与阴性单数名词相搭配的是：

  定冠词 la：*la* mesa, *la* televisión, *la* campana, *la* velocidad。

  不定冠词 una：*una* persona, *una* iglesia, *una* idea, *una* costumbre。

- 与阴性复数名词相搭配的是：

  定冠词 las：*las* revistas, *las* alas, *las* habitaciones, *las* edades。

  不定冠词 unas：*unas* naranjas, *unas* tazas, *unas* bolsas, *unas* razones。

- 与中性定冠词 lo 相搭配的只有形容词或副词，使之名词化：

  lo bueno, *lo* inteligente, *lo* despacio, *lo* nervioso, *lo* antes posible, *lo* hábilmente。

值得注意的是：

- 阴性名词的词首发音字母为重读的 a 并且该名词是单数时，定冠词用阳性单数 el。例如：el *a*lba（不是 *la* alba），el *a*gua（不是 *la* agua），el *ha*cha（不是 *la* hacha），el *ha*bla（不是 *la* habla），el *á*guila（不是 *la* águila）。abeja, hazaña, abuela 等词，尽管第一发音字母是 a，但因为它不重读，依然使用定冠词 la：*la* abeja, *la* hazaña, *la* abuela；另外，在定冠词和名词之间有形容词时，定冠词也是 la：*la* dulce habla, *la* amplia área。而当它们为复数时，定冠词照例使用 las：*las* almas, *las* aguas, *las* águilas, *las* hachas, *las* hadas, *las* áreas 等。遇这类情况，不定冠词使用 una 而不是 un：*una* alma, *una* área, *una* hache。

- 定冠词 el 前面若有前置词 a 或 de，与它们分别缩合成为 al, del。例如：Llegamos *al* palacio a las tres de la tarde.（不是 *al el*；

我们下午三点到达了宫殿），Acabo de volver *del* campo.（不是 de el；我刚从野外回来），Utilicé el diccionario *del* profesor.（不是 *de el*；我用了老师的词典），Han dicho la noticia *al* amigo.（不是 *a el*；有人把消息透露给了那位朋友），Terminaremos el trabajo *al* atardecer.（不是 *a el*；我们将在傍晚结束工作）。但若 el 是专用名词本身的一个成分时，不能使用上述缩合形式 al, del。例如：Fue *a El Tiemblo*, Lo encontré en un artículo *de El País*, Conoce bien la región *de El Bierzo*, El toro *de El Cordobés* fue magnífico。

2.2.3 定冠词的用法和意义

- 称呼语 señor/a（先生/夫人），capitán（上尉），general（将军），rey（国王），presidente（总统），profesor/a（老师），Papa（教皇）等指第三人称（交际双方以外的任何人）时，前面要用定冠词：Me encontré con *el* señor Sánchez.（我遇到了桑切斯先生）Te entiendes con *la* señorita Julia.（你和胡丽亚小姐谈得来）Fue traductor *del* rey Juan Carlos.（他曾是胡安·卡洛斯国王的翻译）Acudieron *al* ministro por el asunto.（为此事他们向部长求助）但在 don（先生），fray（修士）等词前，或称呼语指称第二人称时，不使用定冠词：Les presento a don Luis Grau.（我向大家介绍路易斯·格拉乌先生）Conozco a fray García.（我认识加西亚修士）Señor profesor, nos dará mucho honor si usted viene a la velada.（教授先生，您若光临晚会，我们将深感荣幸）Señora Wang, le llaman a usted por teléfono.（王太太，有人打电话找您）Capitán, permítame decirle que...（上尉，请允许我告诉您……）

- 姓氏的指称为复数时，前面要用复数形式的定冠词（姓氏词一般不用加后缀-s 或-es 来表示复数，而是通过使用定冠词来表示的）。例如：*los* Comes（格麦斯一家），*los* Sarmiento（萨尔敏多一家），*los* Alonso（阿龙索一家），*las* Pérez（佩雷斯家的女人们）。

● 表示独一无二的存在物的名词总是带着定冠词 el 或 la：el Mesías（救星），el sol（太阳），la luna（月亮），la Tierra（地球），el Papa（教皇）。

● 说话人和听话人共知的对象前往往使用定冠词，以使其与其他人或事物区别开来，说明他（它）是特定的、具体的。请仔细琢磨下面几句话中冠词的用意：Ayer, me hice amigo de *una* agricultora.（昨天，我和一位农家女交了朋友）说话人第一次提到要述说的对象时，使用不定冠词，但是往后再提到他（它）时，就得使用定冠词予以特指：*La* agricultora era joven. *La* chica (*la* agricultora) tenía una huerta hermosa. *La* joven (*la* agricultora) trabajaba cantando. *La* amiga (*la* agricultora) me invitó a comer en su casa.（这位农家女很年轻。她有一座漂亮的园子。姑娘一边干活一边唱歌。还邀请我去她家吃了饭）又如，在 He encontrado el libro.（我找到了那本书）一句中，定冠词 el 的使用说明这本书已为听话人所知。

● 普通名词作主语时，一般要带定冠词或不定冠词：*Las* vacas pasan por la calle.（牛群从街上通过）*La* niña sobresalía en la lectura.（这女孩阅读方面很突出）*La* miel atrae a las moscas.（蜂蜜招苍蝇）*Los* zapatos ya no le quedan grandes.（他的鞋已经不大了）*Un* hombre extraño te busca.（一个陌生人找你）

● 在部分表示时间的名词前一般要用定冠词。例如：

△ 一星期的七天：Tendremos una reunión *el* miércoles.（星期三我们将开一次会）Suele levantarse más temprano *el* viernes.（星期五他一般起得更早一些）但是，Hoy es lunes.（今天是星期一）Ayer fue domingo.（昨天是星期日），这类句子中不用定冠词。

△ 日期、节日、以及每天的早、中、下、晚等：Se casaron *el* 20

de mayo de 1979.(他们于 1979 年 5 月 20 日结了婚)Con motivo de *las* Navidades compraron un montón de regalos.(为过圣诞节,他买了一堆礼物)Prefiero practicar los deportes por *la* tarde.(我最喜欢下午锻炼身体)。

△ 钟点:Te llamaré a *las* cinco de la madrugada.(早晨 5 点我叫醒你)Quedamos en *las* ocho y media de la mañana.(我们约定在上午八点半)。

- 在表示百分比和或者序数的词语前用定冠词。例如:*el* setenta y seis por ciento de los alumnos(百分之七十六的学生),*el* noventa y ocho por ciento de la población(百分之九十八的人口),*la* tercera puerta(第三个门),*el* séptimo día(第七天)。

- 名词的复数形式所表示的两个以上的人或事物中既有阳性又有阴性时,要使用阳性定冠词 los(或不定冠词 unos)。例如:*los* profesores + *la* profesora = *los* profesores,*el* traductor + *las* traductoras = *los* traductores,*un* obrero + *unas* obreras = *unos* obreros。

- 单数定冠词 el 和 la 与单数名词搭配,有时泛指一类人或事物:*El* hombre tiene inteligencia.(人类有智慧)La lana que da *la* oveja es muy útil.(绵羊的毛很有用)*El reloj* sirve para decir *la* hora.(钟表是用来记时的)。

2.2.4 不定冠词的用法和意义

不定冠词 un, una, unos, unas 由基数词 uno 而来,指同类人或事物中的一员或几员,但不将其具体化。

- 如上文所述,不定冠词表示不确定的或在交际中第一次提到并为听话人所不知的人或事物。如:Anoche nos alojamos en *una* casa de las afueras.(昨晚我们住在郊外的一座房子里)Me lo hizo *un* hombre del pueblo.(这是一位农村人给我做的)在类似情况下,听话人并不知道说话人具体指的是哪座房子、哪个人。有时甚至于连说话者本人也不能确定其所指：随便（任意）哪一个或哪一些。例如：Tráeme *una* novela nueva.（给我带一本新小说来）Voy a comprarle *un* traje.（我打算给她买套衣服）。

- Unos 和 unas 有时有 ciertos, ciertas（某些）或者 algunos, algunas（一些）的意思：Lo mataron *unos* anarquistas.（一些无政府主义者把他杀了）Me asistieron *unas* mujeres.（几位妇女照顾了我）Le regalé *unos* libros.（我送了他几本书）。

- 冠词 un, una，由于本源于基数词 uno，在很多情况下实际表示数量"一"：*Un* soldado luchó contra siete.（一个士兵对付七个）La finca se la dejó *un* pariente.（那座庄园是一个亲戚给他留下的）Con *una* peseta no se adquirirá nada.（用一个比塞塔什么也买不来）*Una* persona no puede acabarlo en tan corto tiempo.（一个人不能在这么短的时间里做完这事）。

- Unos, unas 放在基数词之前表示大约概念：*unas tres* mil pesetas（大约三千比塞塔），*unos doscientos* soldados（大约二百名士兵）。

2.2.5 中性定冠词 lo 的用法和意义

定冠词 lo 不变性数，总是和形容词或副词或具有形容词性质的结构一起使用，使之名词化，表达某种抽象或模糊的概念。比如：*Lo* práctico, *lo* agradable, *lo* cortés no quita *lo* valiente.（务实、愉悦、礼貌与英勇并不互相矛盾）。

- Lo + *形容词（或副词）* 结构，从语法意义上看，lo delicioso = la delicia, lo difícil = la dificultad，然而等号前后的表达效果却往往不同。Lo + *形容词* 结构的用意一般在于加强语气，抒发感叹。例如：*Lo indiferente* de su actitud nos dejó furiosos.（他的态度那么冷漠，使我们很恼火），*Lo indiferente* de su actitud 相当于 *Qué indiferente* es su actitud，或者 su actitud es *sumamente indiferente*(他的态度那么冷淡/他的态度太冷淡了)，Nos olvidamos de volver con *lo hermosa* que es la vista.(景色太美了，我们流连忘返)，*Lo hermosa* que es la vista 相当于 *qué hermosa* es la vista，或 la vista es *extraordinariamente hermosa* (景色太美了/景色分外秀美)。

请注意，在这种结构中，只有形容词与所修饰的名词在性数上保持一致，lo 始终不变。

- 在 lo de, lo cual 和 lo que 结构中，lo 以抽象概括的方式复指前文已说过或者后文接着要讲的事情，也可以指代交际双方共知的或不言而喻的某件事情。 例如：*Lo de* tu hermano ya queda perfecto.(你弟弟的事已经办成了)，*Lo de* mañana está por discutir.(明天的事还要议一议)，*Lo que* tú has dicho me parece muy interesante.(你说的事我觉得很有意思)，El príncipe quedó enamorado de ella, y no quiso bailar con ninguna otra joven, *lo que* (*lo cual*) llenó de envidia a las demás señoritas.(王子爱上了她，已不想和任何别的姑娘跳舞，这使那些小姐们充满了嫉妒)。

练 习

一、请在下面名词前填上不定冠词 **un** 或 **una**；然后再填上 **unos** 或 **unas** 重新做一遍。

____ libro, ____ teléfono, ____ chaqueta, ____ mesa,
____ camisa, ____ cuadro, ____ cigarrillo, ____ lápiz,
____ silla, ____ libreta, ____ cocina, ____ autobús,
____ periódico, ____ sala, ____ tienda, ____ vaso,
____ goma, ____ película, ____ boca, ____ ciudad,
____ río, ____ manzana, ____ naranja, ____ flor,
____ pluma, ____ piedra, ____ pez, ____ playa,

____ calle, ____ plaza, ____ cafetería, ____ bar,
____ arca, ____ expedición, ____ actas, ____ hada,
____ avenida, ____ habitación, ____ aurora, ____ ánfora,
____ aya, ____ hamaca, ____ arpa, ____ aula,
____ audacia, ____ arma, ____ alma, ____ ánimo,
____ patata, ____ pared, ____ foto, ____ tesis

二、请在下面的名词前填上定冠词 el 或 la；然后再填上 los 或 las 重新做一遍。

____ café, ____ sofá, ____ hombre, ____ mujer,
____ día, ____ jardín, ____ salud, ____ crisis,
____ animal, ____ mano, ____ naranjas, ____ colegio,
____ autor, ____ problema, ____ calidad, ____ bicicleta,
____ sistema, ____ programa, ____ ama, ____ mono,
____ nariz, ____ primavera, ____ fotografía, ____ edificio,
____ clase, ____ parálisis, ____ tos, ____ color,
____ coliflor, ____ nieve, ____ mapa, ____ planeta,
____ tema, ____ orquesta, ____ drama, ____ moto,
____ abeja, ____ hacha, ____ águila, ____ alerta,
____ hache, ____ alza, ____ hambre, ____ alba,
____ harina, ____ asma, ____ ese, ____ jota,
____ equis, ____ o, ____ u, ____ perfil,
____ corazón, ____ razón, ____ cañón, ____ función,
____ pendiente, ____ elefante, ____ jaula, ____ campeón,
____ dificultad, ____ sociedad, ____ voz

三、在下面所给词组前面的空白处填上适当的定冠词，在形容词后面的空白处填上适当的字母完成形容词；然后填上适当的不定冠词重新做一遍。

____ alma inmorta__,   ____ hada chin__,
____ águila alpin__,   ____ aula pequeñ__,
____ agua salad__,   ____ hacha nuev__,
____ amante cariños__,   ____ ancla oxidad__,
____ habla popul__,   ____ harina blanc__,
____ arenas fin__,   ____ ache gord__,
____ amas simpátic__,   ____ aves gran__,
__ habilidades impresionan__,   ____ acciones gradua__,
__ hambre insoporta__,   ____ alegría sincer__,
__ hamacas cómod__,   ____ actitud rebel__,
____ a mayúscu__,   ____ h minúscu__,
__ hábi__ cazadora,   ___ alt__ montañas,
__ árid__ llanuras.

四、请用 **al** 或 **del** 填空。

1. Los turistas se dirigen ____ museo.
2. Hablamos ____ tiempo.
3. La cartera es ____ alumno.
4. Jugamos ____ dominó.
5. Esta calle os llevará ____ río.
6. La niña va ____ colegio.
7. Francia está ____ norte de España.
8. Los hombres ____ Sur son morenos.
9. El agua ____ mar no es potable.
10. Vengo ____ dentista.
11. Voy ____ cine todos los fines de semana.

12. Ha dejado su coche ____ lado ____ Palacio cultural.
13. El abrigo ____ muchacho era gris.
14. Tenemos que tratar ____ problema de la juventud.
15. Se refirió ____ proyecto que tú presentaste.
16. Recibió la noticia ____ día siguiente.

五、下面句子中的空白处是否需要不定冠词 un, una, unos 或 unas，请在需要的地方填上。

例：He comprado <u>unas</u> manzanas, ____ chocolates y <u>una</u> barra de pan.

1. ¿Estás buscando ____ trabajo?
2. Póngame ____ media docena de huevos.
3. —¿Qué hiciste ayer?
   —Vi ____ película de vídeo, escribí ____ cartas y estuve escuchando ____ música.
4. Sois ____ tontos por hacerle caso.
5. Aquí no tenemos ____ muebles de comedor.
6. He visto ____ muebles para el comedor preciosos.
7. Era toda ____ mujer.
8. Ha preguntado ____ señor.
9. —¿Tienes ____ cervezas?
   —Sí, en el frigorífico hay ____ de litro.
10. ¡No seáis ____ locos!
11. Mis hijos siempre toman ____ leche por la noche.
12. En aquel chalé vive ____ cirujano muy prestigioso.
13. No salgo con Gloria porque es ____ cursi.
14. Cómprate ____ vestido nuevo para la fiesta.
15. Necesita ____ copia del documento.

六、下面句子中的空白处是否需要定冠词 el（al, del）, la, los, las 或 lo，请在需要的地方填上。

1. La orquesta ____ teatro es buena.
2. Le gusta ____ pan.
3. ¿Cómo vasen ____ trabajo?
4. Esta tarde estaré en ____ casa.
5. Hoy es ____ sábado.
6. ____ tomates están caros.
7. ____ número 4 me da suerte.
8. Esta mañana fui a ____ iglesia.
9. No nos gusta estudiar de ____ noche.
10. El estanco está ____ lado de ____ iglesia.
11. Vinieron ____ García a cenar.
12. Prefiere ____ café con ____ leche.
13. Levantó ____ cabeza para mirarme.
14. Portugal está ____ oeste de España.
15. Eso me parece ____ más lógico.

七、在下面句子中的空白处根据需要填上定冠词或不定冠词，或定冠词 el 和前置词 a、de 相应的缩合形式 al, del（有时会有不止一种答案）。

1. ____ que sepas mucho no te da derecho a presumir tanto.
2. Hace ____ tiempo malísimo.
3. ¡Buenos días, ____ Srita. Ibáñez!
4. ____ hacer deporte siempre es recomendable.
5. Se echó ____ siesta de dos horas.
6. ¡Ya tenemos ____ casa nueva!
7. Siente ____ gran cariño por él.
8. Tenía ____ sonrisa encantadora.

9. ¿Qué es ____ que pasa?
10. En ____ España del siglo XII había continuas luchas entre moros y cristianos.
11. ____ paella es ____ plato típico español muy conocido.
12. Aún no sabes ____ más gracioso.
13. ____ beber con exceso es nocivo para ____ salud.
14. ____ 10% de ____ población no votó en ____ últimas elecciones.
15. ¿Te has enterado de ____ de Luis?
16. Llegaron ____ bar y se tomaron ____ copas.
17. Hicimos ____ alto en ____ camino.
18. Esa chica es ____ maleducada.
19. Esa chica está ____ maleducada.
20. A casi todos ____ niños les gusta ____ dulce.

八、请选用 el, lo, el de, lo de 或 lo que 填空完成下列句子。

1. No podemos ir andando, ¿tú sabes _____ lejos que está su casa?
2. Aquí hay varios libros, ¿cuál es _____ Rosa?
3. _____ no entiendo es por qué te empeñas en realizar los estudios en el extranjero.
4. ¿Te has enterado de _____ Pedro y Susana?
5. Nadie sabe qué es _____ mejor en la vida.
6. Ha ocurrido _____ mismo que _____ año pasado.
7. ¿Has dicho ya a tu hermano _____ la herencia?
8. —¿Quién es _____ de la chaqueta azul?
   —Es Antonio, _____ periodista que nos visitó hace dos semanas.
9. No te preocupes por _____ suspenso, _____ importante es que te recobres cuanto antes.

10. ¿Qué es _____ te dijo ayer el director? Saliste muy disgustado de su despacho.

11. _____ difícil es iniciar.

12. No le aguantan por _____ presumido que es.

13. _____ mejor sería dejarlo.

14. Se oye _____ galopear de varios caballos.

15. Me gusta _____ amanecer.

九、下面哪些国名前需要定冠词，请加上。

____ España, ____ Italia, ____ Portugal, ____ Inglaterra, ____ Japón, ____ India, ____ Alemania, ____ Ecuador, ____ Perú, ____ Argentina, ____ Cuba, ____ México, ____ Brasil, ____ Rusia, ____ Estados Unidos, ____ Canadá, ____ Chile, ____ Colombia, ____ Francia, ____ Filipinas

十、下面句子中冠词的使用是否正确，请把不对的改正过来。

1. El que dependas de algo o de alguien es absurdo.
2. Alfredo es profesor en Universidad Complutense.
3. ¿Este autobús va a la Plaza Mayor?
4. A aquella hora yo estaba en la casa.
5. El Museo del Prado está en la Madrid.
6. El río Sena pasa por París.
7. Mis padres viven en calle de Santa María.
8. Plata se extiende en Sudamérica.
9. Los Buenos Aires es una ciudad muy hermosa.
10. Cuando voy a los Londres, siempre me alojo en el Hotel Carland.
11. A mí me gusta mucho ópera de Pekín.

12. La Andalucía está en sur de España.

十一、在下面各句所给的斜体冠词中把不适当的划掉。
1. Nosotros vivimos en *una / la* casa que está cerca de Madrid.
2. Roberto se compró *unos / los* zapatos de piel para la boda.
3. Es *un / el* hombre muy raro.
4. Yo tengo *un / el* amigo que trabaja en un hospital.
5. La novia de Paco es *una / la* chica encantadora.
6. Diego está en *una / la* cocina, está haciendo *la / una* cena.
7. Esta es *la / una* señora de *al / el* lado.
8. Buenos Aires es *una / la* capital de Argentina.
9. ¿Cuál es *una / la* ciudad más grande de Canadá?
10. Vamos *al / del* teatro todos *los / unos* miércoles.

十二、请在下面几段话中的空白处填写适当的冠词，注意定冠词 **el** 与前置词 **a, de** 相应的缩合形式。
1. ___ verano pasado, alquilamos ___ piso y nos fuimos a ___ playa. ___ piso estaba muy cerca de ___ playa y ___ centro ___ pueblo. Yo me pasé todas las vacaciones sin hacer ___ nada, tumbada ___ sol y descubriendo ___ magníficos paisajes de ___ región. ¡Fueron ___ auténticas y estupendas vacaciones!
2. La casa del boticario estaba a la salida del pueblo, completamente aislada; por ___ parte que miraba a ___ camino tenía ___ jardín rodeado de ___ tapia, y por encima de ella salían ramas de laurel de ___ verde oscuro que protegían algo ___ fachada de ___ viento de ___ norte. Pasando ___ jardín estaba ___ botica.
3. Cuando Manuel llegó ___ frente a la escalera de la calle del

Águila, anochecía. Se sentó a descansar ___ rato en el Campillo de Gil Imón. Veíase, desde allá arriba, ___ campo amarillento, cada vez más sombrío con ___ proximidad de ___ noche, y ___ chimeneas y ___ casas, perfiladas con ___ dureza en ___ horizonte. ___ cielo azul y verde arriba se inyectaba de rojo a ras de tierra, se oscurecía y tomaba ___ colores siniestros, rojos cobrizos, rojos de púrpura.

十三、在下面句子的空白处填上适当的定冠词，并把所有的句子翻译成汉语（注意体会定冠词表示所属关系的用法）。

1. Cerró ___ ojos.
2. ¿Le duele a usted ___ cabeza?
3. Tengo ___ manos frías.
4. Se rompió ___ pierna derecha.
5. ¿Por qué tapáis ___ narices?
6. Perdí ___ cartera en el metro.
7. Abrió ___ boca.
8. Me hacen daño ___ zapatos.
9. Se cortó ___ pelo.
10. Vamos a visitar a ___ abuelos.

第三章 形容词

3.1 形容词及其性数

3.1.1 形容词

形容词是用来修饰或限制名词的词。它与名词的关系极为密切。有些词既可以作名词用又可以作形容词用。请看下面几个句子：Los *españoles* perdieron el partido contra los *italianos*.（西班牙人在与意大利人的比赛中输了），Los jugadores *italianos* ganaron a los *españoles*.（意大利队胜了西班牙队），Hoy ha sido un día *fenómeno*.（今天真棒）。在例1中，españoles 和 italianos 是名词，而在例2中，二者却都是形容词；例3中的 fenómeno，本为名词，这里实际上具有形容词动能。

3.1.2 形容词的性

在名词和形容词的句法关系中，名词一般处于核心地位，形容词只是对它起修饰或者限制作用，因此形容词要与名词在性数上保持一致，以明确其所指对象。

形容词阴性形式的构成：

- 词尾为 o 时，变 o 为 a：bell*o*→bell*a*; dur*o*→dur*a*; pequñ*o*→pequeñ*a*。
- 词尾为 -ete 或 -ote 时，变最后的 e 为 a：grand*ote*→grand*ota*; regord*ete*→regord*eta*。
- 词尾为 -án, -ín, -ón, -or 或 -es 等时，在末尾加字母 a：holgazán

→ holgaz*ana*; parlanch*ín* → parlanch*ina*; burl*ón* → burl*ona*; trabajad*or* →trabajad*ora*; ingl*és* →ingl*esa*。
- 词尾不变化的，即阴阳性同形的，有三种情况：
  △ 以-ior 结尾的：poster*ior*, exter*ior*, infer*ior*, super*ior*。
  △ mayor, menor, mejor, peor 等比较级形式。
  △ 除以上列举的几种情形以外的所有形容词：útil, interesante, amable, azul, belga, familiar, ruin, singular, difícil, alegre, terrible, realista。

3.1.3 形容词的数

与被修饰或限制的名词相一致，形容词也有单数和复数不同形式。形容词复数形式的构成和名词复数形式的构成一样：
- 以元音字母结尾，并且该元音字母不重读时，在末尾加-s：rubi*a*→rubi*as*; ambicios*o*→ambicios*os*, important*e*→important*es*; egoíst*a*→egoíst*as*。
- 以辅音字母或者重读的元音字母结尾的时，在末尾加-es：españo*l* → español*es*; francé*s* → frances*es*; baladí → balad*íes*; hind*ú* → hind*úes*; fáci*l* → fácil*es*; rui*n* → ruin*es*; hablado*r* → hablador*es*。
- 以字母 z 结尾的词，先变 z 为 c，再加-es：capa*z*→capa*ces*; velo*z* →velo*ces*, andalu*z*→andalu*ces*。

练　　习

一、请写出下列形容词的阴性形式。

sonoro, inteligente, santo, bonito, antiguo, fiel, blanco, español, campeón, hablador, amable, capaz, belga, marroquí, viejo, aplicado, modesto, serio, verdadero, oficial, feroz, cruel, poderoso, plural, trabajador, frecuente, japonés, francés, socialista, solar, siguiente, general, joven, visible, invariable, realista

二、请写出下列形容词的复数形式。

seco, azul, útil, fino, fácil, esta, cualquiera, terrible, agridulce, gris, amarilla, mucho, cómodo, siguiente, circular, joven, veloz, andaluz, portugués, ruin, israelí, hindú, egoísta, posible, probable, estudiantil, escolar, común, débil, fuerte, resistente, enorme, trabajador, laboral, árabe, mayor, peor

三、完成下列词组或句子中的形容词。

例：mujeres alt___ → mujeres alt<u>as</u>

métodos ideal__, modelos corrient__, costumbres árabe__, escapes posibl__, determinaciones siguient__, fuente abundant__, billetes fals__, papeles important__, paquete pesad__, chicas alegr__, buitres grand__, manzanas dulc__, paisajes hermos__, servicios buen__, postre ric__, sobres bonit__, buen__ profesor, alumnas locua__, nubes obscur__, productos españo__, buen__ gente, aves fero__, problema difíci__

1. La escuela y la Universidad son important__.
2. Aquell__ enorm__ muros rodeaban la ciudad.
3. Grandios__ ideas y pensamientos fluyen a mi mente.
4. El mar y el cielo son azu__.
5. El paraguas y el sombrero son práctic__.
6. La sala y el comedor renovad__ lucen mejor.
7. Ramón es profesor de lengua y literatura aleman__.
8. La inteligencica y la memoria son necesari__.
9. La naranja y la manzana son san__.
10. Est__ dibujos son mejo__ que los de Carlos.

四、用所给的形容词填空。

例：pobre: profesor <u>pobre</u>; profesora <u>pobre</u>.

civil: boda _____; asuntos _____.
vietnamita: gobierno _____; aduanas _____.
interesante: libros _____; revistas _____.
gris: cielo _____; pared _____.
azul: uniforme _____; camisas _____.
importante: casos _____; visitas _____.
popular: cantantes _____; canciones _____.
triste: _____ marinero; pueblo _____.
bueno: _____ trabajador; _____ trabajadores.
grande: _____ figura; _____ escritor.
acertado: decisión _____; conjetura _____.
común: fenómeno _____; construcciones _____.
militar: actividades _____; práctica _____.
caliente: agua _____; té _____.

五、请把下面句子的主语变为相应的阴性形式，然后将句子中的其他成分作适当变化。

例：Es hombre curioso. → Es una mujer curiosa.

1. Su marido es muy amable.
2. Visitará a nuestro país el rey sueco.
3. Su padre es un músico genial.
4. Sus hijos están bien educados.
5. Es un director gentil.
6. El líder es musulmán.
7. Unos amigos españoles se interesan por vuestro sistema de trabajo.
8. El toro se arroja hacia él.

9. Un profesor nos llevará allí.

10. Muchos periodistas presenciaron el concurso.

11. Este cantante siempre lleva sombrero.

12. El nuevo alcalde es paisano mío.

六、请把下面的句子变为复数形式。

例：La patata está fresca.→Las patatas están frescas.

1. El taxi es muy caro.

2. Mi gato es negro.

3. Su hija es pequeña.

4. La bufanda es verde.

5. La máquina es nueva.

6. El sofá es cómodo.

7. El paraguas es antiguo.

8. Lleva un sombrero gris.

9. El autobús es más barato.

10. Su novia es inteligente.

3.2　形容词的类别

3.2.1　形容词的类别

名词 árbol（树）的所指是无限的，它涵盖一切树。因此如果我们要讲述某一棵树，就不能只简单地说出这个名词，而是采取一定的手段把这棵树从其他树中区别出来，使之具体化。比如我们说 árbol frutal, grueso, alto, frondoso（粗壮、高大、茂盛的果树），就是通过指出它的某些性质和特征，在一定程度上缩小 árbol（树）所指示的范围；同时我们也可以给这个名词再加上 este（这个）、ese（那个）、aquel（那个）、el（这个/那个）、或 segundo（第二个）等，指明它相对于我们的空间位置或者它在某个序列中的排位等,其所指就更加确定了。用来限定名词意义的外延或者描述事物性质、状态的词称为形容词。具体而言,说明名词所指对象的性质、特征的形容词称为性质形容词;而说明对象的数量、方位等的形容词则叫做限制性形容词。当然,对这两类形容词还可以进行更细致的划分。请看下表:

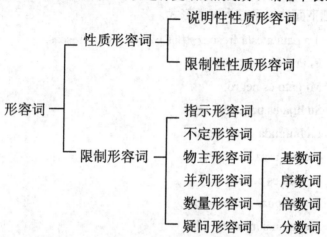

性质形容词,根据其在句子中的语法功能,又可分为作修饰语的形容词和作表语的形容词。

3.2.2 性质形容词

这类形容词描写名词所表达的人或事物的某些属性或特征。属性是一类客体所共有的,而特征一般是个体所拥有的。性质形容词按其表示的是属性还是特征可分为两种。前一种起说明作用,称为说明性性质形容词;另一种起限定作用,称为限制性性质形容词。比如:在 la *blanca* nieve(白雪)中,形容词 blanca(白的)只点出了 nieve(雪)本身所固有的一种特性。其实,即便不说 blanca,仅仅 nieve,人们也自然会想到它是白色的。同样,el *fiero* león 中的 fiero(凶猛),也只是 león(狮子)的一种自然属性,因为不会有哪头狮子是例外的。这里的 blanca 和 fiero 都是起解释说明作用的。而在 un hombre *gordo*(一个胖人)中,gordo 所表明的不是人类的普遍性质,只是个人特征，因为人有胖的也有瘦的。这里的形容词描写个体的特征，意在将它与同类中的其他成员相区别，是这个而不是那个，起限定作用。与此同理，在 las mesas *redondas*（圆桌）中，形容词 redondas 限制名词 mesas，规定了它的范围。

3.2.3 限制性形容词

性质形容词可以通过指出人或事物的特性等来确定名词的所指范围。性质形容词在不同情况下可以有说明和限定的不同功能。例如，与上文讲的 las mesas *redondas* 中的 redondas 相对立，las *redondas* naranjas（圆桔子）中的同一个形容词则是说明性的。然而，与性质形容词不同，还有不少形容词是专职起限制作用的，对此，我们在后面将分类作简要介绍。

练 习

一、下面句子中的性质形容词，哪些是起修饰说明作用的，请在下面划直线_____指出，哪些是起限定作用的，请在下面划曲线_____指出。

1. Las lluvias *primaverales* humedecieron la *árida* campiña.
2. Ha pintado unos *preciosos* paisajes *campestres*.
3. No apruebo los actos *vengativos*.
4. La venganza no conduce a nada *bueno*.
5. El reloj *descompuesto* era de mi padre.
6. Estos *menudos* incidentes divierten al *joven* seminarista *italiano*.
7. En el cielo *lívido* del amanecer aún brillan algunas estrellas *mortecinas*.
8. No se consiguen muchos productos *extranjeros* aquí.
9. Unos extranjeros vinieron a ver la *nueva* fábrica de tejidos.
10. Ha muerto un *gran* héroe.

二、下面词组和句子中的形容词是起修饰作用的(下面写 C 表示)还是起限定作用的(下面写 D 表示)。

1. ¿*Cuántas* veces te ha llamado *ese* amigo *mío*?
2. La *cuarta* pregunta es la más difícil.
3. Guardaba las joyas *valiosas* en el banco.
4. *Este* trabajo tiene *bastantes* faltas.
5. Preguntó por ti *otra* persona.
6. La ropa *almidonada* me molesta.
7. No me gusta tomar el café *amargo*.
8. *Pocas* personas tienen su talento *artístico*.
9. Uso *poco* aceite en mi salada.
10. No tengo *ningún* empeño en ir a Europa.

三、请完成下面句子中的形容词。

1. Están examinando un__ mercancías japones__.
2. Yo fumaba tabaco negr__.
3. Hemos conocido algun__ señores peruan__.
4. Tenía los pantalones rot__.
5. Los pasaportes israel__ son bonitos.
6. ¿Porqué las chicas están content__ hoy?
7. Estas naranjas no están muy dulc__.
8. Aquella mujer es muy groser__.
9. Las hojas de los árboles son verd__.
10. Don Quijote era flac__ y alt__.

3.2.3.1 指示形容词

指示形容词表示客体在空间或时间上的相对位置。它们是 este/a (这个), ese/a (那个), aquel/aquella (那个), 及其相应的复数形式 estos/as (这些), esos/as (那些), aquellos/as (那些)。这些形容词所表示的空间或时间位置相对于说话人、听话人依次由近及远递增，因此与表示空间概念的副词有一定的对应关系：

este → aquí（这儿）；ese → ahí（那儿）；aquel → allí, allá（那儿，远而且模糊）。

Este 所指的对象与说话人较近：*este* libro（这本书），*estas* cucharas（这些勺子）；ese 所指的对象与听话人较近：*ese* punto（那一点），*esos* papeles（那些纸）；aquel 所指的对象则与说话人和听话人都远：*aquella* torre（那座塔），*aquellos* coches（那些汽车）。

练　习

一、根据情况选择 este, esta, estos, estas 填空。

_____ mano, _____ sofás, _____ amiga, _____ chicas,
_____ tierras, _____ llaves, _____ gato, _____ árboles,
_____ trenes, _____ calle, _____ mesas, _____ billete,
_____ plátanos, _____ dinero, _____ alumnos, _____ carne,
_____ clase, _____ plato, _____ señoritas, _____ camas,
_____ días, _____ pueblo, _____ noche, _____ piso,
_____ cajas, _____ foto, _____ palabras, _____ programas

二、根据情况选择 ese, esa, esos, esas 填空。

_____ chiste, _____ hermanas, _____ autobús, _____ aviones,
_____ botella, _____ lámparas, _____ aceras, _____ jardín,
_____ montaña, _____ chismes, _____ parque, _____ barco,
_____ tiendas, _____ coches, _____ paraguas, _____ salvavidas,
_____ playa, _____ llamadas, _____ casa, _____ clima,
_____ idiomas, _____ hombres, _____ cocina, _____ juguetes,
_____ razón, _____ corazones, _____ tío

三、根据情况选择 aquel, aquella, aquellos, aquellas 填空。

_____ clase, _____ cabezas, _____ tejado, _____ cajón, _____ lecciones, _____ creencia, _____ teléfono, _____ carretera, _____ blusa, _____ bar, _____ plazas, _____ periódicos, _____ ventanas, _____ silla, _____ ordenadores, _____ gente, _____ tesis, _____ crisis, _____ indios, _____ aborígenes, _____ postre, _____ letras, _____ flor, _____ tema, _____ curso, _____ páginas, _____ calcetines, _____ países

四、在空白处填上适当的词尾完成单词。

例：est__ pared → esta pared

est__ escuelas, aqu__ museo, aqu__ bancos, es__ fiestas, est__ trabajo, es__ cine, es__ estación, est__ hospital, aqu__ frutas, aqu__ fábrica, es__ taberna, es__ modelos, est__ instituto, es__ vaca, aqu__ peces, es__ palabras, aqu__ partida, aqu__ sistema, es__ partes, est__ escritura, es__ momentos, es__ hojas, est__ vuelo, aqu__ cifra, est__ pintura, aqu__ mercados, es__ papel, est__ mes, aqu__ mapa

五、请把下面句子中的名词变为复数形式。

1. Dame ese periódico.
2. Aquel autobús va a Toledo.
3. Este vaso está lleno.
4. El servicio de este hotel me parece perfecto.
5. Esa lechuga todavía está fresca.
6. Muéstreme esa revista.
7. Aquel señor es médico.
8. Este mapa es demasiado viejo.
9. Aquel día salió con una amiga.

10. No me gusta aquella gente.

六、请用适当的指示形容词填空。

例：(aquí) _____ cuadro → este cuadro, (allí) _____ bicicletas → aquellas bicicletas

A.

(aquí) _____ mesas, (allí) _____ niños, (allí) _____ maleta, (ahí) _____ muebles, (ahí) _____ falda, (aquí) _____ jabón, (allí) _____ negocios, (ahí) _____ medicinas, (aquí) _____ sellos, (aquí) _____ caballos, (ahí) _____ alumnos, (allí) _____ basureros, (aquí) _____ documento, (ahí) _____ piedras, (ahí) _____ cinta, (allí) _____ revistas, (ahí) _____ cuaderno, (aquí) _____ cuento, (ahí) _____ reloj, (allí) _____ luces, (ahí) _____ tela, (aquí) _____ blusas, (aquí) _____ tijeras, (allí) _____ ventanilla, (ahí) _____ señor

B.

1. _____ mañana se han levantado muy temprano.
2. ¿Se venden _____ postales aquí?
3. ¡No me toques _____ jarrón!
4. _____ poema que estás leyendo me encanta.
5. ¿Has visto _____ coche que acaba de pasar?
6. _____ últimos días ha llovido mucho.
7. ¿Cómo me sienta _____ vestido?
8. _____ país no me gustó nada.
9. _____ día no me reconoció.
10. ¿Dónde echo _____ agua?

七、请选用 **aquí, ahí** 或 **allí** 填空。

1. Aquel libro de _____ está muy arriba, no lo alcanzó.

2. No sé dónde colocar estos cubiertos de _____.
3. Aquella calle está _____.
4. _____ veo aquel barco.
5. Es esa revista de _____ la que buscaba.
6. ¿Guardo este dinero _____?
7. _____ se encuentra esa farmacia.
8. Estas compras se hacen _____.
9. Mi asiento es este de _____.
10. Esos árboles de _____ son pinos.
11. Aquellos niños de _____ hacen ruido.
12. _____ lejos se distingue aquella torre que mencionaron ayer.

八、请用所给词语造句。

1. ¿esos, de, hombres, ahí, conoces, a?
2. ¿te, acuerdas, aquel, hombre, de, que, conocimos, allí, Madrid, en?
3. ¿aquella, casa, en, de, vives, allí?
4. ahí, vamos, a, cine, de, ese.
5. nunca, comido, hemos, en, restaurante, ese, de, ahí.
6. dejo, sillas, estas, aquí.
7. mío, aquel, coche, es, allí, de.
8. Juan e Ignacio, están, en, aquel, coche nuevo, allí, de.
9. mañana, te, vendré a, buscar, esta, en, cafetería, de, aquí.
10. llamo, señor que anda, a, ese, por, ahí.

九、改正下面句子中的错误。

1. Prefiero ese plato de allí.
2. ¿Cuánto vale aquella camisa de aquí?
3. ¿Ves ese parque de aquí?

4. En esa taberna de aquí se hacen unas copas riquísimas.
5. Vamos a sentarnos en ese sillón de allá.
6. ¿A qué hora abre aquel bar de ahí?
7. Me gustaría probarme esos zapatos de aquí.
8. ¿Qué hacen estos niños de allí?
9. ¿Te molesta esta lámpara de ahí?
10. Por aquella carretera de aquí se llega antes.
11. ¿La señora Hernández? Es esa de allí.
12. Los veo a lo lejos: vienen por ahí.
13. Mi casa está aquí en aquella esquina.

3.2.3.2 物主形容词

这类形容词明确某一客体与说话人、听话人或第三者之间的所属关系。与不同的主人或拥有者相对应的轻读形式有：

yo → mi / mis（我的）：*mi* hermana（我的妹妹），*mi* vida（我的生活），*mis* palabras（我的话），*mis* secretos（我的秘密）。

tú → tu / tus（你的）：*tu* casa（你的家），*tu* salud（你的身体），*tus* visitas（你的参观），*tus* problemas（你的问题）。

él / ella / usted / ellos / ellas / ustedes → su / sus（他/她/他们/她们/您/你们的）：*su* colegio（他的学校），*su* investigación（他/他们的研究），*sus* costumbres（他们/你们的习惯），*sus* relaciones（他们/你们的关系）。

以上三种形容词没有性的标志，位于其所指示的名词前与之保持数的一致。

nosotros / nosotras → nuestro / nuestra / nuestros / nuestras（我们的）：*nuestra* sala（我们的教室），*nuestro* país（我们的国家），*nuestras* bolsas（我们的包）。

vosotros / vosotras → vuestro / vuestra / vuestros / vuestras（你们的）：*vuestro* instituto（你们的学院），*vuestros* viajes（你们的旅行），*vuestras* recomendaciones（你们的建议）。

这两种形容词既有数又有性的标志，也位于其所指示的名词前与之保持性和数的一致，和拥有者的性数无关。轻读的物主形容词前面不能出现别的形容词。

　　另外，与各种人称或拥有者相对应，还有重读的物主形容词：

　　yo → mío / mía / míos / mías（我的）：madre *mía*（我的妈），Dios *mío*（我的上帝），*el* libro *mío*（我的书），*las* primas *mías*（我的表妹们），*los* planes *míos*（我的计划）。

　　tú → tuyo / tuya / tuyos / tuyas（你的）：*el* cuadro *tuyo*（你的画），*el* criterio *tuyo*（你的意见），*los* trabajos *tuyos*（你的论文），*una* amiga *tuya*（你的一位女友）。

　　él / ella / usted / ellos / ellas / ustedes → suyo / suya / suyos/suyas（他/她/他们/她们/您/你们的）：*la* opinión *suya*（您的意见），*lo suyo*（他的），*las* discusiones *suyas*（他们的争论），*unos* alumnos *suyos*（您的一些学生）。

　　nosotros / nosotras → nuestro / nuestra / nuestros / nuestras（我们的）：*el* barrio *nuestro*（我们的地区），*la* preocupación *nuestra*（我们的担忧），*una* decisión *nuestra*（我们的一项决定），*los* proyectos *nuestros*（我们的方案）。

　　vosotros / vosotras → vuestro / vuestra / vuestros / vuestras（你们的）：*una* invitación *vuestra*（你们的一份邀请），*los* hijos *vuestros*（你们的儿女们），*las* explicaciones *vuestras*（你们的解释）。

　　重读物主形容词都位于其所限制的对象后面并与之保持性数的一致，也和拥有者的性数无关；此外，与这些形容词相匹配，在名词前要有冠词。

附表：物主形容词的用法

阳性单、复数		阴性单、复数	
重读物主形容词	轻读物主形容词	重读物主形容词	轻读物主形容词
el libro mío	mi libro	la casa mía	mi casa
los libros míos	mis libros	las casas mías	mis casas
el lápiz tuyo	tu lápiz	la carta tuya	mi carta
los lápices tuyos	tus lápices	las cartas tuyas	mis cartas
el profesor nuestro	nuestro profesor	la hija nuestra	nuestra hija
los profesores nuestros	nuestros profesores	las hijas nuestras	nuestras hijas
el cuarto vuestro	vuestro cuarto	la canción vuestra	vuestra canción
los cuartos vuestros	vuestros cuartos	las canciones vuestras	vuestras canciones
el trabajo suyo (de él/ella/ellos/ellas/usted/ustedes)	su trabajo	la tía suya	su tía
los trabajos suyos (de él/ella/ellos/ellas/usted/ustedes)	sus trabajos	las tías suyas	sus tías

值得注意的是，由于 él / ella / ellos / ellas / usted / ustedes 共用相同的物主形容词形式 su / sus, suyo / suyos / suya / suyas，因此，为了使表达明确无误，有时需要在后面加上 de él, de usted 等予以补充说明。例如：su casa de usted（您的家），sus errores de ella（她的错误）。

练 习

一、请先用 mi 或 mis 填在下面名词的前面，然后再用 mío/a 或者 míos/as 填在名词的后面。

____ faltas ____, ____ café ____, ____ camisas ____, ____ medalla ____, ____ pelo ____, ____ notas ____, ____ mente ____, ____ canciones ____, ____ entrada ____, ____ inventos ____, ____ carnet ____, ____ documentación ____

二、请选用 mi 或者 mis 填空。

1. ____ ventana da a la calle.
2. ____ hermanas estudian español.
3. ____ padre es médico.
4. Aquí está ____ trabajo.
5. Éste es ____ bolígrafo.
6. Aquellas son ____ carpetas.
7. Estoy buscando ____ diccionario.
8. No sé que haya llegado ____ paquete.
9. Ahí guardo ____ vestidos.
10. Has visto ____ reloj.
11. Todas ____ corbatas son rojas.
12. He tomado ____ copa.

三、先用 tu 或 tus 填在下面名词前面，然后再用 tuyo/a 或者 tuyos/as 填在名词的后面。

____ talla ____, ____ calcetines ____, ____ gafas ____, ____ pies ____, ____ piso ____, ____ cabello ____, ____ chistes ____, ____ calle ____, ____ negocios ____, ____ pluma ____, teléfono ____, ____ llamadas ____, ____ sangre ____

四、请用 **tu** 或者 **tus** 填空。

1. ¿Es ella ____ hermana?
2. He visto a ____ primos.
3. ____ jardín tiene muchas flores.
4. Ahí tienes ____ cosas.
5. Dejaste ____ billete en el cajón.
6. ¿Puedo ir allá en ____ coche?
7. ____ opiniones no sirven para nada.
8. Quiero hablar con ____ padre.
9. Estoy al tanto de ____ conductas en el colegio.
10. No me engañes con ____ invenciones.

五、请先选用 **nuestro, nuestra, nuestros** 或者 **nuestras** 填在下面名词前面，然后再将其填在名词的后面。

____ médico ____, ____ cerveza ____, ____ jabón ____, ____ baño ____, ____ habitaciones ____, ____ cocina ____, ____ platos ____, ____ maestras ____, ____ ventana ____, ____ pensión ____, ____ horario ____, ____ sillas ____

六、请选用 **nuestro, nuestra, nuestros** 或者 **nuestras** 填空。

1. ____ ideas son idénticas.
2. Ahí viene ____ jefa.
3. ____ negocios van mal.
4. ____ máquinas todavía parecen nuevas.
5. ¿Cómo está ____ amiga?
6. Me ha gustado mucho ____ competición.
7. Es necesario mejorar ____ condiciones de trabajo.

8. Le ha molestado ____ visita.
9. ____ hotel no presta este tipo de servicios.
10. Estoy arreglando ____ dormitorios.

七、请先选用 **vuestro, vuestra, vuestros** 或 **vuestras** 填在下面名词前面，然后再将其填在名词的后面。

____ grupo ____, ____ discusión ____, ____ hábitos ____,
____ viajes ____, ____ mantel ____, ____ enseñanza ____,
____ manos ____, ____ leyes ____, ____ exámenes ____,
____ gusto ____, ____ vacaciones ____, ____ ropa ____

八、请选用 **vuestro, vuestra, vuestros** 或 **vuestras** 填空。

1. ____ dirigentes son simpáticos.
2. Tengo en cuenta ____ dificultades.
3. Repetid ____ explicación.
4. ____ maletas están abiertas.
5. ____ razón no es convincente.
6. ¿Cuál es ____ profesor?
7. Ya tengo ____ dirección y número de teléfono.
8. Ya está dispuesta ____ comida.
9. He aquí ____ cuadernos.
10. No me convienen ____ disposiciones.

九、请先用 **su** 或 **sus** 填空，然后再用 **suyo/a** 或者 **suyos/as** 填空。

____ cuñados ____, ____ regalos ____, ____ nueras ____,
____ suegros ____, ____ juegos ____, ____ ayuda ____,
____ palabras ____, ____ visita ____, ____ pueblo ____,
____ llamadas ____, ____ intención ____

十、请选用 su 或 sus 填空。

1. _____ amigos le esperan a la puerta.
2. No quieren consultar con _____ clientes.
3. _____ coche está en el garaje.
4. No me gustan _____ bromas.
5. Vengan ustedes con _____ diccionarios mañana.
6. Es muy singular _____ modo de ser.
7. No aceptamos _____ invitación.
8. Me parece importante _____ intervención en el asunto.
9. No debéis rechazar _____ compañía.
10. ¿Cómo está _____ esposa?

十一、在下面的空白处填上适当的字母完成各词组中的物主形容词。

例：nuest__ instituto → nuest<u>ro</u> instituto

t__ palabras, vuest__ pregunta, nuest__ cocina, m__ viajes, s__ billetes, t__ jardín, vuest__ horario, vuest__ inquisiciones, m__ papeles, nuest__ tarjetas, t__ gestiones, m__ compañeras, s__ relación, s__ contactos, nuest__ recuerdos, vuest__ bebidas

十二、选用 mi, mis, tu, tus, su, sus 填空白。

1. ¿Paseas con _____ hijos?
2. Tengo tres hermanas y viven con _____ suegros.
3. Ana está casada. _____ marido trabaja en una biblioteca.
4. Hola, señor Arriaga, ¿qué tal están _____ alumnos?
5. ¿Tú vives con _____ padres?
6. Yo le di el dinero y él lo puso en _____ monedero.
7. ¿Ella vive aún con _____ padres?
8. Profesora Hernández, _____ esposo al teléfono.
9. Todos los padres quieren a _____ hijos.

10. Gracias por____ compañía.

十三、请选用 nuestro/a, vuestro/a, nuestros/as, vuestros/as 填空白。

1. No, éste no es ____ perra, es de la vecina.
2. ¿Quieres participar en ____ excursión?
3. Hola, chicos, ¿qué tal?, ¿cómo van ____ estudios?
4. Estamos esperando a ____ huéspedes.
5. A mi marido y a mí nos ha gustado mucho ____ país.
6. A ver, muchachas, recoged ____ muñecas.
7. ____ problema principal es el tiempo, estamos demasiado ocupados.
8. ¿Qué podremos ver en ____ pueblo?
9. ¿Cuándo celebraréis ____ boda?
10. Tenemos en consideración ____ dificultades.

十四、把下面句子中的物主形容词置于其所指的名词之后，并在句子中作相应变化。

1. Sus gestos son muy expresivos.
2. Varios de vuestros compañeros están ya en vacaciones.
3. Tu coche no lleva aire acondicionado.
4. Todas nuestras excursiones las realizamos a pie.
5. Es uno de mis discos más divertidos.
6. Muchos de tus profesores me dieron clase a mí.
7. No me gusta nada su plan.
8. Me interesa mucho vuestra recomendación.
9. Mis zapatos no son de piel.
10. Nuestro hijo estudia menos que la hija.

十五、请用适当的物主形容词填空。

1. ¿Porqué no preguntan ustedes a ellos? Serán ____ profesores.
2. Me va a ayudar ____ alumna.
3. Te he traído ____ postales.
4. Esperamos que le gusten ____ regalos.
5. Le cedí ____ asiento.
6. Jean es francés. ____ país es Francia.
7. Ellos son madrileños. ____ ciudad es Madrid.
8. Ella es holandesa. ____ país es Holanda.
9. Soy chino. ____ país es China.
10. Ellas son italianas. ____ país es Italia.

十六、请选用 **vuestro/a, vuestros/as** 或 **su/s（de ueted/es）** 完成下面的句子。

1. Decidme ____ proposición.
2. Díganme ____ proposición.
3. Ayudad a ____ padres en los trabajos domésticos.
4. Ayuden a ____ padres en los trabajos domésticos.
5. ¿Habláis español con ____ profesores fuera de clase?
6. ¿Hablan español con ____ profesores fuera de clase?
7. Gozáis de ____ derechos.
8. Gozan de ____ derechos.

十七、下面各句的斜体词中哪个使用正确，请在下面划一横线。

1. La *mía/mi* es más bonita que la *tuya/tu*.
2. —Susana, ¿de quiénes son estas bolsas?
   —Todas son *mías/mis*.
3. ¿Dónde están *mías/mis* gafas?
4. ¿Son *tuyas/tus* estas monedas?

5. Estos zapatos no son *míos/mis*.
6. El reloj *suyo/su* anda mal.
7. ¿Cómo están *suyos/sus* hijos, señor presidente?
8. *Nuestra/la nuestra* tarea es más difícil que la *suya/su*.
9. Le interesan mucho *vuestros/los vuestros* vida y estudio.
10. No se distinguen lo *suyo/su* de lo *mío/mi*.

十八、参照例句用所给词语造句。

例：(yo) asiento → El asiento es *mío*.

1. (tú) perros
2. (yo) gafas
3. (nosotros) hijos
4. (vosotros) gatas
5. (ustedes) hijas
6. (nosotras) mesas
7. (usted) reloj
8. (él) padres
9. (tú) radio
10. (ellos) pasaportes
11. (ella) invitación
12. (vosotras) amigos
13. (yo) pensamiento
14. (ustedes) ordenadores
15. (ellas) relaciones
16. (él) edad
17. (nosotros) expedición
18. (tú) floreros
19. (usted) cuadros
20. (vosotros) compañeros

十九、使用物主形容词转换下面的说法。

例：Tenemos una huerta muy hermosa. → *Nuestra* huerta es muy hermosa.

1. Tienes una profesora muy simpática.
2. Ella tiene una pulsera de oro.
3. Tiene una cocina muy moderna.
4. ¿Tienes un coche azul?
5. Hace unos platos estupendos.
6. Tenemos unos sillones muy cómodos.

7. El frigorífico que hemos comprado está estropeado.

8. Tenéis un jardín grande.

9. Tienen dos hijas muy guapas.

10. Tengo una máquina de fotos japonesa.

3.2.3.3 概数词

对数量的说明可以是模糊的也可以是准确具体的。表示模糊数量概念的词叫做概数词。如：todo el pueblo（全村），*muchos* problemas（许多问题），*poca* gente（少数人），*bastante* agua（相当多的水），*algún* objeto（某个物体），*más* tiempo（更多的时间）等等。其实这些都可以归于不定形容词之列（见 3.2.3.8）。表示确切数量概念的形容词主要有下面几种。

3.2.3.4 基数词

即自然数。如：uno（一），dos（二），tres（三），cuatro（四），cinco（五），seis（六），siete（七），ocho（八），nueve（九），diez（十），ciento（一百），mil（一千），diez mil（一万）等。请看下表：

once	11	veinte	20	treinta	30
doce	12	veintiuno	21	treinta y uno	31
trece	13	veintidós	22	treinta y dos	32
catorce	14	veintitrés	23	treinta y tres	33
quince	15	veinticuatro	24	treinta y cuatro	34
dieciséis	16	veinticinco	25	treinta y cinco	35
diecisiete	17	veintiséis	26	treinta y seis	36
dieciocho	18	veintisiete	27	treinta y siete	37
diecinueve	19	veintiocho	28	treinta y ocho	38
等等		等等		等等	
cuarenta	40	cincuenta	50	sesenta	60
cuarenta y uno	41	cincuenta y uno	51	sesenta y uno	61

cuarenta y dos	42	cincuenta y dos	52	sesenta y dos	62
等等		等等		等等	
setenta	70	ochenta	80	noventa	90
setenta y uno	71	ochenta y uno	81	noventa y uno	91
setenta y dos	72	ochenta y dos	82	noventa y dos	92
等等		等等		等等	
ciento	100	trescientos	300	setecientos	700
ciento uno	101	cuatrocientos	400	ochocientos	800
ciento dos	102	quinientos	500	novecientos	900
doscientos	200	seiscientos	600	mil	1000
等等		等等		等等	

基数词一般位于名词之前，表示人或事物的具体数量：*un* país（一个国家），*tres* árboles（三棵树），*cien* funcionarios（100位官员），*quinientos mil* habitantes（50万居民）。有关基数词的用法要注意以下几点：

- uno 和以 uno 结尾的其他基数词如 veinti*uno*（21），treinta y *uno*（31），ochenta y *uno*（81），cuatrocientos setenta y *uno*（471），un millón novecientos cincuenta y *uno*（1,000,951）等，在阳性名词前发生短尾，即去掉末尾字母 o。例如：*un* suceso（一次事件），veinti*ún* pájaros（21只鸟），cincuenta y *un* obreros（51位工人），mil trescientos *un* dólares（1,301美元），*un* millón ochocientos sesenta mil seiscientos cuarenta y *un* coches（1,860,641辆汽车），setecientos veinti*ún* millón ciento treinta y *un* kilogramos（721,000,131公里）等；在阴性名词前为 una：*una* señora（一位夫人），noventa y *una* veces（91次），treinta mil ciento sesenta y *una* hojas（30,161片叶子）等；另外，说明阳性名词时，在 mil 前也要短尾：veintiún mil minutos（21,000分钟），cuarenta y un mil granos（41,000粒），doscientos setenta y un mil hispanohablantes（261,000位说西班牙语的人）等；但说

明阴性名词时则使用 una：sesenta y *una* mil camisas（61,000 件衬衫），noventa y *una* mil trescientas palabras（91,300 个词）。

- Ciento 在所有的名词前都发生短尾：cien pesetas（100 比塞塔），cien años（100 年），cien sillas（100 张椅子），cien exámenes（100 次测试）。另外，在数词 mil 前也要短尾：cien mil experimentaciones（10 万次试验），cien mil turistas（10 万名旅行者），cien mil cartas（10 万封信）。然而，其后面没有别的词时，则保持原形：¿Cuántos hay?（有多少个）—Ciento（100 个）。

- 从 treinta y uno（31）到 noventa y nueve（99）之间的两位数的构成为：十位+y+个位。例如：cuarenta y seis（46），ochenta y nueve（89），noventa y dos（92）。

- Doscientos（二百），trescientos（三百），cuatrocientos（四百），quinientos（五百），seiscientos（六百），setecientos（七百），ochocientos（八百）和 novecientos（九百）与被限制的名词保持性的一致：*doscientas* muchachas（200 名姑娘），*quinientos* días（500 天），*ochocientas* prendas（800 件衣服），*trescientas* sesenta y *una* mil revistas（361,000 本杂志），*cuatrocientas* noventa y *una* mil *quinientas* veinti*una* hojas（491,521 片叶子），*setecientos* cuarenta y *un* mil *trescientos* treinta y *un* libros（741,331 本书）。

- Mil（千）作为形容词无性数变化：mil alumnos（1000 名学生），cinco mil palabras（5000 词），novecientos cuarenta y cinco mil libros（945,000 本书）；但作名词时有复数形式，表示大约数量概念，并且通过前置词 de 与其后面的名词建立关系：miles de bicicletas（几千辆自行车），miles de conferencias（成千上万次讲座），miles de prensas（几千本刊物）。这类说法往往有夸张的意味。

- "一千（人或事物）"不是 un mil，而是 mil：*mil* kilómetros（1000

公里),*mil* personas(1000 人),*mil* y una noches(一千零一夜)。
- 虽然不说*un mil kilos de manzanas(*mil* kilos)(1000 公斤),也不说*ciento mil toneladas de carbón(*cien mil* toneladas)(10 万吨煤),但是要说 veintiún mil kilos de manzanas(21,000 公斤苹果),*ciento* treinta y *una* mil pesetas(131,000 比塞塔),*ciento un* mil minutos(101,000 分钟),*ciento una* mil horas(101,000 小时)。
- Millón(百万)是阳性名词而不是形容词,因此用法和形容词 ciento(百),mil(千)有所不同。"100 万"为 un millón,"200 万"往上则用其复数形式 millones,而且通过前置词 de 与相关名词建立关系:*un millón de* metros(100 万米),*dos millones de* toneladas(200 万吨),*mil millones de* pesetas(10 亿比塞塔)。但是 millón 或者 millones 后面若还有其他数字,则不用前置词 de 与相关名词相联系,而是根据后面跟着的数字的用法行事:*un millón* cuarenta y tres mil casas(1,043,000 座房子),*cinco millones* ochocientos siete francos(5,000,807 法郎),*mil millones* veinticuatro mil pesos(十亿零两万一千比索)。Millones 作为大约数字,往往有夸张的意味:*millones de* personas(几百万人),*millones* de bicicletas(几百万辆自行车),millones de tratados(几百万篇论文)。
- 表示世纪数时使用基数词而不是序数词,而且置于 siglo(世纪)之后:el siglo *XV*(el siglo *quince*)(15 世纪),el siglo *XX*(el siglo *veinte*)(20 世纪)
- 在表示"我们(咱们)x 个人","你们 x 个人","他们 x 个人"等意思时,基数词放在代词后面:nosotros *dos*(我们两个人),ustedes *cinco*(你们五个人),ellas *seis*(她们六个人)。

3.2.3.5 序数词

即表示排列顺序的词:primero(第一),segundo(第二),tercero

(第三), cuarto(第四), quinto(第五), sexto(第六), séptimo(第七), octavo(第八), noveno(第九), décimo(第十), decimoprimero(第十一), decimosegundo(第十二)等。请看下表：

1°	primero	7°	séptimo
2°	segundo	8°	octavo
3°	tercero	9°	noveno
4°	cuarto	10°	décimo
5°	quinto	11°	undécimo/decimoprimero
6°	sexto	12°	duodécimo/decimosegundo

序数词的使用应注意以下几点：

- 序数词都有性数标志，与其所指示的名词性数一致，而且与定冠词一同出现：*los primeros* números(前面的数字)，*la quinta* columna(第五列)，*la séptima* vez(第七次)。
- 序数词的位置相对与于所指示的名词，可前可后，但常常放在前面：Resucitó al *tercer* día.(第三天他复活了)；Vivo en el *cuarto* piso / piso *cuarto*.(我住在四层)。
- Primero(第一) 和 tercero(第三)在阳性单数名词前短尾：el *primer* puesto(首位)，el *primer* año(第一年)，el *tercer* mes(第三个月)，el *tercer* sillón(第三张沙发)。反过来，不在阳性单数名词前就不短尾，因此：Ella sólo apareció en las clases el *primero* y el *último día* del semestre.(她只在学期的第一天和最后一天出现在课堂上)。
- 从 primero(第一)到 decimosegundo(第十二)的序数词是常用的，越往后使用的频率就越小。因此：
- 西班牙语中还经常使用基数词来表示顺序。具体做法是在名词之前、之后分别用定冠词和基数词(*定冠词＋名词＋基数词*)如：el piso *veinte*(第二十层)，la fila *quince*(第十五排)，el día *treinta y uno*(第三十一天/三十一日)，el año *2001*(2001

年)，*el* siglo *XXI*(二十一世纪)，Alfonso *XII*(阿尔丰索十二世)，Ella es el número uno. (el número tres, el número veintiuno, el número ciento..., *la última*) (她是第一/第三/二十一/一百/最后一位)。

3.2.3.6 倍数词

倍数词是相对于基数词的倍数：doble(二倍)，triple(三倍)，cuádruple(cuádruplo) (四倍)，quíntuplo(五倍) 等。越往上使用的频率就越小。倍数词的用法：

- 形容词性质的倍数词，例如：

  △ *倍数词*+*número de*+*名词*+*que*：Barcelona tiene *doble múmero de* habitantes *que* Valencia.(巴塞罗那的居民数是瓦伦西亚的两倍)，Hemos recogido *cuádruple número de* hongos *que* vosotros.(我们采的蘑菇是你们的四倍)。

  △ *倍数词*+*de*+*形容词*+*que*：Esta cinta es *doble de ancha que* aquélla.(这条带子比那条宽两倍)，Tu casa es *triple de grande que* la mía.(你的房子是我的房子的三倍大)。

  △ 作形容词用时，倍数词还具有"二重，三重，x 重"等意思。例如：cometer *doble* falta(犯双重错误)，palabra con *doble* significación(一个词有双重意思)，*triple* muralla(三重城墙)，Realizar *cuádruple* salto mortal.(实现四重生攸关的跳跃)。

- 作副词用的倍数词，其用法为：*倍数词*+*形容词*+*que*。例如：Esta cinta es *triple larga* que la otra.(这条带子是另一条的三倍长)，El reloj mío es *quíntuplo caro que* el tuyo.(我的手表比你的贵五倍)。

- 名词性质的倍数词，*el*+*倍数词*+*de*。例如：La altura de este edificio es *el doble de* la de ése.(这栋楼的高度是那栋楼的两倍)，*El triple de* nueve es veintisiete.(九的三倍是二十七)。

- 表示倍数还可以使用名词 vez，即 *x veces*+*más*+*形容词*+*que*。

例如：Los alumnos de esta facultad son *cinco veces más que* los de la otra.(这个系的学生数是那个系的五倍)。El coche corre *seis veces más rápido que* la bicicleta.(汽车比自行车快五倍)。Esta piedra es *treinta veces más pesada* que ésa.(这块石头比那块石头重三倍)。

3.2.3.7 分数词

分数词表示份额(*X* 分之 *Y*)。例如：un tercio(三分之一)，dos quintos(五分之二)，las tres cuartas partes(四分之三)等等。除"二分之一"用 la mitad, 如: *la mitad* de los libros(这些书的一半)，*la mitad* de las empresas(那些公司的半数)，*la mitad* de las sillas(这些椅子的半数)等以外，其余分数概念的表达方式可以是：

- *基数词*（分子）+*序数词*（分母）。基数词为"一"时，序数词用单数；其他情况下，序数词用复数。例如：*un tercio* de los alumnos(三分之一的学生)，*dos tercios* de las chicas(三分之二的姑娘)，*cinco undécimos* de las prensas(十一分之五的刊物)，*un cuarto* del ingreso(四分之一的收入)。

- *定冠词*+*基数词*（分子）+*序数词*（分母，与后面的 parte 性数一致）+*parte*（分子为"二"以上的数字时用复数）。例如：*una tercera parte* de los alumnos(三分之一的学生)，*las tres cuartas partes* de los documentos(四分之三的文件)，*las ocho decimoquintas partes* de los automóviles(十五分之八的机动车)，*una décima parte* del tiempo(十分之一的时间)，*las cuatro séptimas partes* de los ordenadores(七分之四的电脑)。

- *分数词*+*名词* 构成的词组作主语时，谓语动词的人称和数可以和分数部分相一致。例如：Las cinco novenas partes del campo *fueron* ocupadas.(九分之五的农田被占)，Una cuarta parte de las escuelas es *privada*.(四分之一的学校是私有的)，Un tercio de las publicaciones de la editorial *se emplea* en las

~77~

clases.(该出版社三分之一的出版物使用于课堂)，*Dos quintos* de la superficie del barrio *se dedican* a la construcción de edificios.(这个地区五分之四的面积用于盖楼房)。

谓语动词的人称和数也可以与词组中的名词部分保持一致。 例如：La mitad de los *niños están* inmunizados.(有一半小孩接受了预防接种)，Siete décimas partes de la *población* del distrito *trabaja* en esta empresa.(县里十分之七的人口在这家企业工作)，Dos tercios de la *obra está* escrita en español.(作品的三分之二篇幅为西班牙语)，Un sexto de los *libros* de la biblioteca *se quemaron*.(图书馆六分之一的书烧了)。

- 修饰*分数词+名词* 词组的形容词的性数和该词组的一致关系与上述动词的情形相同。例如：*La mitad* de las revistas leídas *resulta interesante*.(已看过的这些杂志中有一半很有意思)，Un tercio de los *trabajadores quedan satisfechos*.(三分之一的劳动者是满意的)，*Las cuatro novenas partes* de los coches *quedan pintadas* en azul.(九分之四的汽车涂成了蓝色的)，Una duodécima parte de los *huevos están podridos*.(十二分之一的鸡蛋变质了)。

- 形容词 medio 也可以表示"一半，二分之一"等概念，但它后面所指的名词仅限于单数，即一个人或物。例如：*medio* pescado(半条鱼)，*medio plato*(半盘子)，*media fábrica*(半个工厂)，*media* naranja(半个桔子)。

- 百分数用 el (un) + x +por ciento 表示。冠词是 el 时，为确切数字；冠词是 un 时，一般为大约数字。例如：*El ochenta y tres por ciento* (83%) de los becarios *recibieron / recibió* dinero sin dificultad.(百分之八十三的奖学金生顺利地领到了钱)，Sólo *un veinticinco por ciento* (25%) de los electores *votaron / votó* en favor del proyecto.(只有约百分之二十五的选民对此方案投赞成票)。

练 习

一、请用西班牙语读出下列数字。

A.

0 / 2 / 5 / 8 / 10 / 11 / 12 / 13 / 15 / 16 / 17 / 19 / 20 / 21 / 22 / 28 / 30 / 31 / 32 / 33 / 36 / 40 / 41 / 42 / 44 / 50 / 55 / 60 / 70 / 80 / 90 / 91 / 92 / 93 / 98 / 99 / 100 / 101 / 102 / 103 / 109 / 110 / 112 / 113 / 114 / 178 / 305 / 378 / 392 / 400 / 456 / 483 / 500 / 501 / 519 / 547 / 600 / 610 / 611 / 612 / 634 / 699 / 900 / 911 / 947 / 999 / 1.000 / 1001 / 1,002 / 1,010 / 1,011 / 1,012 / 1,022 / 1,234 / 1,451 / 1,543 / 2,000 / 2,001 / 2,910 / 3,000 / 3,456 / 3,981 / 4,000 / 4,598 / 9,991 / 10,511 / 13,357 / 47,862 / 98,735 / 8,735,629 / 19,876,432 / 838,721,045 / 90,338,479,102 / 673,557,329,847

B.

1/2, 1/3, 1/4, 2/3, 3/4, 4/5, 5/6, 5/7, 3/8, 4/9, 1/10, 7/10, 9/10, 4/11, 5/12

C.

25,4; 48,83; 982,07; 356,986; 8934,01; 87,645,56; 21,004,55; 800,583,20

D.

1%; 15%; 23%; 56%; 70%; 98,64%; 99,87%

二、请朗读下面词组和句子。

A.

1 kilómetro; 1 impresora; Juan Carlos I; 10 hombres; 11 horas; 11 discos; 21 revistas; 31 libros; 42 diccionarios; 51 mesas; 61 bolígrafos; 71 expertos; 80 alumnas; 91 gramos; el 5 piso; 100 sellos; 100 cartas; 101 hojas; la 4 línea; 151 personas; 101 billetes;

la 12 vez; 200 periódicos; 201 calentadores; Isabel II; 321 cintas; 541 cajas; 700 jornadas; la 9 sinfonía; 1,001 noches; 1,501 árboles; 21,200 euros; 5,900 tubos, 18,600 toneladas; 25,485,360 pesetas; 200,402,300 onzas; 100,000,000 de libras; lección 10; 111,501 liras; León X; 100,930 francos; 21,201 dólares; 890,531,100 estrellas; 111,111,111 litros; 121,161,141 letras

B.
1. Son las 20.
2. Son las 23:30.
3. Son las 7:05 de la tarde.
4. Eran las 6:40 de la mañana.
5. Son las 2:30.
6. El tren sale a las 20:56.
7. Son las 10:25.
8. Son las 9:30 de la mañana.
9. Salí al teatro a las 5:15 de la tarde.
10. El avión llegó a las 12 de la noche.

C.
1. Ha comprado 3 litros de aceite.
2. Esta habitación mide 8 metros de largo.
3. El camión carga 21 toneladas.
4. He engordado 1.5 kilos este año.
5. Guilin se sitúa a 2000 kilómetros de Xian.
6. Pedro mide 1.78 metros.
7. Un kilómetro tiene 1.000 metros.
8. Estos filetes pesan 350 gramos.
9. Petra pesa 57 kilos.
10. Esta novela tiene 500 páginas.

D.
1. El kilo de azúcar vale 150 pesetas.
2. Hoy es 21 de abril.
3. La República Popular China se fundó en el año 1949.
4. La máxima de hoy será 38°C.

5. El 58.5% de los españoles encuestados ve la televisión.
6. La nochebuena se celebra el 24 de diciembre.
7. Este tren corre a 210 kilómetros por hora.
8. No tengo que utilizar el ascensor porque vivo en el 1° piso.
9. Mi número de teléfono es 68901920.
10. De ellos, un 36.8 son hombres, frente a un 47.2% de mujeres.

三、请把下面的数目用阿拉伯数字写出来。

A.

once; quince; veintidós; veintisiete; treinta y seis; ochenta y dos; trescientos cuatro; quinientos diecinueve; mil veintiuno; ocho mil setecientos; diez mil cuatrocientos setenta y tres; ochenta y un mil ciento uno; seiscientas cincuenta y una mil trescientas diez; doscientos veinte mil quinientos; un millón tres; cien millones setecientos un mil cuatrocientos dieciocho; mil millones novecientas mil quinientas

B.

1. Éramos un grupo de treinta y seis jugadores.
2. Le tocó un millón seiscientas mil pesetas en la lotería.
3. Me debes dos mil trescientos sesenta euros.
4. El resultado es: ciento ochenta y nueve mil doscientos cincuenta y dos.
5. Se han hecho cien ochenta copias de la invitación.
6. España ocupa cuatrocientos noventa y un mil doscientos cincuenta y ocho kilómetros cuadrados de la Península Ibérica.
7. La superficie de las Islas Baleares es de cinco mil catorce kilómetros cuadrados.
8. La superficie de las Islas Canarias es de siete mil doscientos setenta y dos kilómetros cuadrados.

9. Con las Baleares y las Canarias, la extensión de España es de quinientos tres mil quinientos cuarenta y cuatro kilómetros cuadrados.

10. La superficie total de la Península Ibérica es de quinientos ochenta y tres mil quinientos kilómetros cuadrados.

四、下列数字表达中应否使用连词 y，缺少时加上，多余时去掉并作其他必要的修改。

treinta tres, veinte y cuatro, cincuenta y ocho, veinte y uno, cuatrocientos y tres, doscientos once, cinco mil y seiscientos, quinientos y cuarenta y cinco, ciento y uno, cuatrocientos veinte y dos mil y treinta, un millón y cien mil, ciento y un millones mil, mil millones seiscientos, setenta y siete mil dos

五、请选用 **uno, un, una, ciento** 或者 **cien** 填空完成句子。

1. También me gustaría tener ____ como el tuyo.
2. No tengo ni ____ vestido de fiesta.
3. Serían unas ____ personas.
4. ¿Que cuántos diccionarios tengo yo? Sólo ____.
5. No tengo pluma, dame ____.
6. Ya llevo apuntados a ____ y pico concursantes.
7. En un mes ha recibido ____ cartas.
8. Tienen ____ sofá-cama en el salón.
9. No queda más que ____ tomate.
10. Un ochenta por ____ de los alumnos no sale de la capital durante las vacaciones.

六、改正下面句子中的错误。

1. Aquí hay unos setentos alumnos.

2. Los profesores son colocados en la primer fila.
3. Esta maleta vale veinte y uno mil seiscientos pesetas.
4. Estamos en tercer de Lingüística.
5. Este año hemos plantado unos doscientos miles y ciento árboles.
6. Gana mensualmente ciento miles de pesetas.
7. Su novia es alumna del primero curso.
8. Hace sólo uno año que vivo aquí.
9. Miles trabajadores participaron en la manifestación.
10. Fueron conmigo ochenta y uno alumnos.

七、请写出与下列基数词相对应的序数词形式。

1, 2, 3, 4, 5, 6, 7, 8, 9, 10, 11, 12, 20, 30, 40, 100, 1000

八、请用 **primero** 或 **tercero** 的适当形式填空。

1. Domingo es el _____ día de la semana.
2. De ____ quisiste ensalada, y de segundo, un filete.
3. Está en el _____ lugar de la lista.
4. Ésta es la _____ vez que estoy en España.
5. Tenemos cuatro hijos, éste es el _____.
6. Ella fue la _____ mujer en mi vida.
7. El edificio tiene cinco pisos, nosotras vivimos en el _____.
8. Después de la _____ copa ya estabas mareado.
9. Vivimos en el _____ piso.
10. Marzo es el _____ mes del año.

3.2.3.8 不定形容词

这类形容词所指示的对象或多或少有点模糊。这一点从下面所给的说法中可以看得出来：*cualquier* día（任何一天），*cierta* persona（某人），*tal* motivo（如此缘故），*otros* lugares（其他地方），*semejante* caso(类似情况)，*algunas* frutas(几个水果)。

西班牙语的不定形容词主要有：alguno(某个)，bastante(相当多)，cierto(某个)，cualquiera(任何一个)，demasiado(太多)，harto(过多)，mucho(很多)，ninguno(无一个)，otro(别的)，poco(少的)，semejante(类似的)，tal(如此的)，todo(所有的)，vario(几个)等。

不定形容词 cualquiera(任何一个)在名词前发生短尾，即去掉尾部的元音 a：*cualquier* alumno(任何一名学生)，*cualquier* palabra(任何一个词)；其复数形式也很特别，在中间加 es，而不是在词尾加 s：cualesquiera。例如：*cualesquiera* maneras(任何方式)，*cualesquiera* sucesos(任何事件)。Alguno(某个)，ninguno(无一个)在阳性单数名词前也发生短尾：*algún* criterio(某种看法)，*algún* documento(某个文件)，*ningún* libro(无一本书)，*ningún* cuadro(无一张画)；在其他情况下没有这种问题：*algunos* compañeros(某些同学)，*algunas* películas(一些电影)，*ninguna* señora(无一位夫人)，*ninguna* cama(无一张床)，No consiguió respuesta *alguna*.(未得到任何答复)，No llegaron a convenio *alguno*.(未达成任何协议)。

3.2.3.9 并列形容词

这类形容词指示同类对象中的每一个或者若干个：*ambos* amigos(二位朋友)(uno y otro，一个和另一个)，*Ambos* salieron.(他们两个都出去了)；*Cada* día toma una botella de yogur.(他每天喝一瓶酸奶)；las *demás* compañeras(其他同学)(las otras, excluyendo una o unas，别的，未在范围内的一个或几个) 等等。Cada(每)无性数变化：*cada* carta(每一封信)，*cada* billete(每张票)，*cada* mil soldados(每一千名士兵)；demás(别的)常常意味着复数，性也只能通过其前面的定冠词表现：*los demás* cuadernos(其他本子)，*las demás* casas(别的房子)，*Lo demás* no se sabe.(其余未知)。

练 习

一、请划线指出下面句子中的不定形容词。

1. Tienes bastantes faltas en este escrito.
2. Tienen muchas ganas de ver el mar.
3. Caminaban en sendos caballos por la sabana.
4. Todos los días lee algún periódico.
5. Hay todavía bastante gasolina en el depósito.
6. Ningún compañero está de acuerdo con la decisión.
7. No puedo contemplar impasible tanta miseria.
8. Todas las tardes damos un largo paseo.
9. Cada uno alza una bandera.
10. Tantas veces me lo ha dicho, que ya me lo sé de memoria.

二、请用 **mucho** 或 **poco** 的适当形式填空。

例：¿Se venden <u>muchas</u> flores? —<u>Muchas</u> no, <u>pocas</u>.

1. ¿Consumen _____ aceite? —_____ no, _____.
2. ¿Vienen _____ veces? —_____ no, _____.
3. ¿Hay _____ alumnas en el departamento? —_____ no, _____.
4. ¿Hay _____ gente allí? —_____ no, _____.
5. ¿Tienes _____ tiempo libre? —_____ no, _____.
6. ¿Tienes _____ visitas? —_____ no, _____.
7. ¿Produce _____ ruido? —_____ no, _____.
8. ¿Has conocido _____ países? —_____ no, _____.

三、请用 **bastante** 的适当形式填空。

1. No encontramos _____ agua.
2. ¿Hay _____ luz en la sala?

3. ¿Tenéis _____ platos?

4. No me da _____ tiempo para jugar al golfo.

5. ¿No tenéis _____ comida y bebida?

6. ¿Tienes _____ dinero para comprar aquel apartamento?

7. Tiene _____ capacidad de arreglarte el ordenador.

8. He coleccionado _____ cintas para estudiar la música clásica.

四、请用 **otro** 的适当形式填空。

1. Yo uso _____ diccionario mejor.

2. Póngame _____ kilo de tomates.

3. ¿Dónde hay _____ farmacia?

4. _____ veces lleva sombrero.

5. Necesito _____ traje.

6. Queremos visitar _____ sitios.

7. ¿Tienes _____ revistas más interesantes?

8. Vamos a verlo _____ día.

五、请用 **demasiado** 的适当形式填空。

1. ¿Hay mucha gente allí? —Hay _____.

2. ¿Duermen pocas horas? —Duermen _____.

3. ¿También come poca carne tu novio? —La come _____.

4. ¿Fuma tu hijo muchos cigarros? —Fuma _____.

5. ¿Realiza usted muchas visitas? —Realizo _____.

6. Tiene vicio vuestro yerno? —Tiene _____.

7. ¿Hay cartas por mandar? —Hay _____.

8. ¿Ha habido llamadas telefónicas? —Ha habido _____.

六、请选用 **alguno** 或 **ninguno** 的适当形式填空。

1. Tenemos _____ cosas que discutir.

2. ¿Tiene usted _____ problema?

3. Tiene _____ pájaros en casa, pero _____ canta.

4. No había _____ barco en el puerto.

5. Quiere comprar a su marido _____ pantalón.

6. ¿Conoces a _____ hotel en Shanghai?

7. ¿Isabel, al final no te has comprado _____ vestido?

8. No se la puede ver a _____ hora.

9. Lo siento, no me queda carpeta _____.

10. Tranquilo, no hay _____ problema.

七、请用 **cada** 或者 **ambos** 的适当形式填空。

1. _____ hermanos se compraron coche.

2. _____ contendientes terminaron agotados.

3. _____ día traducía una página.

4. Marido y esposa _____ asistieron al curso.

5. _____ países retiraron las tropas.

八、请用 **cada** 和下面所给词组完成句子。

ocho horas, cinco años, tres meses, momento, uno o dos años, cuarto de hora

例：Se asoma a la ventana a _____. → Se asoma a la ventana a <u>cada momento</u>.

1. No voy a terminar nunca este trabajo si me interrumpen a _____.

2. En este país se celebran elecciones generales _____.

3. ¿Es esta revista mensual? —No, es trimestral; me la envían _____.

4. El médico ha dicho que te tomes un sobre de antibiótico _____.

5. ¡Vaya!, se nos ha escapado el tren. —No te preocupes, pasa

uno _____.

6. ¿Viajas mucho al extranjero? —Bueno, no mucho, suelo hacer un viajecito _____.
7. ¿Porqué las luces se apagan a _____?

九、请选择 **cada, todo** 或 **cualquiera** 完成下面的句子，注意后二者与相关名词在性数上的搭配关系。

1. _____ vez que le pregunto por sus padres el chico me cuenta una historia diferente.
2. Recuérdale que se tome la medicina _____ seis horas.
3. Ese no es un libro _____.
4. Yo creo que es mejor que _____ uno pague lo suyo.
5. Le dieron un programa a _____ uno de los asistentes.
6. Mi mujer está muy harta de este trabajo, _____ día de estos lo dejará.
7. A Sonia le pasan dinero sus padres _____ los meses.
8. Volveré a _____ hora.
9. El jefe no ha aparecido por aquí en _____ el día.
10. _____ vez que oye esa música, se pone a bailar.

十、请用 **bastante** 或 **demasiado** 的适当形式完成句子。

1. Mi padre ha trabajado _____ horas, está agotado.
2. No hay _____ papel para envolver los regalos.
3. Ahora no queremos salir, hace _____ calor.
4. Nicolás no es rico, pero gana _____ dinero.
5. El niño ha comido _____ caramelos, le duele el estómago.
6. ¿Puedes reducir el volumen de la televisión?, hace _____ ruido.
7. No tienes que traer uvas, ya tenemos _____ frutas.
8. Los platos están muy salados, les has puesto _____ sal.

9. No pudieron entrar en el teatro porque había _____ gente.
10. Por favor, no pongas más carbón en el horno, ya hay _____.

十一、下面每句话中所给的三个词中哪个(些)正确，请在其前面画×指出。

1. Tenemos los *mismos / iguales / semejantes* gustos.
2. Es un piso con muy *bastante / demasiada / poca* luz.
3. Nos veremos *cualquier / tal / algún* día.
4. Su *semejante / tal / propia* hija le oyó decirlo.
5. Tiene *tales / propios / algunos* juguetes.
6. ¿Te apetece *alguna / cada / toda* taza de té?
7. Dile sólo eso, no lo *demás / de más / otro*.
8. Hemos encontrado *ciertas / bastantes / muchas* versiones respecto al hecho.
9. Ante *tal / propia / semejante* situación decidieron abandonar el proyecto.
10. ¿Le queda *alguna / toda / sendas* entrada?

3.2.3.10 疑问形容词和感叹形容词

疑问形容词对名词所指的对象进行提问，常用的有 qué(什么)，cuánto(多少)等。例如：¿A *qué* hora llegarán?(他们什么时间到达)，¿*Cuántas* veces te limpias los dientes diariamente?(你一天刷几次牙)，Qué 没有性数标志：¿*Qué* libros necesitas?(你需要什么书)，¿*Qué* cuestión es la tuya?(你的问题是什么)。Cuánto 词尾既有数又有性的标志：¿*Cuánta* gasolina has comprado?(你买了多少汽油)，¿*Cuántos* compañeros han venido?(来了多少位同学)。

Cuál(哪个)为疑问代词，有数的不同形式，但无性的变化。例如：¿Cuál de los libros prefieres?(你最喜欢哪本书)，¿Cuáles de estas mesas pertenecen al Departamento de Español?(这些桌子中哪些是西班牙语系的)。

感叹形容词对名词所表示的对象抒发感慨，常用的是 qué（多么），cuánto（多少）等，与名词的性数一致关系也和上述作为疑问形容词的情形相同。例如：¡Qué alegría!（多么高兴呀），¡Qué frío hace!（好冷啊），¡Cuántas estrellas!（多少颗星星呀），¡Cuántos soldados desfilan!（排了这么多士兵/排了多少士兵啊）。

疑问形容词和感叹形容词都带重音符号。

练 习

一、请选择 **qué** 或 **cuál** 填空。

1. ¿____ programas de radio oyes?
2. ¿Por ____ razón lo has hecho?
3. ¿De ____ talla es tu cazadora?
4. ¿____ le has dicho, bribón?
5. ¿En ____ sitios has estado?
6. —¿Tienes frío? —¡____ va!
7. ¿____ es tu deporte favorito?
8. ¿De ____ nacionalidad es Carmela?
9. ¿En ____ número vive Víctor?
10. Casi me mato. ¡____ horror!

二、用适当的疑问形容词把下面陈述句变为疑问句。

1. Tu novia tiene 25 años.
2. Sus vaqueros son de la talla 42.
3. Te levantas a las 6:30.
4. Le gustan los libros de amor.
5. Prefiero ese vestido negro.
6. Me gusta este llavero.
7. Tiene ojos azules.

8. Sus padres le han comprado libros policíacos.

9. Tengo un niño y una niña.

10. Aquel coche blanco es mío.

三、请用适当的感叹形容词把下面陈述句变为感叹句。

1. Se produjo un gran tumulto.

2. En este país hay mucho verde.

3. Ayer fue un día muy especial.

4. Necesita mucho dinero.

5. Tiene demasiada ignorancia.

6. Tiene mucha población nuestro país.

7. Me dan mucha risa sus palabras.

8. La vida ofrece una hermosura extraordinaria.

四、根据下面所给出的答案用适当的疑问形容词提问。

1. —¿_____?
   —Hoy es jueves.

2. —¿_____?
   —Tengo veinte años.

3. —¿_____?
   —Tenemos dos chicos y una chica.

4. —¿_____?
   —Prefiero la gris.

5. —¿_____?
   —El barco partirá a las cinco y media.

6. —¿_____?
   —Me da igual la hora.

7. —¿_____?
   —Mi profesora es la que anda en medio.

8. —¿_____?
   —Tengo clases de lengua española cinco veces a la semana.
9. —¿_____?
   —Son las tres y veinte.
10. —¿_____?
   —El horno come cien kilos de leña al día.

五、请用 **qué** 或者 **cuánto** 的适当形式完成下面句子(有些情况下二者均适用)。

1. ¡____ tráfico hay hoy!
2. ¡____ ruido más insoportable!
3. ¡____ frío hace!
4. ¡____ chica más tonta!
5. ¡____ gente ha venido!
6. ¡____ día más hermoso!
7. ¡____ vergüenza le ha dado confesárselo!
8. ¡____ sueño tengo!
9. ¡____ librerías hay en este barrio!
10. ¡____ ganas tengo de ir!

六、给下面句子中需要加上重音符号的词加上重音符号。

1. No sabes cuanta alegría me da verte.
2. ¿Cuantas veces se toma la medicina al día?
3. ¿Cual de los libros es tuyo?
4. ¡Cuantas veces lo ha preguntado!
5. Adivina cual de los profesores nos ha tocado.
6. Dime cuanta gasolina come por cien kilómetros.
7. No sabes con que enemigos hemos luchado.
8. ¿Que tipo de gente es su novio?

9. No te imaginas que riesgos hemos corrido.
10. No sé en cual de los coches quiere ir al trabajo.

3.3 形容词的位置

3.3.1 位置的重要性

大多数限制性形容词和全部性质形容词，在句子中可以位于它们所指示的名词之前，也可以位于其后。但这绝不是说形容词相对于名词的位置是随意的。有些形容词在名词之前和之后意思甚至截然不同。比如：

cierta noticia（某条消息）　　noticia *cierta*（真实消息）
pobre hombre（可怜人）　　　hombre *pobre*（穷人）
gran señor（伟大的人）　　　señor *grande*（高大的人）
triste figura（平庸的形象）　　figura *triste*（悲哀的形象）
pura ilusión（纯属幻想）　　　ilusión *pura*（纯洁的幻想）
simple soldado（普通士兵）　　soldado *simple*（头脑简单的士兵）

3.3.2 性质形容词的位置

西班牙语中的性质形容词倾向于跟随在所修饰的名词之后，当然位于前面的也不少，因具体情况而异。前文我们说过，性质形容词有起限制作用的和起解释说明作用的两种。前者一般放在名词的后面，而后者常常置于名词的前面。

Vive en el edificio *rojo*.（她住在那栋红楼里），Recomiéndame una novela *nueva*.（给我推荐一本新小说），En este mercado he visto productos *africanos*.（在这个市场上我发现了非洲产品），La *blanca* nieve cubre la montaña.（白雪覆盖着山峰），Tiene una voz tal como la *dulce* miel.（她的声音像蜜一样甜），前三句中的形容词 rojo（红色的），nueva（新的），africanos（非洲的）分别将不具备这些特征或性质的 edificios（楼），novelas（小说）以及 productos（产品）排除在外，

也就是说，把话题中的对象与其他同类对象区分开来；而后面两个句子中的形容词 blanca（白色的）和 dulce（甜的）则分别说出了 nieve（雪）和 miel（蜜）两种东西固有的典型特征，也就是说，名词前面的这种形容词对名词无限制或区分的意义，若是去掉它们，并不会影响人们对名词 nieve 和 miel 所指对象的理解，而倘若把它们挪到名词的后面：nieve *blanca*（白雪），miel *dulce*（甜蜜），就会使人感觉很别扭，原因是在这样的结构中，blanca 和 dulce 具有限制、区分的功能，似乎除此之外还有 nieve(s) no blanca(s)（非白色的雪），miel(es) no dulce(s)（不甜的蜜）。当然，这并不意味着起解释说明作用的形容词绝对不能出现在名词的后面，只是这时候一般须用逗号将其与前面的名词隔开：las ovejas, *mansas*（绵羊，温顺的）；un león, *fiero*（一头狮子，很凶残）；España, *montañosa*（西班牙，多山的国家）。

放在名词前面的性质形容词突出客体某方面的典型特征，有强调的功能或者表达说话人对于客体该特征的主观评价或情感。例如在下面的句子中就是如此：

La *generosa* señora nos albergó en su casa y nos invitó a probar la paella.（夫人非常厚道，让我们住在她家，还邀请我们品尝小吃巴艾亚），Llegó un *reducido* número de estudiantes.（到达的学生寥寥无几），En *menudo* lío nos hemos metido.（我们可陷入大麻烦了）。正因为这样，感叹句中的形容词总是位于名词之前：¡*Bonita* casa!（好漂亮的房子呀）；¡El *cochino* dinero tiene la culpa de todo!（脏钱是一切罪孽之本），¡*Magnífica* ocasión para hablar con él!（这是跟他谈话的非常好的时机啊）

3.3.3 限制性形容词的位置

这类形容词基本上位于名词之前。例如：

- 物主形容词：*mi* trabajo（我的工作），*nuestros* criterios（我们的观点）。但是，mío, tuyo 等要放在名词后面。例如：el trabajo *mío*（我的工作），los criterios *nuestros*（我们的观点）。
- 基数词：*tres* vacas（三头牛），*doscientas* estrellas（二百颗星）。

基数词放在名词后面时表示顺序，号码等：el siglo *XIX*（十九世纪），Felipe *XIV*（菲利普十四），la habitación *310*（310号房间），el puesto *veintinueve*（第二十九位）。

- 序数词：一般放在名词的前面，也有出现在后面的：el *tercer* día / el *día* tercero（第三天），el *cuarto* piso / el piso *cuarto*（第四层）。
- 指示形容词：通常位于名词的前面，也有放在后面的，只是这时候往往有贬义，或者指示已为交际双方共所知的客体，而且这种情况下名词前面还须有定冠词：*estos* profesores（这些老师），*aquella* entrada（那个入口），las brujas *esas*（那些个女巫），el hombre *ese*（那老兄），la frasecita *esa*（那句话）。
- 疑问形容词：放在名词之前。如：¿*Qué* hora es?（几点了），¿Por *cuánto* dinero lo adquiriste（你花了多少钱买来的）？
- 并列形容词：位于名词之前。如：*ambas* partes（双方），*cada* día（每天），los *demás* representantes（其他代表）。
- 不定形容词：位于名词之前。如：*cualquier* momento（任何时刻），*otras* cosas（别的事情），*cierta* gente（某些人）。
- 概数词：位于名词之前。如：*muchos* libros（许多书），*todo* caso（一切情况），*ninguna* vez（没一次）。

3.3.4 形容词的短尾

有些形容词位于单数名词之前时失去末尾一个元音字母或一个音节，这种情况称为短尾。这类形容词为数不多，现列举如下：

形容词	何时短尾	短尾形式	例 子
bueno	阳性、单数名词前	buen	buen chico, buen tiempo
malo	阳性、单数名词前	mal	mal día, mal hombre
primero	阳性、单数名词前	primer	primer punto, primer mes
tercero	阳性、单数名词前	tercer	tercer puesto, tercer árbol
uno	阳性、单数名词前	un	un profesor, un coche
alguno	阳性、单数名词前	algún	algún compañero, algún libro
ninguno	阳性、单数名词前	ningún	ningún señor, ningún astro
cualquiera	任何单数名词前	cualquier	cualquier camino, cualquier estrella
grande	任何单数名词前	gran	gran figura, gran éxito
ciento	任何名词及 mil 前	cien	cien autobuses, cien pesetas, cien mil
veintiuno	阳性名词及 mil 前	veintiún	veintiún ciclos, veintiún mil
santo	专用名词前，Ángel, Domingo, Tomás Tomé, Toribio 等除外	san	san Juan, san Pedro

3.4　形容词的名词化

　　一般情况下，形容词前若出现冠词，该形容词就被名词化。例如：Admira a *las jóvenes*.（她羡慕那些姑娘们），Acogen a los justos y rechazan a *los parciales*.（公正受到了欢迎，偏斜被排斥），Sabe distinguir *lo bueno* de *lo malo*.（他知道好歹）。阳性或阴性冠词对形容词的名词化与中性冠词 lo 对形容词的名词化所产生的意义有些不同。请看下面几句话：

　　De esos trajes prefiero *el* (traje) *negro*.（那些衣服中我最喜欢那套

黑色的），Esa actitud me parece *la mejor*（actitud）.（那种态度我觉得是最好的），（正在说有关文件夹的话题）Dame *las*（carpetas）*rojas*.（把那些红色的给我）。具有限制功能的性质形容词 negro（黑色的）、mejor（较好的）和 rojas（红色的），分别与有性数标志的冠词 el, la, las 相配合，替代前文出现的名词或者是为交际双方所共知的具体对象。因此，这些组合具有名词的特征，即形容词被名词化了。而形容词前有 lo 时，人们想到的是一切具备该形容词所指明的性质或特征的客体。下面的 lo brillante（闪光的）就是这样，其所指极为广泛、笼统而又抽象：*Lo brillante* siempre es agradable.（闪光的总是悦目的）。

在 *lo+性质形容词+de+名词*（lo sabroso del plato，多香的一盘菜）或者 *lo+性质形容词+que+句子*（lo grande que es el cuadro，好大的一幅画）等结构中，lo 强调客体的某方面的性质或者特征，甚至就此性质或特征抒发感慨。因为 lo 和形容词二者都是抽象的，结构的意义自然不会具体。这里仅举几例说明。Les he explicado *lo importante* del asunto / la *importancia* del asunto.（我向他们解释了事情有多重要/事情的重要性），No puedes imaginarte *lo largo* que es el discurso / la *longitud* del discurso.（你想像不出那讲话有多长/那讲话的长度），Me han hablado de *lo serena* que se mantuvo ante los adversarios / la *serenidad* con que se mantuvo ante los adversarios.（大家给我讲了她在对手面前有多镇静/她在对手面前的镇静）。

虽然 *lo+性质形容词=*表示性质的抽象名词，但在一定的语境或结构中 lo importante（多重要）和 la importancia（重要性），lo largo（多么长）和 la longitud（长度），lo sereno（多镇静）和 la serenidad（镇静）等的意味却相差很大。

练　习

一、划出并改正下面句子中的错误。

    1.　No tengo ninguno problema.

    2.　Su madre es una grande mujer.

3. ¿Nos compras algún libros para leer?
4. Hoy hace malo día.
5. Esta autora tiene el tercero premio.
6. Su abuela ha cumplido cientos años.
7. Entre ellas hay buen relación.
8. No pueden bañarse en una playa cualquier.
9. No tiene amigo algún.
10. Tiene sólo uno día de descanso a la semana.

二、下面句子中的斜体形容词哪种形式正确，请在下面划线指出。

1. Ha sacado muy *mal/malas* notas.
2. Es un *mal/malo* bicho.
3. ¡Qué *mal/mala* eres!
4. Es *un mal/uno malo* traductor.
5. Este helado no está *buen/bueno*.
6. Son *buen/buenos* muchachos.
7. Mi hija está en *buen/buena* compañía.
8. No vino nada más que *un/uno* niño.
9. No puede hacerlo *un/una* niña tan pequeña.
10. Es una *gran/grande* escritora.

三、下面句子中，若 **bueno/a/nos/nas** 或 **malo/a/os/as** 在名词之前，请挪于其后，若在名词之后，则请挪于其前。

1. Es un buen muchacho.
2. Es un mal año.
3. Tiene malas costumbres.
4. Fue un mal día.
5. Tenéis un profesor bueno.
6. Es un hospital malo.

7. Usted es una mala amiga.
8. Les prestan buenas condiciones de vida.
9. Siempre saca notas buenas en la filosofía.
10. Usted es un conductor malo.

四、把下面词组中的物主形容词置于其所指的名词之后，并进行其他相应变化。

例：vuestro trabajo → el trabajo vuestro

nuestra cocina, vuestras tortillas, nuestras mantas, tu sombrero, sus ideas, vuestros cacharros, mi armario, su puerta, nuestro pueblo, mis botellas, tus vestidos, vuestras cucharas, tus hermanos, mis guantes, tus sábanas, nuestras guitarras, vuestra pelota, nuestra decisión, su plan, sus palabras, mi alma, tu corazón, nuestra razón, sus condiciones, vuestras acciones, tus conductas, nuestros parientes

五、根据情况把所给形容词填在下面句子中的适当位置，注意其与位置相关的正确形式，然后把所有的句子翻译成汉语。

1. malo
   a) Es una persona de _____ instintos _____.
   b) ¡_____ negocio _____ me propones!
2. triste
   a) Me contó una _____ historia _____ que me hizo llorar.
   b) Es un _____ empleado _____, no gana ni para zapatos.
3. bonito
   a) ¡_____ plantón _____ nos han dado!
   b) Esa chica tiene una _____ cara _____.
4. bueno
   a) ¡En _____ lío _____ me has metido!

b) ¡_____ faena _____ me habéis hecho!

5. pobre

   a) ¡_____ doña María _____! Aún se cree joven.

   b) Es un miserable con _____ parientes _____.

6. valiente

   a) Tuvo un _____ gesto _____ al enfrentarse con ese problema.

   b) ¡_____ soldado _____ eres tú!

7. menudo

   a) Muchos grandes hombres tienen _____ cuerpo _____.

   b) ¡_____ sinvergüenza _____ estás hecho!

六、请将括号中所给的形容词放在与其相关的名词的适当位置。

1. Pero (aquellos) _____ tiempos _____ pasaron como pasa todo. De jovenzuelos llegamos a ser (formados) _____ hombres _____. Y sus durezas no fueron en adelante ni un recuerdo siquiera en mi (atraída) _____ memoria _____ a otros asuntos y anhelos. (diez) _____ años _____ más tarde, entre la correspondencia que abría en mi despacho de abogado encontré una (trazada) _____ carta _____ en (gruesos) _____ caracteres _____ y firmada por Alegret...

2. Las (actuales) _____ investigaciones _____ en la tecnología de los ordenadores siguen también otros rumbos. Por ejemplo, los que utilizan líquidos o gases en lugar de (eléctricas) _____ corrientes _____. Una (importante) _____ ventaja _____ sobres los (convencionales) _____ ordenadores _____ estriba en que ofrecen (mayor) _____ seguridad _____ que éstos en (adversas) _____ circunstancias _____, por ejemplo, si están sometidos a (grandes) _____ variaciones _____ de temperatura, como ocurre en los (espaciales)

_____ vehículos _____.

七、下面所给词组中名词与形容词的排列顺序是否可以接受，请用你认为能够接受的结构形式造句，并把所造句子翻译成汉语。

1. a) apuros económicos   b) económicos apuros
2. a) sólo café   b) café solo
3. a) gran hombre   b) hombre grande
4. a) lingüística americana   b) americana lingüística
5. a) medio francés   b) francés medio
6. a) simpáticos negros   b) negros simpáticos
7. a) palacio real   b) real palacio
8. a) historia social   b) social historia
9. a) señora pobre   b) pobre señora
10. a) pequeños pájaros   b) pájaros pequeños
11. a) verdes campos   b) campos verdes
12. a) nueva ropa   b) ropa nueva
13. a) ruso restaurante   b) restaurante ruso
14. a) simple oficinista   b) oficinista simple
15. a) derecho político   b) político derecho
16. a) playa privada   b) privada playa

八、选用定冠词 **el, la, los, las** 或 **lo** 填空使下面句子中的斜体形容词名词化。

1. Esto es _____ *grave* del asunto.
2. _____ *difícil* es ser justo.
3. _____ *malo* de la película muere al final.
4. Con _____ *celoso* que es el novio, ella prefiere encerrarse en casa.
5. Siempre _____ *fácil* es cómodo.

6. Las estatuas orientales son diferentes a _____ *occidentales*.
7. Se produce vino a _____ *largo* y a _____ *ancho* de España.
8. Esto es _____ *bueno*.
9. Este es _____ *bueno*.
10. Tengo mucha fe en _____ *jóvenes* de esta generación.

九、请用 *lo* ＋形容词 结构变换下列句子。

例：No te imaginas *qué lista* es la niña. → No te imaginas *lo lista* que es la niña.

1. No sabes qué grande es aquella plaza.
2. Mira qué contentos juegan los chicos.
3. No sabes qué diferentes son las dos hermanas.
4. Me ha contado qué triste se puso su madre al saberlo.
5. Te dará cuenta de qué lejos está su residencia.
6. Ya verás qué peligrosos son aquellos animales.
7. Fíjense qué hábiles se muestran en el trabajo.
8. Ya os contaré qué atrevidas fueron sus palabras.
9. No sabes qué húmedo es el clima de aquella zona.
10. Le he advertido qué profunda es el agua.

十、请把下面的句子翻译成汉语。

1. El comer bien es lo necesario para el hombre.
2. Hay que ver lo simpática que es Marta.
3. Lo importante es que te recuperes de tu enfermedad.
4. No veo lo complicado del asunto.
5. Ahí está lo bueno del asunto.
6. No sé por qué lo suyo siempre tiene que ser mejor que lo mío.
7. Lo mejor sería dejarlo así.
8. ¿Qué es lo que reluce en lo alto del campanario?

9. No podemos ir andando, ¿tú sabes lo lejos que está eso?
10. Ha hecho lo posible y lo imposible para conseguir el exterminio de las ratas.

十一、用适当的形容词替换下列词组中的形容词短语（*名词＋de/sin/con 等＋名词*）。

例：productos de España→productos españoles

escritor de México, parque de fieras, conceptos de poesía, periódico de la tarde, hilo de metal, noche de tormenta, reacción de los niños, palabras de fuego, mundo de América, errores de juventud, panorama de la ciudad, industria de tejidos, industria de productos del campo, correo por avión, las fiestas de Navidad, paz del hogar, vida del hombre, vestidos de la mujer, turistas de los Estados Unidos

十二、用适当的形容词短语 *(名词＋de/sin/con 等＋名词)* 替换下列词组中的形容词。

例：momento angustioso→momento de angustia

día laborable, telegrama urgente, joyas valiosas, clases nocturnas, rostro virginal, voces confusas, violines húngaros, expresión jubilosa, sala iluminada, idea genial, blusa bordada, animales marinos, persona pobre, palco central, café amargo, sonrisa triste, vida miserable, bofetada fuerte, pretérito indefinido, tierra despoblada

3.5 形容词的级

3.5.1 形容词的级

人或事物所具有的某种性质或特征在程度上可高可低，因此表示这些性质或特征的形容词就有了级的问题。形容词的级包括：原级、比较级和最高级。

3.5.2 原级

对名词所具有的某种性质或特征只做简单的说明，不将其程度的高低做出评说，也不与其他对象进行对比。例如：una tela *resistente*（一条结实的布），un cuento *divertido*（一个逗人的故事），un muchacho *trabajador*（一位勤奋的小伙子），una visita *necesaria*（一次必要的探访）。

3.5.3 比较级

某种性质或特征在程度上的高低一般是通过比较得以明确的。形容词的比较级是把两个不同的人或事物进行对比，说明他(它)们拥有某种性质或特征的等同或差异。与此相适应，比较级可分为同等级、较高级和较低级，一般由表示程度的副词 tan, más, menos 加上连词 como 或 que 构成。

同等级形式：*tan+形容词+como* Este camino es *tan* largo *como* aquél.(这条路和那条一样长)，Los procedimientos vuestros son *tan* complejos *como* los suyos.(你们的程序跟他们的一样复杂)，Tengo *tantos* quehaceres *como* tú.(我的事跟你一样多)。

较高级形式：*más+形容词+que* Su madre es *más* exigente *que* la mía.(她妈比我妈要求严)，Esta entrada me parece *más* ancha *que* aquélla.(这个入口我觉得比那个宽一些)，A mi me asignaron *más tareas que* a las compañeras.(给我的任务要比给女同学们的多)。

较低级形式：*menos*+*形容词*+*que* El clima de este año ha sido *menos húmedo que* el del año pasado.(今年的气候不比去年的湿润)，Las azafatas de esta compañía son *menos diligentes que* las de la otra.(这家公司的空姐不如那家公司的热情)，Mis padres me dan *menos* ocasiones *que* los suyos a él.(我父母给我的机会不如他父母给他的多)。

有时候，同一事物不同方面的性质或特征在程度上的异同也可以进行比较。例如 una mujer *tan inteligente como* simpática(一个既聪明又可爱的女人)；una mujer *más inteligente que* simpática(一个聪明但欠可爱的女人)，una mujer *menos inteligente que* simpática(一个不太聪明但很可爱的女人)。

几点提示：

- bueno(好)，malo(坏)，grande(大)，pequeño(小)四个形容词特殊，各有其专门的比较级形式：mejor(更好)，peor(更糟)，mayor(更大)，menor(更小)。因此，客体之间就 bueno, malo, grande, pequeño 这几个概念进行比较时，不能说*A es más bueno que B, *A es menos bueno que B, *A es más grande que B, * A es más pequeño que B；而*más mejor, *más peor, *más mayor, *más menor 则更不能接受了。正确的说法应该是：La situación de la ciudad *es mejor que* la del campo.(城市的状况比乡村好)，Hemos descubierto figuras *menores que* las *exhibidas* en los museos.(我们发现了比博物馆陈列的更小的图像)。

  虽然现在可以说 más grande(更大)和 más pequeño(更小)，但一般用于指外观或强度等的大小。表示年龄等的大小还须用 mayor, menor: hermano *mayor*(哥哥)，hermana *menor*(妹妹)。Mayor 指年龄时常为 viejo(老的)的委婉语：un señor *mayor*(一位老先生)，edad *mayor*(年长)。

- 形容词 superior(较高)，inferior(较低)，anterior(前面)，

posterior(后面)源于比较级，自身含有比较的意思。在表示更高、更低、更前(早)、更后(晚)时，在这几个词后面加前置词 a，而不是连词 que：Juan es *superior a* Pedro en el tenis.(胡安的网球水平比佩德罗的高)，Su ingreso en la Universidad es *anterior al* mío.(他进大学在我之前)。

3.5.4 最高级

人或者事物某方面的性质或特征可以达到最高程度，人或事物某方面的性质或特征与其他对象相比较也可能是程度最高的。前一种情形是绝对最高，后一种则是相对最高。语言中分别用形容词的绝对最高级和相对最高级形式来表达。

- 绝对最高级

a) 由表示程度的副词 *muy* (*sumamente, extremadamente, altamente, extraordinariamente, hartamente*)(很/非常/极其/特别/格外/太)+*形容词* 构成。例如：Es un violinista *muy bueno*.(他是一个很好的小提琴手)，Tiene una voz *sumamente bonita*.(她有一个极漂亮的嗓子)。

b) 由形容词加后缀-ísimo 构成。例如：Fue un día malísimo.(那一天简直太糟了)，Las manzanas que se producen allá son *riquísimas*.(那儿产的苹果特好吃)。

后缀-ísimo 有其使用规则：

△ 末尾为 o 或 e 的形容词先将二者去掉再加-ísimo：hermos*o*(美丽)→hermos*ísimo*(非常美丽)，alt*o*(高)→alt*ísimo*(高极了)，interesante(有趣)→interesan*tísimo*(太有趣了)。

△ 词尾为-ble 时，变-ble 为-bil，然后加上-ísimo，即-bilísimo：ama*ble*(和蔼)→ama*bilísimo*(非常和蔼)，horrible(可怕)→horri*bilísimo*(极其可怕)，noble(高贵)→no*bilísimo*(非常高贵)。

△ 有一部分词加上-ísimo 时，尾部有些许变化：rico(丰富)→

ri*quísimo*(丰富极了)，lar*go*(长)→lar*guísimo*(极长)。

△ 有些形容词的变化是不规则的。如：antiguo(古老)→antiquísimo(极为古老)，fiel(忠实)→fidelísimo(极为忠实)，simple(简单)→simplicísimo(极其简单)，cruel(残酷)→crudelísimo(极其残酷)，bueno(好)→bonísimo / buenísimo(好极了)，fuerte(强)→fortísimo / fuertísimo(极强)，cierto(肯定)→certísimo(极其肯定)，nuevo(新)→novísimo / nuevísimo(太新了)。

△ 与 muy 相比，使用后缀-ísimo 语气较强，具有强调的意味。请比较下面的说法：La fiesta fue *muy entretenida.*(晚会很开心)/La fiesta fue *entretenidísima.*(晚会开心极了)，He visto un árbol *muy alto.*(我看见了一棵很高的树)/He visto un árbol *altísimo.*(我看见一棵树，高极了)。

● 相对最高级：由*定冠词*+*más (menos)*+*形容词*+*de (entre, que)* 或者由*定冠词*+*名词*+*más*+*形容词*+*de (entre, que)*构成。例如：Entre las compañeras ella es *la más simpática.*(在所有的女同学当中，她是最和善的)，Esta es *la chica más atractiva de*l grupo.(这是班上最具魅力的姑娘)，Ella es *la chica más atractiva que* he conocido.(她是我认识的最具魅力的姑娘)，Estos dos muchachos son *los menos trabajadores entre* todos.(这两位是所有小伙子当中最懒的)，Estos son *los jóvenes menos trabajadores de* la fábrica.(这些是厂里最懒的年轻人)，Ellos son *los jóvenes menos trabajadores que* he conocido.(他们是我认识的最懒的年轻人)。

需要注意的是：形容词 bueno(好)、malo(坏)、grande(大)、pequeño(小)各有其独特的相对最高级形式：óptimo(最好)、pésimo(最糟)、máximo(最大)、mínimo(最小)，虽然现在经常使用的是 el (la, los, las) mejor (es)(最好的)，el (la, los, las) peor (es)(最坏的)，el (la, los, las) mayor (es)(最大的)，el (la, los, las) menor (es)(最小的)。例如：

No se flexionó ni en *la pésima / la peor* situación.(在最坏的情况下他也未屈服)，Este coche tiene *la garantía máxima / la mayor garantía* y *el precio mínimo / el precio menor*.(这辆汽车拥有最大的保证和最低的价位)。

到此，我们可以把 bueno(好)、malo(坏)、grande(大)、pequeño(小)四个常用而又特殊的形容词分别从原级到最高级排列一下：bueno – mejor – óptimo, malo – peor – pésimo, grande – mayor – máximo, pequeño – menor – mínimo。

练　习

一、说明下面句子中斜体形容词所使用的级(原级在句子前写 P 表示，比较级同等程度写 I，比较级较高或较低程度写 S，相对最高级写 R，绝对最高级写 A 表示)。

1. Las *turbias* aguas del manantial me atraían.
2. Ahí está el *mayor* de mis hijos.
3. ¡Qué *cobarde* eres!
4. María parece ser la más *talentosa*.
5. ¿Cuál es el río más *largo* del mundo?
6. Su segunda comedia fue más *aplaudida* que la primera.
7. Ella tiene *tanta* afición a los deportes como sus hermanos.
8. Los animales más *feroces* estaban enjaulados.
9. Mis tíos viven en el piso *superior*.
10. Esta ciudad cuenta con la más *ventajosa* posición geográfica.
11. La policía vigilaba hasta sus *mínimos* movimientos.
12. Fue una operación extremadamente *delicada*.
13. Su familia es tan *distinguida* como la mía.
14. Ahora estoy menos *ocupado* que antes.
15. Tú tienes el terreno menos *fértil*.

二、把下面所给形容词的比较级和最高级的不同形式填写在表格中。

原　级	比较级			最高级		
	较高	同等	较低	绝对最高 -ísimo	绝对最高 muy	相对最高
mucho						
poco						
grande						
pequeño						
bueno						
malo						
bonito						
feo						
fuerte						
débil						

三、请选用 **tan/tanto/tantos/tantas...como** 填空。

1. Todos somos _____ fuertes _____ ellos.
2. No es necesario que hables _____ alto _____ la televisión.
3. España no es _____ grande _____ Alemania.
4. Mis hijos comen _____ carne _____ yo.
5. El no gana _____ dinero _____ su mujer.
6. Tiene _____ afición al cine _____ al teatro.
7. El no tiene _____ obras _____ mi padre.
8. Tu comida es _____ rica _____ la de mamá.
9. El marzo es _____ largo _____ octubre.
10. Esta bufanda es _____ bonita _____ aquélla.

四、用 **tanto...como** 表达下面句子中两个项目的同等关系。

例：El trabajar y el descansar son necesarios.→Tanto el trabajar como el descansar son necesarios.

1. Sandra y Ana son discretas.
2. El paraguas y el sombrero son prácticos.
3. El ordenador y el teléfono son muy útiles.
4. El colegio y la Universidad son importantes.
5. La inteligencia y la memoria son necesarias.
6. Los toros y el fútbol son populares.
7. Las frutas y las verduras son sanas.
8. El mar y el cielo son azules.
9. El padre y el hijo son inteligentes.
10. Los maestros y las maestras son exigentes.

五、用 **más...que** 表达下面句子中的对比关系。

例：El telegrama es caro; la carta es barata.→El telegrama es más caro que la carta.

1. El mercado es viejo; la iglesia es joven.
2. La chica es lista; el chico es tonto.
3. El bolígrafo es barato; la pluma es cara.
4. Este gato es grande; el tuyo es pequeño.
5. El té está dulce; el café está amargo.
6. La sopa está caliente; la carne está fría.
7. En invierno la noche es larga, el día es corto.
8. El vídeo es grande; la calculadora es pequeña.
9. Virginia es atenta; su prima es un poco distraída.
10. El padre es alto; el hijo es bajo.

六、请使用比较级的另一种说法表达下面句子的意思。

例：El avión es más rápido que el barco. → El barco es menos rápido que el avión.

1. Él es menor que yo.
2. Ella es más rubia que sus hermanos.
3. Estos libros son mejores que aquéllos.
4. El ruso es más difícil que el francés.
5. Esta película es peor que la que vimos ayer.
6. Estas casas son más modernas que aquéllas.
7. El vino es más caro que la cerveza.
8. La nueva traducción es mejor que la vieja.
9. Sabes más que tus compañeros.
10. Los profesores tienen menos dinero que los alumnos.

七、请选用 **más, menos, tan, tanto, que, como** 填空。

1. El cielo está más azul ____ ayer.
2. No eres tan alto ____ yo.
3. Picasso es ____ moderno que Goya.
4. Este chiste es menos gracioso ____ el otro.
5. Los pisos son más cómodos ____ las casas.
6. Nunca ha habido ____ ruido en esta clase como hoy.
7. En el coche no cabe ____ gente como en el autobús.
8. Las mangas de mi camisa son más cortas ____ las de la tuya.
9. Este niño es mucho más listo ____ sus hermanos.
10. Esta ruta no es ____ corta como aquélla.

八、请用 **no tan...como** 结构表达下面句子中对比的意思。

例：Las alumnas son trabajadoras; los alumnos, no. → Los alumnos no son tan trabajadores como las alumnas.

1. Laura es feliz; Fernando, no.
2. Estos pantalones son nuevos; Esta camisa, no.
3. El sendero es estrecho; la carretera, no.
4. Mi tío es joven; mi padre, no.
5. Los camareros son amables; las camareras, no.
6. El señor es generoso; la señora, no.
7. En el otoño cae mucha agua; en la primavera, no.
8. El sillón es cómodo; la banca, no.
9. La secretaria es educada; el director, no.
10. La biblioteca está iluminada; los comedores, no.

九、根据下面各个句子所要表达的意思，使用括号里所给形容词的适当形式填空。

1. Aquí está la iglesia (antiguo) _____ del pueblo.
2. Su mujer es (vieja) _____ que él.
3. Nadie es (fuerte) _____ que él.
4. Ha sido la (grande) _____ catástrofe de los últimos tiempos.
5. Esta empleada es la (vago) _____ de la oficina.
6. Tengo la cabeza (pesada) _____ como anoche.
7. Tu bicicleta es (bueno) _____ que la mía.
8. Es la persona (formal) _____ que he conocido.
9. Estas cucharas son (malo) _____ que ésas.
10. Aquél fue el (malo) _____ día de toda mi vida.

十、请用 **bueno, malo, grande, pequeño** 等各自的比较级或最高级的不规则形式替换下面句子中的斜体部分。

1. En nuestra clase el *más bueno* es Pedro.
2. El café portugués, según algunos, es *más bueno* que el español.
3. Su hermana es *más pequeña* que él.

4. ¿Tienes alguna caja *más grande* que ésta?
5. No sé qué ha pasado, pero el tráfico por la misma ruta es *más malo* que antes.
6. Está *más malo* que ayer.
7. Andrés es *más pequeño* que los demás.
8. Entre los hermanos yo soy el *más grande*.
9. La situación actual está *más mala* que el mes pasado.
10. El tiene una hermana *más vieja*.

十一、请用 **muy** 替换下面句子中性质形容词表达最高程度的形式。

例：Su hijo es *alto+alto*. → Su hijo es *muy alto*.

1. La avenida es *ancha+ancha*.
2. El camino es *largo+largo*.
3. El problema es *difícil+difícil*.
4. El postre es *dulce+dulce*.
5. La canción es *popular+popular*.
6. La naturaleza es *bella+bella*.
7. El tráfico es *pesado+pesado*.
8. El avión es *rápido+rápido*.

十二、请用形容词加后缀-**ísimo** 替换下面句子中的斜体部分。

1. Esto es algo *muy normal*.
2. Era una obra *muy aburrida*.
3. Este chico está *muy guapo*.
4. Es *muy importante* esta reunión.
5. Hemos vivido una temporada *muy triste*.
6. Es *muy grave* el paro.
7. Tus hijas son *muy listas*.
8. Sus amigos son *muy ricos*.

9. Estuvimos *muy animados* en la velada.

10. Estaban *muy cansados* de haber andado demasiado.

十三、选用下面所给形容词填空（有些情况会有多种选择）。

mayor, menor, máximo, mínimo, superior, supremo, óptimo, ínfimo

1. En el piso _____ vive un pianista célebre.
2. Conviene dar publicidad a esta conferencia; debe venir el _____ número de personas.
3. La _____ oposición a esta reforma de la enseñanza partió de las clases _____.
4. Ese asunto no me importa lo más _____.
5. Hay que apurar la vida hasta el _____.
6. El tribunal _____ es el _____ órgano de justicia en España.
7. La máquina nos ha salido perfecta, ha dado un resultado _____.
8. Ese señor es de _____ extracción social y, sin embargo, ha logrado una posición _____ en la sociedad.
9. No tengo el _____ deseo de asistir a esa cena.
10. Este vino está _____; es de primerísima calidad.

十四、用形容词的相对最高级形式表达下面句子的意思。

例：Yo nunca había tenido suerte tan buena. →
Es la mejor suerte que he tenido.

1. Yo nunca había oído una canción tan bonita.
2. Yo nunca había probado una bebida tan deliciosa.
3. Yo nunca había enseñado a una alumna tan pesada.
4. Yo nunca había leído un libro tan malo.
5. Yo nunca había conocido una mujer tan cariñosa.
6. Yo nunca había visto un pez tan grande.
7. Yo nunca había montado en un caballo tan rápido.

8. Yo nunca había presenciado una escena tan horrible.
9. Yo nunca había asistido a una fiesta tan divertida.
10. Yo nunca había conocido a personas tan encantadoras.

第四章 动　词

4.1　动词概述

4.1.1　动词

在第二章和第三章里我们看到，名词代表人或事物本身，形容词说明人或事物的性质、状态、数量等特征。动词则表达人或事物自身或相对于外部世界的变化、运动、作用等。任何人或事物都不会是绝对惰性、静止不动的，而是处于持续不断的运动变化之中。例如，在植物界：Las plantas *brotan, crecen, florecen, fructifican*....（植物发芽、生长、开花、结果）；在动物界：El perro *nace, anda, come, bebe, ladra, corre, duerme, envejece, muere*....（狗出生、行走、吃、喝、吠、跑、睡、老、死）；在无机界：La piedra *se erosiona*.（石头风化），El hierro *se oxida*.（铁氧化），El gas *arde*（天然气燃烧）....类似这里的 brotan（发芽）、crecen（生长）、mueren（死亡）、erosiona（风化）等，表示行为或现象的发生、发展的词就是动词。

4.1.2　西班牙语动词的特征

西班牙语中的动词本身具有一些明显的特征。例如，miro（我看）一词，首先是表示一种行为，但它并不仅限于说出这种行为，同时又明确了行为者，即第一人称单数"我"。倘若这种行为是从"你"那儿发生的，动词的形式就不是 miro，而应该为 miras（你看）。这就是西班牙语动词的一种基本形式特征：人称，不同的人称有不同的动词形态与之相对应。不仅如此，动词还要通过其形式提供时间信息，即相对于说话时刻事情所发生、发展的时间范畴：当时、过去抑或将来等等。比方要指过去，就得使用 miré（我看过）/ miraste（你看过）/ miró（他看过）等。这是西班牙语动词的另一基本形式特征：时间。不同的时间用不同的动词形态来反映。另外，动词还具有式、语态等范畴，这些我们在后面都将作具体说明。

在所有语言中，名词（主语）和动词（谓语）是句子的基本成分，句子中的其他成分都以这两个基本点为核心，对其意义予以限定或者补充说明。有存在物（名词）同时就必然有其运动、变化和发展（动词）；而反过来，一切运动、变化和发展又都只能是存在物的事情。名词（主语）和动词（谓语）是密不可分的。然而，西班牙语中的动词，如上所述，由于其本身具备着人称标志，在句子中往往可以省略主语而只有动词谓语出现。例如，cantaré（我将唱歌），自身的形态明确无误地告诉人们行为者是 yo（我）。正因为这样，人们说动词是句子最基本的核心。

有一类抽象名词，如：discusión（争吵）、crecimiento（生长）、ocupación（忙碌）等也是表示行为或现象的，但它们不具备动词的上述两大基本特征。首先，它们不会因为行为者的不同而发生形式的相应变化：mi (tu, su, nuestra, vuestra) *ocupación*（我/你/他/我们/你们忙碌）；其次，它们本身没有时间涵义，即不因发生时间的不同而有形态的变化：la *discusión* del pasado (del presente, del porvenir)（过去/现在/将来争吵）。因此，这类词与动词有本质的区别，二者不能相混。

4.1.3 动词的人称和数

上文说过，主语和谓语是句子基本的成分，也就是说，一句完整的话，最基本的是要告诉人们谁干什么或者怎么样。"谁"就是我们这里要说的人称即动词的主语。这个干什么或者怎么样的"人"，可以是语言交际中的说者或听者，也可以是二者之外的其他对象，包括人和非人。于是就意味着，无论人类还是一切事物，都可以作动词的人称，即语法中的名词、具有名词特征的代词以及名词化的其他句子成份或结构都能够成为句子的主语（动词的人称）。

在语言交际中，如果说话人要说自己干什么或者怎么样，用第一人称 yo；如果想说对方即听话者干什么或怎么样，使用第二人称 tú(你)；若要说你、我以外的其他人或事物干什么或怎么样，就使用第三人称 él, ella(他，她，它)。

名词可以作动词的主语，既然名词有单、复数的形式区别，动词的人称随之也就有了数的问题。上面提到的 yo、tú、él(ella) 为三种人称的单数形式，其复数形式依次是：nosotros (nosotras)（我们），vosotros (vosotras)（你们），ellos (ellas)（他们/她们/它们）。当说话者想说自己和别人一起干什么或者怎么样时，就用 nosotros (nosotras)；当说话者想说"你"和别人（不含说话人）一起干什么或者怎么样时，就用 vosotros (vosotras)；而当说话者想说自己以及听话人以外的其他若干人时，就使用 ellos(ellas)。另外，西班牙语中还有和汉语"您"相对应的表示礼貌的第二人称 usted 及其复数形式 ustedes，都无性的形式区别。

与汉语习惯不同的是，西班牙语中动词的主语若为第一人称复数，而且说话人又把自己单列出来时，也就是说，要说明"我"和"你"还有"他"一起干什么或者怎么样，不把 yo(自己) 排在第一位提出，而是将其置于诸并列成分的末位，以显示谦虚礼貌。例如：Podremos desplazar el armario entre *tú y yo*.（咱们俩一起就能挪动柜子）；*Antonio, Pablo, Sofía y yo* lo hemos visto claramente.（我、安东尼奥、巴布罗、索菲亚，我们看得一清二楚）。

4.1.4 动词的式（modo）

动词可以通过一定的形式手段表现说话人对所讲内容的主观态度。请对比下面的几种说法：Pedro *vendrá* hoy.（佩德罗今天将会来），Yo dudo que Pedro *venga* hoy.（我怀疑佩德罗今天会来），*Ven* hoy, Pedro.（今天你来一趟，佩德罗）。Si Pedro se *encontrara* bien de salud, vendría.(要是佩德罗身体好的话，他会来的)。第一句，说话人通过动词 venir(来)的特定形式 vendrá(他将来)表明他说的是客观事实；第二句，说话人使用动词 venir 的另一种形式 venga(他来)，与前面 dudo(我怀疑)本身的意思相结合，说明"我"讲的只是自己的主观看法；第三句的 ven(你来)也是动词 venir 的一种变化形式，明确说话人的意志要求；第四句的前半部分是说话人提出的一种与事实相违的假设，即主观想象，后半部分说明在假定条件下可能会产生的结果，这种可能性又是利用 venir 的另一种特定形式表现出来的。在这四句话中，venir 的词义并没有发生变化(Pedro 还没有来)，所不同的是通过多种形式变体表明了话语内容是否包含说话人的主观参与以及什么性质的主观参与。此外，在这几个句子中不难看出，只有第一句是确切表述事实的，而后三句均非表达客观实际。根据不同的表达需要，第一句使用了动词的陈述式；第二句，动词的虚拟式；第三句，动词的命令式；第四句，可能式。

4.1.5 动词的时态(tiempo)

动词所表示的人类的行为或事物的运动、变化和发展等，不管是客观事实还是具有或然性的事情抑或是说话人的意志或愿望，其发生的时间，相对于说话的时刻或者话题中某一特定的时刻，可以为现在、过去或将来等。这种时间关系也在动词的形态上反映出来，称为动词的时态。除命令式以外，动词的其他式都各有其多种特定的时态形式。例如，discutir(争吵)，其陈述式现在时，根据不同的人称和数，相应的形式为：discuto(我在吵)，discutes(你在吵)，discute(他在吵)，discutimos(我们在吵)，discutís(你们在吵)，discuten(他们在吵)；其简单过去时三种人称及其单、复数的形式分别为：discutí(我吵过)，discutiste(你吵过)，discutió(他吵过)，discutimos(我们吵过)，discutisteis(你们吵过)，discutieron(他们吵过)；而其陈述式将来未完成时的各种人称和数的形式又分别是：discutiré(我将吵)，discutirás(你将吵)，discutirá(他将吵)，discutiremos(我们将吵)，

discut*iréis*(你们将吵), discut*irán*(他们将吵)。

同样，虚拟式、条件式也都有各自的时间表现形式。命令式，因其所指称的行为相对于说话的时刻是尚未执行但即将执行的，只有一种时态。

在动词的四种式当中，陈述式对时间的划分最细致，有现在时、简单过去时、现在完成时、过去未完成时、过去完成时、将来未完成时，将来完成时等；虚拟式没有这么精细，它有现在时、现在完成时、过去未完成时和过去完成时等；条件式则更为粗略，仅有简单时态和复合时态两种。上文说命令式只有一种时间形式，其实这也等于说它没有时态问题。

动词的一些时态是在动词本身而且主要是在词尾作形式变化来体现的，还有一些则是通过助动词 haber 的不同形式加上动词的过去分词来显示的。因此，从形式构成上来讲，动词的时态可分为简单时态(例如：bebo, 我在喝；bebí, 我喝过；bebía, 我当时在喝；beberé, 我将喝)和复合时态(例如：he bebido, 我喝了；había bebido, 我早就喝了；haya bebido, 我喝了；habría bebido, 我可能已经喝了)。这两大类时态中，就其所表示的行为或现象的进展状况而言，相对于说话时或话语中某时刻，简单时态(简单过去时例外)都是未完成时态，说明行为或现象还处于发展过程当中；而所有的复合时态以及简单过去时均为完成时态，表明行为、现象等已经结束。

4.1.6 动词的语态(voz)

动词的语态说明动词所表示的行为或现象与句子主语之间的关系。人或事物对于某种行为或现象的发生而言，可以是其主体、本源或制造者，也可以是其客体或承受者。在交际中，若把行为或现象的主体、本源或制造者等作为话题，即把它们作为句子的主语，动词使用的是主动语态形式；而若把行为或现象的客体或承受者作为话题，即句子的主语，动词就得采用被动语态。主语与动词间的关系属于前一类的如：Los *alumnos desplazaron* las mesas.(学生们把桌子搬走了)，El *comerciante ha pagado* la deuda.(商人支付了债款)；二者的关系属于后一类的如：Las *mesas fueron desplazadas* por los alumnos.(桌子被学生们搬走了)，*La deuda fue pagada* por el comerciante.(债款被商人还了)。由此，根据主语与动词之间的关系，可以把主语分为施事主语(主动)和受事主语(被动)。然而有些时候，人或事物既是某行为或现象的生成者同时又是其承受者，也就是说，主语既是动词的施事又是其受事。这是处于主动语态和被动语态中间的情形，使用动词的自复形式来表达，如：*Me levanto* para saludar a los profesores.(我起身向老师们问好)，*Os sentáis* a mi lado.(你们坐在我身边)，Los amigos *se ayudan* recíprocamente.(朋友们互相帮助)。从这些句子中不难看出，这种中间情形又可再分为两类。一类：主语为自己行为的接受者(施事＝受事：Te peinas. 你梳你的头)，是地道的自复形式；另一类：主语不是自己行为的接受者，是施加某一行为给对象而又接受对象同样的行为，也就是说，若干主体之间相互实施一种共同的行为(施事≠受事：Ellos se saludaron mutuamente. 他们互致问候)。

西班牙语拥有两种表示被动的形式。一是助动词 *ser*＋过去分词：Aquel señor *fue engañado*.(那位先生被骗了)，Varias provincias *fueron ocupadas* por los invasores.(好几个省被入侵者占领了)；一是利用动词的自复形式，称为自复被动，*se*＋动词：*Se admitió* la solicitación.(请求审批了)，Todavía no *se han abierto* los negocios.(商店尚未开门)。第一种被动句中的助动词 ser 可以有各种人称和数的形式，而第二种被动句中动词的人称一般为不具行为能力的第三人称。

4.1.7 动词变位

从前面几部分对动词特征的说明中不难看出，动词的不同人称、式、时态、语态等都是通过动词的形式变化相区别的。动词因表达需要而进行的一切形式变化，在语法上称为动词变位。

西班牙语的所有动词，都由表示基本语义的词根和具有语法功能的词缀融合而成：trabaj*o*（我工作），trabaj*as*（你工作），trabaj*asteis*（你们工作过），trabaj*áramos*（我们在工作），trabaj*aría*（他可能在工作）。始终保持形式基本不变的前半部分为词根，随时、式以及人称等不同而相异的后半部分即为后缀。当然，词根可以源于合成、派生等构词法；起语法功能的后缀也可以是一个独立的词。动词变位基本上就是这些后缀在形式上的对立。

　　一个动词的各种变位形式加起来数量很可观，但都基于一个共同的原形，该原形称为动词原形。如上面的 trabajo, trabajas 等，它们的原形就是 trabajar（工作）。动词原形没有人称和数的涵义，具有名词的特征，抽象地表示一种行为或现象。它也是由两部分构成的，即词根(trabaj-)和后缀(-ar)。动词原形与动词的各种人称、数、式、时态等具体形式有共同的语义，而且大都共享词根。词根是基本的语义部分，随语义的不同而千差万别，但动词原形中起语法功能的后缀只有三种：除上面说过的-ar 以外，还有-er 和-ir。也就是说，动词原形的词尾不是-ar 就是-er 或-ir：salt*ar*（跳），baj*ar*（下），com*er*（吃），corr*er*（跑），sal*ir*（出），sub*ir*（上）等。不同的动词，原形的词尾相同时，在变位上大都呈现出共同的规则。因此，动词按其原形的词尾可以划分为三种，以-ar、-er、-ir 结尾的动词依次称为第一变位动词、第二变位动词和第三变位动词。

　　当然，有些动词在变位时并不遵守规则，而是表现出自身的特点。它们要么在词根部分发生变形，要么在词尾部分产生变异。日常使用频率最高的动词，在变位时往往是最具特殊性的动词，如：estar（在），ser（是），hacer（做），haber（有），poner（放），tener（有），decir（说），ir（去），salir（出）等就是这样。有些动词只在部分情况下脱离规则，而有些动词从不遵守共同的变位规则，这两类动词都称为不规则变位动词。除上面举出的那些动词以外，还有比如：comenzar（开始），rogar（请求），querer（想要），caer（坠落），sentir（感觉），abrir（打开）等。变位时始终遵守共同规则的动词称为规则变位动词。如：

cantar(唱), tirar(拉), comer(吃), correr(跑), recibir(收受), subir(上升)等等。有一些动词，变位中由于语音的关系，在书写时形式要发生某种变化，如：coger→cojo, coja, llegar→llegué, llegue, tañer→tañó, tañeron。这类词不应认为是不规则动词。因此，动词的变位规则与否，要听其怎么说，而不要看其怎么写。

4.1.8 单一人称动词

有些动词只使用第三人称单数形式，而且总无主语出现，甚至于常常说不清其主语是谁。属于这种情况的主要是表示自然现象的动词。如：llover(下雨), nevar(下雪), amanecer(拂晓), atardecer(黄昏), alborear(拂晓)。确实，有时我们会遇到类似下面这样的说法：Atardecimos en la ciudad(黄昏时刻，我们进了城), Amanecí cansado(早起时，我很困)等，但在这些表达中，动词已失去了它们原有的意思。

4.1.9 动词的无人称形式

原形动词、副动词和过去分词三种变位形式，尽管在语义上与动词的其他形式没有差别，但在语法上这三种形式之间具有区别于动词其他形式的共性，当然也不乏各自的特殊性。就三者的共同点而言，首先是它们都不能像动词的其他形式一样独立成句或作为句子的核心成分；其次是它们自身都缺乏动词的人称形式所具有的人称、式、时态等要素，因此称为动词的无人称形式。从三者各自的特殊性看，原形动词、副动词和过去分词分别表现出名词、副词和形容词特征。当然，作为动词的衍生物，它们都保留着动词的部分句法性能，虽然不能构成句子的核心，但却可以占据一个复杂词组的中心地位，尤其是拥有像动词一样的横向组合能力，与别的句子成分建立搭配关系。比如，三种形式都可以有其直接宾语：al *hacer* los ejercicios(做练习的时候), *haciendo* los ejercicios(在做练习), *hechos* los ejercicios(做完练习)。

4.1.10 动词的种类

从动词的句法特征看，可分为及物动词和不及物动词两类。前文说过，一个完整的句子一般具备主语和谓语，后者说明前者是什么、干什么或者怎么样等情况。谓语的核心是动词。如果动词表示的行为或现象不直接施加于某一对象，即动词无直接宾语或不能够带直接宾语时即为不及物动词：*Vivimos* en el centro de la ciudad.（我们住在市中心），*Va* al colegio.（他去学校），Hoy *he comido* con Pedro.（今天我和佩德罗一起吃了饭）；如果动词所表示的行为或现象可直接施加于某对象甚至于必然施加于某对象，也就是说，动词可有其直接宾语甚至于必须带有直接宾语才能表达完整意义时则为及物动词：*construir* una casa（盖一所房子），*poner* algo en un lugar（把某个东西放在某处），*trabajar* la tierra（种地），*cantar* una canción（唱一首歌）等。

当然，也有一些动词，从表面上看似乎是用作及物动词，然而实际上处于及物与不及物之间，称为半及物动词。如：*Pasan* hambre.（人们在挨饿），*Siento* frío.（我觉得冷），*Tenéis* sueño.（你们困了）等。很难说 pasar（经受），sentir（感觉），tener（拥有）表示的行为或现象直接落于其后面的对象之上，而且也不能把这些句子变为被动句：*El hambre es pasada. *El frío es sentido. *El sueño es tenido。类似情况还有，如：*correr* la cortina（拉窗帘），*dormir* al niño（哄孩子睡觉），*dar* vergüenza（使人害臊），*pasear* al perro（遛狗）等。

有些动词仅限于使用自复形式，即必须带自复代词 se，这类词称为自复动词或代词式动词。如：jactarse（自嘘），quejarse（抱怨），dignarse（屈尊），arrepentirse（反悔），atreverse（敢于）等。它们都是不及物动词。

西班牙语中自复动词的使用极其广泛，及物动词和不及物动词都可以带 se 用作自复形式。及物动词的自复如 acostumbrarse（习惯），bañarse（洗浴），decirse（自言自语），levantarse（起身），volverse（转身），avergonzarse（害臊），alegrarse（兴奋）等；不及物动词的自复如：

lucirse（炫耀），dormirse（入睡），salirse（漏），quedarse（留下），escaparse（逃离），irse（离开），marcharse（出发），reírse（嘲笑）等。当然，这类动词的自复形式与非自复形式之间很多情况下意思有细微的差别。例如：dormir（睡觉）/dormirse（入睡），ir（去）/irse（离开），volver（回）/volverse（转身），salir（出）/salirse（漏），marchar（走）/marcharse（离开），reír（笑）/reírse（嘲笑），等等。

另外，相互动词和自复被动都是通过及物动词加 se 构成，分别表示相互和被动的意义。属于前一种情况的如：comunicarse（交流），atacarse（相互攻击），pelearse（打斗），separarse mutuamente（分手）等；属于后一种情况的如：*abrirse* el camino（开路），*descargarse* los camiones（卸车），*disponerse* las mesas（摆桌子），*limpiarse* las salas（打扫教室）等。

我们认为有必要点出两类特种动词，其一是系动词 ser 和 estar，后者是西班牙语特有的系动词。由于存在两个系动词，并且二者的用法、意义相似而又不同，容易产生混淆和疑问，如何区分的任务也就随之而来。其二是助动词，主要是 haber 和 ser。它们在语法方面帮助其他动词完成表达任务。可提供的帮助包括：*haber＋过去分词* 构成动词的复合时态，*ser＋过去分词* 构成被动语态。西班牙语中有为数不少的动词短语，如：tener que（不得不），estar a（即将），dejar de（停止），deber de（可能），ponerse a（开始），haber de（应该）等，其中的动词 tener, estar, deber, ponerse, haber 也称为助动词。

练　　习

一、将下列动词按要求分别填写在后面所给的表格中。

apresar, esforzar, seleccionar, soler, contradecir, lloriquear, seguir, cometer, ceder, condolerse, ausentarse, caer, disponerse, ahogar, amanecer, haber, alentar, concernir, desacertar, nacer, andar, perjudicar, sobrentender, tocar, quejarse, retroceder, jactarse, portarse, deshacer, viajar, cocinar

系动词	及物动词	不及物动词	自复动词	单一人称动词

二、在下面所给片段中所有的动词形式下面划一横线，然后将其原形（在原文中若为原形动词则照搬之）按要求写在片断后面的空白处。

Has de temer a Dios, porque en el temerle está la sabiduría, y siendo sabio, no podrás errar en nada. Has de poner los ojos en quien eres, procurando reconocerte a ti mismo, que es el más difícil conocimiento que puede imaginarse. Del conocerte saldrá el no hincharte como la rana, que quiso igualarse con el buey. Haz gala, Sancho, de la humildad de tu linaje y no te desprecies de decir que vienes de labradores. Mira, Sancho, si tomas por mira la virtud y te precias de hacer hechos virtuosos, no hay para qué tener envidia a los que nacieron príncipes y señores, porque la sangre se hereda y la virtud se aquista, y la virtud vale por sí sola lo que la sangre no vale. (Cervantes, *Quijote*)

第一变位动词：

第二变位动词：

第三变位动词：

三、在下列动词形式后面的空白处注明其人称和数。

cenará _____, vengan _____, hemos comprado _____, haz _____, estés _____, ayudaras _____, conseguí _____, hubieran recibido, ten _____, tendríamos _____, estudiaréis _____, dan _____, tememos _____, iré_____, van _____, pondremos _____, hiciste _____, escribías _____, pusiste _____, pongáis _____, diréis _____, comen _____, dábamos _____, andáis _____, durmió_____, suspendieras _____, aflijamos _____, imprimieron_____, habíamos vuelto _____, hayamos provisto _____, hubieras fijado, habrías concluido _____, hubierais partido _____, habré rezado _____.

四、在下面动词形式后面的空白处分别注明其式和时态。

han elegido _____, escriben _____, abriera _____, cubriré _____, hemos visto _____, habrías dicho _____, haya resuelto _____, satisfacería _____, soltaron _____, han frito _____, puse _____, di _____, ponga _____, pon _____, ten _____, pondrá _____, trajiste _____, diríamos _____, anduvieron _____, vinierais _____, fuera _____, hubiese hecho _____, cogerás _____, habíamos ayudado _____, habrá _____, callad _____, aprendisteis _____, sal _____, dejen _____, tuviéramos _____, descanses _____, florecerían _____, habían limpiado _____, dieron _____, duele _____, parezco _____.

五、下面句子中的斜体部分若为主动语态，在下面划一条横线，若为被动语态在下面划两条横线。

1. Los dos *éramos* buenos amigos.
2. Siendo ya tarde, *continuaremos* la reunión mañana.
3. Dos bomberos *serán condecorados* mañana por el gobernador.

4. Siento que *se hayan visto* en esa difícil situación.
5. El banco de la esquina *fue asaltado*.
6. Tu renuncia no *será aceptada*.
7. Lo que *has hecho* está mal.
8. No *fuimos invitados* a su boda.
9. Ese joven seminarista *ha sido* muy rebelde.
10. Ese alcalde *fue muy respetado* por todos.
11. El héroe *era aclamado* por la multitud.
12. Todos *desean* justicia.
13. Ellos *serán recompensados* por la empresa.
14. No *se celebrarán* elecciones este año.

六、请说明下面所给动词的无人称形式具体是哪种形式。

terminar, cosido, partiendo, cantando, vencido, visto, diciendo, atacar, bebiendo, dado, costar, haber dicho, sido, enseñar, habiendo estudiado, encontrar, oyendo, riendo, habiendo propuesto

七、请说明下列句子中动词的人称、数、式、时态和语态。

1. ¿A quién acudiremos ahora?
2. No me habrían saludado porque no me conocen.
3. El no me había advertido eso.
4. ¿Qué hiciste tú anoche?
5. ¿Porqué gritas así?
6. Haz lo correcto.
7. ¿Estás dispuesto a hacer eso?
8. ¿Cuántos días hemos estado juntos?
9. Temía que no los recibieras a tiempo.
10. Conviene que no vuelva usted más por aquí.

4.2 陈述式

4.2.1 陈述式及其时态

动词陈述式如实反映人或事物的举止、状态、现象等，把这些作为不依任何人的意志为转移的客观事实或必然性来讲述。正因为如此，和动词的其他式相比，与反映事实的需要相适应，陈述式在时态的划分上更精确、更丰富。陈述式的时态分为现在时、过去未完成时、简单过去时、现在完成时、过去完成时、将来未完成时和将来完成时等。请看下表：

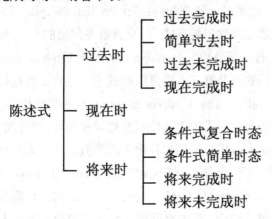

4.2.2 陈述式现在时的变位

先看动词陈述式现在时的变位。我们把 cantar(唱), comer(吃), vivir(住)分别作为三种变位动词中规则动词的代表。

	cantar	comer	vivir
yo	canto	como	vivo
tú	cantas	comes	vives
él, ella, usted	canta	come	vive

nosotros(as)	cantamos	comemos	vivimos
vosotros(as)	cantáis	coméis	vivís
ellos(as), ustedes	cantan	comen	viven

大部分动词的变位都与这几个词的变位相一致。但有些动词的陈述式现在时的变位，由于语音方面的要求，书写时个别字母发生变化。例如：coger(拿)，不是* yo cogo，而是 yo co*j*o(我拿)，把原来的 g 变为 j；dirigir(带领)与此相同，不是*yo dirigo，而是 yo diri*j*o(我带领)。同理，mecer(摇晃)，不是*yo meco，而应把 c 变为 z，yo mezo(我摇晃)。这种为保持动词原有的语音不变而对其记音的字母所作的调整，不属于动词不规则变位的情况。此外，第一变位动词中的以-iar 结尾的一部分动词：fiar, confiar, liar, piar 等，各种人称的单数以及第三人称复数形式中，重音落在尾部的 i 上，即：f*í*o, f*í*as, f*í*a, f*í*an；还有一部分动词：aliviar, acariciar, cambiar, renunciar 等，各种人称的单数以及第三人称复数形式中，重音则落在倒数第二个音节上，即：al*i*vio, al*i*vias, al*i*via, al*i*vian。这两类情形的存在，使一部分动词某些人称形式的重音位置变得模棱两可，但有倾向性。如：afiliar, auxiliar, conciliar 等词，各种人称单数和第三人称复数形式中，重音位置倾向于：af*í*lio, af*í*lias, af*í*lia, af*í*lian；而 gloriar, agriar, ansiar, vaciar 却倾向于：vac*í*o, vac*í*as, vac*í*a, vac*í*an。与上述情况相类似的是以-uar 结尾的动词，其中有些词三种人称单数和第三人称复数形式的重音在其尾部的 u 上。如：atenuar, continuar, graduar, insinuar 等为：atenúo, atenúas, atenúa, atenúan；而有些其重音则落在倒数第二个音节上，如：averiguar, desaguar, licuar, perpetuar 等，为：aver*i*guo, aver*i*guas, aver*i*gua, aver*i*guan。在变位过程中动词重音位置发生转移的情形也不属于不规则变位。

动词变位时，其词根部分一般保持不变，若这一部分发生了变化，就是不规则变位。不规则动词之间变位时又有一些规律可循。下面作简要介绍。

- 动词原形倒数第二个音节为 e 时，在三种人称的单数和第三人称复数形式中，把 e 变为 ie，而第一、二人称的复数形式保持不变。如，cerrar: c*ie*rro, c*ie*rras, c*ie*rra, cerramos, cerráis, c*ie*rran。这类动词为数不少，主要有：acertar, alentar, apretar, atravesar, calentar, cegar, comenzar, concertar, confesar, defender, descender, despertar, desterrar, empezar, encender, entender, enterrar, escarmentar, extender, fregar, gobernar, helar, manifestar, merendar, negar, nevar, pensar, quebrar, recomendar, regar, segar, sembrar, sentar, temblar, tender, tropezar 等。

- 动词原形倒数第二个音节为 o 时，在各种人称的单数和第三人称复数形式中，把 o 变为 ue；同样，在第一、二人称的复数形式中，o 保持不变。例如：mover: m*ue*vo, m*ue*ves, m*ue*ve, movemos, movéis, m*ue*ven。这类动词也为数不少，主要有：acordar, almorzar, apostar, aprobar, avergonzar, cocer, colar, colgar, consolar, contar, costar, doler, dormir, encontrar, forzar, llover, morder, morir, oler, poblar, probar, recordar, renovar, resolver, rodar, rogar, soler, soltar, sonar, soñar, torcer, tostar, troncar, volar, volcar, volver 等。

- 原形动词的词尾是-acer, -ecer 或-ocer 时（cocer 除外），第一人称单数形式在尾部的 c 前加 z。如：conocer: conozco, conoces, conoce, conocemos, conocéis, conocen。属于这一类的动词有：aborrecer, agradecer, aparecer, apetecer, compadecer, complacer, crecer, envejecer, fallecer, merecer, nacer, obedecer, ofrecer, parecer, perecer 等。

- 原形动词词尾为-ucir 时，第一人称单数也在末尾的 c 前加 z。如：trad*uc*ir: trad*uz*co, trad*uc*es, trad*uc*e, trad*uc*imos, trad*uc*ís, trad*uc*en。Red*uc*ir, prod*uc*ir, ded*uc*ir, cond*uc*ir, introd*uc*ir 等也是这样。

- 动词 tener, poner, venir, valer, salir 的第一人称单数在中间的 n

或 l 后面加 g。如：poner: pongo, pones, pone, ponemos, ponéis, ponen。另外，tener 和 venir 的第二人称单数和第三人称单复数形式中，还要把倒数第二个音节的 e 变为双重元音 ie: tener: tengo, t*ie*nes, t*ie*ne, tenemos, tenéis, t*ie*nen。

- 动词 oír 和 traer 的第一人称单数形式在中间也加上一个 g。如：oír: oigo, oyes, oye, oímos, oís, oyen。

- Hacer 和 decir 的第一人称单数形式则是把中间的 c 变为 g，即，hacer: hago, haces, hace, hacemos, hacéis, hacen。与上述其他动词一样，这两个动词其他人称和数的形式都是符合规则的变位。

- 原形以 -uir 结尾的动词 (inmiscuir 除外)，在第一、二人称单数，第三人称单、复数形式末尾的 u 后面加 y。如：construir: construyo, construyes, construye, construimos, construís, construyen。属于这类情况的动词还有：argüir, atribuir, concluir, contribuir, destruir, diluir, disminuir, huir, influir 等。此外，oír 的第二人称单数以及第三人称的单复数形式在 o 后面也要加上 y: oigo, o*y*es, o*y*e, oímos, oís, o*y*en。

- 第三变位动词倒数第二个音节是 e 的一些词，在各种人称的单数和第三人称复数形式中将 e 变为 i。如：servir: s*i*rvo, s*i*rves, s*i*rve, servimos, servís, s*i*rven。这类动词主要有：competir, concebir, elegir, freír, gemir, medir, henchir, pedir, reír, rendir, seguir, servir, ceñir, reñir, vestir 等。

- 第三变位动词中还有一些倒数第二个音节是 e 的词，在各种人称单数以及第三人称复数形式中把 e 变成 ie。如：sentir: s*ie*nto, s*ie*ntes, s*ie*nte, sentimos, sentís, s*ie*nten。动词 adherir, advertir, arrepentir, convertir, digerir, divertir, herir, mentir, pervertir 等也是如此。

- Dar, caber, saber, ver 等词，只第一人称单数形式是不规则的，其余人称和数的形式都遵循其相应的规则。如：Dar: *doy*, das, da, damos, dais, dan; Caber: *quepo*, cabes, cabe, cabemos, cabéis, caben; Saber: *sé*, sabes, sabe, sabemos, sabéis, saben; ver: *veo*, ves, ve, vemos, veis, ven。

- Estar, ser 和 ir 等是特别不规则的动词。它们的各种人称和数的形式分别是：Estar: estoy, estás, está, estamos, estáis, están; Ser: soy, eres, es, somos, sois, son; ir: voy, vas, va, vamos, vais, van。

4.2.3 陈述式现在时的用法及意义

- 陈述式现在时表示说话时正在进行的或者尚未结束的行为、现象等。这里的"现在正在进行"不能狭隘的理解为仅仅与说话的时间相等的时刻，除此以外，还常常指包含说话时刻在内的或长或短的一段时间。比如在——¿Qué haces? —*Leo* （——你在干什么？——我在看书）当中，leo 在问话前已经开始而且很可能还要持续一段时间。又如，当说 Pedro *estudia para abogado*.(佩德罗在学律师)时，并不意味着 Pedro 于说话的时刻一定在学习，也许当时他正在吃饭或者睡觉，也就是说，这里的 estudia（他学习）意指一个早已开始、尚未结束、包括说话时刻在内的长期的行为。

- 陈述式现在时也用来表示在说话之后即将有的或者必定要有的事情。如：当说 Ahora *vengo*.（我这就来），Mañana *buscas a Francisco y se lo cuentas todo*.（明天你找佛兰西斯科，把一切都告诉他）时，现在时的 vengo（我来）、buscas（你找）和 cuentas（你讲述）都是尚未实施的行为。

- 陈述式现在时表示不受时间限制的真理或持续循环的现象等。如：El sol se *pone* por el oeste.（太阳从西边落下去），El hombre *es* mortal.（人是要死的），La sangre *circula* por las venas.（血液在静脉中流通），Los suspiros *son* aire y *van* al aire.（叹息是空气并进入空气），*Empezamos* el trabajo a las ocho y *comemos* a las doce.(平常我们八点钟开始工作,十二点吃午饭)。

练 习

一、请写出下列动词的陈述式现在时的各种人称和数的形式。

A. hablar, trabajar, recordar, echar, estudiar, mirar, volver, arrojar, cantar, bailar, empezar, acostar, dormir, pensar, calentar, volar, jugar, dar, estar, tirar, fiar, impresionar, desviar, cambiar, pagar

B. correr, beber, vencer, aprender, entender, leer, comer, tener, poner, querer, comprender, perder, volver, soler, hacer, saber, ver, traer, valer, caer, poder, haber, ser, coger, proteger, defender

C. escribir, decir, recibir, vivir, ir, abrir, despedir, transmitir, salir, cumplir, repetir, venir, seguir, servir, pedir, impedir, exigir, construir, conducir, traducir, huir, contribuir, producir, oír

二、请把下面的动词形式分别写在相应的人称代词后面。

yo:

tú:

él, ella, usted:

nosotros, nosotras:

vosotros, vosotras:

ellos, ellas, ustedes:

vivo, abrís, recibes, abre, suben, escribes, escuchamos, advierto, decansáis, discutís, piensa, juego, obedecemos, cuenta, recordamos, prefieres, conozco, salgo, podemos, hacen, digo, veis, traigo

三、请用括号中动词的陈述式现在时填空。

1. Yo no _____ (comer) en casa los fines de semana.

2. Ustedes _____ (estudiar) mucho.
3. Yo lo _____ (contar) todo.
4. Sofía _____ (mentir) mucho.
5. Nosotros _____ (aprender) español.
6. Yo _____ (beber) vino, no licor.
7. Vosotros nunca _____ (encontrar) entradas para el cine.
8. En el hotel _____ (servir, ellos) la cena muy tarde.
9. ¿Por qué no _____ (abrir, tú) la ventana?
10. Ella nunca _____ (probar) las patatas fritas.
11. Vosotros _____ (ser) franceses.
12. El _____ (demostrar) que _____ (saber) la lección.
13. Los alumnos _____ (soler) comer aquí los domingos.
14. ¿_____ (Seguir, tú) las instrucciones?
15. Nosotros _____ (dormir) ocho horas.
16. ¿Qué _____ (construir, ellos) aquí?
17. _____ (Despertarse, vosotros) muy temprano.
18. El _____ (llamar) a la puerta.
19. Vosotras _____ (saludar) al profesor.
20. Lo _____ (sentir, yo) mucho.

四、请回答下列问题(重复使用问题中的动词)。

1. ¿Qué pedís?
2. ¿Quiénes sirven la cena?
3. ¿Es tu hermana profesora?
4. ¿Entienden ustedes bien?
5. ¿Estudiáis español?
6. ¿De dónde son esos viajeros?
7. ¿A quién recuerdas más?
8. ¿Qué medís?

9. ¿Qué idiomas hablas?

10. ¿A quiénes defendéis?

五、请用否定形式完成下列句子（重复使用前一句中的动词）。

1. El desayuna muy tarde, pero nosotros _____.

2. Ellos exigen un aumento, pero tú _____.

3. Los padres sufren por sus hijos, pero los hijos _____ por sus padres.

4. Yo trabajo, pero ustedes _____.

5. Ustedes cogen el metro, pero yo _____ el autobús.

6. La criada limpia la casa, pero yo _____ mi cuarto.

7. Ella toca el piano, pero él _____.

8. Tú consigues el puesto, pero yo _____.

六、请把下列句子变为复数形式。

1. El sábado no trabajo.

2. Estudio español.

3. ¿A qué hora comes en tu país?

4. ¿Viajas mucho?

5. En ese balcón hay muchas flores.

6. El caballo de mi tío es muy rápido.

7. Llevo un papel en la cartera.

8. Mi hijo domina muy bien el inglés.

9. ¿Qué idiomas hablas?

10. Yo te escribo todos los meses. Pero tú me escribes muy poco.

七、把下列句子变为单数形式。

1. Ellas se han mudado de casa.

2. Vosotras no nos invitáis nunca.

3. Nos cansamos mucho.

4. Ustedes no quieren ayudarnos.

5. ¿Van a bañarse ustedes en el mar?

6. Ellas os lo dan.

7. Vosotros os ponéis los guantes.

8. Ellos se visten rápidamente.

9. No nos gustan estas canciones.

10. Nos regalan unos jarrones.

八、请说明下列句子中斜体动词的陈述式现在时说明命令、将来还是习惯。

1. El jueves no *hay* clase, es fiesta.

2. Ellos no *leen* ningún periódico.

3. Para ir al cine *coge* usted la segunda a la derecha.

4. Pedro *viene* a verme todas las tardes.

5. Aunque insista, no le *dices* tu secreto.

6. Mañana *canta* Julio en el Palacio de la Música.

7. Los domingos *come* usted en un restaurante.

8. *Leo* una revista todas las semanas.

9. Cuando llegue, se lo *digo*.

10. Se *casan* dentro de una semana.

九、指出并改正下面句子中的错误。

1. Quere cambiar de trabajo.

2. Ella pensa hablar con mi padre.

3. ¿Puedéis ayudarnos, por favor?

4. Pedro deslia el paquete.

5. ¿Cabo yo también en el coche?

6. Confíamos en ti.

7. Oymos hablar a los vecinos.
8. Los policías averigúan lo que pasa.
9. No actuas como debes.
10. Escojo unos cuadros entre los que se venden.

4.2.4 简单过去时的变位

Cantar, comer, vivir 三个规则变位动词的简单过去时的各种人称和数的形式依次是：

	cantar	comer	vivir
yo	canté	comí	viví
tú	cantaste	comiste	viviste
él, ella, usted	cantó	comió	vivió
nosotros(as)	cantamos	comimos	vivimos
vosotros(as)	cantasteis	comisteis	vivisteis
ellos(as), ustedes	cantaron	comieron	vivieron

部分动词简单过去时的某些人称形式，由于语音的缘故，为保持词根部分的发音不变，书写时需要变更中间的个别字母。这类动词仍属于规则动词之列。例如，以-car 结尾的动词 marcar（做标记）→marqué（我做了标记），以-zar 结尾的动词 alcanzar（够到）→alcancé（我够到了），以-gar 结尾的动词 llegar（到达）→llegué（我到达了），以-guar 结尾的动词 santiguar（画十字）→santigüé（我画了十字），以-uir 结尾的动词 influir（影响）→influyó（他影响了……），influyeron（他们影响了……），以-aer, -eer, -oer 等结尾的动词 caer（坠落）→cayó（它掉了下来），cayeron（它们掉了下来），leer（读）→leyó（他读了），leyeron（他们读了），roer（啃）→royó（它啃了），royeron（它们啃了），等等。

简单过去时的不规则变位动词：
- 动词原形倒数第二个音节为 e 的一些第三变位动词，第三人称单复数形式中变 e 为 i。如：servir: serví, serviste, sirvió, servimos, servisteis, sirvieron; vestir: vestí, vestiste, vistió, vestimos, vestisteis, vistieron。属于这类情况的动词主要有：adherir, advertir, arrepentirse, competir, concebir, convertir, digerir, divertir, elegir, freír (frió, frieron), gemir, medir, henchir, herir, hervir, mentir, pervertir, pedir, reír (rió, rieron), rendir, seguir, sentir, ceñir, reñir, teñir 等。

- 动词原形倒数第二个音节为 o 的一些第三变位动词，第三人称单复数形式中变 o 为 u。如：dormir: dormí, dormiste, durmió, dormimos, dormisteis, durmieron; morir: morí, moriste, murió, morimos, moristeis, murieron。

- 原形动词末尾为-ucir 时，各人称及数的形式如下：traducir: traduje, tradujiste, tradujo, tradujimos, tradujisteis, tradujeron; conducir: conduje, condujiste, condujo, condujimos, condujisteis, condujeron。

- 特别不规则的动词主要有：

   Andar: anduve, anduviste, anduvo, anduvimos, anduvisteis, anduvieron.

   Tener: tuve, tuviste, tuvo, tuvimos, tuvisteis, tuvieron.

   Estar: estuve, estuviste, estuvo, estuvimos, estuvisteis, estuvieron.

   Poder: pude, pudiste, pudo, pudimos, pudisteis, pudieron.

   Haber: hube, hubiste, hubo, hubimos, hubisteis, hubieron.

   Poner: puse, pusiste, puso, pusimos, pusisteis, pusieron.

   Caber: cupe, cupiste, cupo, cupimos, cupisteis, cupieron.

   Saber: supe, supiste, supo, supimos, supisteis, supieron.

   Venir: vine, viniste, vino, venimos, venisteis, vinieron.

   Querer: quise, quisiste, quiso, quisimos, quisisteis, quisieron.

   Traer: traje, trajiste, trajo, trajimos, trajisteis, trajeron.

   Decir: dije, dijiste, dijo, dijimos, dijisteis, dijeron.

Hacer: hice, hiciste, hizo, hicimos, hicisteis, hicieron.
Dar: di, diste, dio, dimos, disteis, dieron.
Ir: fui, fuiste, fue, fuimos, fuisteis, fueron.
Ser: fui, fuiste, fue, fuimos, fuisteis, fueron.

4.2.5 简单过去时的用法及意义

- 简单过去时表示在说话之前已经发生了的行为或现象等，而且这一行为或现象与目前不相干。如：*Habló* en la reunión.(在会上他讲了话)，*Leí* su carta y en seguida *hice* la respuesta.(我读了他的信，并立即做了答复)，*Vio* a su hijo y se *echó* sobre él.(她看见了儿子，向他扑了过去)，Nadie *dijo* tal cosa.(谁也没说这种事)。

  在时间轴上，简单过去时是过去的一个封闭的环节，因此常常伴随有表示过去的时间副词，诸如 ayer(昨天)，la semana pasada(上星期)，hace tres años(三年前)等：*Nació* en *1954*.(她出生于1954年) *Anoche* me *llamó* por teléfono.(昨晚她给我打了电话)，*Estuvo* cuatro veces en España *el año pasado*.(去年，我到过三次西班牙)。

- 表示瞬间行为或现象的动词，用简单过去时说明该现象完全结束。如：*Abrió* la ventana para que entrase el aire fresco.(他打开窗户，让新鲜空气进来)，*Saltó* sobre la mesa.(他跳上桌子)，*Miró* hacia el techo y no *descubrió* nada.(他看了一眼屋顶，什么也没发现)。

- 简单过去时表示在过去某时候接连完成的若干动作或发生的现象。如：*Entró* en el cuarto, *encendió* la luz, *cogió* un periódico, se *echó* en la cama y se *puso* a leerlo.(他走进房间，打开灯，拿起一份报纸，躺在床上读了起来)，*Cesó* el viento, *empezó* la lluvia y *bajó* rápidamente le temperatura.(风停了，下起雨来，气温迅速下降)。

- 简单过去时可表示在某一过去事件之前刚刚发生的事情。例如：Tan pronto como *amaneció*, fueron a trabajar.(天刚亮，他们就去干活了)，Apenas *entró* en la oficina, se puso a discutir conmigo.(他一走进办公室就跟我吵起来)。

练 习

一、请写出下列动词的简单过去时的各种人称和数的形式。
  A. hablar, pasar, trabajar, bailar, estudiar, charlar, reservar, mirar, dar, estar, buscar, explicar, colocar, sacar, practicar, tocar, roncar, criticar, llegar, negar, tragar, parar, encargar, entregar
  B. comer, comprender, aprender, poder, saber, poner, ver, tener, querer, traer, ser, leer, caer, meter, hacer, correr, beber, permanecer, nacer, haber, entender, mecer, agradecer, componer
  C. subir, escribir, atribuir, recibir, servir, traducir, elegir, producir, decir, venir, cubrir, ir, pedir, preferir, medir, repetir, huir, seguir, dormir, construir, sustituir, reír, decidir, partir, conseguir, salir, oír, conducir, surgir, sugerir, hervir, arrepentir, concebir, mentir, vestir, obstruir, sentir, discernir, dirigir

二、请把下列所给动词形式写在与之相应的人称代词后面。
  yo:
  tú:
  él, ella, usted:
  nosotros, nosotras:
  vosotros, vosotras:
  ellos, ellas, ustedes:
  dijo, vinieron, hicimos, pudiste, midieron, quise, diste, fuisteis, pudiste, trajeron, fue, anduve, salió, partiste, cantamos, tuvo, supe,

leyó, preferisteis, repitió, seguimos, pensamos, entendí

三、请给出与下列动词形式相对应的(人称和数相同)简单过去时形式。

例：toma→tomó

salgo, das, gastan, pasáis, gritan, ordena, arreglo, abres, pasamos, comprendemos, viajáis, miran, levanta, escucho, diriges, preguntamos, ganas, llevan, contesta, compráis, corro, recoges

四、请用括号中动词的简单过去时填空完成句子。

1. ¿_____ (Abrir) usted el correo electrónico?
2. Ayer _____ (tomar, yo) cerveza con Manuel.
3. ¿_____ (Aprender, tú) mucho en la Universidad?
4. ¿_____ (Andar, tú) todo el camino?
5. Antonio _____ (vivir) mucho en el sur de China.
6. ¿_____ (Bailar, vosotras) mucho anoche?
7. Ella _____ (poner) el bocadillo de jamón en la nevera.
8. ¿_____ (Tener, ustedes) frío ayer?
9. Miguel _____ (subir) las escaleras de dos en dos.
10. _____ (Jugar, yo) a cartas con mis padres y mi hermana.
11. ¿Qué obra de teatro _____ (ver, vosotros)?
12. _____ (saber, nosotros) la noticia a las nueve.
13. Ellos no _____ (llegar) a tiempo.
14. La policía no me _____ (dar) el pasaporte.
15. Sí, creo que yo _____ (equivocarse).

五、请回答下列问题(重复使用问题中的动词)。

1. ¿En qué año naciste?
2. ¿Cuándo empezaste a ir al colegio?

3. ¿A qué hora salieron tus padres?
4. ¿Dónde viviste de niño?
5. ¿A dónde fueron tus amigos/as de colegio?
6. ¿Leísteis el artículo?
7. ¿Qué hizo usted el domingo pasado?
8. ¿Qué hicieron ustedes el verano pasado?
9. ¿A qué hora te despertaste el sábado pasado?
10. ¿Oíste algo?

六、请用下列所给内容回答 ¿Qué hiciste el viernes pasado? 这一问题。

1. salir con mis amigos.
2. limpiar la habitación.
3. practicar el español.
4. bailar en la discoteca.
5. jugar al fútbol.
6. correr por el parque.
7. plantar flores.
8. pescar en el lago.
9. asistir a una conferencia.
10. leer unos cuentos.

七、请选用下面所给动词填空完成句子。

llamar, acabar, organizar, ganar, limpiar, vivir, abrir, nacer, conocerse, comprar, estudiar, echar, correr, desayunar, ver

1. ¿Dónde _____ (vosotros) esa mesa? Es muy bonita.
2. ¿Quién _____ ayer mi mesa? Estoy buscando un papel y no lo encuentro.
3. Su primera hija _____ en 1953.

4. Ayer _____ (yo) una pequeña fiesta.
5. ¿Quién _____ por teléfono anoche?
6. Yo _____ la ventana anoche porque tenía calor.
7. El sábado pasado algunos alumnos _____ diez kilómetros.
8. Camilo José Cela _____ el Premio Nobel de Literatura en 1989.
9. Esta mañana _____ el niño una tostada y un zumo.
10. Antes de venir aquí, _____ (nosotros) mucho tiempo en Santiago de Chile.

4.2.6 陈述式过去未完成时的变位

Cantar, comer, vivir 三个规则变位动词的陈述式过去未完成时的各种人称和数的形式依次是：

Cantar: cantaba, cantabas, cantaba, cantábamos, cantabais, cantaban.

Comer: comía, comías, comía, comíamos, comíais, comían

Vivir: vivía, vivías, vivía, vivíamos, vivíais, vivían

陈述式过去未完成时不规则变位动词只有三个：

Ir: iba, ibas, iba, íbamos, ibais, iban.

Ser: era, eras, era, éramos, erais, eran.

Ver: veía, veías, veía, veíamos, veíais, veían.

4.2.7. 陈述式过去未完成时的用法及意义

● 陈述式过去未完成时为相对时态，表示相对于过去某一时刻尚未结束或正在继续的行为、状态或现象等。如：Cuando llegaron *llovía* fuertemente.（他们到的时候下着大雨），Cuando *entraba* él, yo *salía*.（他进来的时候我正要出去），Ayer a las nueve de la mañana yo *estudiaba* en la biblioteca.（昨天早上九点钟我在图书馆学习）。由于是相对时态，陈述式过去未完成时的出现需要有一个参照点，它可以是语境所提供的时期、是另一个相关动词的时态、或者是表示时间的词或词组等。
例如：Con *esta determinación*, sentía dentro de sí una reñida y sangrienta pelea. (Francisco Diego de Yepes) (面对如此决定，他内心经受着一场浴血搏斗)。在这里，使用 sentía (感受) 所依据的时间背景是做出 determinación (决定) 的时期。*Cuando me desperté*, ella se peinaba. (我醒来的时候，她在梳头)。Peinaba (梳头) 是相对于时间状语从句 cuando me desperté (我醒来的时候) 所提供的时刻而来的。当然，有时候，陈述式过去未完成时也独立使用，例如：Él *tenía* un coche. (当时他有一辆车)，Los griegos *amaban* las artes. (古希腊人热爱艺术)，*Decía* Cervantes que… (塞万提斯说)，Tenía… (当时他有)，amaban (热爱) 和 decía (说) 表面上看，似乎是作绝对时态用，其实在这些情况下，过去未完成时以不言而喻的背景知识为支撑。

- 由于陈述式过去未完成时表示过去某时期未终止的、持续存在的状态或现象等，在叙事时经常用来描写环境。例如：A un lado y otro del lugar llamado Arapiles se *elevaban* los dos célebres cerros, pequeño el uno, grande el otro… A la derecha del Arapil grande y más cerca de nuestra línea, *estaba* Huerta. (Pepito Pérez Galdós) (在那个名叫阿拉皮莱斯地方的两侧，耸立着两座著名的山丘，一座小一点，另一座大一些……乌尔塔位于那座大的阿拉皮尔山右边、更接近于我们这条线的位置)；Apareció en esto ante sus ojos un castillo que se *elevaba* en la llanura y *prestaba* cierto aspecto marcial al paisaje. (这时候，他的眼前出现了一座城堡，平地拔起，给周围的景色增添了雄壮之气)。

- 陈述式过去未完成时表示以前的习惯性的行为或现象等。如：Cuando *vivía* en la playa, *iba* todos los días a bañarse en el mar. (住在海边的那些日子里，每天他都去进行海水浴)，

Antes nosotros siempre *entrábamos* y *salíamos* por aquella puerta.(从前，我们总是从那个门里出入)。

- 瞬间动词用陈述式过去未完成时说明动作的重复。如：
  Resuelto a partir, aún se *preguntaba* si le convendría más quedarse.(决定要出发了，他还不停地问自己是否更应该留下), Esta mañana se *suspiraba* todo el tiempo, pero no quería informarle a nadie del motivo.(今天上午她一直在长吁短叹，但却不愿意告诉任何人为什么)。

- 陈述式过去未完成时表示"未遂"，即业已开始但未能完成或将要实施而未能实施的行为。如：Cuando se *marchaba* el ladrón, volvió el dueño.(小偷正要离开的时候，主人回来了), Cuando se *echaba* a correr, se lo impedí.(他正拔腿要跑，我把他拦住了), ¿*Ibas* a decir "hispanohablante"?(你是不是想说 hispanohablante)

练 习

一、请写出下列动词的陈述式过去未完成时的各种人称和数的形式。

A. tirar, volar, preparar, dar, estudiar, trabajar, tomar, cantar, bailar, hablar, rechazar, negar, reforzar, preocupar, retirar, confiar, regresar, adelantar, formar, fumar, bajar, alzar, levantar

B. tener, haber, parecer, coger, correr, beber, aprender, conocer, absolver, querer, disponer, desaparecer, entender, resolver, comprender, ser, ver, recoger, componer, volver, vender, soler

C. servir, escribir, ocurrir, dormir, disminuir, traducir, construir, descubrir, recibir, subir, decir, salir, discutir, decidir, conducir, unir, dividir, cubrir, competir, esculpir, venir, abrir, ir, producir

二、请把下面所给的动词形式写在相应的主语人称代词后面。

yo:

tú:

él, ella, usted:

nosotros, nosotras:

vosotros, vosotras:

ellos, ellas, ustedes:

pensaba, traducían, estábamos, dormíais, íbamos, vivías, caía, empezaban, gritabais, recordabas, podíamos, hablaban, oíais, hacíamos, erais, poníais, tomaba, venías, comía, cantaban, sabía

三、请给出与下列动词形式相对应的人称代词。

escribía, bebían, veías, daban, salíais, pasábamos, vivía, estudiábamos, hacíais, eran, estaba, iba, servían, veníamos, comían, corrías, teníais, llegaban, trabajabas, cansaba, leía, habíamos, llovía

四、请用括号里所给动词的陈述式过去未完成时的适当形式填空。

1. Hace diez años mucha gente _____ (llevar) corbata; hoy poca gente la lleva.
2. Usted _____ (pensar) en sus hijos.
3. Mi novio _____ (empezar) a trabajar a las ocho y media.
4. El cumpleaños _____ (caer) en lunes.
5. Mientras _____ (estudiar, yo), ella _____ (ver) la tele.
6. Cuando _____ (terminar, él) el trabajo, _____ (escribir) poemas.
7. Él, al tiempo que _____ (tomar) cerveza, _____ (observar) el ambiente del mar.
8. Antes yo _____ (vivir) en Shanghai; ahora vivo en Qingdao.
9. Ellos _____ (enseñar) español.

10. _____ (Viajar, yo) en avión, así _____ (tardar) menos.
11. Mientras _____ (pasear, vosotros), _____ (discutir, vosotros).
12. Mi padre _____ (trabajar) en un barco.
13. En aquel tiempo _____ (estar, ella) soltera, ahora está divorciada.
14. _____ (Ir, nosotros) delante de ella.
15. El profesor, mientras _____ (dictar) el texto, _____ (pasearse) por la clase.

五、请用陈述式过去未完成时替换下列句子中斜体的动词短语。

例：El *solía llevar* el pelo largo. → El llevaba el pelo largo.

1. Pepe *solía dormir* mucho los fines de semana.
2. Usted *solía ir* a cazar los domingos, ¿verdad?
3. El profesor *solía llegar* en punto.
4. Ella *solía comer* en el restaurante Playa de Oro.
5. Tú *solías acostarte* temprano.
6. Mi padre *solía afeitarse* por la noche.
7. Vosotros *solíais ducharos* con agua fría en invierno.
8. Nosotros s*olíamos ver* a Sandra en el mercado.

六、请回答下列问题（注意重复使用问题中的动词）。

1. ¿Decías algo?
2. ¿A usted le gustaba la tortilla de maíz de México?
3. ¿Cuánto pagaban ustedes por la pensión?
4. ¿Nevaba mucho cuando salías esta mañana?
5. ¿A qué hora os acostabais?
6. ¿También estaba Pedro en la conferencia?
7. ¿De quién hablabais?
8. ¿En qué gastabas principalmente el dinero?
9. ¿Hasta qué hora trabajaban ustedes?

10. ¿Qué hacías en Venezuala?

七、请用动词的适当形式填空完成句子。

1. Ahora _____ (desayunar, yo) todos los días; cuando era joven no _____ (desayunar) nunca.

2. El lunes no fui a trabajar, porque _____ (sentirse) incómodo.

3. Ayer, cuando _____ (venir) al Instituto, vi un accidente.

4. Ahora _____ (levantarse, yo) a las seis y media; cuando era joven _____ (levantarse) tarde.

5. Este matrimonio ahora _____ (vivir) en el Sur; antes _____ (vivir) en el Norte.

6. Antes de la guerra en este país ___ (existir) muchos problemas políticos.

7. Cuando Elena _____ (tener) dieciocho años _____ (trabajar) para mantener a sus hermanos.

8. Ahora mi hijo _____ (comer) fruta todos los días; cuando era pequeño no _____ (comer) fruta.

9. Mi hermano no _____ (tomar) leche; cuando era pequeño le _____ (gustar) mucho.

10. Hace un minuto todavía _____ (pensar, tú) que todos los españoles _____ (hablar) bien castellano.

八、请按照例句用所给词语造句。

例：llorar mucho el niño; tener hambre.
　　Ayer lloró velozmente el niño porque tenía hambre.
　　Como tenía hambre, ayer el niño lloró velozmente.

1. no llamarte yo; no tener tu teléfono.
2. acostarme pronto; estar cansada.
3. no ir a trabajar ella; estar enferma.

4. coger un taxi, yo; haber huelga de metro.
5. no ir él a la discoteca con usted; tener que estudiar.
6. no salir nosotros; estar lloviendo.
7. llegar ellos tarde a clase; haber demasiado tráfico.
8. no cenar las niñas; no tener hambre.
9. no ver vosotros la telenovela; el televisor estar estropeado.
10. quedarte todo el día en casa; dolerte los pies.

4.2.8 陈述式过去未完成时和简单过去时的区别

这两种时态都是陈述式的过去时态，但用法和意义有所不同。

- 陈述式过去未完成时是相对时态，顾名思义，表示相对于过去某时刻尚未结束的行为或现象，理解它的关键在于其"未终结"；简单过去时是绝对时态，说明对于说话时或过去的某一时刻而言，它所表示的行为或现象已经结束，理解它的关键在于其"终结"。例如：Dijo que *venías / viniste* ayer（他说你昨天要来/昨天来了），相对于 dijo（他说）来说，venías（你要来）是未完成的，而 viniste（你来了）则是完成的；V*ivían / vivieron* aquí mis abuelos durante la segunda guerra mundial.（二战期间，我的祖父母住在这儿/在这儿住过），vivían.（他们住着）旨在说明二战期间他们住在这里，无意指出这种状况结束与否，而 vivieron（他们住过）却告诉人们这种状况已经结束；Se *graduaba / se graduó* en 1984.（1984 年他将要毕业/毕业了），过去未完成时说明那时接近毕业而尚未毕业，但简单过去时则表明是在那时毕业的；En medio de la nave *se arrodillaron*. La madre *volvió* la cabeza hacia el hijo, con un signo familiar; *quería* decir que *empezaba* el rezo; *era* por el alma del padre, del esposo perdido. Ella *rezaba* delante, el hijo *representaba* el coro y *respondía* con palabras que nada *tenían* que ver con las de la madre.（在船的中间，大家跪了下

来。母亲回头看看儿子，向他使一个熟悉的暗示，意思是说祈祷开始了；是为了他父亲也是她失去了的丈夫的亡灵。她在前面祷告，儿子代表唱诗班，说些和妈妈的话毫不相干的词附和着)。用简单过去时的 se arrodillaron(大家跪了下来)和 volvió(回头)陈述两个瞬间完成了的动作；其余动词，虽然说的也是目前已经过去的行为或事件，但运用过去未完成时，意在描写这些行为或事件当时的发展过程、状态或情景。

- 瞬间动词用陈述式过去未完成时体现动作或现象的重复，用简单过去时则说明动作的完成、现象的结束。En el concurso *disparaba / disparó* con puntería.(在赛场上他连发连中/他打得很准)，disparaba 有意指出不停地或多次射击，而 disparó 尽管也可能是射击了多次，但它无意与此，其简单过去时仅限于说明这种行为发生过；*Relampagueaba / relampagueó* a mi regreso de casa.(我回家的路上天空不停地闪电/天空闪电了)，同样的道理，前者强调重复而后者仅仅说事。Cuando vivía en el Sur, *comía / comió* serpiente.(住在南方的时候，他常吃蛇/吃过蛇)，comía 是"常吃"(重复)，comió 是"吃过"(有过这事)。

总之，陈述式过去未完成时说明事情未完成、或事情的过程、状态等，而简单过去时则表示事情完成、结束等。

练 习

一、请用括号中所给动词的陈述式过去未完成时或简单过去时填空完成句子。

1. _____ (Ser) las cinco de la tarde cuando aparecieron tres hombres.
2. Cuando _____ (casarse, nosotros), no teníamos casa.
3. El miércoles pasado _____ (ir, ellas) de viaje.

4. Fabio _____ (estar) sin salir de casa más de un mes.
5. _____ (Recibir, ellos) muchos regalos aquella Navidad.
6. Cuando le vi no _____ (parecer) preocupado.
7. Todos los días hacía la cama; ayer no la _____ (hacer).
8. A los dieciséis años _____ (creer, tú) que la vida era toda rosas.
9. Mientras dictaba el texto, la profesora _____ (pasearse) por la clase.
10. Cuando _____ (llegar, yo) a Beijing, _____ (tener, tú) veinte años.
11. _____ (Soler, él) cantar todas las mañanas mientras _____ (afeitarse).
12. Siempre _____ (llevar, ella) a los niños al colegio; ayer no los llevó.
13. Entonces ellos _____ (ser) machistas; hoy son feministas.
14. Mientras _____ (tomar, él) la cerveza, observaba el ambiente del bar.
15. Iba (yo) todos los días al gimnasio; ayer no _____ (ir).
16. Anteayer _____ (pasar, yo) un día extraordinario bañándome en el lago.
17. ¿Qué _____ (querer, vosotros) estudiar cuando _____ (interrumpiros, yo)?
18. El sábado pasado _____ (estar, yo) oyendo música *rock* toda la tarde.
19. Cuando lo _____ (saber, ustedes), ya era tarde.
20. Todas las tardes las señoras _____ (tomar) el té; esta tarde no lo tomaron.
21. Mientras iba en autobús, Sergio _____ (repasar) los apuntes.
22. Cada vez que cantaba, le _____ (tirar, ellos) tomates.
23. Durante más de un año ellos sólo _____ (utilizar) el Metro

para moverse en Madrid.

24. Por esas fechas _____ (venir, ella) todos los años a visitarnos.

二、下列句子里斜体的动词形式中，哪种形式合适，请在下面划一横线标出。

1. La casa que se *compraron / compraban* Alfredo y Sandra en la playa no *tenía / tuvo* jardín.
2. Los árabes *vivían / vivieron* en España 800 años.
3. El lunes, cuando *recibía / recibí* tu carta me *puse / ponía* muy preocupado.
4. Mi abuela *fumaba / fumó* en pipa toda su vida.
5. Ahora estoy bien, pero la semana pasada *estaba / estuve* muy resfriado.
6. No me *compré / compraba* las botas porque *eran / fueron* demasiado caras.
7. Ayer no *salimos / salíamos* de casa.
8. Cuando yo *era / fui* una niña, *odiaba / odié* la sopa.
9. El martes pasado ellos no *pudieron / podían* ir a tu fiesta porque *tenían / tuvieron* otras obligaciones.
10. El otro día Francisco se *comió / comía* todas las galletas que *hubo / había* en la caja.
11. Mi abuelo *se duchaba / se duchó* con agua fría.
12. El domingo *veía / vi* una película en la que *actuó / actuaba* Antonio Banderas.
13. Una vez, mi tío Claudio *cantó / cantaba* una ópera por su cumpleaños.
14. Antes mi padre me *llevaba / llevó* en moto a la escuela.
15. Cuando yo *vivía / viví* en el campo, *pescaba / pesqué* la mayoría de los fines de la semana.

16. Nosotros *hacíamos / hicimos* el examen anteayer. Las preguntas *eran / fueron* muy difíciles.
17. El tren que *cogimos / cogíamos* para Guangzhou no *fue / iba* a la dirección que nosotros *quisimos / queríamos*.
18. Su abuela *cantaba / cantó* la ópera de Beijing.
19. Anoche a Julián le *tocó / tocaba* la lotería. Por eso, él *estuvo / estaba* tan contento.
20. Siempre que *recibía / recibí* tus cartas me *puse / ponía* muy contento.
21. Antes, mi hermano y yo *discutíamos / discutimos* mucho más.
22. Cuando *fui / era* pequeña me *regalaron / regalaban* una muñeca que *hablaba / habló*.
23. Los periódicos antes *eran / fueron* más sinceros.
24. Anoche yo no *podía / pude* ver el partido porque la televisión *estaba / estuvo* estropeada.

三、请把下列句子翻译成汉语。

1. El desfile de coches antiguos era en El Retiro a las once de la mañana.
2. El desfile fue en El Retiro a las once de la mañana.
3. El robo del banco tenía lugar a las tres en punto de la madrugada.
4. El robo tuvo lugar a las tres en punto de la madrugada.
5. Conocimos a Margarita en una discoteca.
6. Ya conocíamos a Margarita entonces.
7. Nos conocieron en un viaje de avión Madrid-Londres.
8. Nos conocían por unos amigos comunes.
9. Ayer supe que tu hermano Pedro es un actor excelente.
10. Sabía que tu hermano Pedro era un actor excelente.

四、请选用下列所给词语填空。

A. *tener, ser, llevar, casarse, comenzar, enterarse, ir*

Yo vi a mi marido por primera vez en 1984. El _____ un viejo amigo de mi familia. Cuando yo _____ 20 años, mi madre me _____ a Suecia a conocerlo. Pero el romance _____ cuando él _____ a vernos a Roma. _____ el 28 de agosto de 1992. _____ una boda muy sencilla. Ni siquiera mi madre _____. Tampoco nosotros _____ ninguna celebración.

B. *en 1995, aquel fin de semana, todos los años, siempre, una vez, un buen día, a menudo, cada vez, habitualmente, una sola hora*

1. _____ íbamos a la sierra, pero tuvimos que quedarnos en casa a causa del mal tiempo.
2. Antes iba a verme y _____ me llevaba caramelos; pero _____ dejó de ir.
3. El perro me mordía _____ que le tiraba del rabo.
4. El año pasado fui a pescar _____ en toda la temporada.
5. Cuando éramos jóvenes montábamos _____ en bicicleta; _____ me caí y me hice daño.
6. _____ llevábamos la comida de casa; pero _____ se nos olvidó.

4.2.9 陈述式现在完成时的变位

陈述式现在完成时是复合时态，由助动词 haber 的人称形式与实义动词的过去分词构成。过去分词是动词的无人称形式之一。规则动词的过去分词形式是：第一变位动词以 -ado 结尾，cant*ar*→cant*ado*；第二和第三变位动词都以 -ido 结尾，com*er*→com*ido*，viv*ir*→viv*ido*。规则变位动词 cantar, comer 和 vivir 所代表的第一、第二以及第三变位动词的陈述式现在完成时的各种人称和数的形式依次是：

Cantar: he cantado, has cantado, ha cantado, hemos cantado, habéis cantado, han cantado.

Comer: he comido, has comido, ha comido, hemos comido, habéis comido, han comido.

Vivir: he vivido, has vivido, ha vivido, hemos vivido, habéis vivido, han vivido.

动词陈述式现在完成时变位的不规则情况集中在过去分词部分。不规则过去分词的词尾一般为-to, -so 或-cho。例如：abrir→abier*to*, imprimir→impre*so*, hacer→he*cho* 等。过去分词不规则的动词主要有：

abrir→abierto	absolver→absuelto
escribir→escrito	hacer→hecho
resolver→resuelto	ver→visto
cubrir→cubierto	imprimir→impreso
volver→vuelto	decir→dicho
morir→muerto	disolver→disuelto
poner→puesto	romper→roto

4.2.10 陈述式现在完成时的用法及意义

陈述式现在完成时表示说话时刚刚结束的行为或现象，或者已经过去了的但与现状有某种关联的事情。

- 陈述式现在完成时表示说话时刚刚结束的行为或现象。例如：Se *ha abierto* la biblioteca.（图书馆开门了），*He cenado* con varios amigos.（我和几位朋友吃了晚饭），*Ha llovido* torrencialmente.（下了瓢泼大雨）。

- 陈述式现在完成时表示含说话时间在内的一段时间里（也就是说在这段时间里到目前为止）已经做过或发生过的事情。例如：Hoy *he topado* varias veces con él.（今天我撞见他好几次了），Este semestre *hemos estudiado* 16 lecciones.（这学期我们已学过十六课书了）。

- 陈述式现在完成时表示业已过去的但与现在有某种关联的事情。如：Habla bastante bien español, porque *ha vivido* diez años en Argentina.(她西班牙语说得相当好，因为她在阿根廷生活过十年), Me entiendo muy bien con el ministro porque le *he servido* de secretario durante cinco años, pero dejé de hacerlo hace tres años.(我和部长很能谈得来，因为我给他当过五年秘书，尽管三年前我就不当了), El año pasado ya te *he dicho* que no volvieras a buscarme, ¿no lo recuerdas?(去年我就告诉过你不要再来找我，你不记得了吗) 第一句的 ha vivido diez años(她生活过十年)和目前的 habla bastante bien(她说得相当好)有因果关系，无论动词的主语现在仍住在阿根廷还是早已离开那里，这都不重要；第二句中，虽然说话人明确三年前就不再是部长的秘书，但为了表明 le he servido de secretario durante cinco años(我给他当过五年秘书)与现今 me entiendo muy bien con él(我和他很能谈得来)之间的因果关系，使用现在完成时；第三句的言外之意是"你"现在又来找"我"，可是"我"早已告诉"你"别再这样做，现在完成时表示从前告诫过与目前又重犯之间的对立关系。

练 习

一、请写出下列动词的陈述式现在完成时的各种人称和数的形式。

A. empezar, mirar, volar, bajar, bailar, comprar, protestar, prestar, intentar, tomar, trabajar, esperar, llevar, estudiar, usar, recordar, pensar, gastar, faltar, ganar, fracasar, llegar, dar, regalar, formar

B. beber, crecer, coger, entender, leer, conocer, creer, perder, romper, volver, ver, hacer, poner, haber, saber, tener, satisfacer, aparecer, comprender, tender, crecer, obtener, suspender, vender

C. pedir, subir, seguir, dormir, repetir, construir, concluir, recibir, abrir, escribir, decir, morir, venir, oír, salir, descubrir, freír, referir, incluir, producir, influir, conducir, insistir, vestir, decidir

二、请用括号中所给动词的陈述式现在完成时的适当形式填空。

1. El portero me _____ (subir) las cartas.
2. _____ (Comprar, nosotros) otro televisor.
3. ¿Qué _____ (hacer, tú) hoy?
4. Los turistas _____ (llegar) en barco.
5. Las clases de esta semana me _____ (parecer) muy interesantes.
6. Yo, nunca _____ (ponerse) traje.
7. La modista me _____ (coser) un vestido.
8. ¡Perdón!, _____ (romper, yo) la taza.
9. Todavía no _____ (preparar, nosotros) la comida.
10. ¿Me _____ (decir, ustedes) la verdad?
11. _____ (Beber, tú) demasiado.
12. Esta mañana no _____ (hacer, yo) chocolate.
13. Todavía no _____ (devolver, ellos) los libros.
14. El mecánico _____ (arreglar) la moto.
15. Ella _____ (acostarse) muy tarde esta noche.

三、请选用下列所给动词填空(使用陈述式现在完成时的适当人称形式)。

A. *estar, ir, costar, caerse, ver, decir, ser, abrir, perder, comprar, tener*

1. La película de hoy _____ muy bonita.
2. ¡Mamá! Pepe _____ por las escaleras.
3. Susana _____ el paraguas otra vez.
4. Hoy nosotros _____ mucho trabajo.
5. Este verano (nosotros) _____ en Roma de vacaciones.

6. En la radio _____ que mañana lloverá.
7. ¿Quién _____ la ventana de la cocina?
8. ¿Cuánto _____ (costar) el equipo de música?
9. Esta mañana _____ a Alejandro en la parada del autobús.
10. ¿Dónde te _____ ese vestido? Es muy bonito.

B. *leer, volver, salir, ir, estar, ver, tener, poder*

1. Ana María _____ al cine.
2. Ellos _____ a cenar con Alberto.
3. ¿A qué hora tú _____ a casa?
4. Mis compañeros no _____ suerte en el examen.
5. Hoy te _____ en el colegio.
6. ¿(Tú) _____ el periódico de hoy?
7. ¿Porqué esta mañana no (tú) _____ en clase?
8. No _____ (yo) a visitarle por la tarde.

C. *beber, jugar, atreverse, cerrarse, entrar, recibir, visitar, despertarse*

1. Los niños _____ la leche a las 10 de la mañana.
2. Nosotros _____ al baloncesto hoy por la tarde.
3. El niño _____ por sí solo.
4. Ellos _____ por la puerta trasera.
5. Nadie _____ regalos de Navidad.
6. Les _____ (nosotros) después de la cena.
7. Ella nunca _____ a bañarse en el mar.
8. Hoy _____ (yo) más temprano que normalmente.

4.2.11 陈述式现在完成时与简单过去时的区别

陈述式现在完成时和简单过去时都不关注行为或事件的过程，而是说明它们在说话之前已经发生。然而，这两种时态面对过去事件的观点有所不同。陈述式现在完成时结合现在说过去，意在显示过去与当前的关联，往往或多或少流露出说话人对过去事情的主观认识；而简单过去时仅限于简单客观地陈述过去的事实。

- 从时间状语方面来看，陈述式现在完成时的时间状语常常与现在相关，而简单过去时的时间状语则与现在无关。如：*El día cuatro* se emprendieron las conversaciones.（四日，谈判开始了），*Este mes* se han emprendido las conversaciones.（这个月，谈判开始了）。第一句中的 el día cuatro（四日）所指的时间不包含现在，即与现在无关，而第二句中所陈述的事件尽管也可能是 el día cuatro 发生的，但使用 este mes（这个月），这个时间段包括了现在，于是，在心理上过去的事件与当前就有了关联。

- 陈述式现在完成时，正因为旨在说明过去对现状的影响，所以在陈述事件时，即使没有时间状语，甚至于时间状语是与现在无关的时刻，它也能把过去与当前主观地联系起来；而简单过去时则排除现在，甚至于在心理上拉长过去与现在间的距离。请对比下列几组句子：*Ha terminado* la guerra hace tres meses, ya puede estarse usted tranquila.（战争三个月前就结束了，你可以放心了）¿Cuándo *terminó* la guerra? ——*Terminó* hace tres meses.（战争什么时候结束的？——三个月前结束的）¿*Ha vuelto* Pedro? —Sí, *regresó* la semana pasada.（佩德罗回来了吗？——回来了，上周回来的）Siempre *he sostenido* que eso era cierto.（我一直认为那是真的）。Al principio *sostuve* que eso era cierto.（起初我曾认为那是真的）第一组中的现在完成时所表示的事件与现在的关系是显而易见的；第二组中，问话人关心的是 Pedro 的现状，不论"回来（ha vuelto）"是过去什么时候发生的事情，而答话人在肯定回答之余，说明"回来（volvió）"一事是什么时候发生的，但无意于把"回来"与当前联系起来；第三组中的现在完成时表明到目前为止"我"一直如此，而且很有可能继续下去，而简单过去时则告诉人们仅仅过去是那样。
- 西班牙的部分地区和西班牙语美洲的几乎所有国家和地区，在按理应该使用现在完成时的语境，习惯使用简单过去时而不用陈述式现在完成时。例如：常说 ¿*Comiste* ya?（你吃了吗）而不是¿*Has comido*?（你吃了吗）；常说 No sé cómo no la *encontraron* hasta ahora.（我不知道怎么到现在还没找到她），而不是 No sé cómo no la *han encontrado* hasta ahora.（我不知道怎么到现在还没找到她）。但要说明过去的事件与现状的关系时，一般还使用陈述式现在完成时：Ya se ha enterado / se enteró de todo porque *ha venido* esta mañana.（他全都知道了/他全都知道了，因为他上午来过）。

练　习

一、请使用适当的动词填空。

1. —¿Has hecho la comida?
   —Sí, la _____ anoche.
2. —¿Has probado el pescado crudo?
   —Sí lo _____ en Japón el año pasado.
3. —¿Has estado alguna vez en Canarias?
   —Sí, _____ allí hace tres años.
4. —¿Has llamado a tu madre por teléfono?
   —Hoy no, la _____ el domingo.
5. —¿Habéis apagado las luces?
   —Sí, las _____ cuando salíamos.
6. —¿Habéis recogido los juguetes?
   —Sí, los _____ todos.
7. —¿Se han tranquilizado ya?
   —No, todavía no _____.

8. —¿Fuiste tú quien arrancaste la página?

　　—No, nunca _____ ninguna página.

9. —¿Os habéis revolcado en la tierra?

　　—No, nadie _____ en la tierra.

10. —¿Se ha marchado toda la tropa?

　　—No, pero _____ la mayor parte.

11. —¿Se ha ido alguna vez a España?

　　—Sí. _____ a España en 2001.

12. Hoy me ha creído. El otro día no me _____.

13. Este año has ganado poco; el año pasado _____ mucho más.

14. ¿Dónde _____ tus últimas vacaciones?

15. ¿Qué _____ el pasado fin de semana?

16. Este fin de semana nos hemos divertido mucho; el fin de semana pasado _____ poco.

17. Aún no he pagado esta factura. La anterior la _____ en seguida.

18. Estuvo lloviendo y nosotros _____.

19. El mes pasado tuvimos una semana de fiesta; esta semana no _____.

20. Alejandro me pidió el libro y yo _____.

21. Esta primavera ha hecho un tiempo estupendo; la de 2000 _____ horrible.

22. Ya no se ríe con mis chistes. La última vez se _____ mucho.

23. La semana pasada salieron mucho; esta semana no _____.

24. Al parecer, esta noche no he roncado mucho. Anoche sí que _____.

二、下列句子中动词的时态是否正确，请将不正确的予以改正。

1. El lunes pasado no fueron a trabajar.

2. —¿Dónde ha estado Pedro?

—Estuvo en el cine.
3. ¿Has recibido alguna carta hoy?
4. Ella nunca montó a caballo.
5. Ayer el espejo del salón se ha roto.
6. Mi madre no lo ha sabido hasta el día siguiente.
7. Colón ha descubierto América en 1492.
8. Yo nunca hice el paracaidismo.
9. ¿Vosotros escribisteis alguna vez un poema?
10. ¿A qué hora has terminado de trabajar?

三、用括号中所给动词的简单过去时、陈述式过去未完成时或现在完成时填空。

1. Anoche _____ (volver, nosotros) a casa muy tarde.
2. Toda su vida _____ (comportarse, él) así.
3. Hoy _____ (despertarse, yo) a las siete.
4. En estos últimos días _____ (llover) muchísimo.
5. El _____ (vivir) en Italia dos años.
6. Juan, ¿_____ (oír) bien la canción de Los Brincos?
7. Esta mañana _____ (estar, yo) en la ducha cuando de repente alguien _____ (tirar) una piedra dentro de la casa.
8. Hasta ahora no _____ (pasar, nosotros) calor.
9. El verano pasado _____ (hacer) mucho calor.
10. ¿_____ (Creer, tú) que yo _____ (ir) a aprobar?
11. Hoy no _____ (llamarla, yo) porque _____ (tener, yo) mucho trabajo.
12. Mi suegro _____ (dejar) su trabajo de peluquero el mes pasado.
13. Ese vino no _____ (probarlo, yo) nunca.
14. Esta mañana _____ (andar, yo) por el parque cuando de

repente un niño me _____ (atropellar) con su bicicleta.
15. Anoche Alejandro no _____ (poder) asistir a la fiesta porque _____ (haber) mucha nieve en la carretera.

4.2.12 陈述式过去完成时的变位

与现在完成时一样，陈述式过去完成时为复合时态，其变位由*助动词haber（陈述式过去未完成时）＋动词过去分词* 构成。下面分别是规则动词 cantar, comer 和 vivir 的各种人称和数的形式：

Cantar: había cantado, habías cantado, había cantado, habíamos cantado, habíais cantado, habían cantado.

Comer: había comido, habías comido, había comido, habíamos comido, habíais comido, habían comido.

Vivir: Había vivido, habías vivido, había vivido, habíamos vivido, habíais vivido, habían vivido.

助动词 haber 的陈述式过去未完成时的各种人称和数的形式已知，动词的过去分词形式在前面有关陈述式现在完成时的变位部分也已做了说明，因此，动词陈述式过去完成时的变位这里无需赘述。

4.2.13 陈述式过去完成时的用法及意义

- 陈述式过去完成时是相对时态，表示相对于过去某一时刻业已结束的行为或事件。例如：Cuando naciste, tu padre *se había licenciado* del ejército.（你出生的时候，你爸爸已经退伍了），Traicionó al viejo matrimonio que le *había salvado*.（他背叛了曾经救过他的老夫妇），Anoche a las diez ya me *había acostado*.（昨晚十点钟我已经睡觉了）。

- 在西班牙语美洲和西班牙的部分地区，习惯使用简单过去时行使陈述式过去完成时的功能，除非有意要说明早先的事情与过去某种状况的相关关系。

练 习

一、请写出下列动词的陈述式过去完成时的各种人称和数的形式。

　　A. trabajar, caminar, pasar, regresar, estar, quedar, encontrar, volar, solucionar, tomar, tapar, llorar, portar, lograr, cerrar, ganar, tratar, arreglar, desayunar, preparar, llamar, acompañar, tardar

　　B. querer, lamer, tener, poner, caber, saber, volver, retener, disolver, ser, correr, parecer, resolver, nacer, suponer, romper, hacer, disponer, mover, traer, poder, escoger, leer, crecer, creer, caer

　　C. concebir, vestir, pedir, competir, escribir, subir, hervir, mentir, sugerir, elegir, digerir, reír, conseguir, contribuir, producir, huir, discutir, medir, atribuir, convertir, sentir, servir, traducir

二、请将下列句子中斜体动词的时态变为过去时，然后对句子中相关动词的时态作相应变化。

　　例：Ella *llora* porque no *ha aprobado*. → Ella *lloró* porque no *había aprobado*.

　1. Cada vez que le *digo* que la quiero, otros lo han dicho antes.
　2. Cuando *llaman* a Nicolás, ya se ha enterado de la noticia.
　3. Os *multan* porque habéis aparcado mal.
　4. Yo *desayuno* pan con mantequilla, tú sólo has desayunado cereal.
　5. Cuando Julián *llega* a casa su familia ya ha cenado.
　6. No le *admiten* porque no ha entregado el expediente completo.
　7. Cada vez que *quiero* sacar buenas localidades, otras personas las han sacado antes.
　8. Cuando tú *estás* a la mitad de trabajo, Marta ya ha terminado el suyo.

9. *Se enfadan* porque no han llegado a un acuerdo.
10. Vosotras no *hacéis* ninguna pregunta, pero ellos han hecho muchas.

三、用括号中所给动词的陈述式现在完成时或过去完成时的适当形式填空。

1. Cada vez que le propongo una nueva idea, ella ya la _____ (estudiar).
2. Cada vez que yo le proponía una nueva idea, ella ya la _____ (estudiar).
3. Siempre que voy a recoger a Tomás a su casa ya _____ (salir, él).
4. Siempre que yo iba a recoger a Tomás a su casa ya _____ (salir, él).
5. Cuando le doy una noticia, ella ya la _____ (oír) por la radio.
6. Cuando yo le daba una noticia, ella ya la _____ (oír) por la radio.
7. Cuando llega a casa sus hijos ya _____ (cenar).
8. Cuando llegó a casa sus hijos ya _____ (cenar).
9. Me contó que la película _____ (empezar) cuando llegaron.
10. Hoy he visto una procesión, antes no _____ (ver) ninguna.

四、请用括号中所给动词的陈述式现在完成时、过去完成时、过去未完成时或简单过去时填空。

1. Ayer _____ (regresar, ellos) de las vacaciones.
2. —¿_____ (estar, tú) antes en Amsterdam?
   —Sí _____ (estar) en 1996. Esta es la segunda vez que vengo.
3. ¡Madre mía!, ¡qué casa! Esta es la casa más lujosa que _____

(ver, yo) en mi vida.

4. Hasta ahora _____ (vivir, ustedes) como reyes.
5. —¿Qué tal está Pedro?

   —Vaya. _____ (Verlo, yo) hace un par de meses y me _____ (decir) que _____ (tener, él) un accidente con la moto, pero que ya _____ (estar, él) mejor.
6. El profesor se enfadó muchísimo conmigo porque no _____ (hacer) los deberes.
7. Cuando llegaron a casa, José _____ (salir).
8. Siempre que te invito a cenar fuera, ya te _____ (invitar) otra gente.
9. ¿No lo sabes? El juez _____ (declarar) inocente a Mario porque no _____ (encontrar) pruebas suficientes.
10. Al verme _____ (acercárseme).
11. Durante toda su juventud _____ (sacrificarse, él) mucho por su madre y sus hermanos.
12. Cada vez que quería yo contar un chiste, tú ya _____ (contarlo).
13. El otro día _____ (ir, yo) por la calle y _____ (acercárseme) una mujer que no _____ (ver, yo) antes en la vida y _____ (ponerse) a hablar conmigo.
14. Beijing es una ciudad que _____ (cambiar) mucho desde la última vez que estuve allí.
15. Cuando la policía llegó, los ladrones ya _____ (destrozar) todo el mobiliario.

4.2.14 陈述式将来未完成时的变位

规则动词 cantar, comer 和 vivir 的陈述式将来未完成时的各种人称和数的形式是：

Cantar: cantaré, cantarás, cantará, cantaremos, cantaréis, cantarán

Comer: comeré, comerás, comerá, comeremos, comeréis, comerán

Vivir: viviré, vivirás, vivirá, viviremos, viviréis, vivirán

动词这一时态变位形式的构成，是由动词原形后面加上 haber 的陈述式现在时的相应人称和数的形式而来的，即：amar+he→amaré, amar+has→amarás, amar+ha→amará, amar+hemos→amaremos, amar+habéis→amaréis, amar+han→amarán。在这样的组合过程中，少数动词（常用的第三变位动词）原形的词尾会失去原音字母 e 或 i。具体有三种情形：

- 只去掉原形动词词尾的 e：poder+he→podré, poder+has→podrás, poder+ha→podrá, poder+hemos→podremos, poder+habéis→podréis, poder+han→podrán。属于这种类型的主要有：caber, querer, haber, saber 等。

- 原形动词词尾失去 e 或 i 之后，需要加上一个复音字母 d 以方便发音：salir+he→saldré, salir+has→saldrás, salir+ha→saldrá, salir+hemos→saldremos, salir+habéis→saldréis, salir+han→saldrán。同类词有：valer, venir, tener, poner 等。

- 原形动词词尾元音 e 或 i 离去时连带着其前面邻近的复音字母：hacer+he→haré, hacer+has→harás, hacer+ha→hará, hacer+hemos→haremos, hacer+habéis→haréis, hacer+han→harán。类似的还有：decir 等。另外，这个动词还要把中间的 e 变成 i：diré, dirás, dirá, diremos, diréis, dirán。

4.2.15 陈述式将来未完成时的用法及意义

- 陈述式将来未完成时是绝对时态，表示现在尚未实施而将要实施的行为、或尚未发生而将要发生的现象，无意说明该行为或现象相对于其他行为或现象结束与否。例如：Te *llamaré mañana a mediodía.*（明天中午我叫你），El año que viene *será bisiesto.*（明年将是闰年）。

- 陈述式将来未完成时可以表示命令，这时动词的主语一般为第二人称（tú, vosotros, usted, ustedes）。如：Le *dirás* que venga a comer con nosotros.（你告诉他来和我们一起吃饭）*Saldrá* usted a la plaza.（请您去广场）Se *devolverán* los libros a la biblioteca en el plazo de cuarenta días.（请在四十天时限内将书还回图书馆）。

- 由于未来的事情总是带有或然性的，因此陈述式将来未完成时用来表达对现时情况的臆测，有"大概、可能"等意思。例如：¿Quién *será* ese hombre que me ha buscado?（来找过我的人会是谁呢），En este momento Pedro estará libre.（这会儿佩德罗大概闲着），¿Qué hora es? —No estoy seguro, *serán* las cuatro（几点了？——我不敢肯定，大约四点了）。在这种情况下，陈述式将来未完成时的时值等于陈述式现在时。

练 习

一、请写出下列动词的陈述式将来未完成时的各种人称和数的形式。

A. mirar, enviar, llamar, empezar, preparar, pescar, cruzar, pensar, tropezar, atravesar, charlar, jugar, andar, confesar, tratar, hablar, pasar, tirar, echar, desarrollar, narrar, manejar, emplear

B. tener, poder, querer, poner, hacer, coger, resolver, correr, ver, valer, traer, establecer, saber, crecer, caer, mover, merecer, caber, recoger, entender, conocer, extender, volver, haber

C. escribir, venir, recibir, traducir, elegir, salir, subir, conducir, decir, distinguir, reír, cubrir, construir, distribuir, advertir, cumplir, discurrir, reunir, discutir, ir, convenir, constituir, consistir

二、请用括号里所给动词的陈述式将来未完成时填空。

1. Esta noche yo no _____ (ver) a Rosa.
2. Si estudias, _____ (aprobar, tú).

3. ¿Qué _____ (pensar) usted de mí?
4. El jefe _____ (explicar) la cuestión.
5. Los niños _____ (saber) hablar español muy pronto.
6. ¿_____ (Entender, tú) mi carta?
7. ¿Dónde _____ (dormir, tú) esta noche?
8. Ese bolígrafo _____ (servirme).
9. Después de comer, _____ (limpiar, yo) el coche.
10. Si llego tarde otra vez, ella _____ (quejarse).
11. _____ (Conducir, yo) por la noche.
12. Usted _____ (querer) volver.
13. _____ (Jugar, nosotros) a las cartas el sábado.
14. Teresa se va de viaje, pero _____ (volver) dentro de unos días.
15. Cuando lo vea usted, _____ (divertirse) mucho.

三、请用所给动词的适当形式填空完成下列活动计划。

A. Planes de Jorge para este fin de semana:
1. _____ (Ir) al pueblo de mis tíos.
2. _____ (Estrenar) la barca que me han regalado.
3. _____ (Esquiar) si hay nieve.
4. _____ (Bañarse) si no está el agua demasiado fría.
5. _____ (Empezar) a estudiar para el examen
6. _____ (Comer) mariscos, ¡pero son tan caros!.
7. _____ (Pedir) el coche a mi tío.
8. _____ (Ver) a José, y _____ (dar) una vuelta con él por el campo.
9. Si mi padre me da mucho dinero, _____ (ir) al casino.

B. Debes ir de viaje, ¿qué harás?
1. _____ (Preparar) la maleta.
2. _____ (Comprar) ropa.

3. _____ (Pedir) información sobre el lugar.
4. _____ (Ir) a la agencia de viajes.
5. _____ (Sacar) dinero del banco.
6. _____ (Preguntar) a mis amigos.
7. _____ (Decir) adiós a mis padres.
8. _____ (Llamar) un taxi para ir al aeropuerto.

四、请用括号里所给动词的适当形式填空，使句子具有表达可能性或猜测的意义，然后把句子翻译成汉语。

1. Mi coche no arranca. _____ (Ser) la batería.
2. ¿Qué _____ (pensar) la mujer de los extraños viajes de su marido?
3. La luz no se enciende. No _____ (haber) electricidad.
4. ¿Qué _____ (estar, ella) diciéndole al oído?
5. No coge el teléfono. _____ (Estar) fuera.
6. ¿Hasta qué punto _____ (creerse, ellos) lo que dicen?
7. No hay ninguna silla en clase. _____ (Necesitarlas) en otra clase.
8. Cada día hay una rosa en su sitio. Alguien _____ (estar) enamorado de ella.
9. Mi perro no quiere comer. _____ (Dolerle) algo.
10. Mi vecino está llorando. _____ (Tener) algún problema.

五、请把句子中的动词形式换为陈述式将来未完成时，然后把原始句和新句都翻译成汉语。

1. Ana y Susana organizan una fiesta.
2. Ahora son las dos de la tarde.
3. Ella le regala un pastel de cumpleaños.
4. Tiene usted razón.

5. A él le dan el premio.
6. Esta calle está a tres manzanas de aquí.
7. Es rusa esta señora.
8. Su prima tiene más de veinte años.
9. Pablo no está en la fiesta.
10. Lo sabe pero no quiere decírtelo.

六、请使用表示可能意义的动词形式回答下列问题。
1. ¿Qué llevará en ese bolso?
2. ¿Quién llamará a estas horas?
3. ¿A qué se dedica esta mujer?
4. ¿Dónde estará Vicente ahora?
5. ¿Qué piensa hacer ahora el payaso?
6. ¿Con quién colabora en ese proyecto?
7. ¿Cuántos años tendrá esa mujer?
8. ¿Quiénes serán esas chicas?
9. ¿Estará embarazada?
10. ¿Cuánto cuesta alquilar un piso céntrico en Beijing?

七、请用动词短语 *ir a* +动词原形 替换句子中的陈述式将来未完成时，或用后一种形式替换前一种形式，并把原句和新句都翻译成汉语。

例：*Llegarán* tarde → *Van a llegar* tarde.

1. Comerán en mi casa.
2. José y Marisol vivirán en Inglaterra.
3. El clima va a cambiar.
4. El concurso va a empezar.
5. Te llevaremos a pasear.
6. Los niños jugarán con sus padres.

7. Lloverá mucho este verano.
8. Le van a hacer muchas preguntas.
9. Ellos prepararán una fiesta para su boda.
10. Tendrás mucha suerte.

八、请用 *ir a* +*动词原形* 回答下列问题，并把所有的句子翻译成汉语。
1. ¿De qué color vais a pintar las paredes?
2. ¿Vas a plantar lechugas?
3. ¿Dónde van a poner el mapa?
4. ¿Va a devolver usted el regalo?
5. ¿Cuándo vas a escribir la carta?
6. ¿Qué día va a salir de la cárcel?
7. ¿Cuánto dinero me vas a dar?
8. ¿En qué van a ir a allí ustedes?
9. ¿Vas tú a cortar el pastel en la fiesta?
10. ¿Cuándo vas a cortarte el pelo?

4.2.16 陈述式将来完成时的变位

与其他完成时一样，这是一个复合时态，由助动词 *haber（将来未完成时）+过去分词* 构成。规则动词 cantar, comer 和 vivir 的陈述式将来完成时的各种人称和数的形式依次是：

Cantar: habré cantado, habrás cantado, habrá cantado, habremos cantado, habréis cantado, habrán cantado

Comer: habré comido, habrás comido, habrá comido, habremos comido, habréis comido, habrán comido

Vivir: habré vivido, habrás vivido, habrá vivido, habremos vivido, habréis vivido, habrán vivido。

4.2.17 陈述式将来完成时的用法及意义

- 陈述式将来完成时是相对时态，对于现在来说它是尚未进行的事情，但是相对于未来的某一时刻，它又是已经结束了的事情。例如：Mañana a esta hora ya *habré firmado* el contrato.(明天这时候我已经把合同签了)，Cuando vuelvas, *habremos arreglado* bien el apartamento.(等你回来的时候我们早就把房子收拾好了)，Cuando te gradúes, ya *habremos ahorrado* suficiente dinero para que continúes los estudios en Europa.(到你毕业的时候，我们供你去欧洲继续学习的钱就攒足了)。

- 和陈述式将来未完成时一样，陈述式将来完成时也可以表示或然性或可能性。当然，是对业已发生过的事情的猜测。例如：¿Porqué este silencio? ¿Se *habrán marchado* todos?(怎么这么安静？莫非大伙儿全走了)，Está molesta, se lo *habrá dicho* Pedro.(她不高兴，也许佩德罗把事情已经告诉了她)。

4.2.18 陈述式过去将来时态

相对于过去某一时刻之将来即过去将来的表达形式，将在条件式那里介绍(见4.5.3)。

练 习

一、请写出下列动词的陈述式将来完成时的各种人称和数的形式。

A. llegar, preparar, tomar, pensar, contar, volar, parar, quedar, estar, repasar, ayudar, llevar, mirar, echar, bajar, comprar, cargar, realizar, levantar, acabar, ojear, retirar, encargar, estudiar, enviar

B. recorrer, satisfacer, detener, mover, aparecer, comprender, poder, disponer, extender, envolver, romper, caer, volver, hacer, poner, querer, encender, proteger, obedecer, ver, creer, beber

C. cubrir, salir, elegir, existir, constituir, insistir, exigir, venir, descubrir, hervir, reducir, mentir, surgir, vestir, despedir, contribuir, discutir, reír, conseguir, adquirir, consentir, distribuir

二、请用括号中所给动词的陈述式将来完成时或将来未完成时的适当形式填空：

1. Seguramente cuando recibáis esta tarjeta, ya _____ (regresar, nosotros) a España.
2. ¿Qué hora _____ (ser)?
3. Si Dios no lo remedia, esto _____ (acabar) muy mal.
4. El camión _____ (pasar) a las diez y media, a las once menos cuarto ya _____ (pasar).
5. Para cuando sean las seis ya _____ (cenar, tú).
6. Se comenta que antes del año 2010 _____ (realizarse) todos estos proyectos.
7. Cuando el jefe de papá llame a la puerta mamá _____ (poner) el mantel, entonces cuando el jefe esté en el comedor, _____ (ponerlo) bien.
8. Para cuando termines la carrera, tu hermana ya _____ (hacerse) rica.
9. _____ (Ir, vosotros) a despedirlos al aeropuerto.
10. Creemos que para cuando tú te cases nosotros ya _____ (tener) un par de niños.
11. Ya _____ (ver, nosotros) lo que pasa cuando se descubra el secreto.
12. Si apago la televisión, mi abuelo _____ (quedarse) dormido, cuando la televisión lleve una hora apagada, él _____ (dormir) una hora.
13. Cuando lleguemos, ya _____ (terminar, ellos) de cenar.

14. Supongo que _____ (estar, él) en casa, pero no estoy seguro.

15. A partir del domingo _____ (devolverte, yo) cada semana cien euros, entonces dentro de un año ya _____ (devolverte) todo el dinero que te debo.

16. Me figuro que cuando yo tenga treinta años ella _____ (cumplir) veinte.

17. No _____ (haber) más remedio que aguantar la fiestecita.

18. Para cuando estalle la tormenta, ya _____ (llegar, nosotros) a casa.

19. El juicio _____ (terminar) el 15 de agosto, el 20 de agosto ya _____ (terminar).

20. Para entonces, la autopista ya _____ (estar) terminada.

三、用动词的陈述式将来完成时形式回答下列问题，并把所有的句子翻译成汉语。

1. ¿Dónde han estado tus padres?
2. ¿Quién ha sido el culpable?
3. ¿Quién se lo ha dicho?
4. ¿Cuánto le ha costado el billete de avión?
5. ¿Por qué está esa pareja tan contenta?
6. ¿Cuánta gente ha venido?
7. ¿Sabes lo que ha pagado por su apartamento?
8. ¿Cuánto tiempo han vivido en China?
9. ¿Cómo ha hecho ese tío una fortuna tan grande?
10. ¿Qué vestido se ha puesto para la boda?

四、请用适当的动词形式替换句子中的斜体部分，使句子表达可能性的意思，并把原始句和所得的新句都翻译成汉语。

1. *Han estado* discutiendo mucho antes de venir aquí.

2. ¿Cuánto *han tardado* en llegar?
3. *Ha sido* Pedro quien le ha comunicado el resultado.
4. A estas horas seguro que ya se *ha marchado*.
5. Los niños están sospechosamente en silencio, *han hecho* algo malo.
6. ¿Cuánto le *ha costado* el coche a Manolo?
7. ¿Le *han cambiado* de Universidad?
8. Papá se *ha llevado* las llaves del baúl.
9. Te lo *han dicho* para que les dieras consejos.
10. Se *ha levantado* tan temprano para practicar deportes.

4.3 虚 拟 式

4.3.1 虚拟式及其时态

与陈述式如实地反映不依人的主观意志为转移的客观现实或必然性所不同，虚拟式表达人的主观意志或判断等，具有不确定性或非现实性等特点。正因为如此，虚拟式很少出现在独立句中，最常见的是出现在主从复合句的主句动词为表示愿望、情感、怀疑、否定、担忧、祁使、命令、可能、需要等的从句当中。因此，虚拟式的所有时态都是相对时态，具体包括：现在时、现在完成时、过去未完成时、过去完成时和将来未完成时（几乎不用）。它们相对于陈述式的各种时态的时值在下表中可以显示出来：

陈 述 式		虚 拟 式	
Creo que *viene* Pedro.	现在时	Dudo que *venga* Pedro.	现在时
Creo que *vendrá* Pedro.	将来未完成时		
Creo que *ha venido* Pedro.	现在完成时	Dudo que *haya venido* Pedro.	现在完成时
Creo que a esa hora *habrá venido* Pedro.	将来完成时		
Creí que *llegaba* Pedro.	过去未完成时	Dudé/Dudaba/Dudaría/que *llegara* Pedro.	过去未完成时
Creía que *llegaría* Pedro.	条件式简单时		
Creo que *llegó* Pedro.	简单过去时		
Creía que *había llegado* Pedro.	过去完成时	Dudaba que *hubiera llegado* Pedro.	过去完成时
Creía que *habría llegado* Pedro.	条件式复合时		

4.3.2 虚拟式现在时的变位

规则动词 cantar, comer 和 vivir 的虚拟式现在时的各种人称和数的形式依次是：

Cantar: cante, cantes, cante, cantemos, cantéis, canten

Comer: coma, comas, coma, comamos, comáis, coman

Vivir: viva, vivas, viva, vivamos, viváis, vivan

显然，第一变位动词原形后缀中的 a 在这里的各种人称和数的形式中都换成了 e, 而第二、三变位动词原形后缀中的 e 和 i 在各种人称和数的形式中却都换成了 a。需要注意的是，由于动词后缀中元音字母发生变化，书写时，该元音字母前面的辅音有些情况下也应随之变化，以使单词的语音基本维持原状。属于这类情形的例如：alcan*zar*: alcan*ce*, alcan*ces*, alcan*ce*, alcan*cemos*, alcan*céis*, alcan*cen*; co*ger*: co*ja*, co*jas*, co*ja*, co*jamos*, co*jáis*, co*jan*; sur*gir*: sur*ja*, sur*jas*, sur*ja*, sur*jamos*, sur*jáis*, sur*jan*。

虚拟式现在时的变位有大量的不规则动词。不过，这些不规则动词内部大都表现出一般规律性：三种人称的单数以及第三人称的复数形式都使用其陈述式现在时第一人称单数形式的词干（词的基本语义部分）作为自己的词干，再加上相应的表示语法意义的后缀构成；而第一、二人称的复数形式大都是规则变位。请看下表：

动 词	陈述式 yo	虚 拟 式 现 在 时					
comenzar	comienzo	comience	comiences	comience	comencemos	comencéis	comiencen
acostar	acuesto	acueste	acuestes	acueste	acostemos	acostéis	acuesten
mover	muevo	mueva	muevas	mueva	movamos	mováis	muevan
tender	tiendo	tienda	tiendas	tienda	tendamos	tendáis	tiendan
adquirir	adquiero	adquiera	adquieras	adquiera	adquiramos	adquiráis	adquieran
mentir	miento	mienta	mientas	mienta	mintamos	mintáis	mientan
detener	detengo	detenga	detengas	detenga	detengamos	detengáis	detengan

这类词主要有：acertar, alentar, apretar, atravesar, calentar, cegar, comenzar, concertar, confesar, defender, descender, despertar, desterrar, empezar, encender, entender, enterrar, escarmentar, extender, fregar, gobernar, helar, manifestar, merendar, negar, nevar, pensar, quebrar, recomendar, regar, segar, sembrar, sentar, temblar, tender, tropezar 等；acordar, almorzar, apostar, aprobar, avergonzar, cocer, colar, colgar, consolar, contar, costar, poder, doler, dormir, encontrar, forzar, llover, morder, morir, oler, poblar, probar, recordar, renovar, resolver, rodar, rogar, soler, soltar, sonar, soñar, torcer, tostar, troncar, volar, volcar, volver 等。

有一部分动词，其虚拟式现在时不仅三种人称的单数变位不规则，第一、二人称的复数形式也不规则。主要是：

- 原形动词以-ecer, -ocer 或者-ucir 结尾，陈述式现在时第一人称单数的尾部为-zco 时，虚拟式现在时所有人称和数的形式均使用其陈述式现在时第一人称单数（yo）的词干为词干：

conocer→conozco→conozca, conozcas, conozca, conozcamos, conozcáis, conozcan; lucir → luzco → luzca, luzcas, luzca, luzcamos, luzcáis, luzcan. 属于这一类的动词还有：aborrecer, agradecer, aparecer, apetecer, compadecer, complacer, crecer, envejecer, fallecer, merecer, nacer, obedecer, ofrecer, parecer, perecer 等；以及 traducir, reducir, deducir, conducir, producir 等。

- Tener, poner, venir, valer, salir, oír, traer, hacer, decir, asir 等陈述式现在时第一人称单数以-go 结尾的词，其虚拟式现在时所有人称和数的形式都使用陈述式现在时第一人称单数之词干为词干。例如：tener→tengo→tenga, tengas, tenga, tengamos, tengáis, tengan; oír→oigo→oiga, oigas, oiga, oigamos, oigáis, oigan。

- 原形动词以-uir 结尾、陈述式现在时第一人称单数尾部为-yo 时，其虚拟式现在时所有人称和数的形式均使用陈述式现在时第一人称单数之词干为词干。如：huir→huyo→huya, huyas, huya, huyamos, huyáis, huyan。同一类的还有：argüir, atribuir, concluir, construir, destruir, diluir, disminuir, influir, inmiscuir 等。

- 原形动词倒数第二个音节之元音为 e、陈述式现在时第一人称单数变此 e 为 i 时，虚拟式现在时所有人称和数的形式均采用陈述式现在时第一人称单数的词干为词干。例如：servir→sirvo→sirva, sirvas, sirva, sirvamos, sirváis, sirvan。属于这一类型的还有：competir, concebir, elegir, freír, medir, henchir, pedir, reír, rendir, seguir, gemir, vestir, ceñir, reñir, teñir 等。

- 原形动词词尾为-entir, -erir 或-ertir，以及 hervir, dormir, morir 等动词，其虚拟式现在时的各人称单数以及第三人称复数的词干，采用陈述式现在时第一人称单数的词干为词干，而第一、二人称复数形式的词干变原倒数第二音节的 e 为 i，或 o

为 u。例如：sentir→siento→sienta, sientas, sienta, sintamos, sintáis, sientan; dormir→duermo→duerma, duermas, duerma, durmamos, durmáis, duerman; morir→muero→muera, mueras, muera, muramos, muráis, mueran。属于这种类型的还有：adherir, advertir, arrepentirse, convertir, digerir, divertir, herir, mentir, pervertir 等。

- Caber, ver 等动词所有人称和数的形式都以陈述式现在时第一人称单数的词干为其词干。Caber→quepo→quepa, quepas, quepa, quepamos, quepáis, quepan; ver→veo→vea, veas, vea, veamos, veáis, vean。
- 特殊不规则动词：saber: sepa, sepas, sepa, sepamos, sepáis, sepan; haber: haya, hayas, haya, hayamos, hayáis, hayan; ir: vaya, vayas, vaya, vayamos, vayáis, vayan。
- Dar 在虚拟式现在时为规则变位动词。

4.3.3 虚拟式现在时的用法及意义

其实，这里要说的虚拟式现在时的用法和意义都适用于虚拟式的其他时态，只是所指示的时间范畴各不相同。前面说过，虚拟式一般出现在主从复合句的从句中，因此其时态与主句时态有关。在下列情况下从句动词使用虚拟式：

- 主句动词表示怀疑、不肯定等：*Dudo* que ella *sea* española.（我怀疑她不是西班牙人）, *No estoy seguro de* que también *haya* conferencia mañana.（我不敢肯定明天也有讲座）。
- 主句动词被否定：*No sé* que *tengas* que irte pronto.（我不知道你马上就得走）, *No me imagino* que *dictes* un discurso ante tanta gente.（我没法想像你在这么多人面前演讲）, *No digo* que eso *sea* inútil.（我没说那没用）, *No viene* porque *sea* curioso, sino que le corresponde imponer el orden.（他来不是想看热闹，而是由于有责任维持秩序）, *No creo* que ella *quiera*

correr tal riesgo.(我不相信她愿意冒这种风险), *No puede concebirse* que una persona *viva* sola en la luna.(一个人独自住在月球上,无法想像)。

- 主句动词表示愿望、意志等: *Esperamos* que *llegues* a tiempo.(我们希望你准时到达), Los padres *desean* que el hijo *vuelva* pronto.(父母期望儿子快回来)。

- 主句动词表示命令、使役等: *Ordena* a los subalternos que se *retiren*.(他命令部下们都撤走), El maestro *dice* a los alumnos que se *mantengan* serenos en cualquier caso.(老师告诉学生们任何情况下都保持冷静)。

- 主句为表示担忧、害怕、高兴、伤心等心理或情感现象的名词、形容词、动词等: *Sentirá* alegría de que *vuelvas* con tu novia.(你和你的未婚妻回去,他会很高兴), *Temo* que me *echen* a perder el plan.(我担心他们使我的计划破产), *Se lamenta* de que te *alteres* tanto por la broma.(你因一场玩笑这么恼火,他为之惋惜), *Está contenta* de que os *gusten* los platos.(你们喜欢吃那些菜,她很高兴), *Nos alegramos* de que nos *acompañes*.(你和我们在一起,我们很开心)。

- 主句为某些*单一人称动词+形容词* 结构: *Es curioso* que hoy se *mantenga* callada.(很奇怪,今天他一言不发), *Está mal* que no se *entienda* con su madre.(她跟母亲和不来是不对的)。但是,若主句形容词为 cierto(确实), verdad(真的), claro(显然), real(真的), verdadero(真的), evidente(显然), seguro(肯定)等表示肯定、真实、明显等意义的词时,从句动词用陈述式: *Cierto es* que *está* nervioso.(他确实很紧张), *Está claro* que se *hace* el tonto.(显然他在装傻);然而主句要是否定句,从句动词则为虚拟式: *No es cierto* que ellos *sean* ricos.(他们不是真富裕), *No es evidente* que ella *esté* contenta.(看不出她高兴), *Nadie está seguro* de que *alcancemos* la meta sin riesgos.(谁也不能肯定我们达到目标不会有风险)。

- 主语从句中的动词用虚拟式：*Conviene* que *comparezcan* los testigos.(最好有证人出庭), *No importa* que lo *digas* a su padre o a su madre.(你告诉他父亲还是他母亲都没关系), *Puede* que *rompan* el contrato.(他们可能会撕毁合同)。

- 目的状语从句中的动词用虚拟式：Hablo en voz alta para que todo el mundo me *oiga*.(我大声讲话，以便所有的人都能听得见), Con objeto de que *entendáis* la importancia del problema os daré unos ejemplos similares.(为了使你们明白问题的重要性，我将举几个类似的例子)。

- 时间状语从句中的动词所表示的行为或现象，相对于现在或主句动词所处的时刻是未来的事情时，用虚拟式：Podrás ver la tele cuando *cumplas* con las tareas.(你完成任务以后可以看电视), Te acompañaré hasta que *venga* a recogerme mi tío.(我将和你在一起，直到我叔叔来接我)；时间状语从句中的关系词为 antes de que(在……之前)时，从句动词用虚拟式：Tenemos que llegar antes de que *amanezca*.(天亮以前我们必须到达), hablarás con ella antes de que los demás le *digan* nada.(在别人还没告诉她什么之前你就先跟她谈)；时间状语从句中的关系词为 después (de) que(在……之后)时，从句若讲的是将来的事情，用虚拟式：Nos marcharemos después (de) que nos *firmen* todos los papeles.(等他们给我们签完所有的文件以后我们就走), Voy a llamarle después (de) que *toquen* las nueve.(九点以后我再叫他)；从句若讲的是过去的事情，用陈述式：Han venido a abogar por él varios hombres después de que *decidimos* castigarle.(我们决定要惩罚他之后，好几个人来为他说情)。

- 在上述很多情况中，若从句动词与主句动词主语相同，一般使用简单句而不是复合句，那么自然也就不会涉及虚拟式的问题。例如：*Temo perder* el tren.（我担心误了火车），*Siente orgullo de ser tu amigo.*（作为你的朋友，我感到自豪），*Descansamos* parar *trabajar* bien.（我们休息是为了好好地工作）。

4.3.4 虚拟式现在时的时值

4.3.1 的表格已显示出虚拟式现在时对应用于陈述式的两种时态：现在时和将来未完成时。这二者实际上就是它在不同情况下可能有的不同时值。下面再看两个例句：*Quiero* que *volváis* mañana.（我希望你们明天回来），volváis（你们回来）对于 quiero（我希望）是将来未完成的；*No creo* que *estén* casados.（我不认为他们已经结婚了），estén（他们处于……状况）对于 creo（我认为）是现在同时的。

练 习

一、请写出下列动词虚拟式现在时的各种人称和数的形式。

A. actuar, pagar, colaborar, cobrar, tropezar, llevar, aparcar, trabajar, matar, negar, continuar, arruinar, averiguar, indicar, afirmar, variar, rezar, abarcar, llegar, roncar, empezar, tragar

B. tener, volver, poner, ser, conocer, meter, escoger, convencer, crecer, obtener, querer, tender, defender, entender, deber, suponer, mover, proteger, haber, disponer, ser, leer, correr, creer

C. seguir, distinguir, construir, exigir, surgir, deducir, hervir, dormir, arrepentirse, concebir, mentir, sugerir, vestir, elegir, subir, pedir, reír, huir, salir, conseguir, obstruir, advertir, medir

二、请用括号中动词的虚拟式现在时的适当形式填空。

1. Queremos que _____ (descansar, tú) más.
2. Es imposible que no _____ (poder, vosotros) oírme. Estoy a

menos de dos metros de distancia.

3. Nunca te habías puesto ese vestido, que yo _____ (recordar).
4. Ojalá los compañeros _____ (compartir) la misma opinión.
5. Es necesario que _____ (darme, ella) su número de teléfono.
6. Me sorprende que Sofía no _____ (salir) esta noche.
7. Ojalá no _____ (haber) problemas serios.
8. Mi deseo es que no _____ (llover) durante el fin de semana y _____ (poder, nosotros) salir.
9. —He visto a Alejandro y tiene muy mala cara.
   —Tal vez _____ (estar) enfermo.
10. No creo que _____ (tener) él la osadía de presentarse aquí.
11. Lo repito para que _____ (entender, ustedes) mejor.
12. Es probable que Federico _____ (estar) enfermo. Llevo tres días sin verlo.
13. Os recomendamos a vosotros que _____ (ser) más discretos en vuestras afirmaciones.
14. Temo que no _____ (resultar) tan bien como usted dice.
15. Nos alegra que _____ (disfrutar, tú) de la vida.
16. —Si ese hotel es muy caro, tendremos que ir a una pensión.
    —Ojalá _____ (ser) barato.
17. Vendré cuando _____ (querer) usted.
18. Necesitamos que _____ (ayudarnos) ellos.
19. Suponiendo que _____ (llevar, tú) razón, ¿cómo vas a solucionar el problema?
20. No merece la pena que _____ (preocuparnos) por tan poca cosa.

三、请完成下列句子。

1. Dudo que _____.

2. No creo que _____.

3. Desatasca (tú) el lavabo. Quiero que lo _____.

4. Saca a pasear al perro. Te he dicho que lo _____.

5. ¿Les importa que _____? Estoy muy cansado.

6. ¿Habéis recogido los juguetes? Os ordeno que _____.

7. ¿Se ha tranquilizado ya? Espero que _____.

8. Es probable que _____.

9. El médico te aconseja que _____.

10. Es lógico que _____.

四、请回答下列问题，重复使用问题中的动词。

1. ¿Me permite usted que le ayude?

2. ¿Le prohiben ustedes que fume?

3. ¿Te importa que madruguemos?

4. ¿Quieres que (yo) les invite?

5. ¿Esperan ustedes que haga buen tiempo?

6. ¿Te gusta que él salga con ella?

7. ¿A ella le molesta que fumemos en su presencia?

8. ¿Prefieres que te lleven a casa?

9. ¿Os alegráis de que vengamos?

10. ¿No te importa que no te escuchen cuando hablas?

五、请用下列句子中括号里动词的适当形式填空，然后再把句子变为否定形式。

1. Reconozco que la sintaxis española _____ (ser) complicada.

2. Me parece que _____ (ser) cierto.

3. Estoy seguro de _____ (aprobar) este examen.

4. Es lógico que _____ (desconfiar, él) de todo el mundo, ha tenido muchos desengaños ya.

5. Será mejor que _____ (venir, vosotros) pronto.
6. Creo que _____ (ir, ellos) a terminar ya.
7. Es conveniente que _____ (hablar, tú) personalmente con él.
8. Estamos seguros de que _____ (aprobar, tú).
9. ¡Que lo _____ (hacer, ustedes)!
10. Recuerdas que mañana _____ (madrugar, nosotros).

六、下列句子里的斜体动词中哪种形式正确，请在下面划一横线。

1. Tal vez me *compre / compro* ese ordenador.
2. No nos extraña que lo *hacen / hagan* de esa manera.
3. Le ruego que me *disculpe / disculpa*.
4. ¿Os apetece que *juguemos / jugamos* un rato?
5. Que yo *sé / sepa*, no ha cambiado de trabajo.
6. No cree que *haya / hay* que rellenar ningún formulario.
7. Salga cuando *saldrá / salga*, no nos marcharemos hasta verlo.
8. Quizás *llueva / llueve* esta tarde.
9. El *viene / venga* quizá.
10. *Llegará / llegue*, quizás, pronto.
11. Posiblemente *es / sea* verdad.
12. *Sea / Es* verdad posiblemente.
13. Tal vez no *quiere / quiera* decírmelo.
14. Yo lo *escribiré / escriba* tal vez.
15. Dudo que *dicen / digan* la verdad.

七、请用动词的适当形式填空。

1. No es imposible que hoy _____ (llover).
2. Le recomendaré que _____ (ir) a veros.
3. Deseo que _____ (ser, vosotros) muy felices.
4. A lo mejor no _____ (venir, yo) a comer.

5. El capitán ordena que _____ (volver) usted inmediatamente.

6. Quizá _____ (nevar) el próximo fin de semana.

7. No es normal que _____ (nevar) en julio.

8. He dicho que no _____ (tocar, tú) ahí.

9. ¡Ojalá _____ (terminar) pronto esta conferencia!

10. Los jóvenes dirán que esta música _____ (gustarles).

11. ¡Que _____ (tener, tú) buen viaje!

12. No supongo que los militares condenados _____ (estar) tratando de dar un nuevo golpe de Estado.

13. Considera que en esto su novia no _____ (tener) razón.

14. Espero _____ (llegar) a tiempo a la reunión, ya sólo faltan cinco minutos.

15. Juan, ¿te importa _____ (traerme) un vaso de agua?

八、下面句子中需要有 **que** 的地方请加上，并用所给动词的适当形式填空完成句子。

1. ¿Dónde está la secretaria?, necesito ___ _____ (hablar) con ella.

2. Deseo ___ todas mis joyas _____ (ser) para mi hija mayor.

3. Su padre no quiere ___ _____ (independizarse, ella) tan pronto, es muy joven.

4. Yo prefiero ___ _____ (trabajar) en el departamento comercial.

5. Los amigos me comunican ___ no _____ (conocer) a Platón.

6. No haré eso, no quiero ___ _____ (acabar) por entrar en cárcel.

7. Su hijo desea ___ _____ (estudiar) en extranjero.

8. Es mejor ___ no _____ (decir) nada contra lo que dictan los dirigentes.

9. Necesito ___ _____ (decirme, ellos) la verdad sobre mi

enfermedad.

10. ¿A usted le pone nervioso ___ _____ (conducir) de noche?

4.3.5 虚拟式现在完成时的变位

虚拟式现在完成时和陈述式现在完成时一样，是复合时态，由*助动词haber（虚拟式现在时）＋过去分词* 构成。下面是cantar, comer 和 vivir 所代表的三种变位动词虚拟式现在完成时的各种人称和数的形式：

　　Cantar: haya cantado, hayas cantado, haya cantado, hayamos cantado, hayáis cantado, hayan cantado

　　Comer: haya comido, hayas comido, haya comido, hayamos comido, hayáis comido, hayan comido

　　Vivir: haya vivido, hayas vivido, haya vivido, hayamos vivido, hayáis vivido, hayan vivido

在熟悉了助动词 haber 的虚拟式现在时的变位和动词的过去分词之后，动词虚拟式现在完成时的变位已不成问题。

4.3.6 虚拟式现在完成时的用法及意义

除时态差异之外，虚拟式现在完成时与虚拟式现在时使用的语境完全一样。虚拟式现在完成时所表示的事件，相对于主动词是已经完成的。这个时态，随不同情况有陈述式现在完成时和将来完成时两种不同时值。一般情况下，主句动词若为现在时，从句虚拟式的时值相当于陈述式现在完成时。例如：*Espero* que *hayan enterado de todo lo ocurrido al profesor.*（我希望他们把发生的一切都告诉了老师），*Es* posible que se *haya marchado.*（也许他已经出发了），*No creo que haya conseguido* el trabajo por sí solo.（我不相信他是靠自己得到了那份工作）。在这三个句子中，主句动词说明现在的情况，从句动词对于主句动词来说都是现在完成的事情。当主句动词为将来未完成时时，从句动词虚拟式的时值一般是陈述式将来完成时。如：

Cuando *hayas hablado* con él, me informarás de su criterio.(你和他谈过之后，把他的意见告诉我)，Nadie saldrá de aquí antes de que le *hayamos hecho* fotografía y registro.(在我们拍照和登记之前，任何人不得出去)。在这两个句子中，主、从句动词都是现在尚未进行的，但从句中的动词虚拟式，对于主句动词所表示的行为而言，是已经结束了的，其时值等于陈述式将来完成时。当然，主句动词为将来未完成时时，从句动词虚拟式现在完成时的时值也可以是陈述式现在完成时。例如：Mañana tendrás que presentarte en el teatro aunque *hayas presenciado* mil veces el drama.(明天你必须去剧院，即使那部戏你已经看了一千次)，Serán descubiertos tarde o temprano todos los que se *hayan enrollado* en el asesinato.(所有卷入这场谋杀的人迟早将被揭露出来)。

练 习

一、请把下列动词变为虚拟式现在完成时的各种人称和数的形式。

    A. esperar, acabar, prestar, gustar, preparar, mirar, cerrar, aparcar, volar, regresar, ensayar, perdonar, dar, ocupar, echar, pasar, atar, tardar, dejar, empezar, cruzar, sacar, actuar, estar

    B. temer, cometer, disolver, depender, conocer, poner, resolver, mover, romper, hacer, crecer, ser, leer, disponer, tener, parecer, volver, querer, poder, aparecer, barrer, correr, perder, aprender

    C. subir, escribir, recibir, discutir, salir, traducir, dormir, servir, sentir, pedir, reír, ir, producir, obstruir, reducir, imprimir, morir, conducir, venir, cumplir, advertir, lucir, seguir, corregir, freír

二、请用括号中动词的虚拟式现在完成时的适当形式填空，并把句子翻译成汉语。

    1. Es probable que _____ (irse) ya Francisco.

2. Me afecta mucho que _____ (olvidarse, él) de mí.
3. No te alegras de que _____ (ascenderte) ellos.
4. No tengo ningún libro que tú no _____ (leer).
5. Quizá a él no _____ (gustarle) la película.
6. Es posible que _____ (madrugar, ellos) hoy.
7. La mujer está muy orgullosa de que su marido _____ (ganar) el Premio Nóbel de Química.
8. Quiero que venga inmediatamente el que _____ (escribir) esto en la pizarra.
9. Esperamos que a los profesores _____ (satisfacerles) la representación.
10. Me alegro de que _____ (leer) ella la carta.
11. Ojalá _____ (presentarse, él) en la oficina esta mañana.
12. Nos ha encantado que _____ (pasear) ustedes con nosotros.
13. Tal vez los turistas _____ (llegar) en tren.
14. Espero que ya _____ (volver, ellos) del trabajo.
15. Quizá _____ (beber, él) demasiado.

4.3.7 虚拟式过去未完成时的变位

虚拟式过去未完成时有两种变为形式，即：

Cantar: cantara, cantaras, cantara, cantáramos, cantarais, cantaran;
   cantase, cantases, cantase, cantásemos, cantaseis, cantasen
Comer: comiera, comieras, comiera, comiéramos, comierais, comieran;
   comiese, comieses, comiese, comiésemos, comieseis, comiesen
Vivir: viviera, vivieras, viviera, viviéramos, vivierais, vivieran;
   viviese, vivieses, viviese, viviésemos, vivieseis, viviesen

前一种变位形式一般称为-ra 形式，后一种形式一般称为-se 形式。

虚拟式过去未完成时的不规则动词也表现出共性。凡简单过去时不规则的动词在这里也均为不规则动词，而且都以简单过去时第三人称单数形式的词干为其词干。例如：hacer→hizo→hiciera, hicieras, hiciera, hiciéramos, hicierais, hicieran; tener→tuvo→tuviera, tuvieras, tuviera, tuviéramos, tuvierais, tuvieran; sentir→sintió→sintiera, sintieras, sintiera, sintiéramos, sintierais, sintieran, pedir→pidió→pidiera, pidieras, pidiera, pidiéramos, pidierais, pidieran; ser→fue→fuera, fueras, fuera, fuéramos, fuerais, fueran。

因此，虚拟式过去未完成时不规则动词的变位可以以简单过去时不规则动词的变位为参照。

4.3.8 虚拟式过去未完成时的用法及意义

除时态的不同以外，虚拟式过去未完成时和虚拟式的其他时态出现的语境基本相同。但是该时态的用法也有其特殊性：

- -ra 和-se 两种不同的变位形式尽管具有等值的意义，但是前者比后者使用的频率高，后者主要用在书面语中。

- 虽然被称作虚拟式过去未完成时，但其时值的相对性极强。对于主句动词来说它可以是当前、过去或将来。例如：No creo que él *estuviera* en casa ayer a mediodía.（我不相信昨天中午他在家里），Cuando me llamabas dudaba que *estuvieras leyendo*.（你给我打电话的时候，我猜你没有在读书），Ya hace tres días me dijeron que *fuera* a recibirlo a la estación hoy a la madrugada.（三天以前他们就通知我今天天亮时去火车站接您）。在第一句中，estuviera（他在）相对于 creo（我认为）为过去；第二句中，estuvieras（正在）与 dudaba（我猜想）同时，均为过去；第三句中的 fuera（我去）为 dijeron（他们通知）的将来，即过去将来。尽管如此，虚拟式过去未完成时，在任何情况下都是表示相对于某一时刻未结束的行为或事件。

- 虚拟式过去未完成时用来表示不符合现实的假设：Si yo *tuviera* tiempo libre, te acompañaría de seguro.（要是我有空的

话，一定陪你），Si yo *fuera* tú, lo habría hecho pedazos.（我要是你，早就把他给撕碎了）。

- 虚拟式过去未完成时用在 como si（*似乎、好像*，但实际不是）引导的方式句中：Me saludaron cordialmente *como si me conocieran.*（他们热情地向我打招呼，好像认识我一样），La pareja actúa *como si no hubiera* nadie al lado.（那一对的举止似乎旁若无人）。

练 习

一、请写出下列动词的虚拟式过去未完成时的各种人称和数的形式。

    A. hablar, pasar, trabajar, bailar, estudiar, charlar, reservar, mirar, dar, estar, buscar, explicar, colocar, sacar, practicar, tocar, roncar, criticar, llegar, negar, tragar, parar, encargar, entregar

    B. comer, comprender, aprender, poder, saber, poner, ver, tener, querer, traer, ser, leer, caer, meter, hacer, correr, beber, permanecer, nacer, haber, entender, mecer, agradecer, componer, deshacer

    C. subir, escribir, atribuir, recibir, vivir, traducir, elegir, producir, decir, venir, cubrir, ir, pedir, preferir, medir, repetir, huir, seguir, dormir, construir, sustituir, reír, decidir, partir, conseguir

二、请用括号中动词的虚拟式过去未完成时的适当形式填空。

1. ¿Le molestó que _____ (abrir, yo) la ventana?
2. Lo haría si _____ (pedírselo).
3. A nosotros nos gustaría que _____ (respetar) la gente a los animales en extinción.
4. No me parecía que lo que dijo _____ (ser) cierto.
5. Era imposible que él _____ (andar) tanto.

6. ¿Preferirías que yo _____ (ir) contigo al cine mañana?

7. Quería que _____ (descansar, tú) más.

8. No creían que _____ (hacerle) falta unos días de descanso.

9. Si tu casa _____ (estar) cerca, vendría a verte.

10. ¿En caso de que _____ (saber, usted) seis idiomas, ¿qué querría ser?

三、请用括号中动词的虚拟式现在时或虚拟式过去未完成时的适当形式填空。

1. Nos extrañó mucho que ellos no _____ (llamarnos).

2. Era normal que la gente _____ (protestar).

3. ¡Que _____ (hablar, ustedes) más alto! No podemos oírles desde aquí.

4. Me gustaría que _____ (enviarme, ustedes) a casa.

5. El niño dijo que cuando _____ (llegar) la Navidad, le traerían los reyes muchos regalos.

6. ¡_____ (Hacer) usted el favor de dejarme en paz!

7. Nos dice que _____ (preparar, nosotros) los billetes, y que _____ (subir, nosotros) al tren.

8. Es lógico que _____ (estar) ella cansada.

9. Les exijimos que _____ (hacerlo).

10. Están muy orgullosos de que en su Constitución _____ (mencionarse) a las mujeres antes que a los hombres.

四、请把下列直接引语变为间接引语。

1. Al despedirme de ella le dije: "¡No me olvides jamás!"

2. Me comentó: "No vengo porque quiera verte a ti".

3. Yo le propongo: "Estate tranquilo, no te levantes hasta que salga el sol".

4. Cuando se enteraron de que yo había sido rico, me recomendaron: "Colabora en varios proyectos de ayuda al Medio Ambiente".
5. Nos sugirió: "Entrad en la puerta sin fijaros en nadie, como si no hubiera guardia".
6. Le dicen a ella: "Utiliza el dinero para escapar".
7. La niña dijo: "Quiero que me lleven a casa".
8. El telefoneó a María y le pidió: "Regresa, estoy ansioso por verte".
9. Ayer dijo a sus compañeros: "No volváis a trabajar más".
10. Comentó: "Si tuviera dinero, compraría muchos libros".

五、下列句子中的斜体部分哪种形式正确，请在其下面划一横线。

1. A ella le extrañó que no *dijiste / digas / dijeras* nada.
2. No es justo que *cerrarán / cierran / cierren* el Centro Dramático Nacional por falta de presupuesto.
3. Preferiría que no *hablarías / hables / hablaras* de lo nuestro con nadie.
4. No me gusta que *andas / andes / anduvieras* sin zapatos.
5. No importa que *parece / pareciera / parezca* tan segura, es sólo una niña.
6. Nadie cree que tú y yo *estamos / estemos / estaremos* casados.
7. Para poder cumplir nuestros objetivos, sería necesario que los países ricos *aportaban / aportarían / aportaran* más dinero.
8. ¿Es imprescindible *hacer / que hagan / que hicieran* el examen para pasar al curso siguiente?
9. Yo no estaba seguro de *poder / podré / pudiera* convencerle.
10. Era necesario que se *pongan / pondrán / pusieran* de acuerdo todas las partes implicadas en el conflicto.

六、请回答下列问题，注意重复使用问题中的动词。

1. ¿Quiso usted que yo invitara a todos?
2. ¿No le prohibían ustedes que fumara?
3. ¿Temías que hubiera una guerra?
4. ¿Te sorprendió mucho que te dijera eso?
5. ¿No te parecía que fuera rico?
6. ¿Prefería que le llevaran a casa?
7. ¿Dudabais de que fuéramos capaces de realizarlo?
8. ¿Pensaban ellos dejar el trabajo hasta cuando hiciera buen tiempo?
9. ¿No te gustaba que yo saliera con ella?
10. ¿Le permitían que él os ayudaran?

七、请把下列句子中的动词时态变为过去时态。

1. No es seguro que esté donde me cuentas.
2. Prefiero que él no venga conmigo.
3. No es imposible que los holandeses coman tantas patatas como los irlandeses.
4. Es imposible que se coma toda esta comida.
5. Se alegra de que te acuerdes de él.
6. ¿Es posible que las cosas sean como las ha contado ella?
7. Es lógico que los alquileres suban tanto como el coste de la vida.
8. Necesito que me diga la verdad.
9. Le aconseja que deje a su padre para ir a donde quiera.
10. Es deseable que las familias europeas tengan más hijos.

八、请把下列句子变为否定句，句子中的其他成分应做相应变化。

1. Creía que eso era verdad.

2. Pensaba que a ti ese problema no te afectaba.
3. Me dijo que vendría hoy.
4. Pensaba que le esperábamos.
5. ¿Usted se imaginaba que yo solo podía hacerlo?
6. El creía que le enviaría dinero su padre.
7. Suponía que él se quedaría ahí.
8. ¿Dudabais de que fuéramos capaces de terminarlo en tan corto tiempo?
9. Decía que conocía China.

4.3.9 虚拟式过去完成时的变位

虚拟式过去完成时为复合时态，由助动词 *haber（虚拟式过去未完成时）+过去分词* 构成。规则动词的各种人称和数的形式如下：

Cantar: hubiera / hubiese cantado, hubieras / hubieses cantado, hubiera / hubiese cantado, hubiéramos / hubiésemos cantado, hubierais / hubieseis cantado, hubieran / hubiesen cantado.

Comer: hubiera / hubiese comido, hubieras / hubieses comido, hubiera / hubiese comido, hubiéramos / hubiésemos comido, hubierais / hubieseis comido, hubieran / hubiesen comido.

Vivir: hubiera / hubiese vivido, hubieras / hubieses vivido, hubiera / hubiese vivido, hubiéramos / hubiésemos vivido, hubierais / hubieseis vivido, hubieran / hubiesen vivido.

动词虚拟式过去完成时变位规则与否集中体现在其过去分词部分。只要熟悉了助动词 haber 的虚拟式过去未完成时的各种形式以及不规则动词的过去分词，不规则动词虚拟式过去完成时的变位就迎刃而解。

4.3.10 虚拟式过去完成时的用法及意义

虚拟式过去完成时适用于与虚拟式其他时态基本相同的语境中，而且，上述虚拟式过去未完成时用法上的特殊性其实也是与虚拟式过去完成时共有的特殊性，只是二者表现的行为或事件发生的时间范畴不同而已。

- 虚拟式过去完成时表示在过去某时刻之前已经结束的行为或事件：No sabía que *hubieras discutido* con ellos.（我原不知道你和他们争论过），Se presentó en la cena sin que nadie le *hubiera invitado.*（谁也未曾请他，他却出现在晚宴上）。Hubieras discutido（你争论过）和 hubiera invitado（谁请过）分别都发生在或应该发生在 sabía（我原知道）和 se presentó（他出现了）之前。可见，在类似情况下，虚拟式过去完成时的时值相当于陈述式过去完成时的时值，即过去的过去。

- 在假设条件句中，若虚构的是一个过去的行为或事件，使用虚拟式过去完成时，其时值有可能相当于简单过去时、陈述式现在完成时或陈述式过去完成时等。如：Si *hubieras comido* las galletas antes de salir, no sufrirías hambre ahora.（要是你出来前吃了那些饼干，这会儿不会挨饿的），Si no me *hubieran traicionado*, seguiríamos siendo amigos.（假如当初你们没有背叛我，现在咱们依然是好朋友），Si me *hubieras telefoneado* antes de venir, te habrías ahorrado mucho trabajo.（如果你来之前打电话给我，你会省了很多事）。

- 在 como si 引导的方式句中，虚拟式过去完成时的时值，除相当于陈述式过去完成时等以外，相对于主句动词也有可能等于陈述式现在完成时。在下面两句话中就是如此：Tenía tanto sueño como si no *hubiera dormido* durante varios días.（他那么困，好像几天没睡觉似的），Habla sumamente sereno con el policía como si nunca *hubiera hecho* nada malo.（他和警察说话极为镇静，似乎从来未做过任何坏事），Pregúntale como si no te *hubieras enterado* de nada.(你问问他，就像什么也不知道一样)。

4.3.11 简单句中的虚拟式

虚拟式主要出现于主从复合句当中，但在特定情况下，简单句中也使用虚拟式。例如：

- 与主从复合句中虚拟式出现的语境相一致，简单句的句首若有某些表示愿望、可能、揣测等意义的副词时(quizá/也许, tal vez/大概，acaso/或许，ojalá/但愿，probablemente/可能，posiblemente/可能，等)，动词使用虚拟式：*Quizá* nos sea útil esta persona.(也许此人对我们有用)，*¿Acaso* nos *haya engañado?*(或许他骗了我们)(acaso 用作"或许"的意思时，句子动词用虚拟式；用作"难道"的意思时，句子动词为陈述式)，*Ojalá siga viviendo* feliz la niña.(但愿那孩子依然过得幸福)。但是，当 quizá, tal vez, problablemamente 等这些词出现在动词的后面时，动词使用陈述式而不是虚拟式：*Llegará* hoy *quizá*.(也许他今天会到)，Me *busca* a mí *tal vez*.(也许她是找我的)。在 a lo mejor(可能)表示可能性的句子中，动词为陈述式：*A lo mejor* él *puede* ayudarte.(可能他会帮助你)。

- 句子中虽无表示愿望等的副词，但显然具有表示愿望的意义，动词用虚拟式。如：¡*Viva* la patria!(祖国万岁)，¡*Muera* la dictadura!(灭亡吧，独裁)。一般认为这些是省略句，省去了其中不言而喻的主句部分 deseo que(我希望)....。有时这种含虚拟式的愿望句以 que 开头：¡*Que* tengas suerte!(祝你好运) ¡*Que* no fuera yo rey!(我要是不当国王多好啊)。前面有了 que，这些句子来源于省略句的特征就表现得更加明显。

练 习

一、请写出下列动词虚拟式过去完成时的各种人称和数的形式。

A. empezar, mirar, volar, bajar, bailar, comprar, protestar, prestar, intentar, tomar, trabajar, esperar, llevar, estudiar, usar, recordar, pensar, gastar, faltar, ganar, fracasar, llegar, dar, regalar, formar

B. beber, crecer, coger, entender, leer, conocer, creer, perder, romper, volver, ver, hacer, poner, haber, saber, tener, satisfacer, aparecer, comprender, tender, crecer, obtener, suspender, vender, querer

C. pedir, subir, seguir, dormir, repetir, construir, concluir, recibir, abrir, escribir, decir, morir, venir, oír, salir, descubrir, freír, referir, incluir, producir, influir, conducir, insistir, vestir, decidir

二、请用括号里所给动词的虚拟式过去完成时的适当形式填空。

1. Nadie creía que su madre _____ (regalarle) una pulsera de oro.
2. Tal vez habríamos llegado a tiempo, si _____ (darnos) prisa.
3. Si no _____ (ser) por ustedes, no sé qué habría sido de nosotras.
4. Sintió mucho que _____ (reñir, ellos) por tonterías.
5. No estaba seguro de que _____ (admitirlo, ellos).
6. Dudábamos de que Juan _____ (decidir) no venir.
7. Le pareció muy bien que _____ (irse, vosotros).
8. ¿Os sentisteis muy tristes de que no _____ (tocaros) la lotería?
9. Me gustaría que _____ (volver) ustedes.
10. Era increíble que Juana _____ (terminar) sus deberes.
11. A los padres les afectó mucho que Alejandro _____ (suspender) la Matemáticas.

12. Si no _____ (ocuparnos, nosotros) más del problema, ahora no estaríamos así.
13. No sabía que María _____ (celebrar) sus cumpleaños.
14. Dijo que qué raro que el cajero del banco _____ (marcharse) sin decir nada.
15. Comentó que qué pena que _____ (quedarse, ellas) sin trabajo.

三、请用括号中动词的适当形式填空。
1. Había pensado en que _____ (venir, vosotros) a casa a charlar un rato.
2. El guardia les prohibió que _____ (arrancar) las flores del parque.
3. Me daba pena que _____ (perder, tú) el tiempo así.
4. Le dije que _____ (buscarse) un sustituto cuanto antes.
5. Sentí mucho que no _____ (estar, ustedes) el día de nuestra boda.
6. Prefería que ellos no _____ (ser) tan habladores.
7. El cura se negó a que ellos _____ (usar) el patio de la iglesia.
8. Indícale al camarero que _____ (traer) la cuenta.
9. Tenemos muchas ganas de que _____ (nevar) para ir a esquiar.
10. Era esencial que todos los testigos ___ (presentarse) al juicio.

4.4 命令式

4.4.1 动词命令式的变位

不难理解，动词命令式无第一人称单数形式，因为说话者一般不会给自己下命令。除现在时以外，命令式也无别的时态。命令式有肯定和否定两种不同的变位形式。首先看肯定形式。规则动词的变位例如：

Cantar: canta tú, cante usted / él, cantemos nosotros, cantad vosotros, canten ustedes / ellos.

Comer: come tú, coma usted / él, comamos nosotros, comed vosotros, coman ustedes / ellos.

Vivir: vive tú, viva usted / él, vivamos nosotros, vivid vosotros, vivan ustedes / ellos.

不难看出，只有第二人称(tú, vosotros)拥有专用的命令式形式，其他人称的命令式形式实际上就是其虚拟式现在时的相应形式(ir 的命令式第一人称复数形式为 vamos，不是 vayamos)。下面是有关命令式第二人称变位的具体说明：

- 动词命令式第二人称单数(tú)形式，除 decir→di, hacer→haz, ir→ve, poner→pon, salir→sal, ser→sé, tener→ten, venir→ven 等及其派生词为特别不规则动词以外，均与其陈述式现在时第三人称单数形式相同，无论是规则动词还是不规则动词。例如：trabajar → trabaja, correr → corre, recibir → recibe, comenzar→comienza, defender→defiende, sentir→siente, pedir → pide, aprobar→aprueba, volver→vuelve, dormir→duerme, construir→construye。

- 动词命令式第二人称复数(vosotros)形式是将原形动词词尾的 r 换成 d: bajar→bajad, bailar→bailad, correr→corred, vender→vended, escribir→escribid, decidir→decidid, ser→sed, hacer→haced, mover→moved, vestir→vestid, cenar→cenad, cerrar→cerrad。

动词命令式的否定形式统统为其虚拟式现在时相应的人称和数的形式。例如：

Mirar: no mires tú, no mire usted / él, no miremos nosotros, no miréis vosotros, no miren ustedes / ellos.

Jugar: no juegues tú, no juegue usted / él, no juguemos nosotros, no juguéis vosotros, no jueguen ustedes / ellos.

Tender: no tiendas tú, no tienda usted / él, no tendamos nosotros, no tendáis vosotros, no tiendan ustedes / ellos.

Beber: no bebas tú, no beba usted / él, no bebamos nosotros, no bebáis vosotros, no beban ustedes / ellos.

Confundir: no confundas tú, no confunda usted / él, no confundamos nosotros, no confundáis vosotros, no confundan ustedes / ellos.

Impedir: no impidas tú, no impida usted / él, no impidamos nosotros, no impidáis vosotros, no impidan ustedes / ellos.

4.4.2 命令式与轻读人称代词

动词在陈述式、虚拟式以及条件式情况下若带有轻读人称代词，该代词一般放在变位动词的前面，在书面上二者分开写。如：*Lo vi ayer.*（昨天我看见了他），*Espero que me digas la verdad.*（我希望你给我说实话），*Si fuera posible, se lo dejaría todo a ellos.*（如果可能的话，我把这都给他们留下）。动词为命令式肯定形式时，若带有轻读人称代词，则必须将其放在变位动词之后，而且在书面上二者连起来写。这时要特别注意重音位置不能搞错，书面上很多情况下要加上重音符号。如：*Míralo.*（你看那个），*Ponla guapa.*（把她打扮漂亮点），*Dile lo ocurrido.*（告诉她发生的事情），*Pásemelo.*（您把它递给我），*Llévenselo.*（你们把它带走吧），*Tenedlos en cuenta.*（你们别忘了他们），*Levantémonos.*（我们起来吧），*Marchaos.*（你们走吧），*Decídselo.*（你们告诉他吧）。

代词式动词或自复动词等的命令式第一人称复数形式，后面与轻读人称代词 nos 对接时，去掉动词词尾的 s。如：Movamos+nos→*Movámonos*（我们动动吧），Sentemos+nos→*Sentémonos*（咱们坐下吧），Ayudemos+nos→*Ayudémonos* mutuamente.（咱们互相帮助吧），*Reunámonos.*（我们集合吧），*Levantémonos.*（咱们起来吧）；只有 ir

特别：Vamos+nos→Vámonos.（我们走吧），而不是 Vayámonos。同样情况下，若是第二人称复数形式，在与轻读人称代词 os 连写时，去掉动词词尾的 d。如：Vestid+os→Vestíos.（你们穿上衣服），Acostad+os → Acostaos.（你们躺下吧），Poned+os → Poneos los sombreros.（你们把帽子戴上），Daos prisa.（你们快点），Despertaos.（你们醒醒），也只有 ir 特别：ir+os→Idos.（你们走吧）。

在命令式为否定形式时，所有情况下表现出来的语法特征与虚拟式现在时雷同。轻读人称代词位于变位动词之前，分开写。如：¿No me digas?（真的吗），No lo toquéis.（你们别碰那个），No se lo den.（你们别给他那个），No se lo dejemos aquí.（我们别把东西给他放在这儿），No os pongáis tan lejos.（你们别待那么远），No te duermas.（你别睡着了），No nos enredemos en eso.（我们别参与那事）。

4.4.3 命令式的用法和意义

- 顾名思义，命令式表示命令、要求等，是说话人施加于别人的意志。命令式所表示的行为就是要听话人做或者不做的事情。例如：*Pása*me el libro.（你把书递给我），*Dejad*les marcharse.（你们让他们走吧），No nos *impidáis*.（你们别拦着我们），No les *permitas* entrar.（你别放他们进来）。

- 命令式只有一种时态，即现在时。但其时值往往为陈述式将来未完成时。例如说 *Cálla*te.（你别说啦）*Corred* la mesa para allá.（你们把桌子挪那边去）No *llegues* tarde.（你别迟到）时，命令式所表示的行为都是尚未进行的。当然也不乏时值为现在时的情况：¡*Quédate* ahí!（你就在那儿待着吧），*Seamos* amigos eternamente.（让我们永远是好朋友）。

- 命令式总是出现在直接引语中，在间接引语中变为虚拟式。例如：Nos ordenó: "*Andad* de prisa."（他命令我们："快走"）→Nos ordenó que *anduviéramos* de prisa.（他命令我们快走），Le dijo: "*Ayúda*me."（她对他说："帮帮我"）→Le dijo que le *ayudara.*（她对他说帮帮她），Me grita: "¡No *pase* por ahí!"（他向我喊："您别从那儿过"）→Me grita que no *pase* por allí.（他向我喊别从那儿过）。

● 命令的表达不仅限于使用动词命令式，还有许多别的手段。例如，名词：¡Atención!（注意啦），¡*Silencio,* por favor!（请安静）；*前置词a + 名词（或动词原形）*：¡A la clase!（上课啦），¡Todos *a casa!*（都回家去），¡A trabajar!（干活吧）；副词：¡Aquí!（过来），¡*Atrás,* vosotros!（你们，向后转），¡Adelante!（前进/请进/加油），¡Fuera!（滚开）；原形动词（常在否定句中）：No sentarse.（别坐下），No bromear.（甭开玩笑）；陈述式将来未完成时：Me *llamarás* mañana cuando te levantes.（明天你起床时叫我一声），Le *dirás* que le he adquirido el billete.（你告诉她我已经给她买着票了）。

练 习

一、请写出下列动词命令式的肯定形式和否定形式。

A. tomar, mirar, esperar, comprar, hablar, trabajar, contar, sentarse, acostarse, levantarse, arreglar, bailar, estudiar, fallar, enviar, cerrar, despertar, calentar, confesar, pensar, recordar, soltar

B. hacer, poner, leer, querer, volver, beber, saber, conocer, tener, romper, ser, defender, proteger, ejercer, traer, devolver, correr, detener, meter, aprender, ceder, coger, ser, mover, creer

C. sentir, subir, escribir, reír, salir, freír, decir, ir, oír, venir, adquirir, servir, recibir, conducir, traducir, huir, seguir, pedir, atribuir, exigir, insistir, repetir, impedir, corregir, repartir, abrir

二、请写出下列命令式的否定形式。

sal, vuelve, di, échalas, ten, pruébatelo, pedid, decídselo, arréglatelas, páguelo, huye, escríbanselo, salid, sed, enviádnoslo, confíamelo, guárdatela, vendédselo, ponéoslo, ven, cierren, pon, mándasela, póntelo, tráigasela, vaya, oíd, huele, cómpramelo, cógelo, traducid, háganlo, sé, vete

三、请用括号里所给动词的命令式的适当形式填空。

1. ¡No _____ (tomar, usted) el sol!
2. ¡_____ (Repartir, tú) las hojas!
3. ¡_____ (Autoevaluar, tú) tus métodos de enseñanza!
4. ¡_____ (Poner, tú) la mesa!
5. ¡No _____ (tirar, tú) papeles al suelo!
6. ¡_____ (Escribir, tú) más claro!
7. ¡_____ (Hacerlo, tú) con cuidado!
8. ¡No _____ (mentir) niño!
9. ¡_____ (Trabajar, nosotros) para vivir y no a la inversa!
10. ¡_____ (Acostarse, nosotros) ya!
11. ¡_____ (Conducir, usted) por la derecha!
12. ¡_____ (Decir, tú) lo que piensas!
13. ¡No _____ (pisar, vosotros) el césped!
14. ¡_____ (Repetir, tú) la pregunta!
15. ¡_____ (Levantarse, nosotros) !

四、请把下列句子变为否定句。

1. ¡Párese usted ahí!
2. ¡Abrid las ventanas!
3. ¡Espérenme en el restaurante!
4. ¡Hazte un traje nuevo!
5. ¡Lavaos las manos!
6. ¡Saque la lengua!

7. ¡Ve despacio!
8. ¡Pon la radio!
9. ¡Mueve las piernas!
10. ¡Siéntense aquí!

五、请把下列句子变为肯定句。

1. ¡Señora García, no hable tan alto, por favor!
2. ¡No me le des dinero al niño!
3. ¡No se olvide de esa fecha!
4. ¡No subáis al árbol!
5. ¡No lo repitamos!
6. ¡No hagáis los deberes ahora!
7. ¡No metas la leche en el frigorífico!
8. ¡Señor, no salga por ahí!
9. ¡No os levantéis!
10. ¡No despertéis al niño!

六、请把下列命令句变为祈使句。

例：¡Caliéntame la leche! → ¿Me puedes calentar la leche, por favor?

1. ¡Piensen en lo que les he dicho, y denme la contestación mañana!
2. ¡Ponte al teléfono, Paloma!
3. ¡No os bañéis en agua fría!
4. ¡Ande más aprisa!
5. ¡Entregad los billetes al interventor para que los pique!
6. ¡Camarero, deme una Coca-Cola!
7. ¡No digas tonterías!
8. ¡Venid pronto!

9. ¡Límpiate esa cara; la tienes sucísima!

10. ¡No tomes demasiado sol!

七、请把下列祈使句变为命令句。

例：No debes hacer fotos. → ¡No hagas fotos!

1. ¡Venga, a trabajar!
2. Les suplico que no entren.
3. Debéis estudiar más.
4. ¡La cuenta, por favor!
5. ¡Tú irás a casa de la abuela!
6. Te pido que no se lo digas.
7. Deben ustedes dejar eso.
8. Hay que correr más.
9. ¡Niño, ya te estás lavando!
10. ¡A la calle!

八、请模仿例句完成下列句子。

例：Las plantas necesitan agua, por favor, *riégalas*.

1. Quiero tu teléfono, por favor, _____.
2. Si usted va a explicárnoslo, _____.
3. ¿Puedo llevarme el periódico a mi cuarto? —Sí, _____.
4. ¿Te llevo las bolsas? —Sí, _____.
5. ¿Le digo al médico la verdad? —No, _____.
6. ¿Puedo decirle a mi amiga que venga? —Sí, _____.
7. ¿Le presto el coche a Luis? —No, _____.
8. Nosotras necesitamos diccionarios, por favor, _____.
9. ¿Le compro ese vestido a Liria? —Sí, _____.
10. Quiero esos libros, por favor, _____.

九、请使用动词命令式回答下列问题。

1. ¿Gritamos?
2. ¿Puedo coger tus pendientes?
3. ¿Cruzo por la calle Mayor?
4. ¿Hablo español?
5. ¿Puedo encender la radio?
6. ¿Vendemos los libros?
7. ¿Escuchamos las noticias?
8. ¿Tomo el metro en Banco?
9. ¿Subo?
10. ¿Puedo probar el jamón?

十、请把下列间接引语变为直接引语。

1. Les dijimos que se diesen prisa.
2. Dile al carnicero que nos guarde lo de siempre.
3. Le dije que se moviera.
4. Os dijo que os durmierais.
5. Nos dijo que nos fuéramos.
6. Me dijo que saliera.
7. Diles a tus hermanos que apaguen la luz.
8. Te dije que fueras amable.
9. Dile a Nicolás que me pida perdón.
10. Dile a tu hijo que salga y disfrute.

4.5 条件式

4.5.1 条件式

关于这种动词形式的命名，意见尚不统一。例如有：可能式、陈述式过去将来时、条件式等叫法。称其为条件式，是因为它经常被用来表示在某种假定条件下会有的结果。条件式只有两种时态：简单时态和复合时态。

4.5.2 条件式简单时态的变位

陈述式将来未完成时的变位，是由原形动词后面加上动词 haber 的陈述式现在时的各种形式构成（见 4.2.14），条件式简单时态的各种人称和数的形式，是在原形动词后面加上动词 haber 的陈述式过去未完成时的相应形式构成。规则动词条件式简单时态的变位如：

Cantar: cantar+había → cantaría, cantar+habías → cantarías, cantar+había→cantaría, cantar+habíamos→cantaríamos, cantar+habíais→cantaríais, cantar+habían→cantarían.

Comer: comer+había → comería, comer+habías → comerías, comer+había→comería, comer+habíamos→comeríamos, comer+habíais→comeríais, comer+habían→comerían.

Vivir: vivir+había→viviría, vivir+habías→vivirías, vivir+había→viviría, vivir+habíamos→viviríamos, vivir+habíais→viviríais, vivir+habían→vivirían.

与陈述式将来未完成时情况相同，部分动词原形后面加上 haber 的陈述式过去未完成时时，尾部字母会发生某些变化，而且也与陈述式将来未完成时的变化形式完全一样。例如：

Poder+haber→podré, podrás, podrá, podremos, podréis, podrán;
→podría, podrías, podría, podríamos, podríais, podrían.

Querer+haber→querré, querrás, querrá, querremos, querréis, querrán;
→querría, querrías, querría, querríamos, querríais, querrían.

其他不规则动词如 caber, haber, saber, valer, salir, tener, venir, poner, decir, hacer 等，其条件式简单时态的变位都可参照陈述式将来未完成时的变位完成。

4.5.3 条件式简单时态的用法及意义

- 表示相对于过去某时刻将要发生或尚未发生的事情(即过去将来,见 4.2.18)。如:Dijo que nos *ayudaría*.(他说要帮我们的), Afirmaron que os *esperarían* a la entrada.(他们答应要在入口处等你们的)。

- 与陈述式将来未完成时一样,表示对于事件的可能性判断。如:*Tendría* yo entonces doce años.(那时我大概有十二岁), Me *quedarían* unas veinte mil pesetas.(我还剩大约两万比塞塔), Nadie le *convencería*.(可能谁也说服不了他了)。第一句中的 tendría.(那时我大概有)显然是对过去的事情的可能性的判断;第二句则是对当前情况的可能性的判断;第三句由于缺乏具体语境,既会指现在事情的可能性,也会指将来事情的可能性。

- 条件式只有两种时态,都是相对时态,而且相对性极强,其时值因语境而异。前面的三个例句就体现出这一点。三句话中的 tendría(那时我大概有),quedarían(现在我大约剩)和 convencería(可能谁会说服),依次相当于 tenía(那时我有), quedan(现在我剩)和 convencerá(谁会说服)的时值。然而,无论怎样,简单时态总是表示相对于某时刻事情未完成,而复合时态则总是明确相对于某时刻事情已经完成。

- 由于条件式简单时态常常说明某种可能性,因此,被用来表示在不具现实性的假设条件下可能会有的结果。例如:Si yo tuviera tiempo libre, os *acompañaría* seguramente.(要是我有空的话,一定陪你们), Si él estuviera aquí, no *podríamos* hacer nada.(要是他在这儿,我们什么也干不成), Creo que llevaría a cabo su plan, *aunque* se lo rogaran que no.(我认为他会完成自己的计划,即使有人求他别这么做)。

练 习

一、请写出下列动词条件式简单时态的各种人称和数的形式。

A. mirar, enviar, llamar, empezar, preparar, pescar, cruzar, pensar, tropezar, atravesar, charlar, jugar, andar, confesar, tratar, hablar, pasar, tirar, echar, desarrollar, narrar, manejar, emplear

B. tener, poder, querer, poner, hacer, coger, resolver, correr, ver, valer, traer, establecer, saber, crecer, caer, mover, merecer, caber, recoger, entender, conocer, extender, volver, haber, poseer

C. escribir, venir, recibir, traducir, elegir, salir, subir, conducir, decir, distinguir, reír, cubrir, construir, distribuir, advertir, cumplir, discurrir, reunir, discutir, ir, convenir, constituir

二、请用括号中所给动词的条件式简单时态的适当形式填空。

1. ¿Vosotras _____ (aceptarlo) con interés?
2. De regalarle algo, _____ (ser) un libro.
3. No me _____ (gustar) nada que se pusiera a llover ahora.
4. ¿No dijeron que _____ (reparar) el televisor ustedes?
5. Ellos _____ (poder) ir a la boda.
6. Le dije que cuando viera a su profesor, _____ (ponerse, él) nervioso.
7. Le _____ (gustar) tener un Mercedes blanco.
8. Mi cuñada pensaba que Josefa y su novio _____ (llegar) tarde a la fiesta.
9. Dijo que _____ (resolverlo) ella.
10. Tú _____ (decir) más cosas que yo.
11. De llorar la niña, _____ (despertarnos, ella).
12. Nosotros no _____ (saber) hacerlo.

13. ¿_____ (Jugar, ustedes) al póquer?
14. Les _____ (encantar) ir a México.
15. ¿Tú _____ (hacerlo)?

三、请用括号中动词的适当形式填空。

1. Si no conviniera decirlo, no _____ (decirlo, yo).
2. No _____ (conocer, yo) a tu amiga peruana.
3. Si llegaba pronto a casa, _____ (encontrarla).
4. Si el canal está en Panamá, _____ (ser) panameño.
5. Suponiendo que este niño diga la verdad, admito que tú _____ (ser) inocente.
6. Si no alcanza un 50%, la encuesta no _____ (ser) positiva.
7. De estar ahí, _____ (ayudarte, yo) sin duda.
8. Si están las cosas así, _____ (preferir, yo) no intervenir.
9. Hoy _____ (ir, él) con sus amigas a patinar.
10. Estando así las cosas, no _____ (deber, yo) intervenir en la discusión.
11. Si comprarais más libros, _____ (ser, vosotros) más instruidos.
12. Si los programas de música no son buenos, la gente no _____ (verlos).
13. Suponiendo que el tren llegue a la hora, todavía _____ (tener, nosotros) cinco minutos para tomar un refresco.
14. Si llegan de noche a México, _____ (maravillarse) de las luces.
15. Si no dejarais de ver televisión, no _____ (ver) películas.

四、请用条件式简单时态替换下面句子中的斜体部分，并将原句和新句都翻译成汉语。

1. *Probablemente estaba* embarazada.
2. *Probablemente eran* gemelos.

3. *Seguramente llegaban* en tren.
4. *Seguramente se conocían.*
5. *Probablemente tenía* usted razón.
6. *Probablemente se quieren.*
7. *Seguramente esperaba* a alguien.
8. *Seguramente tenía* más de treinta años.
9. *Seguramente* lo *sabía.*
10. *Probablemente era* japonesa.

五、请回答下列问题。

1. ¿Qué harías si vieras a una persona robándole el bolso a una anciana?
2. ¿En caso de que fueras a Argentina, ¿cómo viajarías?
3. ¿Qué salvarías si tu casa se quemase?
4. ¿Quién te cuidaría si te cayeras enfermo?
5. ¿Dónde esconderías algo de mucho valor?
6. ¿Qué don te gustaría tener?
7. ¿Qué harías si llegaras a ser Presidente del Gobierno?
8. ¿De qué estaría hecho aquel chisme?
9. ¿Cómo acabarías con las guerras?
10. ¿Cambiarías mucho siendo rico?

4.5.4 条件式复合时态的变位

和所有的复合时态一样，条件式复合时态也是由助动词 *haber*（条件式简单时态）+过去分词 构成。如：

Cantar: habría cantado, habrías cantado, habría cantado, habríamos cantado, habríais cantado, habrían cantado.

Comer: habría comido, habrías comido, habría comido, habríamos comido, habríais comido, habrían comido.

Vivir: habría vivido, habrías vivido, habría vivido, habríamos vivido, habríais vivido, habrían vivido.

不规则动词条件式复合时态的变位已不必赘述。

4.5.5 条件式复合时态的用法及意义

除在时态上表示相对于某时刻已经结束了的行为或事件外，该时态与上述条件式简单时态具有相同的用法和意义。例如：Al entrar en la sala de clase, no vio a nadie, todos *habrían ido* al campo de deportes.(进教室时他没有看见一个人，可能大伙儿都去了操场)，这里 habrían ido(可能大伙儿去了)是在 vio(他看见)之前可能已经发生的事情，其时值相当于 habían ido(大伙儿去了)；Si hubieras estudiado con esfuerzo, no te *habrían suspendido.*(要是当初你努力学习的话，人家不会给你不及格的)，habrían suspendido(人家给不及格)是相对于说话时完成的事件，其时值相当于 han suspendido(人家给了不及格)；Anoche se *habría encontrado* con Pedro.(昨晚他可能遇到了佩德罗)，habría encontrado(他可能遇到了)的时值相当于 encontró(他遇到了)。

练 习

一、请写出下列动词条件式复合时态的各种人称和数的形式。

    A. empezar, mirar, volar, bajar, bailar, comprar, protestar, prestar, intentar, tomar, trabajar, esperar, llevar, estudiar, usar, recordar, pensar, gastar, faltar, ganar, fracasar, llegar, dar, regalar, formar

    B. beber, crecer, coger, entender, leer, conocer, creer, perder, romper, volver, ver, hacer, poner, haber, saber, tener, satisfacer, aparecer, comprender, tender, crecer, obtener, suspender, vender

    C. pedir, subir, seguir, dormir, repetir, construir, concluir, recibir, abrir, escribir, decir, morir, venir, oír, salir, descubrir, freír, referir, incluir, producir, influir, conducir, insistir, vestir, decidir

二、用括号中所给动词的条件式复合时态的适当形式填空。

1. Si no hubiera sonado el teléfono, no _____ (cogerlo, yo).
2. Si no hubieras estudiado, no _____ (aprobar).
3. Si lo hubiera visto claramente, _____ (decirte, yo) quién era.
4. Dijo que de habérselo preguntado, _____ (respondernos, él).
5. Si Ramírez no hubiera asaltado el banco, no _____ (meterle) en la cárcel.
6. Si me lo hubieras pedido, _____ (dártelo, yo).
7. Si hubieras traído el abrigo, no _____ (pasar, tú) el frío.
8. Si Emilio no hubiera bebido demasiado, no _____ (chocarse, él) contra una farola.
9. Si hubierais estado en casa, _____ (ver, vosotros) a Marta.
10. ¿Si hubiéramos tenido dinero, _____ (comprarlo, nosotros)?
11. Si hubiera puesto las gafas, _____ (verlo, él) bien.
12. Si hubiera traído una orden judicial, _____ (dejarle, nosotros) entrar.
13. Aunque me hubiera visto, no _____ (saludarme, ella).
14. Si hubiéramos terminado la obra, _____ (salir, nosotros) de viaje.
15. Si no hubiérais aparcado mal, no _____ (multárseos).

三、请用括号中所给动词的适当形式填空。

1. Si estuvieran maduros, _____ (cogerlos, yo).
2. Si viniera ella sola, _____ (invitarla, yo) a cenar a un restaurante.
3. _____ (Ayudarte, ellos) si lo hubieras necesitado.
4. Estando así las cosas, no _____ (deber, yo) intervenir en la

discusión.
5. Si regarais bastante las plantas, no _____ (secárseos).
6. _____ (Comprarte, yo) el vestido si lo hubieran rebajado.
7. Si es posible, que _____ (venir, él) después de cena.
8. Aseguró que para final de año _____ (ganar) un montón de dinero.
9. Si estuviera convencido de ello, no _____ (poner, usted) tantas dificultades.
10. ¿Ustedes hubieran ido también, si _____ (saberlo, ustedes) que era tan interesante?
11. Si hubiera visto a Elena, _____ (decírselo, yo).
12. Si tuvieran ocupaciones, no _____ (ver, ellos) tanto la televisión.
13. Si no tardarais mucho en arreglaros, no _____ (llegar, vosotras) tarde a ninguna parte.
14. Si sobrepasan los límites fijados, entonces no _____ (deber, ellos) seguir adelante.
15. Decían que cuando acabara la temporada turística _____ (llegar) 40 millones de turistas.

四、请用适当的动词形式表达下列句子中斜体部分的大概或可能性的意义。

1. Le ha costado *más o menos* cien pesetas.
2. Ayer corrimos *alrededor de* diez kilómetros.
3. Iba al teatro *como* dos o tres veces al mes.
4. La habitación mide *aproximadamente* cinco metros de largo.
5. Tenía *unos* cincuenta años.
6. Fumaba cuarenta pitillos al día *más o menos*.
7. Anduve *alrededor de* seis kilómetros.

8. *Seguramente* era muy viejo.
9. Lo hemos visto a *eso de* las doce de la noche.
10. Entraron *aproximadamente* cien personas en la sala.

五、回答下面的问题：

1. ¿Qué habría pasado si tú hubieras nacido en el siglo doce?
2. ¿Qué habría pasado si tus padres hubieran sido millonarios?
3. ¿Qué habría pasado si tú te hubieras convertido en un artista famoso?
4. ¿Qué habría pasado si tú no hubieras empezado a estudiar español?
5. ¿Qué habría pasado si tus padres no se hubieran conocido?
6. ¿Qué habría pasado si tú hubieras nacido en Afganistán?
7. ¿Qué habría pasado si tú no hubieras conocido a ninguna mujer / ningún hombre?
8. ¿Qué habría pasado si tú te hubieras casado antes de entrar en la Universidad?

六、请使用表示可能性的陈述式将来时或条件式参照例句回答下面的问题。

例：¿Qué hora es? —*Serán* las nueve.

¿Qué hora era? —*Serían* las nueve.

¿Cuánta gente ha venido? —*Habrán venido* treinta personas.

¿Cuánta gente había venido? —*Habrían venido* treinta personas.

1. ¿Cuánto cuesta el billete para Macao en avión?
2. ¿Cómo ha hecho ese tío una fortuna tan grande?
3. ¿Cuánta gente había en la fiesta?
4. ¿Cuánto gastas en libros al mes?
5. ¿Sabes lo que pagó por sus gafas?

6. ¿Cuánto le había costado el billete de avión?
7. ¿Qué edad tiene esa señorita?
8. ¿A qué hora terminaron de discutir?
9. ¿Dónde están tus padres?
10. ¿Quién ha sido el culpable?

4.6 动词的无人称形式

4.6.1 原形动词

原形动词、副动词和过去分词是动词的三种派生形式，它们都不会因主语人称的不同而发生形式变化。例如：*Yo* quiero *entrar.*（我想进去）*Tú* quieres *entrar.*（你想进去）*Ellos* quieren *entrar.*（他们想进去）*Nosotros* trabajamos *cantando.*（我们边干活边唱歌）*Los obreros* trabajan *cantando.*（工人们边干活边唱歌）*La chica* trabaja *cantando.*（那姑娘边干活边唱歌）*Vosotros* habéis *cumplido* la tarea.（你们已经完成了任务）*Ustedes* han *cumplido* la tarea.（你们已经完成了任务）*Nadie* ha *cumplido* la tarea.（谁也没完成任务）。因此这三种动词形式称为动词的无人称形式。它们虽都有动词的特征，但不能够独立成句，不能单独作为句子的核心。

原形动词由动词词根加后缀-ar, -er 或者-ir 而来，是某种行为或现象的抽象名称，具有名词的所有功能。例如：

- 作主语：*El madrugar* es sano.（早起有利于健康）。两个以上的原形动词作主语时，一般使用阳性定冠词 el 而非 los，句子的核心成分为第三人称单数形式。如：*El comer y dormir mucho engorda.*（贪吃贪睡会发胖）。
- 作直接宾语：Necesitamos *descansar*.（我们需要休息）。
- 作间接宾语：Vengo *a ver* a un hermano.（我是来看一位兄弟的）。

- 作状语：*Con darle* dos martillazos hizo funcionar a la máquina. (他只锤了两下就把机器弄转了)。
- 作表语：Mi trabajo es *cuidarte.*(我的工作就是照顾你)。
- 作名词修饰语：hora *de comer*(吃饭的时间)，ganas *de beber* (喝的欲望)。
- 作形容词补语：capaz *de traducir*(有翻译的能力)，difícil de *aprender*(难学)。

原形动词又兼有动词的特征。例如：
- 带直接宾语和/或间接宾语：Pretendieron *reducirme el sueldo.*(有人企图减少我的薪金)。
- 带状语：Trataron de *terminar* el trabajo *antes de atardecer.*(他们试图在天黑前完成工作)。

4.6.2 副动词的变位

副动词是动词的一种特殊变位形式。第一变位动词的副动词后缀为-ando，第二、三变位动词的副动词后缀均为-iendo。都不随主语人称和数的不同而变化。规则动词的副动词形式如：cantar→cantando, comer→comiendo, vivir→viviendo。不规则动词的变位特征与其简单过去时第三人称的变位特征相吻合。这主要是类似 sentir 的词，将 e 变为 i：sentir→s*i*ntió→s*i*ntiendo, servir→s*i*rvió→s*i*rviendo 等；类似 dormir 的词，将 o 变为 u：dormir→d*u*rmió→d*u*rmiendo, morir→m*u*rió→m*u*riendo 等；类似 construir 的词：construir→constru*y*ó→constru*y*endo, huir→hu*y*ó→hu*y*endo, leer→le*y*ó→le*y*endo 等。特殊不规则的动词如：decir→diciendo, ir→yendo 等。

带有轻读人称代词的动词变为副动词时，轻读人称代词应随其后，书面上二者合在一起写，许多情况下，为了保持动词重音位置不变，需要使用重音符号。例如：separ*á*ndose, poni*é*ndoselo, despidi*é*ndose, vi*é*ndole 等。

副动词也有复合形式，即 habiendo+*过去分词*，除具有副词的功能以外,意味着行为或现象的完成。例如:cantar→habiendo cantado, comer→habiendo comido, vivir→habiendo vivido, decir→habiendo dicho, poner→habiendo puesto, hacer→habiendo hecho 等。带有轻读人称代词时,将其放在 habiendo 之后,书面上二者连在一起写,与上述动词重音位置不变同理,很多情况下要使用重音符号。例如: habiéndose peinado, habiéndoselo quitado, habiéndole curado 等。

4.6.3 副动词的用法及意义

- 副动词所表示的行为或事件相对于某时刻处于正在进展的过程当中,或者刚刚结束;而其复合时态则说明行为或事件相对于某时刻业已终了。例如:Vi a un hombre *entrando* en el edificio.(我看见一个男的正在进楼)*Volviéndose* el profesor a la pizarra, un compañero me pasó un papelito.(老师刚转向黑板,一位同学给我递来一张小纸片)*Habiendo llegado* al aeropuerto, descubrió que no llevaba el billete.(已经到达机场了,他才发现没有带票)。第一句中的 entrando(进)和 vi(我看见)同时发生;第二句中的 volviéndose(他转身)比 pasó(她递)稍早;第三句中的 habiendo llegado(已经到了)对于 descubrió(他发现)来说已经完成。

- 副动词主要起副词的功能,作主动词的状语,相当于状语从句,说明时间、原因、条件、方式等。例如:

  △ 表示方式:La gente se entiende *hablando*.(人们是通过交谈相互理解的)La humanidad no se evoluciona sino *laborando*.(人类只有在劳动中进化)。

  △ 表示时间:*Entrando* (cuando entraba) en el cine topó con Pedro.(进电影院的时候她遇到了佩德罗)Me habla *mirando* (mientras miraba) unas fotografías.(他一边跟我说话,一边看着一些照片)。

  △ 表示原因:*Habiendo vivido* (como ha vivido) varios años en

Japón, conoce bien las costumbres de los japoneses.(在日本生活了几年，她十分了解日本人的习惯)。

△ 表示条件：*Quedándote*（si te quedas）conmigo, aprenderás muchas cosas.(跟我待在一起，你能学到很多东西)。

△ 表示让步：Más de dos horas has tardado en venir, *habiendo*（aunque hay）de allá aquí no más de cinco kilómetros.(你来这儿花了两个多小时，可从那儿到这儿也不过五公里)。

- 副动词拥有副词和形容词的功能，同时又不失去动词的特征，可以带有动词的一切补语。例如：

△ 有直接宾语和间接宾语：*Enseñándoles este certificado* te dejarán pasar.(你向他们出示这张证明，就会让你过去)。

△ 有前置词状语：*Pensando en tales* tonterías, no pudo hacer nada.(琢磨着这些荒唐的事情，他什么也没做成)。

△ 有其他状语：*Viviendo tantos años en aquella zona*, ya está acostumbrado al clima.(在那个地区住了这么多年，他已习惯那儿的气候了)。

4.6.4 过去分词的变位

关于过去分词的变位我们在前面讨论动词时态(陈述式现在完成时)时已经说明，这儿稍事重复。第一变位动词规则动词过去分词的词尾为-ado: cantar→cant*ado*, bailar→bail*ado*；第二、三变位动词规则动词过去分词的词尾都是-ido: comer→com*ido*, correr→corr*ido*, vivir→viv*ido*, subir→sub*ido*。过去分词所有不以-ado 或者-ido 结尾的动词均为不规则动词。现今特别不规则的动词主要是：abrir, cubrir, decir, escribir, hacer, imprimir, morir, poner, resolver, romper, ver, volver 等及其派生词。还有不少动词如 fijar→fijado/fijo, prender→prendido/preso, invertir→invertido/inverso 等，其过去分词有两种不同形式，一种为规则变位而另一种为不规则变位。但是动词复合时态现在倾向于使用规则形式，不规则形式主要用作形容词。

4.6.5 过去分词的用法及意义

- 与助动词 haber 的各种人称、数、式、时一起构成动词的复合时态。在这种结构中，过去分词固定为阳性单数形式：he *cantado*（我唱过了），habíamos *comido*（我们早已吃过了），hubierais *vivido*（你们体验过）。

- 与助动词 ser 的各种人称、数、式、时构成被动语态。这种用法在后面一节中将作具体说明（见 4.7）。

- 与其他助动词如 tener、llevar、traer、dejar、estar 等一起构成动词短语。这时，分词与这些动词的直接宾语保持性数一致。例如：Ya *tienen* otra solución *pensada.*（他们已经想好了另一种解决办法），*Llevo leídas* cien páginas del libro.（这本书我已经看了一百页了），Nos *trajeron abiertas* las cartas.（我们的信送来的时候已经开封了），Le *dejó estropeado* el ordenador.（他给您把电脑整坏了）。在这类用法中，过去分词具有被动及完成双重意义。

- 过去分词拥有形容词的各种功能。例如：

△ 修饰或限制名词，与之保持性数一致。其性数的形式变化也遵循形容词的有关规则，即：阳性单数词尾为-o，复数词尾为-os；阴性单数词尾为-a，复数词尾为-as。例如：árbol *cortado*（一棵砍伐的树），árboles *cortados*（一些砍伐的树），visita *realizada*（一次完成了的探访），visitas *realizadas*（若干次完成了的探访），problema *discutido*（一个讨论过的问题），problemas *discutidos*（若干个讨论过的问题），manzana *recogida*（一个摘下来的苹果），manzanas *recogidas*（一些摘下来的苹果）等。

△ 有比较级、最高级等，而且表达级的形式也与形容词相同。如：más / menos / muy *decidido*（更/更不/十分坚决），*decididísimo*（坚决极了），el más / menos *decidido*（最/最不坚决），tan *decidido* como...（和……一样坚决）。

△ 被冠词名词化：el *convencido*（那个信服的男人），la *convencida*（那个信服的女人），lo *convencido*（他那么信服），los *desesperados*（那些绝望的人），las *desesperadas*（那些绝望的女人），lo *desesperado*（他那么绝望）。

练 习

一、请写出下列动词的副动词形式。

bailar, temer, subir, recibir, saltar, beber, pedir, repetir, leer, reír, freír, venir, vestir, destruir, cambiar, traer, decir, poner, convertir, tener, hacer, saber, contribuir, formar, corregir, huir

二、请用括号中所给动词的副动词形式填空。

1. Está _____ (leer) una novela policíaca.
2. ¿Por qué estás _____ (medir) la habitación?
3. Estuvieron _____ (comer) juntos.
4. Aun _____ (saber) la verdad, deberías hacerte callado.
5. La madre estaba _____ (besar) al niño.
6. _____ (Enseñar), no hay manera de hacerse rico.
7. Estoy _____ (ver) la televisión.
8. Estaba _____ (elegir) los muebles.
9. El agua está _____ (hervir).
10. Estuvimos _____ (viajar) por el extranjero.

三、用动词原形替换下列句子中的斜体部分之后，句子的意思是否会发生变化？

1. Os aconsejó *que fuerais*.
2. La avería del coche les impidió *que llegaran* a tiempo.
3. Les impedimos *que cometieran* un error.

4. ¿Me permite usted *que fume*?
5. Siempre nos dejaba *que hiciéramos* lo que queríamos.
6. Creo *que sé* la verdad.
7. Nos mandaron *que lleváramos* este paquete.
8. Le ordenaron al portero *que limpiara* el portal mejor.
9. Depués de *que cogió* el avión, vimos aquí su maleta.
10. Recordaba *que estaba* muy enamorada de él.

四、请用具有相当意义的原形动词替换下列句子中的斜体部分。

例：No permito tu separación de la línea. → No permito separarte tú de la línea.

1. Se permite *la fijación de* carteles en esta pared.
2. Exige *la fabricación de* dos mil bombas.
3. Es inútil *la entrega de* las actas.
4. *La votación* no fue difícil.
5. *El reconocimiento de* las instalaciones resultó complicado.
6. *La producción de* acero es buena para la economía de los países.
7. Ordenó *la edificación de* otra catedral.
8. Conviene *la salida* a primera hora.
9. *La ida* resultará beneficiosa.
10. Mi *opinión* es que los periódicos están desorientados.

五、用适当的动词无人称形式表达下列句子中斜体部分的意义。

1. *La lectura* me ha enseñado mucho.
2. *Cuando hablaba* inglés, le notábamos un acento extraño.
3. El tren *llegará* a eso de las diez de la noche.
4. Me acordé de Belén *cuando yo daba* un paseo por el parque.
5. Nos permitió *que llegáramos* más tarde de lo corriente.

6. *Después de que habíamos leído* la correspondencia, iniciamos su contestación.
7. Estás así de gordo *porque comes* demasiado.
8. *A pesar de que se trata* de usted, no puedo permitirle el paso.
9. *Una vez que hubo comido,* se echó a siesta.
10. ¿Qué hacen? ¿*Oyen* música?

六、请用括号中所给动词的适当形式填空。

1. Echaron a _____ (correr).
2. Acabarán de _____ (prepararse) dentro de poco.
3. Lo peor fue _____ (dejarlo) solo.
4. Ese libro fue _____ (imprimir) en 1900.
5. No lo tiene _____ (decidir) todavía.
6. No ha _____ (haber) posibilidad de convencerle.
7. ¿Qué has _____ (hacer) con el dinero que te dejé?
8. Antes de _____ (casarte) mira (tú) lo que haces.
9. Al _____ (verme), se escondió.
10. No aprueba el examen porque no _____ (estudiar).
11. Sigo _____ (vivir) en el centro de a ciudad.
12. Anoche me quedé _____ (estudiar) hasta las tres.
13. Quieren que tú _____ (conocer) Canadá.
14. Tenemos que _____ (ir) _____ (preparar) el viaje.
15. Le han premiado porque _____ (hacer) (él) muchos bienes por todos.

七、根据副动词在句子中的功能，用原因句 porque..., ya que..., puesto que...等，时间句 cuando..., mientras...等，条件句 si... 或者让步句 aunque...替换副动词。

1. Comiendo con su familia, comentó el accidente del tren.

2. Lo hizo protestando, como siempre.
3. Pasando por el lado de las chicas, las saludó.
4. Estando el decano presente, no conseguimos que hablara.
5. Siendo tan simpática como es, no tiene amigos.
6. Estando tú presente, no conseguiremos que hable.
7. Pensando en el futuro, le sugirió ahorrar más dinero.
8. Escribió una carta cometiendo muchas faltas de ortografía.
9. Se cayó bajando del avión.
10. Tus hermanos, aun conociéndote bien, no se preocupan por ti.
11. Sabiendo que sois vosotras, os dejaré entrar.
12. Colaborando todos, pronto podremos sacarlo de la cárcel.
13. Contándole la verdad no resolveremos nada.
14. Aun siendo tan difícil hacerlo, algunos traducen muy bien.
15. Siendo compañeras de trabajo, aún se saludaban.

4.7　被动语态

4.7.1 被动语态形式

　　西班牙语的及物动词可以通过两种形式表达被动的意义，一种是利用主动形式表达被动的意义，其构成是自复代词 *se*+*动词第三人称形式*(数随受事主语而定)，这种形式称为自复被动。如：El suceso *se publicó* en todos los periódicos.(这个事件在所有的报纸上都刊登了)，*Se pegaron* innumerables anuncios en la tapia.(围墙上贴了无数张广告)。另一种是由助动词 *ser*+*动词的过去分词* 构成。如：Los turistas *fueron engañados*.(游客们被骗了)，*Son asignadas* las tareas por el gerente.(任务是由总经理指派的)。

4.7.2 被动语态的用法及意义

- 动词的主语有两种，一种是动词行为的执行者，称为施事主语：*Pedro* levanta la piedra.（佩德罗把石头抬起来）；一种是动词行为的承受者，称为受事主语：La *piedra* es levantada por Pedro.（石头被佩德罗抬了起来）。当受事者即直接宾语作动词的主语时，动词使用被动语态形式。

- 有 se 的被动结构中，se 始终不变，动词为第三人称，其数即受事主语的数：*Se abrió* la *ventana*.（窗户打开了），*Se rompieron* los *cuadernos*.（本子撕破了）；在 *ser*+过去分词的被动结构中，ser 的人称和数就是受事主语的人称和数，过去分词要与受事主语保持性数一致：La *sala* mayor *fue ocupada*.（最大的教室被占了），Las *puertas fueron forzadas* por los ladrones.（门都被盗贼撬开了）。

- 在被动句中，若不为人所知或者与话题无关紧要、或者说话人有意隐瞒，可以不出现：La noticia *se extendió* / *fue extendida* rápidamente.（消息很快传开了/被传开了），La huelga s*e declaró* / *fue declarada* a las siete de la mañana.（罢工是早上七点钟宣布的/被宣布的），Hoy las tiendas *se han cerrado* / *han sido cerradas* muy temprano.（今天店铺很早就关了/被关了）。如须说出施事主语，一般使用前置词 por 明确其角色：Los platos fueron estropeados *por los ratones*.（盘子被老鼠打碎了），Las luces se apagaron *por el electricista*.（灯被电工关了）。有 se 的被动句中很少出现施事者，因此前面这个句子感觉有点别扭。

- 西班牙语中用 se 的被动形式即自复被动形式出现的频率远远大于用 ser 的被动形式。这说明人们更喜欢用主动形式表达被动意义。

练 习

一、请用 *se +动词* 形式表达下面句子中斜体部分的意思。

1. Las joyas no *fueron encontradas*.
2. La personalidad *es mejorada* con este peinado.
3. Su actitud *fue* muy *criticada*.
4. No *será mejorado* el nivel de vida con la riqueza.
5. La solución no *fue hallada*.
6. Las elecciones probablemente *serán convocadas* en enero.
7. La expedición *fue salvada* por el agua.
8. Este artículo *fue publicado* hace tiempo.
9. El robo no *fue declarado*.
10. La carretera no *fue arreglada*.

二、请把下列句子变为 *ser+过去分词* 表示被动的形式。

1. La dirección le ha ascendido a jefe de negociado.
2. Los empleados denunciaron el fraude.
3. La novia besó al novio.
4. A su regreso, no hizo ningún tipo de declaraciones.
5. Fleming descubrió la penicilina.
6. Los ministros de la Unión Europea firmaron el pacto.
7. Un autobús atropelló a dos personas ayer por la mañana.
8. Solicitaron perdón para los vencidos.
9. Detuvieron a tres presuntos terroristas por los sucesos del día 12.
10. La empresa echó a treinta personas.
11. Los terroristas secuestraron a un industrial.
12. Construyeron este edificio hace más de mil años.
13. El guía les condujo al castillo.

14. Los especialistas analizaron todos los pros y las contras.

15. Víctor ha arreglado todas las luces de la casa.

三、请把下面的句子变为自复被动句或无人称句。

1. Vendieron los pisos a buen precio.
2. Regaron las calles.
3. En esta tienda necesitan un empleado.
4. Serán tomadas todas las medidas posibles.
5. Examinan los documentos.
6. Su llegada ya ha sido preparada.
7. No hablaron del tema.
8. Belén le convenció pronto de su error.
9. El aeroplano fue inventado a principio del siglo XX.
10. El sospechoso fue detenido esta mañana por la policía.
11. La comida será servida a las doce.
12. Todos los problemas serán estudiados.
13. Entonces averiguaron la verdad.
14. Esos trajes ya han sido enviados a la tintorería.
15. Buscan al hijo menor.

四、请把下列句子变为主动句。

1. Los espectadores son colocados por el acomodador.
2. Este coche será muy bien acogido por el público.
3. La casa fue destruida por el fuego.
4. El niño ha sido adoptado por unos vecinos.
5. El proyecto fue presentado por el ingeniero.
6. Los candidatos eran reconocidos por un médico.
7. Se le puso una multa por aparcar mal.
8. Se extendió un nuevo puente sobre la autopista.

9. La ley no había sido aprobada por el Parlamento.
10. El ladrón fue juzgado en la ciudad.

五、下列句子的斜体动词中，哪种形式正确，请在下面划一横线标出（有些情况下两种形式都正确）。

1. *Se dice / Es dicho* que está separada de su marido.
2. La avería *se arregló / fue arreglada* demasiado tarde.
3. El cuadro *se adquirió / fue adquirido* por un millonario.
4. Por aquí *se ve / es visto* el panorama de la ciudad.
5. El año que viene *se venderán / serán vendidos* mucho coches.
6. Esta carta *se escribió / fue escrita* por mi secretaria.
7. Para este trabajo *se exige / es exigida* mucha paciencia.
8. En el año 1988 *se inauguró / fue inaugurado* este monumento.
9. Hace diez años *se comía / era comido* más pan que ahora.
10. En la selva virgen *se observa / es observada* la vida al natural.

4.8 动词短语

4.8.1 动词短语

　　动词的时态常常不足以恰如其分地表现行为或事件的细节（主要是时态或状态方面的细节），于是语言就借助于某些别的动词，使用其形象意义来弥补这种缺陷。这种协助其他动词对其所表示的行为进行细节刻画的动词也称为助动词。助动词与主动词构成一个统一体，在句子中似乎只有一个动词在起作用，该统一体就是一个动词词组，称为动词短语。

　　由此可见，动词短语中至少有两个成分：助动词和主动词。前者具体说明后者的状态，拥有动词的时、式、人称等各种形式特征；而后者一般为动词的无人称形式，即原形动词、副动词或者过去分词。例如：Él *puede renunciar* al cargo.（他可能会辞职），La economía del país *va desarrollándose*.（国家经济在逐步发展），*Tenemos firmados* cinco documentos.（我们已经签署了五份文件）。第一句中，助动词 puede（他可能）说明 renunciar（放弃）是可能会发生的事情。没有前者，后者通过自身的条件很难体现出这种可能性来，除非运用其他较为繁琐的手段；当然，要是去掉后者，句子就会失去意义，或者意义发生很大的变化，这正说明主动词的重要性；第二句中，助动词 va 表现 desarrollándose（在发展）处于渐进的状况；第三句的助动词 tenemos 与分词 firmado（签署）配合，明示该行为已经完成。

4.8.2 动词短语的种类及意义

动词短语，根据其主动词的形态，大致可分为 *助动词＋原形动词、助动词＋副动词、助动词＋过去分词* 三种类型。其中第三种结构实际上主要就是动词的复合时态和被动语态形式，对此前文已分别作了说明，因此下面我们仅谈其余两种类型。

● *助动词＋原形动词* 类型又可分为三种情况：

△ *情态动词＋原形动词* 常见的是 deber, desear, poder, esperar, querer, soler 等直接与原形动词组合构成动词短语。Deber 表示责任、义务等：Los profesores *deben corregir* trabajos de los alumnos.（教师应该修改学生的作业）。Desear 表示愿望、欲望等：*Deseo beber* agua.（我想喝水）。Poder 表示可能性、能力等：No *puedo explicár*telo.（我不能给你解释这个）。Esperar 表示希望：*Esperamos llegar* a tiempo.（我们希望按时到达）。Querer 表示愿望、需求等：*Quiero conversar* contigo.（我想和你谈一谈）。Soler 表示习惯：*Suele levantarse* a las seis.（他常常六点起床）。显然，这些动词短语中的助动词对主动词的意义起限或修饰的功能。请对比下面几个句子：*Trabajo* todos los días.（我每天都工作），*Puedo* trabajar todos los días.（我可以每天都工作），*Suelo* trabajar todos los días.（我一般每天都工作），

Debo trabajar todos los días.(我应该每天都工作)。各句只是助动词不同，但意义相去甚远。

△ *助动词+que+原形动词* 这种主要是 tener que+*原形动词* 和 hay que+*原形动词*，都说明原形动词所表示的行为的必要性。前者多出现在有具体人称的句子中，后者则在无人称句中使用。例如：*Tenemos que* obedecerle.(我们必须听他的)，*Hay que* reducir la contaminación.(必须减少污染)。

△ *助动词+前置词+原形动词* 常见的例如：

Dejar+de+原形动词 表示某种行为终止、不再继续：*Dejad de* discutir(你们别吵了)。

Echar+a+原形动词 表示突然开始实施某种行为：*Echó a* correr(他突然跑起来)。

Acabar+de+原形动词 表示某种行为刚刚结束：*acaban* de cenar(他们刚吃过晚饭)。助动词 acabar 一般使用现在时或过去未完成时两种时态。现在时表示说话时刚刚结束的事情，过去未完成时说明相对于过去某时刻刚刚发生的事情。例如：*Acabo de* enviarle una carta.(我刚给他寄去一封信)，Cuando me llamaste por teléfono, acababa de levantarme.(你给我打电话的时候我刚刚起床)。

Deber+de+原形动词 表示对某种行为或处境的可能性的揣测：*Debe de* estar incómodo.(他可能不舒服)。这一短语中的前置词 de 经常被省略，变成 deber+*原形动词* 结构：*Debe haber bebido* demasiado(他大概喝多了)。这样，就与上文说过的情态动词 deber+*原形动词* 结构在形式上发生重叠。二者意义的区分只能依赖语境。例如：*Debe estar* incómodo.(他可能不舒服)，显然不是表示义务或责任的，而是对可能性的判断。

haber+de+原形动词 表示某种行为的必要性：*Hemos* de ayudarlos.(我们要帮助他们)。值得注意的是，deber, haber de, tener que 和 hay que 等都表示应该干某事，但是其实际意义有细微差别。Deber 表示义务或责任，即分内应做的事情：El Gobierno *debe resolver* el problema del desempleo.(政府应该解决失业问题)；haber de 表示行为者认为自己应该或者有必要做某事：*Hemos de invitar* también a sus suegros.(我们要把他的岳父、岳母也请来)；tener que 和 hay que 意义相同，表示不得不实施某种行为。如果说前两种是主观自觉的行为，后两种则是受客观制约的或外力迫使的即不以人的意志为转移的行为。当然，在 deber 和 haber de 之间也有程度的不同，前者仅限于明确义务、责任或者必要性等，后者在此基础上还表现主体要求自己将其付诸实施。请体味下面说法的不同之处：*Debo* ir al trabajo a las ocho.(我应当八点钟上班)，*He de* ir al trabajo a las ocho.(我要八点钟上班)，*Tengo que* ir al trabajo a las ocho.(我不得不八点钟上班)。

Llegar+*a*+*原形动词* 表示经过努力后终于实现某种结果：*Llegarán a realizar* su aspiración por sí solos.(他们依靠自己，终将实现自己的追求)。

Acabar / *terminar*+*por*+*原形动词* 表示某件事情最终的结局，有"最终/终于……"之义。例如：*Acabará por* despedir a todos.(他最终将把所有的人都打发走)，*Terminó por* aceptarlo.(他最终还是接受了)。

Ir+*a*+*原形动词* 表示将要实施某种行为的意图：Voy a insistir.(我要坚持)。当然这种结构并不全是动词短语，有时确实是正在去做某事的路上。例如：*Voy a comprar* verduras.(我去买菜)。

ponerse+*a*+*原形动词* 表示着手干一件事情并且要持续一定的时间：Se sentó a mi lado y *se puso a hablar*me de sus viajes en Europa.(她在我身边坐下来，开始向我讲述她在欧洲的旅行)。

Volver+a+原形动词 表示重做某事：Nunca *volveré a cantar* esta canción.(我再也不唱这首歌了)，和 ir a 一样，volver a 也可能就是回去/回来干什么：*Volvió a cenar* con su familia.(她回去和家人一起吃晚饭)。

这种结构形式的动词短语还有很多，下面不再一一赘述。

- *助动词+副动词* 受副动词意义特征的作用，这类结构都表示行为或事件的过程或持续。

  Estar+副动词 表示在某一时刻事情正在进行：*Estaba bañándose* cuando llamaron a la puerta.(他正在洗澡，这时候有人叫门)。

  Ir+副动词 表示行为的渐进或状态的逐渐变化过程：*Va recobrando* la salud.(她渐渐地恢复健康)。

  Llevar+副动词 表示在一段时间里持续做的事情，一般带有表示一段时间的时间状语：*Lleva* diez años *investigando* este fenómeno.(他研究这种现象整整十年了)。

  Venir+副动词 表示自以前某一时刻开始持续做的事情，一般带有表示过去某一时刻的时间状语：*Venimos reformando* el sistema económico desde hace veintitrés años.(二十三年以来，我们一直在进行经济体制改革)。

  Seguir / continuar+副动词 重在表现行为或现象的延续或连贯，尽管有时带有说明其开始、其终了或者其过程长短的时间状语：*Siguieron vigilando* las acciones de aquella gente desde el amanecer hasta el anochecer.(从拂晓到黄昏他们一直在监视着这些人的行动)。

- 动词短语是不可分割的统一体，在句子中相当于一个词的功能，不仅其构成要素缺一不可，要素间的排列顺序也不能改变，如若中间插入其他成分，也常常会导致语义的变化。例如：No *hay más cosas que ver*.(没有什么可看的了)就与No *hay que ver* más cosas.(不必要再看更多的东西)不同；*Tengo que* solucionar algunos problemas.(我必须解决一些问题)也与 *Tengo* algunos problemas *que* solucionar.(我有一些问题要解决)差别很大。除此而外，不难看出，构成短语的助动词都基本上失去了自身的词义，专起修饰或者限制主动词的作用。例如：tener que+*原形动词*、haber de+*原形动词*、ir+*副动词*等结构中，tener, haber, ir 都没有什么实质意义，充其量也只是用其比喻意义。

练 习

一、请用 *estar+副动词* 结构完成下列句子。

例：Nosotros, ver la tele. → Nosotros estamos viendo la tele.
1. ¿Hablar（tú）, por teléfono?
2. Mamá, estudiar（yo）, mañana tengo un examen.
3. Ellos jugar, en su habitación.
4. Mi abuelo, oír las noticias.
5. Mis padres, cenar fuera con unos amigos.
6. Nosotros, cenar.
7. Ayer a las ocho, regar yo las plantas de la terraza.
8. ¿Prepararse（vosotros）, para salir?
9. Yo, afeitarse.
10. Los niños, salir del colegio.

二、根据情况，使用括号中动词的陈述式现在时或 *estar+副动词* 结构形式填空。

1. Su madre dice que Pepe _____ (jugar) con los amigos.
2. No, mis hijos no _____ (ver) mucho la tele.
3. La película ya ha finalizado y la gente _____ (salir).
4. Perdón, no _____ (comprender, yo), ¿_____ (poder) usted

hablar más despacio?

5. Escucha, alguien _____ (cantar) esa canción que me gusta tanto.
6. Cristina no está en casa; _____ (bañarse) en la piscina.
7. En este momento mi hermana _____ (escribir) una carta.
8. Jorge no _____ (poder) salir a jugar contigo en este momento, _____ (cenar).
9. ¡Qué raro!, siempre que llamo a mi padre, el teléfono _____ (comunicar).
10. Yo no _____ (llevar) el coche a trabajar normalmente.

三、下面句子中的斜体部分哪种形式合适，请在下面划一横线指出。

1. Empezó a llover cuando *estábamos volviendo / volvíamos* a casa.
2. Se vio que el abogado no llevaba *preparando / preparada* la defensa de su cliente.
3. Anoche, como no *estaba teniendo / tenía* hambre, no cené más que fruta.
4. Echaron a *andando / andar / andados* juntos.
5. Estoy cansadísima, llevo *corrigiendo / corregido* desde las nueve de la mañana.
6. ¿No dijiste que no *volverías a / llegarías de / irías a* fumar?
7. Cuando *estaba siendo / era* niña, mis padres me llevaron una vez al circo.
8. ¿Cuántos folios llevas *escribiendo / escritos* hasta ahora?
9. Marta lleva *trabajando / trabajado* treinta años como ilustradora.
10. La policía *sigue buscando / lleva buscando / va buscando* al banquero de Murcia.

四、请在所给的动词短语中选择一个完成下面的句子。

A. *venimos ganando, tienes preparados, tengo dicho, acabo de verlo, llegó a acabar, dejan de hacer, vendrá a costar, se puso a llover, he vuelto a ver, va diciendo*

1. Cuando menos lo esperábamos, _____ a cántaros.
2. Luis no _____ el curso porque se puso enfermo.
3. ¿Sabes? Un paisano tuyo _____ por ahí que no tienes ni un duro.
4. Si no _____ tanto ruido en el bar de abajo, voy a tener que llamar a la policía.
5. Elena, te _____ mil veces que no saltes en la cama.
6. Yo creo que un aparato de esos _____ unos cinco mil yuanes, más o menos.
7. ¿_____ los paquetes que vas a mandar?
8. —¿Qué tal os va el negocio?
   —Bien, entre unas cosas y otras, ___ unos 35 millones al año.
9. —¿Qué sabes de Ana María?
   —Pues nada, no la _____ desde que se mudó de barrio.
10. —¿Sabes dónde está el niño?
    —Sí, _____ en la cocina.

B. *ir a+动词原形, ponerse a+动词原形, echar(se) a+动词原形*

1. Los pájaros súbitamente _____ volar.
2. (Tú) _____ ir a la farmacia y compras aspirinas.
3. El tren _____ salir ya.
4. No creía que Rosa _____ marcharse tan temprano.
5. La casa _____ caerse.
6. Nada más aparecer las nubes _____ llover y nos pusimos empapados.
7. Cuando tenga dinero _____ comprarme un coche.

8. Cuando la novia lo dejó se _____ llorar desconsoladamente.
9. Al enterarse del accidente, ella, inesperadamente, _____ reír.
10. Los enemigos, al verse perdidos, se _____ correr precipitadamente.

C. *tener que*+动词原形, *deber*+动词原形, *deber de*+动词原形, *haber que*+动词原形, *volver a*+动词原形, *ponerse a* +动词原形

1. Lo _____ hacer esta tarde.
2. ¿Cómo _____ vestirse?
3. Es divertidísimo. Siempre que hablo con él, _____ reír.
4. Cuando supo la noticia, _____ llorar.
5. Todavía está aquí. _____ querer algo.
6. Lo _____ pensar un poco mejor.
7. Ayer _____ correr. Creo que fueron unos veinte kilómetros.
8. No tiene voluntad. _____ fumar.
9. Mi coche se _____ averiar otra vez.
10. Si me _____ insultar otra vez, llamaré a sus padres.
11. ¿Quién _____ fregar hoy?
12. Le _____ llamar antes del viernes.
13. _____ comer poco porque está muy delgado.
14. Me lo _____ preguntar una vez más.
15. Te garantizo que no _____ pasar.

D. *ponerse a*+原形动词, *empezar a*+原形动词, *dejar de* +原形动词, *acabar de* +原形动词, *estar*+副动词, *llevar*+副动词

1. _____ tomar el sol desde las doce.
2. Para no discutir, _____ planchar yo.
3. _____ paseando por el centro, cuando de repente _____ diluviar.
4. _____ tocando en ese grupo cuatro años.

5. La próxima semana _____ (ella) ir a un gimnasio.

6. ¡Ya _____ ordenar tu habitación!

7. Para ganar tiempo, ya _____ escribir las primeras cartas.

8. _____ pensando este asunto una semana.

9. ¡Qué frío _____ haciendo estos días!

10. No está. _____ irse.

11. ¡Juan, _____ tocar eso!

12. ¡Antonio, ya _____ comer!

13. Te _____ esperando a la salida del cine para tomar algo.

14. _____ venir. Dice que se aburre.

15. _____ viviendo en Madrid diez meses.

五、请在下面句子的空白处填上适当的前置词或小品词 **que**。

1. No quiero volver ____ verte.

2. Me preguntó que si iba ____ salir con él.

3. Acababa ____ telefonearme cuando tú llegaste.

4. ¡Hay ____ arreglar la avería sin falta!

5. Cristina ha dejado ____ trabajar.

6. Las mujeres empiezan ____ ser consideradas iguales que los hombres.

7. Volveremos ____ vernos el mes que viene.

8. Ella tenía ____ darme una oportunidad.

9. El médico ha aconsejado a mi padre que deje ____ fumar.

10. La hija volvió ____ hablar a su padre después de dos días sin decir palabra.

11. Ustedes deben ____ apoyar la democracia con todas las fuerzas.

12. ¡Deje usted ____ decir tonterías!

13. Si yo hubiera llegado ____ enterarme antes, no iría.

14. Acabábamos ____ verlo entrar.

15. Andrés ha vuelto ____ salir con Ana María.

六、请用 **tener que** 或 **haber que** 的适当形式填空。

1. Si sigues así _____ acabar mal.
2. Los cristales están muy sucios, (yo) _____ limpiarlos esta tarde.
3. En España, antes todos los chicos _____ hacer el servicio militar.
4. (Tú) _____ darle lecciones de baile.
5. (Nosotros) _____ sacar dinero del banco. No tenemos nada en casa.
6. ¡No hay más narices! Eso _____ ser así.
7. Ustedes _____ darme mis dos mil yuanes.
8. Mañana tenemos mucho trabajo, _____ levantarnos temprano.
9. (Tú) _____ saberte todas las lecciones si quieres aprobar.
10. No funciona la ducha, (tú) _____ buscar al fontanero.

七、请用 **haber que** 替换 **tener que**，并把原来的句子和新句子都翻译成汉语。

1. Tiene que decidirse rápidamente.
2. Entonces ellos tenían que salir a toda prisa.
3. Ustedes tienen que sacar el perro a pasear.
4. Tiene que colocarlo bien.
5. Esta mañana tenemos que ir al banco.
6. Tenemos que invitarlos.
7. Tengo que comer.
8. Vosotros no tenéis que devolver la invitación.
9. Tiene que arreglar el frigorífico.

10. ¿Qué tenéis que hacer?

八、请说明 ir a 的意义，并把所有的句子翻译成汉语。
1. Fui a decírselo y no lo encontré.
2. Iban a robar la joyería cuando la policía los descubrió.
3. Iba a comer, pero no me habéis dejado.
4. Habían ido a recoger la parva.
5. Iba a acostarme, pero Joaquín me telefoneó y me fui con él a tomar unas copas.
6. Iba a celebrar su cumpleaños pero se le murió la madre.
7. Ha ido a estudiar a casa de sus amigos.
8. Iba a marcharme de viaje cuando llegó mi familia.
9. Vete a freír espárragos.
10. No sabía que Víctor hubiera ido a estudiar arquitectura.

九、请用 *llevar+副动词* 结构表达下列句子中斜体部分的意思。
例：El cura predica *desde hace cuarenta minutos.* →El cura lleva cuarenta minutos predicando.
1. Está hablando por teléfono *desde hace una hora.*
2. Escribía poesía *desde hacía seis años.*
3. *Estaban* discutiendo *dos horas.*
4. *Hace dos meses que* está hablando con ella.
5. Bebe sólo leche *desde hace tres días.*
6. Estudiaba español *desde hacía cinco años.*
7. Te espera *desde hace media hora.*
8. El niño estaba gritando *desde hacía veinte minutos.*
9. *Hace tres horas que* están operando al enfermo.
10. Trabaja allí *desde hace ocho años.*

十、请在下面句子的空白处填上适当的助动词。

1. _____ (nosotros) cinco meses saliendo juntos.
2. Carlos, ¿_____ terminado ya de hacer los deberes?
3. Si _____ (ella) viendo la tele, no podremos hablar con ella.
4. Cuando se enteró, _____ a reír.
5. _____ que aclarar la situación.
6. _____ hecha la comida.
7. No grites, que el niño _____ durmiendo.
8. _____ (él) dos años escribiendo ese libro.
9. Hace dos años que _____ escribiendo ese libro.
10. Cuando la conocí, _____ (ella) trabajando en un bar.

十一、请选用 *estar*+副动词，*ir*+副动词，*venir*+副动词，*seguir* (*continuar*)+副动词，*llevar*+副动词 填空完成句子，并把所有的句子翻译成汉语。

1. _____ (trabajar, él) en esta Universidad desde hace diez años.
2. _____ (pensar, él) comprarse una camisa azul desde hace lo menos dos años.
3. _____ (disparar, ellos) la pistola durante toda la noche.
4. Esta asignatura la pienso aprobar, porque _____ (prepararla) día a día.
5. Cuando murió _____ (desear) tener un coche, que desde hacía quince o veinte años _____ (desearlo).
6. Si _____ (vivir) a ese ritmo, envejecerás pronto.
7. _____ (encontrarse, nosotros) a cada momento con esa pareja estúpida.
8. Poco a poco _____ (hacer, yo) la casa.
9. _____ (hacer, tú) las maletas, que el autobús sale a las nueve.
10. Hace tiempo que _____ (hablarse) de elecciones anticipadas.

11. No sé, pero _____ (leer, él) lo menos cinco horas.

12. Levantaron la mesa precisamente cuando yo _____ (ganar) la partida.

13. _____ (discutir, ellos) y si no los hubiéramos separado, seguro que habrían acabado pegándose.

14. _____ (pasar) muchas cosas desde que Pablo murió.

15. Esta mesa coja _____ (fastidiarme) desde que la compré.

十二、请用括号中所给动词的适当形式填空。

1. No _____ (andar, ustedes) _____ (escribir) en las paredes. ¿No ven que es muy feo?

2. _____ (Seguir, nosotros) _____ (estudiar) la astronomía.

3. _____ (Volver, ella) a _____ (casarse) recientemente y por cuarta vez.

4. Veo que vosotros _____ (ir) _____ (mejorar) vuestro castellano poco a poco.

5. ¿Tú _____ (ir) a _____ (comer) en casa?

6. Ese edificio _____ (llevar) _____ (hacerse) un año por lo menos.

7. Cuando llegó la vecina, yo _____ (estar) _____ (hacer) la comida.

8. Ya _____ (ir, yo) _____ (pagarte) poco a poco.

9. Hasta este momento _____ (ir) _____ (construirse) dos bloques de nuestra urbanización.

10. Cuando ya _____ (tener) _____ (vender) la parcela, le salió un comprador mejor.

11. _____ (Seguir, nosotros) _____ (pensar) que está usted equivocado.

12. Cuando _____ (estar, ella) _____ (limpiar) la casa,

encontró el anillo.

13. En cuanto _____ (dejar, usted) de _____ (fumar), se curará, ya lo verás.

14. Nosotros _____ (llevar) _____ (esperarle) más de una hora y sigue sin llegar.

15. _____ (Seguir, yo) _____ (ver) a los amigos de antes.

4.9 ser 和 estar

一个完整的句子，一般至少具备一个有人称的谓语动词。有些谓语动词拥有具体实在的语义，而有一些却不是这样，其功能只是把主谓两部分联系起来，因此称为系动词。通过系动词搭建的句子中，谓语部分（即所谓的表语）一般为名词或者形容词。不少语言中一般只有一个系动词，有些语言中甚至不用系动词，而西班牙语中有两个常用的系动词：ser 和 estar。这使得外国人用西班牙语时许多情况下甚为茫然，分不清该使用哪一个。

Ser 和 estar 的本质区别是前者用于说明人或事物的性质、属性或特征，后者用于描述其状态。这在下面有关 ser 和 estar 的各种用法中显而易见。

● Ser 用来说明主语的性质、特征或属性：El hierro *es* duro.（铁是硬的），La nieve *es* blanca.（雪是白的），Cervantes *era* manco.（塞万提斯是独臂人），Su padre *fue* médico.（她父亲原是医生）。Duro（硬）和 blanco（白）分别是 hierro（铁）和 nieve（雪）的固有性质；manco（独臂）是 Cervantes（塞万提斯）的特征，而 médico（医生）则是对 padre（父亲）的身份即属性的判断。因此，不能说*El agua *es* caliente, *El piso *es* húmedo。Estar 说明主语某时候（时间可长可短）的状态。如：La cerveza *está* fresca（啤酒凉着呢），La niña *estuvo* enferma.（女孩病了一

场），Así *estás* muy fea.（你这样很难看），El abrigo *está* mojado.（大衣湿了），Sus padres *están* contentos.（他的父母挺高兴）。在这些句子中，fresca（凉），enferma（病），fea（丑），mojado（湿），contentos（高兴）都不是主语固有的特性，而是某个时候或者某个时期所处的状态。因此，一般不可以说*El helado *está* frío, *El vinagre *está* ácido, *El cristal *está* transparente, *Su hijo está ingeniero, *Nosotros estamos conductores。

- Ser 的表语可以是物主形容词或具有物主形容词功能的 *de+名词* 结构等。例如：La camisa *es* mía.（衬衫是我的），Ese libro *es* de Susana.（那本书是苏珊娜的），Estos cigarros *son* de la Habana.（这些卷烟是哈瓦那的）。这里的 mío（我的），de Susana（苏珊娜的），de la Habana（哈瓦那的）实际上分别是对特定的 camisa（衬衫），libro（书）以及 cigarros（卷烟）的一种属性的说明。因此表示状态的 estar 在这种情况下不能使用。比如不可说*Aquella aula *está* nuestra, *Los papeles *están* del profesor, *Estamos del departamento de español。但是，若 *de+名词*结构能表示状态，就可以作 estar 的表语：Hoy el gerente *está* de mal humor.（今天总经理情绪不好），Estamos de obra.（我们正在施工），Están de viaje.（她们正在旅行），Estabais de prisa.（你们当时很着急），Está de mudanza.（她正在搬家）。正因为这类词组是表述状态的，它们都不能与 ser 搭配。例如不可以说：*Soy de mal humor, *Somos de obra, *Son de viaje 等。

- Ser 说明性质而 estar 描述状态的不同用法在其表语为副词或具有副词功能的词组时也表现出来。如：*Es* tarde.（天晚了），*Es* en vano matarme.（杀我没用），Su caso *es* aparte.（她的情况是另一码事），Pedro me parece demasiado dócil y manso. ——Pues siempre *es* así.（佩德罗给我的感觉是太听话。——是

啊，他向来如此）。这些句子当中用 ser，是对人或事物的性质做出判断。而当这些副词作 estar 的表语时，则显然是描写主语的处境或状态。如：Ahí *estás* en vano.（你在那儿没用），Estás feo. ——Me gusta *estar* en tal forma.（你现在不好看。——我喜欢这种模样）。¿Porqué siempre *estás* aparte?（你为什么总在一边待着）惟有 estar bien/mal（对/错）特别，可以是对事情性质的判断形式，即 ser correcto/oportuno（对/合适）等。如：Tu respuesta no está bien.（no está correcta/oportuna）（你的回答不对/不合适），然而却不能说：*Tu respuesta *es* bien/mal；也可以表示状态：Estoy bien/mal（cómodo/incómodo）.（我挺好/不舒服）。

- Ser+*过去分词* 构成被动语态：Todas las luces *fueron apagadas*.（所有的灯都被关掉了），Los platos *fueron retirados* misteriosamente.（盘子被神秘地撤走了）。Estar+*过去分词* 的用法也很常见：La puerta *está abierta*.（门开着），Los trabajos de los alumnos *están corregidos*.（学生们的作业已经改过了）。需要说明的是，这里所涉及的两种结构中的过去分词指的是及物动词的过去分词。如果说 ser+*过去分词*是说明主语接受了某种行为的话，*estar+过去分词*则是主语接受了某种行为之后所处的状况。例如：La ventana *fue* cerrada 是说窗户被关上了，而 La ventana *estaba cerrada* 则是说窗户接受了 cerrar 的行为以后的状态：关着。

- Estar+*副动词* 构成动词短语，表示正在进行的事情。例如：Hemos estado estudiando el caso.（我们刚才一直在研究这个情况），Estaba charlando con el conductor cuando el coche chocó contra un árbol.（他正在和司机聊天，突然，汽车撞在了一棵树上）。其实，这种动词短语也是在陈述主语的行为状态。Ser 却不能与副动词搭配使用，如不能说*Sois cenando, *Eran bailando。

- 当 ser 和 estar 不作系动词而是实义动词时，都为不及物动词。前者表示存在、发生或实现等，如：La fiesta *es* aquí.（就在这儿聚会），Aquello *fue* en el año 1970.（那是 1970 年的事），"Que nunca vuesa merced ha visto a la señora Dulcinea, y que esta tal señora no *es* en el mundo."（Cervantes, *Quijote*）（阁下您从未见过杜尔西内亚夫人，这位所谓的夫人就根本不存在）；后者则表示处所、位置、存在等，例如：Mi madre *está* en la cocina.（我母亲在厨房里），El supermercado *está* a la derecha.（超市在右边），Todos *estuvimos* fuera durante las vacaciones.（整个假期我们都在外面）。在表示存在这种意义时，ser 和 estar 似乎是相当的：La clínica no *es*/*está* aquí.（诊所不在这儿）。

- 有些形容词，与不同的系动词搭配意思不同。如：*ser* bueno/malo/vivo/fresco/listo（好的/坏的/活的/新鲜的/伶俐的）不同于 *estar* bueno/malo/vivo/fresco/listo（健康的/病的/活泼的/失望的/准备好的）。

- 正因为 ser 是说属性或特征的，而属性或特征既能用名词也能用形容词表示，所以其表语可以是名词也可以是形容词。例如：Teresa *es* pintora.（特莱萨是搞绘画的）Juan *es* bajo.（胡安是矮个子）Eso no *es* verdad（那不是真的）。原形动词具有名词的功能，自然可以作 ser 的表语。这种情况下是对某种行为性质的判断。例如：El hacer bien a villanos *es* echar agua en la mar（Cervantes, *Quijote*）.（对无赖行善等于向大海里泼水）。也正因为 estar 是讲状态的，而状态是通过形容词或者副词表达的，所以它的表语可以是形容词也可以是副词，但不能是名词。例如：Juan *está* bajo.（胡安的位置低）Los empleados *están trabajando*.（员工们在干活）Los niños *están sanos*.（孩子们安然无恙）。下面的说法是不能接受的：*Pedro *está* agricultor, *Eso no *está* verdad。

练 习

一、请用 ser 的适当形式填空。

1. Esas cortinas _____ rojas.
2. Mi padre _____ cocinero.
3. Mañana _____ doce de noviembre.
4. Vosotros no _____ los primeros.
5. Ayer _____ martes.
6. ¿De qué color _____ las nubes?
7. Mi primo _____ socialista.
8. _____ (nosotros) veinticuatro alumnos en la clase.
9. ¿_____ usted fontanero?
10. ¿De qué color _____ los toros bravos normalmente?
11. Nosotros _____ militares.
12. Jorge _____ profesor.
13. Yo _____ optimista.
14. Yo _____ asistente social.
15. Ellas no _____ colombianas; _____ de Panamá.

二、请用 estar 的适当形式填空。

1. Julián _____ acostado.
2. ¿Cómo _____ tú? Yo _____ regular.
3. A estas horas, todas las tiendas _____ cerradas.
4. _____ (yo) segura de que se lo dije. Pero no sé cuándo.
5. En cuanto bebe dos copas _____ muy alegre.
6. No _____ bien que hables mal de tu familia en público.
7. La iglesia _____ a la izquierda de la plaza.
8. _____ a 22 de agosto de 2002.

9. Ahora _____ (nosotros) en vacaciones.

10. ¿Qué _____ (tú) haciendo aquí?

三、请用 ser 或 estar 将左边的一个词或词组和右边的一个词或词组联起来造句。

el concierto	una maravilla
la corrida de toros	a las siete y media
mi lapicero	encima de una silla
Salamanca	en la cama
La clase	a las ocho en punto
La conferencia	una persona muy seria
el profesor	periodista
el guardia	el año que viene
la cena	a las siete en mi casa
el mitin	una obra maestra
la novela	detrás de la iglesia
mi madre	un buen negocio
el divorcio	aprobado (a)
la boda	a las cuatro
la noticia	leído (a) por todo el mundo
Andrés	profesor

四、下面的词或词组一般须与 ser 还是 estar 搭配使用。

presentable, asustado, de color azul, en paz, desnudo, inútil, ofendido, preparado, ordinario, deseable, encantado, enfermizo, culpable, delante, tímido, increíble, fatigado, dormido

五、请用 ser 或 estar 的适当形式填空完成句子。

1. La radio _____ rota. Se oye mal.

2. Este año ha llovido tanto que los embalses _____ llenos.
3. Lo importante _____ que os curéis pronto.
4. Eso _____ no tener ni idea de la juventud.
5. _____ así como debes escribir.
6. Marta _____ más terca que una mula.
7. _____ muy desgraciado estos días; voy de mal en peor.
8. _____ más lento que una tortuga, ¡muévete!
9. Este perfume _____ francés.
10. El pobre Pablo cada día _____ peor.
11. La gran catedral no _____ muy cerca de aquí, pero merece la pena.
12. ¿Por qué _____ ayer tan amable con todo el mundo?
13. La violenta reacción de los oyentes _____ totalmente inesperada.
14. _____ una persona muy tranquila. Nunca se pone nervioso.
15. _____ triste porque _____ su último día.

六、请把下列句子翻译成汉语。

1. Te repito que el coche es seguro.
2. Te repito que el coche está seguro.
3. El muchacho, en mi opinión, es decente.
4. El muchacho, en mi opinión, está decente.
5. Las peras son verdes.
6. Las peras están verdes.
7. Joaquín está verde en matemáticas.
8. Eva tiene mucho dinero. Es rica.
9. Me gusta esta comida. Está rica.
10. Ese cantante es aburrido.

七、请选用 ser 或 estar 填空，再把所有的句子翻译成汉语。

1. Normalmente no _____ atento. Se distrae con una mosca.
2. _____ muy atento. Cuando va a comer a mi casa, le lleva flores a mi madre.
3. ¡Qué atento _____ ese señor! Da gusto tratar con él.
4. Siempre _____ (nosotros) muy atentos en la clase.
5. La novia de Manolo _____ atenta y educada, pero _____ parada, no tiene trabajo.
6. Si no ha venido, es que _____ malo.
7. Fumar _____ malo.
8. Ayer no pudo ir a clase porque _____ malo.
9. Los servicios de este hotel _____ malos.
10. El no _____ mal chico, pero ella tiene más cualidades.
11. Yo no creo que _____ malo que los jóvenes salgan de noche.
12. _____ muy malo de niño. Nunca obedecía a sus padres.
13. Ve mañana al médico, si lo dejas más tiempo, _____ peor.
14. Los productos de este supermercado _____ muy buenos.
15. Estos nueces no se pueden comer, no _____ buenos.

八、下列句子的斜体部分哪种形式正确，请在其下面划一横线。

1. El presidente *es / está* inteligente.
2. Los niños *son / están* en el colegio.
3. ¿Quiénes *son / están* ustedes?
4. Mi piso *es / está* nuevo, pero *es / está* sucio.
5. ¿Dónde *fue / estuvo* la reunión?
6. *Somos / Estamos* a veintiuno de octubre.
7. Madrid *es / está* en el centro de España.
8. Su marido *es / está* cocinero, trabaja mucho.
9. Las ballenas *son / están* mamíferos.

10. *Soy / Estoy* de Luoyang.
11. La culpa *es /está* de él.
12. Cada día *es / está* más antipática.
13. Mi padre no *es / está* en casa.
14. El disco *es / está* de mi hermano.
15. El coche *es / está* aparcado en la calle Menor.

九、将下列句子变为 *ser+过去分词* 的被动句和 *estar+过去分词* 的主动句(在第二种形式中施事主语一般不出现)，再把所有的句子都翻译成汉语。

1. Lo habían enterrado en el jardín.
2. La policía lo había detenido.
3. Publicaron ese artículo.
4. Lo han despertado.
5. El administrador ha firmado la carta.
6. La asistenta estropeó la lavadora.
7. Los obreros arreglaron la carretera.
8. El alcalde ha prohibido los ruidos nocturnos.
9. Ya han prendido al caballo.
10. Ayer él declaró el robo.

十、请选用 **ser, estar, haber** 或 **tener** 填空完成下列句子。

1. ¿Cuántos libros _____ en esa biblioteca?
2. Yo _____ miedo de los perros.
3. ¿Vosotros _____ bien?
4. Nicolás, ¿dónde _____ tú? ¡Ven aquí, por favor!
5. ¿Tú no _____ frío?
6. ¿_____ Francisco en casa?
7. Mis manos _____ frías.

8. La nevera _____ vacía.
9. ¿Dónde _____ un garaje?
10. Mi mujer _____ alta y guapa y _____ los ojos oscuros.
11. Luis _____ moreno, pero los ojos _____ verdes.
12. _____ un tablero de ajedrez encima de la cama. ¿Quién _____ jugando?
13. El _____ el que tiene la culpa, usted no.
14. Yo no _____ nerviosa, pero hoy _____ bastante nerviosa.
15. _____ unas cincuenta personas en la fiesta ayer, _____ un éxito.

第五章 前置词

5.1 前置词

前置词是用来建立或者说明句子成分之间的相互关系的词。其主要特征首先是缺乏独立性，这体现在它们都是轻读的（según 除外），没有重音，与其后面的词构成一个语音单位；其次是不变，即无形式变化，且总是位于其补语的前面，与之形成语法和语音上不可分割的统一体，如：*a la derecha*（向右面），sala *sin luz*（没有灯光的大厅），edad *de oro*（黄金岁月）；再次是它们的语义大都比较模糊，而且越是常用的，语义就越发虚泛，这是因为它们一般都一身兼有数职，表示多种多样的句法关系，所以其具体职能要看语境而定。比如，常用的 de，可以说明材料：mesa *de mármol*（大理石桌子）；所属：libro *del profesor*（老师的书）；来源：vienen *del sur*（他们从南方来）；用途：sala *de* espera（候车室）；缘由：alegrarse *de los éxitos*（为成就高兴）等等。那些使用频率稍小一些的前置词，表示的句法关系就比较单纯，因而其语义也就随之接近于具体，如 sin, 几乎是个实义词，表示"没有"或其他类似的意思。

西班牙语中前置词的数量是有限的，主要有：a, ante, bajo, con, contra, de, desde, durante, en, entre, hacia, hasta, para, por, según, sin, sobre, tras 等。

5.2 前置词 a 的用法及意义

- 动词的间接宾语之前应有前置词 a。如：Legó su fortuna *a los pobres.*（她把自己的遗产留给了穷人），Escribe una carta *a su hermano.*（他给哥哥写一封信），Dio varios golpes *al clavo.*（他在钉子上敲了几下）。
- 人或者拟人化的物作动词的直接宾语时，前面应有前置词 a。例如：Quiso sobornar *al juez.*（他想贿赂法官），Han matado *al perro.*（他们把狗杀了），Don Quijote cabalgaba *a* Rocinante y Sancho *al rucio.*（堂·吉诃德骑着洛希南特，桑丘骑着毛驴）。
- 与表示开始、学习、企图等意义的动词相搭配，用在这类动词及其后面的原行动词之间。如：empezar *a* trabajar（开始工作），enseñar *a* cantar（教唱歌），aprender *a* conducir autocares（学开车），disponerse *a* salir（准备出去）等。
- 与某些动词相搭配，用在这些动词及其后面的名词或原形动词之间。如：condenar *a* muerte（判死刑），jugar *al* fútbol（踢足球），obligar a *decir* mentiras（逼迫说谎）。
- 用在某些形容词补语之前：suave *al* tacto（摸着软和），propenso *a* retirarse（意欲撤离），dispuesto *a* ayudarnos（准备帮我们）。
- 在表示感觉的名词或动词后面，对之进行描述：sabor *a* miel（口感如蜜），huele *a* manzana（有苹果味）。
- 表示行进的目标或方向：Vamos *al* cine.（我们去电影院），Estos libros van dirigidos *a* estudiantes extranjeros.（这些书的对象是外国学生）。
- 表示具体的时间、地点或位置：*al* mediodía（中午），*a* la derecha（在右边），*al* norte del palacio（在宫殿的北面），Me

marcharé *a* la noche.(我将在夜间出发），Cenaremos *a* las seis.(我们将在七点钟吃晚饭），Le cogieron *a* la entrada.(在入口处抓住了他）。
- 表示方式或风格等：*a* pie（步行），*a* caballo（骑行），*a* mano（手工的），*a* golpes（敲打着），*a* la italiana（意大利风格的）。
- 表示空间或时间两点之间的间隔：de calle *a* calle（从一条街到另一条街），de once *a* doce del día（从白天的十一点到十二点）。
- 表示价格（标价）：*a* cinco Euros la docena（每打五欧元），*a* tres yuanes el kilo（每公斤三元），Los cangrejos se venden *a* la moda（螃蟹按时价卖）。
- 表示分布、比例或竞技成绩等：dos *a* dos（二比二），*a* tres por ciento（三比一百），*a* cinco yuanes por vecino（每位居民五元），uno *a* tres（一比三）。
- 表示命令：¡*A* la cárcel!（关进监狱），¡*A* casa!（回家去），¡*A* trabajar!（干活）
- 与其他词一起构成前置词或副词短语：*a* tientas（摸索着），*a* ciegas（盲目地），*a* todo correr（全速地）。
- 表示距离、刻度、速度等：*a* 8 kilómetros de distancia（在八公里处），*a* 150 kilómetros de Beijing（距北京一百五十公里），*a* 6 grados centígrados bajo cero（在摄氏零下六度），*a* 120 kilómetros por hora（每小时一百二十公里）。

5.3 前置词 de 的用法及意义

- 表示所属关系：despacho *del* gerente（总经理的办公室），preocupación *de* los padres（父母亲的忧虑），salud *de* la abuela（奶奶的健康）。

- 表示来源：Este mármol es de España（这块大理石是西班牙的），Vienen de Chile（他们从智利来），No salió de casa（她没有出家门）。
- 表示物品的原料：pulsera de plata（银手镯），bastón de hierro（铁拐杖），caballo de porcelana（陶瓷马）。
- 表示内容：un vaso de leche（一杯奶），un libro de gramática（一本语法书），clase de matemáticas（数学课），Hablan de la boda（他们在谈婚礼）。
- 表示性质、品质、特征等：hombre de valor（勇敢的人），entrañas de fiera（野兽心肠），persona de condición（有地位的人）。
- 表示原因：Está contento de vuestra visita（他因你们的来访而高兴），Se queja de la polución（他发污染的牢骚），Murió de hambre（他是饿死的）。
- 限制名词所指的范围，使之具体化：el mes de mayo（五月份），la ciudad de Shanghai（上海市）。
- 表示空间或时间上的起始：de Madrid a Toledo（从马德里到托莱多），La tienda está abierta de las nueve a las siete（商店从九点到七点开门）。
- 在某些具有时间概念的名词之前，说明事件发生的时间：de madrugada（清晨），de día（白昼），de noche（黑夜），de niño（早年），de viejo（晚年）。
- 建立比较关系：He comido más de lo debido.（我吃得过量了），Resulta peor de lo que pensaba.（结果比原来想的糟），Ahora escribiremos más de veinte artículos al año.（现在我们每年将写二十多篇文章）。
- 用在前置词短语或副词短语中：de pie（站着），de vista（华丽的），antes de（在……之前），alrededor de（在……周围），a diferencia de（与……不同）。
- *De* + 原形动词 = *si* + 句子（条件句）例如：La ignorancia es una

de las pocas cosas que, *de perderse*, no recuperamos jamás = La ignorancia es una de las pocas cosas que, *si se pierden*, no recuperamos jamás.(有为数极少的几种东西，一旦遗失，就再也收不回来，无知即其中之一)。这一结构一般用来表示不现实性条件或假设，因此，结果句(即主句)中的动词常常是条件式。例如：*De haber llegado* a tiempo, *se habría evitado* el accidente.(要是准时到达的话，就避免了事故的发生)，Dicen que, *de perder el referéndum, convocarían* elecciones generales.(据说，如果投票失败，就召集普选)，*De* saberlo antes, habría venido.(要是事先知道的话，我肯定来了)，*De* haberte levantado temprano, no te habría sorprendido la lluvia.(要是你早起来的话，就不会淋雨了)。
- 相当于 para：gorro *de* dormir(睡帽)，ropa *de* deporte(运动衣)，dificil *de* resolver(难解决)。

5.4 前置词 por 的用法及意义

- 在表示地点的名词之前，有"通过"之意：*por* el ojo de una aguja(穿过一个针眼)，entrar en el Mar Mediterráneo *por* Gibraltar(经由直布罗陀海峡进入地中海)，Pasaron *por* mi lado.(他们从我身边过去了)。
- 在表示地点的名词之前，说明大约位置：Ese pueblo está *por* Toledo.(那个村子在托莱多附近)，Los correos están *por* allí.(邮局就在那个方向)。
- 说明具体的地点或部位：Agarró a Juan *por* el brazo.(他抓住了胡安的胳膊)，Pasear *por* el jardín.(在花园里散步)。
- 在表示时间的名词之前，确定时间段或时间段的长短：Se ausentó de clases *por* una semana.(她缺课一周)，*Por* la

mañana hay más tráfico que *por* la tarde.(上午比下午车多)，*Por agosto* era, *por* agosto.(那是在八月份，在八月份)。

- 表示原因：El negocio está cerrado *por* vacaciones.(由于放假，停止营业)，Lo despidieron *por* su negligencia.(由于他漫不经心，人家把他辞退了)，Lo hizo *por* tu bien.(她这样做是为你好)，*por* el amor de Dios(看在上帝的分上)。
- 表示身份、待遇等：Le tomaron *por* criado.(有人把他当仆人)，La recibió *por* esposa.(他像对待妻子一样接待了她)，Me adoptó *por* hijo.(他把我收养为儿子)。
- 表示实施某种行为所利用的手段、条件或途径等：Llamar *por* teléfono(打电话)，casarse *por* poderes(利用权力成婚)，La conocí *por* medio de un amigo.(我通过一位朋友认识了她)。
- 构成前置词短语表示行为方式：*por* fuerza(必须)，*por* las buenas(自愿地)。
- 表示价格(成交价)、比例或数量(大量地)：*Por* dos mil yuanes lo compré.(我用两千元买下了这个)，Dio el juguete *por* mil pesetas.(他一千比塞塔把那件玩具卖了)，a tanto *por* ciento(以百分之若干的比例)，contarse *por* docenas(数十个)。
- 表示单位：a cien pesetas *por* persona(人均一百比塞塔)，a un kilo *por* familia(每户一公斤)。
- 表示替代、换取：la gorra *por* el sombrero(小帽子换大帽子)，Cambió su coche *por* una huerta.(他用汽车换了一座园子)，Si no paga, yo pagaré por él.(如果他不交钱，我替他交)，Asisto a la reunión *por* mi padre.(我替父亲参加会议)。
- 表示相当或补偿：Se va lo uno *por* lo otro.(失去了一样，得到了另一样)，Pocos soldados buenos valen *por* un ejército.(不几个好的士兵就能顶得上一个部队)，Trabaja uno *por* dos.(一个人顶俩人干活)。
- 表示数字相乘：Dos *por* cuatro, ocho(二四得八)，Cinco *por*

tres, quince(五乘三等于十五)。

- 表示寻找(en busca de)或取来(traer)：Vengo *por* ti.(我来接你)，Va *por* agua y leña.(他去打水、取柴)。
- 表示支持、辩护等：Abogó *por* el acusado.(她为被告辩护)，Votamos *por* Pedro.(我们投票选佩德罗)，Voy a hablar *por* ti.(我去为你说情)。
- 表示看法、意见等：Se le tiene *por* bueno.(人们把他当好人)，Pasa *por* rico.(他自以为富裕)，*Por* mí esto no vale nada.(依我看，这一钱不值)。
- 在被动句中指出施事主语：Fue denunciado *por* su propio hijo.(他被自己的儿子揭发了)。
- 在原形动词之前，相当于 sin，表示"尚未"、"尚待"实施的行为：Esto está *por* discutir.(这尚待讨论)，La noticia está *por* publicar.(消息尚未公布)，Quedan partes *por* cubrir.(还有一些部分尚待覆盖)。

5.5 前置词 en 的用法及意义

- 表示行为或事件的时间、地点等：Pedro está *en* casa.(佩德罗在家里)，Eso fue *en* el siglo pasado.(那是上个世纪的事情)，Hizo el trabajo *en* dos horas.(她两个小时就完成了工作)。
- 在某些具有行动意义的动词后面，表示运动的终点：entrar *en* casa(进家门)，caer *en* pozo(落入井里)，El agua gotea *en* el suelo de pasillo.(水滴在过道的地上)。
- 表示方式：Lo dijo *en* broma.(他开玩笑说的)，Contestó *en* ingles.(他用英语回答)，La película está filmada *en* blanco y Negro.(底版是黑白摄影)。
- 表示专业或某人所突出的方面：Es un técnico *en* informática.(他

是信息技术员），doctor *en* medicina（医学博士），Estuvo muy brillante *en* la lección.（从前，他学习非常出色），Nos superó *en* química.（她在化学方面超过了我们）。

- 表示状态：ponerse *en* pie（站起来），países *en* vías de desarrollo（发展中国家），obra *en* proyecto（工程在设计中），*en* caso urgente（在紧急情况下）。
- 于某些形容词一起构成副词短语：*en* general（通常），*en* particular（特别），*en* secreto（秘密地），*en* absoluto（绝对地）。

5.6 前置词 para 的用法及意义

- 表示运动的目标或方向：Sale *para* la farmacia.（他出门去了药店），Marchan *para* el campo de batalla.（他们向战场进发），Pasean *para* arriba y *para* abajo.（他们散步，走上走下）。
- 表示行为的目的：Se sirve de cualquier medio *para* conseguir sus propósitos.（他利用任何手段以达其目的），Sólo estudia con vistas de obtener el título, no *para* aprender.（她学习只是为了得到学位，而不图学会什么）。
- 表示用途或适宜：tela buena *para* faldas（作裙子好的布料），espléndido tiempo *para* excursión（极适合郊游的天气），Esta agua no es buena *para* beber.（这水不宜饮用），Esto no es conveniente *para* mí.（这对我不合适）。
- 表示对象：Lee *para* ti, que a mí no me interesa.（给你自己读吧，我不感兴趣），Estos libros son *para* los niños.（这些书是给孩子们的），La honra de la victoria es *para* el general.（胜利的荣誉归于将军）。
- 表示事物之间的相互关系：*Para* el tiempo que hace no está atrasado el campo.（就目前的天气来说，庄稼并不晚熟）。*Para*

principiante no lo ha hecho mal.(对一个新手来说,他做得并不赖), Le pagan poco *para* lo que trabaja.(对他干的活来说,给他的报酬少了), Hay poco espacio *para* tanta gente.(对这么多人来说,空间太小了)。

5.7 前置词 con 的用法及意义

- 表示伴随或合作：café *con* leche(加奶的咖啡), Fui allá *con* varios amigos.(我和几个朋友去了那儿), Trabaja *con* su padre.(他跟父亲一起工作)。
- 表示内含或带有：una sala *con* mala iluminación(一间照明很差的教室), Le robaron la bolsa *con* cámara de fotografía y pasaporte.(她的包被偷了,里面有照相机和护照), Viven en un piso *con* una gran terraza.(他们住的房子有一个大平台)。
- 表示工具或手段：corresponder la bondad *con* bondad(以德报德), Lo cortó *con* un hacha.(他用一把斧头把它砍断了), Lo ha conseguido *con* su propio esfuerzo.(那是他通过自己的努力得到的)。
- 表示方式：Me recibieron *con* mucho cariño.(他们很热情地接待了我), *Con* el tiempo fue olvidando la desgracia.(随着时间,他渐渐地忘记了那次不幸), Comió *con* ansia.(他贪婪地吃了), Volvieron *con* alegría.(他们高高兴兴地回去了), Me lo dijo *con* orgullo.(他自豪地告诉了我)。
- 表示关系或交往：Se relaciona *con* gente de la alta sociedad.(他和上层社会的人有关系), Es simpático *con* todo el mundo.(他对谁都很和蔼), Es profesor que se entiende *con* los jóvenes.(他是和年轻人很融洽的老师)。
- 表示原因：No se puede salir al campo *con* esta lluvia.(现在下

雨，不能出门去田里），Su salud mejora rápidamente *con* los deportes.(由于体育活动，他的健康很快好转)。

5.8　前置词 sin 的用法及意义

Sin 是 con 的反义词，表示缺乏或失去：Cumplí la tarea *sin* ayuda de nadie.(没有任何人的帮助，我完成了任务)，Lleva una camisa *sin* cuello.(他穿着一件没有领子的衬衫)，Los niños quedan *sin* maestro.(孩子们没老师了)，Habla *sin* cesar.(她说个不停)。

5.9　前置词 sobre 的用法及意义

- 表示某物空间位置在它物之上，无论挨着与否：Puso la taza *sobre* la mesa.(她把杯子放在桌子上)，Las cometas vuelan *sobre* los árboles.(风筝在树顶上飞翔)，Colgó la luz *sobre* la cama.(他把灯挂在床上面)。
- 表示级别或重要性在其他对象之上：El obispo está *sobre* los sacerdotes.(主教比牧师高一级)，El bien común está *sobre* los intereses particulares.(公共利益在个人利益之上)，Sobre nosotros manda el gerente.(我们上面听总经理的)。
- 表示话题或论题：Nos dio una conferencia *sobre* el turismo de España.(她给我们做了一次关于西班牙旅游业的讲座)，Se disputa *sobre* la pretensión de su visita.(人们在争论他访问的目的)，Está hojeando una revista *sobre* la moda.(她在翻阅一本关于时尚的杂志)。
- 表示大约数字概念：Llegarán *sobre* las diez.(他们大约十点钟到)，Hemos visto salir a un hombre que tendrá *sobre* cuarenta

años.(我们看见一位四十岁上下的男子出去了),Habrán asisitido a la conferencia *sobre* doscientas personas.(约有二百人出席了会议)。
- 表示运动位置接近于或趋向于某对象:Se lanzó *sobre* mí.(他向我冲了过来),La vanguardia va ya *sobre* el enemigo.(先头部队已扑向敌方)。

5.10 前置词 bajo 的用法及意义

表示位置、地位等在它物之下,相当于 debajo de(在下面):Durmió *bajo* un árbol grande.(他在一棵大树下睡了),Anoche la temperatura cayó a quince grados *bajo* cero.(昨晚气温下降到零下十五度),Se encuentra *bajo* el dominio de su mujer.(他在下面听妻子掌管),Trabajan *bajo* lluvia.(他们冒雨工作)。

5.11 前置词 entre 的用法及意义

- 表示处于两个或两个以上的人或事物之间的位置或距离:Se detuvo entre el pupitre y la pizarra.(她在课桌和黑板之间停了下来),Anda *entre* los alumnos el professor.(老师在学生们中间走着),Sólo transcurrió doce horas *entre* la decisión y la acción.(从决定到行动只过了十二小时),Te recogeré *entre* las siete y las ocho de la noche.(我将在晚上七点到八点之间接你)。
- 表示介于两个或两类客体之间的性质或状态:un sabor *entre* agrio y picante(一种介于酸与辣之间的味道),*entre* el amarillo y el naranja hay toda una gama de colores(在黄色和橙色之间

有整整一个色域)，Estaba entre alegre y preocupado.(他既高兴又担忧)。
- 表示相互之间、某范围或圈子之内：Discutieron *entre* sí.(他们相互之间讨论了)，No hay secreto *entre* nosotros.(我们之间没有秘密)，Nadie le oyó porque hablaba *entre* sí.(谁也没听见他说的，因为他在自言自语)，Lo cuento *entre* mis amigos.(我把他算在我的朋友里)，Tal pensaba yo *entre* mí.(我内心这么想着)。
- 表示若干人或物合作或一起做某件事情，相当于 juntos(一起)：*Entre* los tres hermanos pagaron la deuda.(三个兄弟一起偿还了债务)，*Entre* todos los compañeros de la oficina llevaron al ladrón a la policía.(公司所有的同事一起把小偷带往公安局)，*Entre* el granizo y la langosta le han dejado sin cosecha.(冰雹加蝗灾使他颗粒无收)。

5.12　前置词 hasta 的用法及意义

- 表示空间、时间、行为、数量等的终点：Le acompañé *hasta* su casa.(我陪他一直走到他家)，Te esperaron *hasta* las seis.(他们等你一直等到了六点)，No dejarán de pelear *hasta* vencer o morir.(他们将拼搏，直至胜利或死亡)，No volvió *hasta* la madrugada.(他到天亮才回来)，Tenía a sus órdenes *hasta* dos mil soldados.(当时他手下达到了两千名士兵)，Tendió el palo *hasta* mí.(他把棍子伸到了我这儿)。
- 表示程度，相当于 incluso(就连)、aun(甚至于)，具有副词功能。因此，在这种情况下说 hasta *yo*(就连我)，hasta *tú*(甚至你)(但在上面作为前置词的用法中应为 hasta *mi* /到我这儿，hasta *ti* /到你那儿)：*Hasta* los niños lo entienden.(就连孩子们都明白这个），*Hasta* tú me tomas el pelo.（就连你也捉弄我），*Hasta* sus enemigos le estiman.（甚至于他的敌人也尊重他）。

5.13 前置词 desde 的用法及意义

表示空间、时间、行为、数量等的起点，常常与 hasta 搭配使用。例如：Continuó trabajando *desde* la madrugada hasta mediodía sin tomar un trago de agua ni nada.（从天亮到中午他一直都在干活，一口也不吃不喝），He venido andando *desde* la oficina.（我是从办事处走过来的），*Desde* aquí hasta el centro de la ciudad hay varios kilómetros.（从这儿到市中心有好几公里）。

5.14 前置词 hacia 的用法及意义

- 表示方向、倾向或趋势：Algo habrá ocurrido, pues todo el mundo corre *hacia* la plaza.（可能出事了，所有的人都往广场跑），Sentía un gran afecto *hacia* el pueblo.（他对人民有很深的感情），Ese país se desarrolla *hacia* el imperialismo.（那个国家正在走向霸权主义）。
- 表示接近于或者大约为某地、某时或某数：El observatorio está *hacia* la parte del monte.（观象台在那座山附近），Le vieron salir *hacia* las cinco.（有人在八点钟左右看见他出去了），La temperatura se elevará *hacia* 35 grados.（气温将升到三十五度上下）。

5.15 前置词 ante 的用法及意义

- 表示在某对象的前面或者面前：Retrocedió *ante* las dificultades.(在困难面前他退缩了)，Se detuvo *ante* una estela.(在一块石碑前他停下了脚步)，No quiere hablar *ante* el público.(她不想在公众面前讲话)，Puso todos los libros *ante* mí.(他把所有的书都放在我面前)。
- 表示对比或相对关系：Su opinión prevaleció *ante* la mía.(他的意见压倒了我的)，Es gigante *ante* los enanos.(在矮子面前他是巨人)。

5.16 前置词 tras 的用法及意义

- 表示在空间、时间顺序上位于某对象之后，相当于 detrás de(在……之后)：Se escondió *tras* una cortina.(他躲在了帘子后面)，*Tras* una semana de descanso se incorporó al trabajo.(一个星期的休息以后，他投入了工作)，Voy *tras* ti.(我走在你后面)。
- 表示并列，相当于 además de(除……以外还)，encima de(在……上面再加)：*Tras* el trabajo tenemos que hacer un examen.(除了作业我们还要考试)，*Tras* ser perezoso es codicioso.(他既懒又贪)。

5.17　前置词 según 的用法及意义

- 当 según 后面是第一、二人称单数时，不是*según *mí* 或*según *ti*，而是 según *yo*（依我看）或 según *tú*（依你看）。例如 *Según tú*, ¿soy yo el culpable（依你看，难道怪我不成）？
- 表示以某对象为依据或者与之协调一致：Estos libros están catalogados *según* el orden alfabético.（这些书是按字母顺序编目的），Actuarán *según* la ley.（他们将依法行事），Prepara los platos *según* el gusto del huésped.（你看客做饭）。
- 表示依据或信息来源：*Según* los alumnos, el examen fue fácil.（据学生们讲，考试挺简单），*Según* las huellas el ladrón debe ser una persona baja.（从脚印来看，盗贼可能是个矮个子），Tenemos que hacerlo *según* el proyecto.（我们应该依据方案办事）。

5.18　前置词 contra 的用法及意义

- 表示对立、反对或矛盾：Todo se volvió *contra* mí.（一切都变得与我相对立），Se han tomado serias medidas *contra* la corrupción en la administración pública.（采取了严厉的措施对付国家管理中的腐败），Tomó una píldora *contra* el mareo.（她服用了抗晕车的药丸），Todo el mundo está *contra* él.（所有的人都与他作对），Luis siempre va *contra* Pedro.（路易斯总和佩德罗对着干），La propuesta fue aceptada por doce votos en favor y siete en *contra*.（提案以十二票赞成、七票反对被通过了）。

- 表示相反：En *contra* de lo que crees, su padre es muy simpático.(和你的看法相反，他父亲很和蔼)，Navegan *contra* la corriente de agua.(他们逆水航行)。
- 表示换取：Se le entregará la mercancía *contra* reembolso de su importe.(货物将向您邮购)，Distribuyeron los objetos entre los departamentos *contra* recibos.(东西发给各部门时索取了收据)。
- 表示接触或依靠：La pelota chocó *contra* el cristal.(球撞在了玻璃上)，Apretó con fuerza al niño *contra* su pecho.(她把孩子紧紧地搂在怀里)，Apoyaron la tabla *contra* el muro.(他们把板靠在墙上)。
- 表示方向，相当于 hacia(向)：Una moto vino *contra* nosotros.(一辆摩托向我们驶来)，Su habitación está *contra* el sur.(他的房间朝南)。

5.19 前置词 durante 的用法及意义

表示行为或现象等持续时间的长短。例如：Visitó varios países de Europa *durante* las vacaciones.(假期他访问了欧洲的几个国家)，Durante mi *estancia* en España asistí a múltiples clases.(在西班牙期间，我听了许多课程)。

练　习

一、下面句子的空白处是否需要前置词 a，在需要的地方填空完成句子。

1. ¡No mires así ____ las chicas!
2. Prestamos ____ el perro a los García.

3. Estudiaron ____ los proyectos con cuidado.
4. Yo prefiero ver ____ una obra de teatro.
5. Tuve que ayudarle ____ desmontar la rueda.
6. Vieron ____ el partido de fútbol.
7. Entregó ____ sus padres al enemigo.
8. Está chiflado, quiere ____ su coche más que ____ su familia.
9. La semana pasada David apenas probó ____ bocado.
10. Tenían ____ dos vacas y ____ siete gallinas en el corral de la casa.
11. ¿Josefa tiene ____ tres hijos?
12. Han entregado ____ sus hijos a los autoridades.
13. ¿____ qué sabe eso que está tomando?
14. Tenemos que reunir ____ todos los propietarios de la comunidad.
15. Yo ____ mi perro lo quiero mucho.

二、下面句子的空白处是否需要前置词 **para**，在需要的地方填空完成句子。

1. Aquí hay paella suficiente ____ cuatro personas.
2. Estas gafas son ____ vista cansada.
3. Sólo dos palabras más ____ terminar.
4. Estoy siguiendo un tratamiento ____ no fumar.
5. ____ ir al centro hay que coger dos autobuses.
6. Salimos ____ Guangzhou a las siete.
7. ¿____ qué sirve esta palanca?
8. ____ ganar dinero tienes que dedicarte a los negocios.
9. Hemos pedido una mesa ____ ocho.
10. Esta máquina es ____ imprimir.

三、下面句子的空白处是否需要前置词 por，在需要的地方填空完成句子。

1. ¡____ Dios; no digas tonterías!
2. Saltó ____ encima de la tapia.
3. La luz entraba ____ los cristales de la ventana.
4. ¿____ qué protestas tanto?
5. ¿____ dónde has venido?
6. Al mercado se va ____ allí.
7. Necesitas otro par de zapatos ____ lo menos.
8. Habla con la novia ____ las rejas de la ventana.
9. Me enviaron el paquete ____ correo.
10. Me gusta pasear ____ las calles.

四、下面句子的空白处是否需要前置词 en，在需要的地方填空完成句子。

1. —¿Cómo vamos al teatro?
   —____ metro.
2. —¿Cómo se va a Guangzhou?
   —____ avión o ____ tren.
3. Vivían ____ un pueblo de la provincia de Shaanxi.
4. Estaba enfermo y me quedé ____ cama.
5. La primera gramática española se publicó ____ 1492.
6. No puedo bañarme ____ la piscina porque soy alérgica al cloro.
7. La fiesta será ____ julio.
8. Hemos estado de vacaciones ____ la playa.
9. Me encontré con Carmela y Rubén ____ la Universidad.
10. Conoció a su mujer ____ un parque paseando al perro.

五、请选用 **a** 或 **en** 填空完成句子。

1. Los guardias se colocaron ____ ambos lados de la calle.
2. Está aprendiendo ____ tocar el piano.
3. ¡Acércate ____ la estufa!, la habitación está muy fría.
4. ____ los negocios hay que andar con mucha cautela.
5. Llevamos nueve años ____ este país.
6. Estamos ____ la lección veinte; mañana quisiera pasar ____ la veintiuna.
7. Esa chica se comporta un poco ____ lo loco.
8. Entraron de uno ____ uno.
9. ¿____ cómo está hoy el kilo de langosta?
10. No tiene trabajo fijo, anda ____ lo que le salga.
11. ¿____ qué piensas?
12. ____ la entrada del cine había una vendedora de pipas.
13. Me lo vendían ____ ciento cincuenta dólares, pero no los tenía ____ aquel momento.
14. No sé cuándo, ni ____ qué parte lo he visto.
15. ____ lo mejor aprobamos, ¿quién sabe?

六、请选用 **de** 或 **en** 填空完成下列句子。

1. El ladrón entró ____ la casa.
2. ¿Cuántas pesetas hay ____ un duro?
3. Haga el favor ____ callarse.
4. Qudamos ____ reunirnos a la salida del Instituto.
5. Me gusta fumar ____ pipa.
6. Tengo ganas ____ ver ese partido.
7. ¿Quién es responsable ____ esta oficina?
8. Ya es hora ____ acostarse.
9. Soy ____ el departamento de español.

10. Ahora a las seis ya es ____ noche.

11. No tengo el gusto ____ conocerla.

12. Se vistió ____ azul.

13. Vivió tres años ____ Cuba.

14. No somos partidarios ____ la violencia.

15. Se marchó ____ China ____ 1992.

七、请选用 **para** 或 **por** 填空完成下列句子。

1. Luchó toda su vida ____ ideales.

2. ____ abril se anuncian grandes tormentas.

3. ____ conseguir una buena posición era capaz de cualquier cosa.

4. Hagan estos ejercicios ____ el miércoles que viene.

5. Me duele mucho la cabeza. Voy ____ una aspirina.

6. ____ poco nos caemos del dejado, ¡chaval!

7. ____ el año que viene, ya tendré el título de medicina.

8. La fecha del referéndum ha sido anunciada ____ la radio y televisión.

9. La escuela es pequeña. Sólo tiene capacidad ____ cien estudiantes.

10. ____ aquella época pensaba que el puesto sería ____ mí.

11. ____ la primavera nos vamos, ¿vale?

12. Se arrastró ____ debajo de la mesa.

13. No lo puede comprar ____ dos mil pesetas.

14. La preocupación ____ la naturaleza es ____ nosotras asunto primordial.

15. Al principio le tomé ____ forastero.

八、请选用 a, en 或 por 填空完成下列句子。

1. Vendió la casa ____ doscientos mil yuanes.
2. Fueron al banco para cambiar pesetas ____ libras.
3. Mis padres gastan cada año diez mil yuanes ____ hijo.
4. El abogado ha evaluado la herencia ____ dos millones.
5. Ofreció la gorra ____ el sombrero.
6. No es fácil sustituir a unas personas ____ otras.
7. Le dieron un espléndido piso ____ su caserón medio derruido.
8. Los pintores te cobran un riñón ____ habitación.
9. Calculamos la deuda ____ un millón por lo menos.
10. Le valoraron el coche ____ treinta mil yuanes.
11. Repartieron una ración de comida ____ persona.
12. Cambió el caballo ____ una yegua blanca.
13. Si me lo da ____ cuarenta duros se lo compro.
14. Intercambiaron mensaje ____ mensaje.
15. Pagó muchísimos dólares ____ los secuestradores.

九、请选用 a 或 por 填空完成句子。

1. En la vendimia pagan cuatrocientas pesetas ____ hora.
2. Pagamos ____ mil pesetas ____ litro.
3. Pronto tendréis dos policías ____ habitante.
4. Este coche corre ciento ochenta kilómetros ____ hora.
5. El pastel sale ____ doce yuanes.
6. Las manzanas cuestan ____ quince pesetas ____ kilo.
7. Los profesores cobran muy poco dinero ____ el año, y mucho menos ____ el mes.
8. Los pintores cobran ____ dos mil pesetas ____ habitación.
9. Invirtieron diez millones de dólares ____ el pantano.
10. En el ayuntamiento recogieron una instancia ____ persona.

11. Los huevos valen ____ ciento treinta pesetas ____ docena.

12. Nos cobró la docena de huevos ____ ciento treinta y cinco pesetas.

13. Distribuyeron veinte litros de leche ____ familia.

14. De comisión les daremos a ustedes un cinco ____ ciento.

15. Un oficinista trabaja ocho horas ____ día.

十、请选用 durante 或 por 填空完成下列句子(有些情况下不需要填任何词)。

1. Estuve en Madrid ____ dos semanas.
2. Estuvo escribiendo una carta ____ dos horas y cuarto.
3. Vivió con nosotros ____ la guerra.
4. Nos prestó su coche ____ una semana.
5. ____ el día de ayer tuve que conducir yo el camión.
6. Harás los ejercicios ____ el recreo.
7. Estuvo viviendo en Macao ____ ocho años.
8. Escribió ____ tres horas antes de acostarse.
9. Estuvimos ____ más de cinco horas en el aeropuerto.
10. Se fue a Roma ____ dos años.

十一、请选用 de 或 con 填空完成下列句子。

1. Ha comprado una casa ____ los techos derruidos.
2. Dormirá en una habitación ____ la tercera planta.
3. Pasamos el domingo en el campo ____ trigo y cebada.
4. He visto a la chica ____ medias azules.
5. Adquirió un yate ____ quinientos caballos de vapor.
6. Todos los pueblos ____ Castilla tiene plaza mayor.
7. De improviso se presentó el niño ____ los pantalones cortos.
8. El patio ____ mi casa es particular.

9. En la plaza están construyendo un edificio ____ muchos pisos.
10. Mañana vendrán a visitarnos los estudiantes ____ el colegio Idiomas y Culturas.
11. ____ su casa salió un hombre desconocido ____ un abrigo negro.
12. Ahora vende paquetes de tabaco ____ diez cigarros.
13. Paseando nos dimos de bruces ____ un enjambre ____ abejas.
14. En León visitamos una iglesia _____ amplios y vistosos ventanales.
15. Trajo consigo a una chica ____ grandes sentimientos y ____ gran corazón.

十二、请选用 de, con 或 por 填空完成下列句子。

1. Cenamos a las seis y media ____ la noche.
2. Hoy ____ la mañana salgo de excursión.
3. No celebraron la boda ____ lo reciente que estaba la muerte del padre de ella.
4. Mi hermano trabaja ____ la noche y duerme ____ la mañana.
5. El robo tuvo lugar ____ la noche.
6. Se van a ir a vivir juntos ____ la amistad.
7. Nos volvimos a ver ____ una tarde de marzo y estuvimos juntos hasta las cuatro de la madrugada.
8. El preso, después de confesar todos los pecados, fue quemado ____ los inquisidores en la hoguera.
9. No se veía apenas ____ la niebla.
10. ____ la mañana de un lluvioso día de marzo lo encontraron drogado y muerto.
11. Se va a casarse con ella ____ tanto dinero como tiene.
12. A su padre no le gusta que salga ____ noche.

13. No se podía andar ____ el viento.

14. El robo tuvo lugar ____ noche.

15. Hago ejercicio ____ la mañana.

十三、请选用前置词 con, a, por, en, de 或者 durante 填空完成下列句子。

1. Piensa ____ lo que te dije.

2. Rubén cerró la tienda ____ verano.

3. No puedes comparar este restaurante ____ el otro.

4. Se sentó ____ el sillón.

5. Estuvo nevando ____ todo el día.

6. Se dio ____ la bebida.

7. Te llevaré a la estación ____ mi coche.

8. Todos tenemos que aguantarnos ____ lo que nos ha tocado.

9. Llegó ____ la oficina muy tarde.

10. Saldremos de clase ____ diez minutos.

11. El coche se salió ____ la carretera y chocó ____ un árbol.

12. ¿____ quién pregunta el cartero?

13. Mi hijo mayor no sabía qué hacer y al final, optó ____ estudiar matemáticas.

14. Esa mansión pertenece ____ una ____ las mujeres más ricas ____ el país.

15. No me acordaba ____ su dirección.

十四、请选用前置词 de, desde, a 或 hasta 填空完成下列句子。

1. Lo conozco ____ toda la vida.

2. ____ este cuarto verá usted el mar con sólo abrir la ventana.

3. ____ una esquina ____ la otra la mesa mide metro y medio.

4. Viene ____ una familia de médicos.

5. Tenemos oro extraído ____ las minas del rey Salomón.
6. Está cojo ____ los diez años.
7. Salían juntos ____ hacía dos meses.
8. Yo siempre estudio como mínimo ____ (las) ocho ____ (las) doce.
9. ____ la Alberca ____ Salamanca hay setenta kilómetros escasos.
10. Los invitados empezaron a llegar ____ las nueve en adelante.
11. Gastamos como mil yuanes ____ el mes.
12. Se fue ____ la barraca muy enfadado.
13. Sus padres eran ____ Nanjing, pero él había nacido en Shanghai.
14. No lo he visto ____ el curso pasado.
15. Mi primo está en Singapur ____ hace cinco años.

十五、请选用前置词 **a, para, hacia, hasta, con, sin** 或者 **contra** 填空完成下列句子(有些情况下可多选)。

1. Mañana iremos a la consulta ____ que te vea el médico.
2. Definitivamente, este año no vamos de vacaciones ____ la playa.
3. A la voz de ¡ya! todos galoparon ____ el cuartel.
4. Nos acercamos ____ investigar las causas.
5. —Me ha pisado el pie.
   —Perdón, ha sido ____ querer.
6. Enseña gramática ____ los extranjeros ____ que éstos lo traten bien.
7. Subieron ____ lo alto de la cumbre.
8. Cuando iba en mi coche ____ Portugal cogí a unos chicos que se dirigían ____ Ciudad Rodrigo.

9. Reservaremos una butaca ____ ti y otra ____ tu novia.

10. Hemos recibido subvenciones ____ todas empresas.

11. Es un hombre ____ futuro.

12. Tarde o temprano volverán a casa de sus padres ____ pedir perdón.

13. Es duro el camino que conduce ____ la sabiduría.

14. Iremos ____ Changchun y luego veremos qué se hace.

15. Daniel vino ____ hacerse cargo de las deudas.

十六、请选用 antes de, ante 或 delante de 填空完成下列句子。

1. ____ nosotros se extendía un panorama desolador.

2. ¡No se cuele, por favor! ¡Estoy ____ usted!

3. ____ hablar con ese señor, hable primero conmigo.

4. ____ tales argumentos no tuvo más remedio que rendirse.

5. Hay que hacer esto, ____ todo.

6. ____ esa casa hay un quiosco de periódicos.

7. Le resulta un poco violento fumar ____ su padre.

8. ____ ir al teatro, conviene que reserves las entradas.

十七、请选用前置词 a, en, hacia, sobre, entre, por, bajo, ante, hasta 填空完成下列句子。

1. Los libros siguen ____ la estantería.

2. Los exámenes son ____ julio.

3. Es una buena idea que no estés tanto tiempo ____ el volante.

4. Lo que me cuentas es normal ____ esa clase de gente.

5. Ha llovido mucho ____ el norte.

6. Estamos ____ veintinueve de agosto de 2002.

7. Era una chica estupenda que ____ los veinte años se marchó de casa.

8. El palacio está ____ la izquierda de Correos.

9. Nos perdimos ____ la multitud.

10. Lo colocó ____ la espada y la pared y le sacó todo lo que quiso.

11. Llegó muy cansado y se tumbó ____ el sofá.

12. Lo tuve ____ el alcance de la mano y renuncié.

13. Empezó ____ trabajar ____ los veinte años.

14. Pásate ____ casa un día de estos y charlaremos.

15. Los comensales ya están sentados ____ la mesa.

十八、请在下面句子的空白处填上适当的前置词。

1. Mi hermano, cuando hay tormenta, se muere ____ miedo.

2. ¡Niños, ____ la cama!

3. Venía ____ que me dijeran si es posible matricularse todavía.

4. Regaló carteras ____ todos sus empleados.

5. ____ todo pronóstico, el día amaneció nublado.

6. Vamos ____ mal ____ peor.

7. ¡Garacias ____ el regalo!

8. Extremadura es tierra ____ la que se asentaron muy antiguas civilizaciones.

9. ____ su primera ____ su última obra ha seguido una línea argumental y estilística muy coherente.

10. Devolvieron ____ el rehén ____ sus camaradas.

11. Estoy ____ favor ____ esa ponencia.

12. Se lanzó ____ el enemigo con ímpetu.

13. No paró de correr ____ su casa.

14. Nos volveremos a ver el lunes ____ la mañana ____ las nueve.

15. Nos han invitado ____ la fiesta.

16. Ellos viven ____ Barcelona.

17. Se quedó ____ habla ____ causa ____ la sorpresa.

18. ¡Formen una línea ____ mí!
19. Entregaron ____ Miguel el dinero ____ las armas.
20. Han preguntado ____ ti.

十九、下列句子中括号里所给的前置词，哪个可适用于其所在的句子，请在下面划一横线。

1. Depende (en, de, con, a) lo que digan sus padres.
2. Me gusta compartir las cosas (en, de, con, a) los amigos.
3. Deja ya (a, de, por, hacia) quejarte (para, desde, del) mal tiempo.
4. Este autobús no pasa (de, en, a, por) el centro.
5. Siempre dice que viene (con, de, en, a) ver a sus amigos.
6. Su gran afición (para, hacia, de, a) la música es conocida por todos.
7. Obrarás (según, desde, a) las instrucciones.
8. Hacer deporte es bueno (a, para, tras, sobre) la salud.
9. Nos quedaremos unos días más (sin, con, para, de) vosotros.
10. En lo que se refiere (a, sobre, por, para) la salud de tu padre, debería cuidarse algo más.
11. El doctor me recetó un excelente remedio (de, con, contra, hacia) la artritis.
12. El doctor se ocupa (de, en, a) visitar a sus enfermos.
13. Necesitamos sacos de dormir y mantas (de, a, para, con) pasar la noche.
14. La suciedad y la contaminación se concentran (con, en, de, a) la parte alta de la ciudad.
15. Ese es el disco (con, por, sin, de) mi hermano.
16. He llamado (con, tras, según, a) el Instituto.
17. Comience (a, de, con, en) revisar su economía familiar.

18. Este periódico tiende (a, con, hasta, sobre) dar una visión distinta e independiente.
19. (A, Por, Para, Según) causa de la escasez de comida, murieron muchos.
20. Allí no se puede llegar (por, de, desde) carretera.

二十、请回答下列问题。

1. ¿Hasta cuándo van a abusar de nuestra paciencia?
2. ¿Dónde sueles estudiar?
3. ¿Con quién está enfadada Teresa?
4. ¿De qué hablabais con tanto misterio?
5. ¿Por cuánto tiempo te vas al extranjero?
6. ¿Dónde vives?
7. ¿De cuántos continentes consta nuestra tierra?
8. ¿Contra quién has chocado?
9. ¿A quién le has pedido prestado el libro?
10. ¿A quién le ha pagado usted el recibo?

二十一、请完成下列句子。

1. He tratado
2. Me contenté
3. No cesa
4. Nos cansamos
5. Siempre ha luchado
6. Se arrepintió
7. No te comprometas
8. Por fin se decidió
9. Tarda mucho
10. Basta

11. Se enorgullece
12. Todo consiste
13. Deberías fijarte más
14. Hemos dejado
15. Presume
16. Ayer se enteraron
17. Se echó
18. Me inclino
19. Se decidió
20. Tendió

二十二、把下列词组或句子翻译成汉语。

1. Un vaso de agua / Un vaso con agua
2. Una cesta de patatas / Una cesta con patatas
3. Una lata de tomates / Una lata con tomates
4. Un saco de arroz / Un saco con arroz
5. Una casa de mármol / Una casa con mármol
6. Mesas de madera / Mesas con madera
7. Se vino andando del colegio. / Se vino andando desde el colegio.
8. He perdido la cartera de la documentación. / He perdido la cartera con la documentación.
9. Estará aquí en dos días.
10. Rompió el juguete a las dos horas de habérselo entregado.

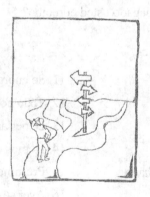

第六章 副词

6.1 副词及其种类

副词是用来修饰或者限制动词、形容词或者副词的词。例如，在下列句子中：Pedro habla *bien*.(佩德罗说得好)，Pedro es un hombre *bien* educado.(佩德罗是一个很有修养的人)，Pedro vive *bien* lejos.(佩德罗住的很远)。同一副词 bien(好/很)在第一句中说明动词 habla(他说)的方式，在第二句中修饰形容词 educado(修养)指出其品质，在第三句中则修饰副词 lejos(遥远)，说明其程度。副词具有抽象性，无性数变化。根据词义，副词可分为时间副词(ahora/现在，temprano/早，luego/以后，antes/以前，cuándo/几时)、地点副词(aquí/这儿，ahí/那儿，cerca/附近，lejos/遥远，dentro/里面，dónde/哪儿)、方式副词(así/这样，mal/坏，despacio/缓慢，alegremente/高兴地，cómo/怎样)、程度或数量副词(mucho/多，poco/少，demasiado/太多，tanto/这么多，casi/几乎，cuánto/多少)、肯定副词(sí/是，también/也是，asimismo/还，quizá/也许)、否定副词(no/不，tampoco/也不)等等。

6.2 副词与形容词

副词与形容词之间有极为密切的关系，因为在句子中它们都起修饰或限制其他词的作用，只是对象常常不同。当然，有不少形容词也可用作副词，例如 poco(少)，mucho(多)，rápido(快)，harto(过多)，recio(猛烈)，bastante(相当多)，tanto(这么多)，demasiado(太多)等，作副词时词尾无性数标志；至于何时为副词、何时为形容词，要视其在句子中的具体情况而定。

大量形容词加上后缀-mente 即变为副词。由于 mente 是一阴性单数名词，形容词后面加上该后缀合成副词时，要取其阴性单数形式。例如：digno(庄重的)→dignamente(庄重地)，sereno(镇静的)→serenamente(镇静地)，tranquilo(平静的)→tranquilamente(平静地)，feliz(幸福的)→felizmente(幸福地)，alegre(愉快的)→alegremente(愉快地)，fácil(方便的)→fácilmente(方便地)。这类副词拥有两个重音音节，前面的形容词和后面的-mente 都保留其重音位置。在语义上，这类词大都含有"……方式"的意思。当两个以上带有-mente 的副词并列出现时，一般只保留最后一个-mente，而略去-mente 的那些形容词依然为阴性单数形式，看上去似乎是若干个形容词在前面一起修饰后面的阴性单数名词 mente(头脑)。例如：hábil y gravemente(灵巧而且沉稳地)，clara y brevemente(明了而又简短地)，seria, decidida y lentamente(严肃、坚定而且缓慢地)，Obró *sabia, noble y discretamente.*(他事情办得明智、庄重而且谨慎)。

当然，并非所有的形容词后面加上-mente 都能构成副词。像表示色彩的形容词 verde(绿的)，amarillo(黄的)，negro(黑的)，rojo(红的)，以及 viejo(老的)，joven(年轻的)，tercero(第三)，teólogo(神学家的)，pasado(过去的)，roto(破的)，frito(油煎的)等等，都不可以带后缀-mente 构成副词。

有些词既可作副词用也可作名词或代词用。例如：hoy(今天)，ayer(昨天)，entonces(那时)，aquí(这儿)，ahí(那儿)，allí(那儿)等，就是如此。

在句子中，形容词可以作双重补语，即同时拥有形容词和副词的职能，一方面说明主语的状况，与主语保持性数一致关系，另一方面明确行为方式。例如：La madre volvió a casa muy *cansada.*(母

~286~

亲很疲劳地回家了），Pasamos la fiesta muy *divertidos*.（我们节日过得很开心），Sus padres me trataron muy *cariñosos*.（他的父母待我很热情），这几个句子中的形容词分别表示 con cansancio（疲劳地）或 cansadamente（疲劳地），con diversión（开心地）或 divertidamente（开心地），con cariño（热情地）或 cariñosamente（热情地）的意思，说明动词的行为方式，但又各与其主语保持性数一致，说明主语本身的情况。

有些词既可作形容词用又可作副词用，用作副词时发生短尾。这类词为数不多。例如：tanto（这么多）→tan（这么）: *tantas* tareas（这么多任务），*tan* difícil（这么难）；cuánto（多少）→cuán（多么）: *cuántos* años（多少年/岁），*cuán* largo（多么长）；reciente（新的）→recién（刚刚）: noticias *recientes*（新消息），delegado *recién* llegado（刚到的代表）。

有些表示地点或时间的副词，可以直接放在名词的后面作定语：calle *arriba*（沿街上行），mar *adentro*（向远海），boca *abajo*（口朝下），patas *arriba*（蹄朝天），carretera *adelante*（沿马路前进），años *antes*（几年前），días *después*（几天以后），unas horas más *tarde*（几小时之后），semanas *atrás*（几周前），unos pasos más *allá*（再往那边几步）等。

和形容词一样，副词也有同等级、比较级和最高级。副词同等级关系也是通过 tanto como / tan ...como（与……一样）形式来表现的。例如：Yo trabajo *tanto como* tú.（我和你干得一样多），Canta *tan mal como* el cuervo.（他和乌鸦唱得一样糟），Corre *tan despacio como* una tortuga.（他跑得像乌龟一样慢），副词比较级同样使用 más ... que, menos ... que, mejor que, peor que（比……更）等结构方式来表达（bien/好，mal/坏的比较级分别为 mejor/更好，peor/更坏）。例如：Dice que ha andado *más que* nosotros.（他说他比我们走得多），Hoy se ha levantado *más temprano / tarde que* de costumbre.（今天她比往常起得早/晚），Vivís *mejor que* ellos.（你们比他们过得好），En el norte llueve *menos que* en el sur.（北方比南方下雨少），Conduce el coche *peor que* nadie.（他开车比谁都差），Llegué *menos lejos que* tú.（我没有

你去得远），Avanzó *más adentro que* vosotros.(他比你们进入得更深)，Se fue *más de prisa que* alma que lleva el diablo.(他比幽灵还去得快)。副词最高级也有绝对最高级和相对最高级两种。和形容词绝对最高级相同，副词绝对最高级可以由 *muy / sumamente / extremadamente*（很/极其/非常）+*副词* 构成：muy de noche(夜里很晚)，muy a duras penas(很困难)，muy sin escrúpulos(毫无顾忌地)，Corren *muy rápido*.(他们跑得很快)，Viven *bastante lejos*.(他们住得相当远)，Ha nevado *muy poco*.(雪下得很少)，也可以通过加后缀-ísimo 构成：malísimamente(极糟)，sencillísimamente(极其简单)，facilísimamente(方便极了)，Hablan *bajísimo*.(他们说话声音非常低)，Me alegro *muchísimo*.(我非常高兴)，Viven *cerquísima*.(他们住得近极了)。副词相对最高级仍然由*定冠词*+*más / menos*+*副词*构成，但常常与定语从句合在一起，即：*el / la / los / las*+*que*+*动词*+*más /menos*+*副词*。例如：Pedro es *el que corre más rápido* en el grupo.(佩德罗是班上跑得最快的)，Ella es *la alumna que estudia mejor* en el curso.(她是全年级学习最好的学生)，Allí vienen *los dos combatientes que lucharon más audazmente*.(战斗最勇敢的两位士兵从那边走过来了)，Vosotros sois *los que han trabajado con menos cuidado*.(你们就是那些工作最不经心的人)。

与形容词相同，有些副词允许加后缀构成指大词或指小词，而且与形容词共享此类后缀。例如，指小词：cerca→cerquita，lejos→lejitos, pronto → prontito, temprano → tempranito, luego → lueguito, aprisa→aprisita, encima→encimita, despacio→despacito, nada→nadita; 指大词：lejos→lejazo, mucho→muchazo。在语义上，也与形容词的一样，无论副词的指小词还是指大词形式，其意义都在程度上增强，指大形式往往带有贬义。

中性定冠词 *lo*+*副词* 使副词名词化，呈现感叹句的意味。例如：Escucha *lo bien* que canta.= Escucha *qué bien* canta.(你听她唱得多好听)，No os imagináis *lo despacio* que se mueven. = No os imagináis *qué despacio* se mueven.(你们想像不出它们移动得有多慢)，No saben *lo lejos* que vivo. = No saben *cuán lejos* vivo.(你们不知道我住得有多远)，Admiro *lo hábilmente* que arreglan los aparatos. = Admiro *cuán hábilmente* arreglan los aparatos.(他们修理那些器械太熟练了，我很佩服)。

有些副词后面跟 mismo(就……)加强语气：aquí *mismo*(就这儿)，ahora *mismo*(就现在)，ahí *mismo*(就那儿)，hoy *mismo*(就今天)，así *mismo*(就这样)。

6.3 副词短语

副词短语一般由*前置词+名词 / 形容词 / 副词*构成，作动词的状语。例如：a veces(有时)，en efecto(的确)，por último(最后)，de veras(确实)，ante todo(首先)，de súbito(突然)，de pronto(突然)，en resumen(总之)，de repente(突然)，de golpe(突然)，en tanto(与此同时)，de una vez(一下子)，sobre todo(尤其)，de vez en cuanto(时而)，por fuerza(必须)，sin ton ni son(无缘无故地)，a pies juntillas(双脚并拢)，a la ventura(听天由命)，tal vez(或许)，un poco(一点)，cuando quiera(任何时候)等。

练　习

一、请将下列形容词并后缀-**mente** 构成副词。

nuevo, rápido, triste, amplio, próximo, antiguo, malo, lento, alegre, sencillo, feliz, cómodo, tonto, simple, último, real, verdadero, actual, único, seguro, general, solo

二、请写出下列副词的反义词。

bien, mucho, siempre, más, cariñosamente, fuera, en detalle, antes, todo, cerca, encima, algo, tristemente, arriba, despacio, claramente, adelante, tranquilamente, demasiado

三、请写出与下列以-mente 结尾的副词的同义表达形式。

例：concretamente→en concreto

fácilmente, eficazmente, sencillamente, rápidamente, personalmente, comúnmente, generalmente, difícilmente, repentinamente, silenciosamente, tranquilamente, detalladamente

四、请在左右两列词汇中寻找同义词，用直线连接起来。

nunca	a lo mejor
de verdad	sinceramente
después	todavía
aun	solamente
probablemente	luego
sólo	jamás
aún	de pronto
sí	así
desde luego	de ningún modo
de este modo	ya
en absoluto	por supuesto
de repente	incluso
fuera	en vez de
en realidad	de hecho
en lugar de	excepto

五、请用形容词加后缀形式表达下列词组的意思。

例：con alegría→alegremente

con dificultad, con agresividad, con fantasía, con atención, con bondad, con claridad, con dulzura, con fuerza, en serio, ante todo, con preocupación, por fin, en secreto, por casualidad, en realidad

六、请用前置词加名词结构表达下列副词的意思。

例：ruidosamente→con ruido

normalmente, dulcemente, precisamente, efusivamente, amorosamente, fuertemente, claramente, ligeramente, indudablemente, aprisa, pronto, agradablemente, realmente, fácilmente, sigilosamente, ágilmente, forzosamente, posiblemente

七、请写出下列句子中斜体部分的同义词。

1. *Sólo* han venido cinco de los doce que esperaba.
2. Déjame *al menos* tu dirección.
3. Tendrá *como máximo* treinta años.
4. Hablo *en serio*, Lucía.
5. La discusión empezó poco *después*.
6. *Todavía* no ha llamado.
7. Llovió *copiosamente*.
8. *Seguramente*, lloverá esta tarde.
9. Se oía *a lo lejos* el canto de un gallo.
10. Lo haré *en seguida*.
11. Serían las doce, *aproximadamente*.
12. No hemos merendado *aún*.
13. ¡Qué loco! ¡*Por poco* me pilla!
14. Ando *algo* delicado de estómago.
15. Me reuniré con usted *luego*.

八、请用表示可能性的副词或词组填空完成句子。

1. _____ lleguen mañana.

2. _____ estés equivocado.
3. ¿Vendrá Daniel _____?
4. _____ la máscara dé más fuerza para vivir la fantasía del otro.
5. _____ que no se ha enterado.

九、请用适当的表示肯定或否定的副词填空完成下面的句子。

1. ¿Tú _____ crees eso? ¿Os habéis puesto de acuerdo o qué?
2. —¿Te gusta disfrazarte? ¡A mí sí!
   —A mí _____.
3. —¿Podría usted ayudarme, por favor?
   —¡_____! Ahora mismo.
4. —¿Tú crees, como dice el texto, que los que se disfrazan de animal son idealistas?
   —Yo _____.
5. —Yo me disfrazo únicamente por divertirme, ¿y tú?
   —Yo _____.
6. —¿Estás de acuerdo en que los disfraces se eligen según la personalidad? Yo no.
   —Yo _____.
7. —¿Has estado alguna vez en un carnaval famoso?
   —_____.
8. —Siempre viajo solo, ¿Y usted?
   —Yo _____.
9. Luis no te dirá la verdad _____.
10. —¿Siempre comes en casa?
    —_____.

十、请把下面的肯定句变为否定句，否定句变为肯定句。

1. Va siempre a pie.
2. Piensa siempre en su novio.
3. Mi padre también duerme bien.
4. Los veo siempre en la discoteca.
5. Nosotros también jugamos al tenis.
6. Ellas también compran en este supermercado.
7. Fuma siempre puros.
8. Vosotros también vais al cine.
9. Leemos siempre en la biblioteca.
10. Nosotros también vivimos aquí.

十一、就下列句子所讲的内容提问。

例：Llegaron nadando hasta la otra orilla. → ¿Cómo llegaron hasta la otra orilla?

1. Hablaban de cosas muy interesantes.
2. Estoy muy bien, gracias.
3. Estarán de vuelta para febrero del año que viene.
4. Vino ayer.
5. Íbamos a visitarlos cada cuatro meses.
6. Porque tenemos prisa.
7. Caminamos al azar por aquellos lugares desconocidos.
8. Salían juntos desde hacía tres meses.
9. Iremos con el profesor.
10. Los acompañaron hasta la Facultad.

十二、下面句子里所给的斜体词中哪个或哪些适用于所在的句子，请在下面划一横线指出。

1. Jorge es *muy / mucho* introvertido.

2. ¿Qué te pasa? ¿Te encuentras *malo / mal*?
3. Está siempre durmiendo y *arriba / encima* dice que está cansado.
4. *Casi / Apenas* llegó se puso a descansar.
5. *Ya / Todavía / Nunca* lo comprendes, no le des más vueltas al asunto.
6. Este queso no huele *bueno / buen / bien*.
7. No me importa *algo / nada*.
8. Esta película es *bastante / mucho* entretenida.
9. Estuve *casi / apenas* dos semanas en Tianjing.
10. Ha sacado muy *malas / mal* notas.
11. La película fue bastante *muy / mucha / bien / buena*.
12. ¿Lo pongo *abajo / debajo* o arriba?
13. Son *demasiados / demasiado* jóvenes para entenderlo.
14. Aquel equipo era bastante *malo / mal*.
15. He vivido *muy / mucho* y *bien / bueno / buen*.

十三、在所给词语中选择适当的填空完成句子。

A. *todavía, siempre, ahora, primero, nunca*

1. —¿Qué estará haciendo?
   —_____ estará trabajando.
2. —¿Qué vas a hacer esta tarde?
   —_____, voy a terminar los deberes.
3. ¿____ no ha terminado la reunión?
4. ¿Por qué te extraña su comportamiento? _____ ha sido así.
5. _____ volveré a quedar con él. Me aburre.

B. *pronto, antes, ya, luego, jamás*

1. Termina de ordenar la habitación, y _____ te acuestas.
2. _____ digas eso.

3. Hoy, si puedo, vendré _____.
4. ¿_____ lo has arreglado? Pensaba que ibas a tardar mucho tiempo.
5. ¡No pienso volver a verlo nunca _____!

C. *cómo, dónde, cuándo, por qué, para qué, cuánto*

1. ¿_____ te debo?
2. ¿_____ vivís ahora?
3. ¿_____ pensáis ir de luna de miel?
4. ¿_____ lo supiste tan pronto?
5. ¿_____ quiere usted que pongamos el armario?
6. ¿_____ no me habéis dicho la verdad?
7. ¿_____ se ha casado su hermano?
8. ¿_____ has recibido carta de Ramón?
9. ¿_____ ha hecho eso?
10. ¿_____ te pagaron por el coche viejo?

D. *alrededor, cerca, lejos, detrás, antes, encima, delante, atrás, después, debajo*

1. Me volví, pero no había nadie _____.
2. En esta vida es más práctico mirar hacia _____ que hacia _____.
3. ¿Le pasa algo al teléfono? Se te oye muy _____.
4. Eso era _____. Ahora las cosas son muy distintas.
5. No había ni un alma _____.

E. *bajo, abajo, debajo*

1. Tuvimos que prestar declaración _____ juramento.
2. El pueblo gritaba: ¡_____ con el tirano!
3. El vecino de _____ se pasa el día tocando el acordeón.
4. No hay nada nuevo _____ el sol.
5. El portero vive _____.

6. El lápiz está _____ de ti.
7. Esta madrugada hemos estado a 8°C _____ cero.
8. Había muchos molinos _____ las aguas del río.
9. _____ los portales de la Plaza Mayor hay muchas sombrererías.
10. Puedes hacerlo, pero _____ tu responsabilidad.

F. *después, luego, entonces*

1. Pero, _____, ¿no es verdad lo de tu hermano?
2. Por aquel _____ se vendía la manzana muy cara.
3. ¡Hasta _____!, te espero en la tertulia, dijo Jaime.
4. De momento esperen ahí sentados; _____ les daré indicaciones precisas.
5. "Pienso, _____ existo" es el axioma de la filosofía racionalista.

G. *también, incluso, hasta, además, encima, tampoco, ni siquiera, ni, excepto, menos*

1. Ese problema sabe resolverlo todo el mundo, _____ un niño de teta.
2. Leímos los cuentos Antonio, Julián, Ricardo, yo, Manolo _____.
3. No saldré de casa. No me da tiempo, _____ me apetece, _____ llueve.
4. Todos usan camisón, (pero) _____ Pepe.
5. Ese problema es muy difícil, _____ Einstein lo resolvería.

十四、请用适当的副词或词组填空。

1. Cuanto más borracho está _____ ganas tiene de cantar.
2. _____ olvidaré tus consejos.
3. Es inútil que le hables; _____ siente _____ padece.
4. Era un muchacho _____ inocente que todos se rían de él.

5. Ven _____ pronto como puedas.
6. La niña iba _____ distraída en el autobús.
7. Tanto tú _____ yo lo hemos pasado muy mal en la vida.
8. _____ verás a tus sobrinos.
9. ¿Por qué eres _____ pesimista?
10. No patina _____ bien como dice.
11. A la corrida asistieron casi _____ extranjeros como nativos.
12. Esto es útil tanto para ti _____ para mi.
13. Su esposa es _____ celosa que no lo deja salir de casa.
14. Anda _____ aprisa, Marcos.
15. Cuanto _____ duermo, más sueño tengo.

十五、请用下列词或词组造句，并把所有的句子翻译成汉语。

1. nunca
2. cuánto
3. debajo de
4. cerca de
5. tarde
6. muy
7. algo
8. medio
9. alrededor de
10. pronto

第七章 代词

7.1 代词及其种类

7.1.1 代词

代词是用来代替某个词或某一件事情的词。正因为能够指代许许多多别的词或事，代词本身的意思极其虚泛。

7.1.2 代词的种类

从语音上看，代词有重读和轻读两种。轻读代词不能独立使用，须附随于别的词之前或之后。根据代词在句中的功能，可分为主语人称代词、直接宾语代词、间接宾语代词、前置词补语代词、物主代词、指示代词、不定代词、关系代词、数量代词、疑问代词等。

7.2 主语人称代词

7.2.1 主语人称代词

这类代词在句子中做主语。日常交际会涉及三种人称，各种人称又有单数和复数的不同形式，因此主语人称代词共有：第一人称：yo（我），nosotros (-as)（我们）；第二人称：tú（你），vosotros (-as)（你们）；usted（您），ustedes（你们）；第三人称：él（他），ella（她），ellos (-as)（他们/她们/它们），ello（那个）。

7.2.2 主语人称代词的用法

其实，前面我们在说明动词的人称和数的时候（见4.1），对主语人称代词已有一定的介绍。这儿稍作补充。第一、二人称的单数形式 yo 和 tú 无性的区别，但其复数形式有性的标志（ustedes 无性的标志）；第三人称单复数都有阴阳性的不同形式；ello 为中性主语人称代词，不指称任何人或物，而是代表事物的整体、复杂的思想或概念等。例如：Clases, ejercicios, reuniones, excursiones, todo *ello* se fue.（功课、练习、会议、郊游，那一切都逝去了）。¿Obtener titulaciones sin esfuerzos? No pienses en *ello*.（不努力就得到学位？你别想那事了）。Ello 与中性指示代词 eso 的用法很相似。Usted 和 ustedes，虽然指称对象是第二人称，但在语法上总表现出第三人称的特征；为了表达对交际对方的礼貌或尊重，使用 usted 或者 ustedes 依次替代 tú 或 vosotros (-as)；后面这两个一般在交际双方熟悉或平等友好的情况下使用。有意思的是，在交际双方是熟悉的、或者平等友好的并且平常用 tú 或者 vosotros (-as) 相称的情况下，若忽然改用 usted 或 ustedes，可能意味着说话人对对方有怨愤的情绪，或者双方的关系出现了降温。在拉丁美洲以及西班牙的南方和加纳利群岛地区，极少使用 vosotros (-as)，而是通过 ustedes 指称第二人称复数。第一、二人称一般指人，第三人称可以是人也可以是事物。

西班牙语中，由于动词本身的形态通常能够明确无误地显示其主语的人称和数，因此主语人称代词往往略去不用。但是，存在动词形式相同而主语人称不同的情况：Antes (*yo / usted / él / ella*) cantaba mucho.（以前我/您/他/她唱得多），Mis padres esperan que (*yo / usted / él / ella*) coma en casa.（我的父母亲希望我/您/他/她在家里吃饭），Si (*ellos / ellas / ustedes*) hubieran estado en presencia, se habrían divertido (*ellos / ellas / ustedes*).（如果他们/她们/你们当时在场的话，他们/她们/你们一定很开心）。正因为如此，在有可能出现歧义时，最好保留主语人称代词。在主语人称代词可用可不用且不会产生歧义的语境中，主语人称代词的使用表达强调、对比或对立等意义。例如：Eres *tú* el más tonto.(最笨的就是你)，Digo que *tú* habrás de guardar el portón.(我说得你守着门)，Yo me marcho, *tú* te quedas aquí.(我走了，你在这儿吧)，*Vosotros* lo estáis atendiendo, la culpa no la tienen *ellos*.(是你们在照看着他，他们没有过错)。

7.3 直接宾语轻读代词

7.3.1 直接宾语轻读代词

这些词都是轻读的。三种人称及其单复数形式分别是：yo→me；nosotros(-as)→nos；tú→te；vosotros(-as)→os；usted→lo / la；ustedes →los / las；él→lo；ello→lo；ella→la；ellos→los；ellas→las。第一、二人称的 me, te, nos, os 无性的区别，第二人称礼貌式和第三人称的单复数形式有性的相应形式：lo, la, los, las。

7.3.2 直接宾语轻读代词的用法

- 直接宾语轻读代词替代动词的直接宾语。例如：Pongo la botella sobre la mesa.(我把瓶子搁在桌子上)→*La* pongo sobre la mesa.(我把它搁在桌子上)，Hundieron el edificio.(楼拆倒了)→*Lo* hundieron.(把它拆倒了)，Salvó a ustedes.(她救了你们)→*Los* salvó.(她救了你们)，Habéis librado a las mujeres de un trabajo duro.(你们把妇女们从一项艰辛的劳动中解放了出来)→*Las* habéis librado de un trabajo duro.(你们把她们从一项艰辛的劳动中解放了出来)。

- 直接宾语放在动词的前面时，一般要使用直接宾语轻读代词予以复指。例如：Esta película *la* he visto hace tres años.(这部电影三年前我看过了)，A *él lo* reconoceré.(他，我会认出来的)。

- 直接宾语中性代词 lo，一般指代前文或后文中出现的某一概念或行为、事件等：El examen del semestre pasado fue fácil, pero el de ayer no *lo* fue.(上学期的考试很容易，但昨天的不是)，Ella está fatigada, pero él no *lo* está nunca.(她累了，可他从来不累)，No asistas al examen por tu hermano, ya que ninguna ley *lo* autoriza.(你别替弟弟参加考试，没哪个法律允许这样)。

7.4 间接宾语轻读代词

7.4.1 间接宾语轻读代词

正如其名称所示，这类词都是轻读的。第一、二人称的间接宾语轻读代词与直接宾语轻读代词形式相同，即 yo→me; tú→te; nosotros(-as)→nos; vosotros(-as)→os; 第二人称 usted 和 ustedes 的间接宾语轻读代词形式分别是：le, les; 第三人称的间接宾语轻读代词形式为 le、les，即 él / ella→le, ellos / ellas→les。显而易见，间接宾语轻读代词只有数的标志，而没有性的不同形式。

7.4.2 间接宾语轻读代词的用法

- 代表动词的间接宾语：Dijo lo ocurrido a los compañeros.(他把发生的事情告诉了同学们)→*Les* dijo lo ocurrido.(他把发生的事告诉了他们)，Lleva un recado a tu padre.(给你父亲带个信)→Lléva*le* un recado.(给他带个信)，Hace una semana mandé un fax a usted.(一周前我给您发了一份传真)→Hace una semana, *le* mandé un fax.(一周前我给您发了一份传真)。

- 间接宾语轻读代词可表示所属关系，相当于物主形容词的功能。很多情况下，西班牙语不喜欢使用 mi(我的)、tu(你的)、su(他的)、nuestro(我们的)、vuestro(你们的)等物主形容词，而习惯于使用间接宾语轻读代词表示物主所属关系。例如，一般不说 Voy a cortar mi pelo，而是说 Voy a cortar*me* el pelo.(我去理发)；一般不说 Estropearon *tu* bicicleta，而是说 *Te* estropearon la bicicleta.(有人把你的自行车弄坏了)；一般不说 *Su* cabeza se va，而是说 Se *le* va la cabeza.(他丧失理智)；一般不说 Compraron muchas joyas *vuestras*，而是说 *Os* compraron muchas joyas.(她向你们买了许多首饰)；一般不说 Se cayeron sus libros，而是说 Se *le* cayeron los libros.(他的书掉了)。

7.4.3 兴趣与格

与格即动词的间接宾语。一般情况下，动词的间接宾语是在物理意义上间接地接受了某种行为或现象：*Me* dio una manzana.(她给了我一个苹果)；然而有时候并非如此，只在精神上是某一行为的受益者或者受损者：*Me* han apreciado altamente a los alumnos.(有人向我高度评价了那些学生／有人高度评价了我的学生)，*Le* escapó uno de los ladrones detenidos.(抓住的小偷给他跑掉一个)，El muchacho *os* crece sano y salvo.(你们的小伙子健康平安地成长着/小伙子健康平安地给你们成长着)，El gato se *me* comió el pescado.(猫把鱼给我吃了)。这类间接宾语称为兴趣与格。汉语中也有类似于兴趣与格的表达手段。例如，有些情况下"给"或者"把……给／给……把"等的使用：*给*我撒了一地的沙子.(*Me* cubrió el suelo de arenas)，*给*他生了一个儿子.(*Le* dio a luz un varón)，不知谁*给*我们*把*门锁上了.(No se sabe quién *nos* ha cerrado la puerta a llave)。

7.5 轻读代词的排列组合及其与动词的相对位置

同一动词的直接宾语和间接宾语可以同时被相应的轻读代词替换，于是就会有两个轻读代词"并肩"出现在动词的身旁。两个轻读代词的排列顺序不是随意的，应该是间接宾语在前，直接宾语在后。即：*Te lo* regalaron mis padres.(那是我父母送给你的)，*Nos la* rompió.(您把它给我们打碎了)，*Os las* presentaré.(我将把她们介绍给你们)，Déja*melo*.(把它给我留下)。

在两个轻读代词的组合中，很多情况下，直接宾语为第三人称，间接宾语的人称则是任意的。当二者均为第三人称时，间接宾语代词用 se 而不用 le 或 les。具体地说就是，不能出现 le*lo* 或 le*s*los 等组合形式，而须是 se*lo*, se*los* 等形式。这在下文(7.7)中将作说明。

若动词为自复动词、代词式动词或其他类似情况，即有自复代词出现时，自复代词应位于间接宾语之前。例如：No *te* me duermas.(你别给我睡着了)，Ella *se* le aproximó.(她靠近他)，Quiso escapár*sete* con las joyas.(他企图把您的珠宝给卷走)，*Se* nos sentaron sobre la mesa.(他坐在了我们的桌子上)，*Se* les emborrachaba el hijo todos los días.(儿子在他们面前整天喝得醉醺醺的)。

另外，在两个轻读代词的组合中，若其中一个为兴趣与格，则第三人称放在第一、二人称之后：No *me les* des más caramelos a los niños.(你别再给我的孩子们糖果了)，*Te las* deshizo.(他把它们给你拆了)，*Nos lo* publicaron en el periódico.(这件事情给我们登了报)；第二人称放在第一、三人称之前：*Te nos* desemplearon.(为我们把你解雇了)，Tratamos de ascendér*osle*.(我们尽量把他给你们提拔上来)，*Te me* maltratan.(在我看来他们慢待你)。

轻读代词总是伴随着动词出现的，或位于其前或附于其后；在前面时，二者分开独立写，在后面时，则合并在一起写。具体情况如下：

- 动词为陈述式、虚拟式、条件式或命令式否定形式时，轻读代词在之前，分开独立写：*Lo* has olvidado.(你把它忘了)，*Me la* encontraron.(有人把它给我找着了)，Esperábamos que *nos lo* devolvieran tal como estaba antes.(我们希望他们把东西原样归还我们)，No *la* mires tanto.(你别总看她)，No *se lo* digas.(你别把这个告诉他），Si *nos* hubieras avisado antes, *os lo* habríamos traído.(要是你早通知我们，我们早就把它给你们带来了）。

- 如果是 *poder*（能够）/ *deber*（应该）/ *querer*（打算）/ *pensar*（想）/ *saber*（会）等＋*原形动词*，*ir a / venir a*＋*原形动词*（即动词短语结构），*助动词＋副动词* 等结构，轻读代词既可以附于原形动词或副动词之后，与之连写，也可以置于变位动词之前，与之分写。例如：Yo podré arreglár*selo* / Yo *se lo* podré arreglar.(我可以把它给你收拾一下），Deberían preguntár*telo*. / *Te lo* deberían preguntar.(他们本应问问你），Vamos a pagár*oslas*. / *Os las* vamos a pagar.(买的东西我们将付款给你们），Estoy vigilándo*los*. / *Los* estoy vigilando.(我正在监视着他们）。

7.6 前置词补语人称代词

7.6.1 前置词补语人称代词的形式

人称代词前面有前置词时，其形式分别是：yo→mí；tú→ti；él / ella / usted→él / ella / usted；nosotros (-as)→nosotros (-as)；vosotros (-as)→vosotros (-as)；ellos / ellas / ustedes→ellos / ellas / ustedes / sí；另外还有：con+yo→conmigo, con+tú→contigo, con+sí→consigo。不难看出，仅 yo 和 tú 有前置词时具备其专用的形式，其余基本(sí 除外)保持各自的主语人称代词形式不变。这类人称代词都是重读的。

7.6.2 前置词补语人称代词的用法

- 在句子中作动词的直接宾语或间接宾语，常与直接宾语轻读代词或间接宾语轻读代词搭配使用，同义反复，表示强调或对比。例如：*A mí me* da igual.(我不在乎），¿Qué es lo que *te* pasa *a ti*?(你怎么了)，El mal es para *ti*.(对你不妙)，*A nosotros nos* miraba por encima de los hombros，mientras que *a él le* distinguía.(他小瞧我们，而对他却另眼相看)。Mí 和 ti 一般不单独使用，都须与相应的轻读形式搭配出现。例如，不说：No importa a *mí*, Invitaron a *ti*, ¿Qué dijeron a *ti*? 而说：No *me* importa a *mí*.(对我无关紧要)，*Te* invitaron a *ti*.(他们请的是你)，¿Qué *te* dijeron a *ti*?(他们在你那儿说什么了)。当然，说 No me importa.(我无所谓)，Te invitaron.(他们请你了)，¿Qué te dijeron?(他们告诉你什么了)，是没有问题的，只是这样没有强调或者对比的意味。

● 前置词补语人称代词在句子中常常作状语或者名词修饰语。例如：¿Quién quiere salir *conmigo*?(谁想和我一起出去)，Se acercó hacia *mí*.(他向我靠近)，Se lanzó sobre *ellas*.(它向她们冲过去)，Siempre están contra *nosotros*.(他们总和我们作对)，Es problema de *nosotros*.(是我们的问题)，Nos preocupa la situación de *ellas*.(她们的状况使我们担忧)。

● 前置词补语人称代词为第三人称并且与动词主语人称相同时，使用 sí 或 con+sí→consigo。例如：Se decía entre *sí*.(她自言自语)，Lo comentó *consigo*.(她自言自语)，La mujer, de por *sí*, fogosa, plañía.(那女的，很激动，自己在号哭)，Las niñas ya pueden valerse de *sí* mismas.(小女孩们已经能够自理了)，Lo ha hecho por *sí* sola.(那是她自己做的)。值得注意的是，在这种情况下，若不用 sí 而用第三人称主语代词，要么句子逻辑上不通：*Pedro se lavó a *él* mismo, *Pedro se decía entre *él*; 要么会产生歧义：Las niñas pueden valerse de *ellas*.(小女孩们能够依靠她们/自理)，No piensa más que en *ella* misma.(她只想着那个女人本人/她自己)。

练 习

一、请完成下面有关各种人称代词的表格。

	主 语	直接宾语	间接宾语	前置词补语	自复代词
第一人称单数					
第一人称复数					
第二人称单数					
第二人称复数					
第二人称礼貌单数					
第二人称礼貌复数					
第三人称单数					
第三人称复数					

二、请说明下列句子中动词主语的人称。

1. Tengo que estudiar.
2. ¿Vas a lavarte la cara?
3. Ya hemos hablado mucho.
4. Ella vendrá conmigo.
5. Hoy está muy guapa.
6. La conocí hace mucho tiempo.
7. Conmigo no se juega.
8. Os van a dar unos lápices.
9. Vosotros tenéis razón.
10. Vamos a la biblioteca.

三、下面句子中的斜体词是否代词，若是，属于哪种。

1. *Ellos* dependen mucho de *mí*.

2. Tráe*me* otra novela de Galdós de *la* biblioteca.
3. ¿Quién está hablando *contigo*?
4. Trajo un ramo de flores para *ella*.
5. ¿*Tú* querías una taza de *té*?
6. Todos deseábamos que *él* interpretara el Vals en *la* Menor.
7. Muchos aún *lo* defienden.
8. *La* directora *les* dio la buena noticia.
9. Di*me* si piensas tomar clases de natación todos *los* sábados.
10. El avaro quiere todo *el* dinero para *sí*.

四、请选用 **lo / la / los / las / se / le / les** 填空完成下列句子。

1. —¿Cuánto quieres a tus padres?
   —___ quiero mucho.
2. —¿Has invitado a los Pérez a la fiesta?
   —Sí, ___ he invitado.
3. —¿Ha llegado el cartero?
   —No ___ sé, no ___ he visto.
4. —¿Vienen las niñas?
   —No, no ___ dejan salir.
5. —¿Has comprado el pan?
   —Ya ___ he comprado.
6. —¿Me das estas revistas?
   —Sí, te ___ doy.
7. —¿Esperáis a vuestros amigos?
   —Sí, ___ esperamos.
8. —¿Tienen ustedes los billetes?
   —No, no ___ tenemos.
9. —¿Sabes su nombre?
   —No, no ___ sé.

10. —¿Tienes mi libro de español?

　　—Sí, ___ tengo en casa.

11. —¿Su pasaporte, por favor?

　　—Aquí ___ tiene.

12. Señor Hernández, ___ llaman por teléfono.

13. Nunca ___ acostumbró a levantar___ temprano.

14. A ellas ___ resulta más fácil venir en coche que en tren.

15. Siempre ha sido muy desconfiado, no ___ fía de nadie.

16. No ___ compraron el piso porque el precio no ___ convencía mucho.

17. Los animales no necesitan mucho, ___ basta vivir.

18. El coche está muy sucio, ¿___ piensas lavar?

19. El todavía no ___ ha convencido de que ha cometido un error.

20. Voy a hacerte el café, ¿cómo ___ quieres?

五、请在所给的代词中选择正确的填空完成句子。

A. *yo, ti, se, nos, los, le, me*

1. ¿___ llamamos? ___ pondrían muy contentos.
2. No ___ iremos sin ___, Enrique.
3. Pablo y ___ no estamos de acuerdo.
4. Cuando ___ conocí, ___ escribíamos casi todos los días.
5. Manolo ___ ha dicho que ___ quiere mudar este año.

B. *tú, usted, yo, nosotros, ustedes, vosotros*

1. ¿Lleva _____ hora, por favor?
2. _____ no tenemos sitio.
3. ¿Quieren _____ comer?
4. Si _____ no vas, _____ tampoco voy.
5. ¿Vivís _____ en esa casa?

C. *se, me, te, lo, la, los, las, nos, os, le, les*

1. ¿Quieres que ___ ayude?
2. No ___ he dado pasteles a los niños porque están castigados.
3. ¿A qué ___ dedicáis?
4. ¿Sabes cuánto ___ ha costado a Román el coche?
5. El coche no ___ detuvo cuando la policía pasó.
6. Tomás ___ llevó a comer en un sitio precioso.
7. ¿Qué ___ has traído a mí del viaje?
8. ¿Has probado este jamón? prueba___.
9. ___ di dinero a Antonio para que ___ comprara unos pantalones.
10. Tengo mucho trabajo y quiero terminar___ pronto.

六、请用括号中所给代词的正确形式填空。

1. Nos vamos sin ____ (vosotros).
2. A ____ (tú) ____ (tú) gusta comer bien.
3. Pienso mucho en ____ (tú).
4. Ella puede vivir sin ____ (yo).
5. A ____ (él) ____ (él) gusta el flamenco.
6. Este paquete es para ____ (tú).
7. La pulsera la he traído para ____ (tú).
8. Yo ____ (eso) necesito.
9. Todos miraban hacia ____ (tú).
10. ____ (nosotros) quedan pocos minutos.
11. ¿Trajo ____ (usted) esto para ____ (yo)?
12. A yer llamaron ____ (ellos).
13. ¿A ____ (vosotras) ____ (vosotras) gusta la playa?
14. ____ (tú) he visto en la calle con ____ (él).
15. ¿Quiénes ____ (yo) han culpado?

七、请用适当的代词替代下面句子中的斜体部分。

1. Cantan *la canción*.
2. No aprecia nada *a sus profesores*.
3. Yo llevé *las maletas a mis padres*.
4. Explico *el problema a él*.
5. Nuestros amigos están terminando el curso, *tus amigos* también están terminando *el curso*.
6. Saludan *a nosotros* todos los días.
7. El dejó *las revistas a ti*.
8. Ha comprado *la casa que vimos la semana pasada*.
9. Llevo *las copas*.
10. Les prometí *hacerlo a mis padres*.
11. Me reparó *el reloj*.
12. Han puesto *una multa a ti*.
13. Su padre exigió *a ellas* que estudiaran más.
14. El hace *una pregunta a usted*.
15. El ladrón robó *la cartera a ti*.
16. Ofrecemos *un trabajo a ti*.
17. Su país es demasiado frío, *nuestro país* no es *frío*.
18. Conozco *a su hermana*.
19. Si el deber de nuestros padres es aconsejarnos, *el deber de nosotros* es obedecer *a ellos*.
20. Tiene que dejar *la habitación* a las doce.

八、请用下面句子里括号中所给动词的命令式的肯定形式填空，然后再把句子变为否定句。

1. _____ (Correrse, vosotros) un poco.
2. Juan, Carlos _____ (decirnos) la verdad a nosotros.
3. _____ (Tomar, usted) el agua y _____ (llevarla) a la mesa.

4. Los gatos quieren salir, _____ (sacarlos, ustedes) a la terraza.
5. _____ (Irse, nosotros).
6. _____ (Ponerse, nosotros) de acuerdo.
7. Señores, _____ (sentarse), por favor.
8. Estos libros, _____ (llevárselo, usted) de aquí, por favor.
9. _____ (Disculparse, tú).
10. _____ (Traérmelo, usted) ahora mismo.

九、下列句子里所给的斜体代词中哪种形式正确，请在下面划一横线指出。

1. ¿Estabas con *él / sí / consigo*?
2. Los niños han comido muchas chucherías y *los / se / les* duele el estómago.
3. Vienen detrás de *me / mí / yo*.
4. Vengan *ellos / ustedes / ellas* aquí.
5. Por favor bajad el volumen de la música, a papá y a *yo / mí / me nosotros / nos / los / les* duele la cabeza.
6. No *les / las / los* compres más juguetes.
7. Este regalo es para *te / ti / tú*.
8. Desde que *le / la / lo / se* robaron, *se / le / la / lo* ha vuelto muy desconfiado.
9. Sé que tú sufres por *mí / yo / me*.
10. Ella no deseaba hablar de *lo / le / eso*.
11. *Le / Se / Lo* molestan los zapatos.
12. ¿A usted no *le / lo / la / se* duele los ojos de escribir en el ordenador?
13. Yo ayer anduve mucho y *mí / me / yo* duelen los pies.
14. No vistáis*os / os vistáis / vistaios*.
15. Todos van de excursión, excepto *mí / me / yo*.

16. *Lo / Se / Le* han quedado estrechos los pantalones.
17. A Julián *se le / le lo / se lo* pasó el primer autobús.
18. Puede usted probar*lela / sela / tela*.
19. Sospecho que *tú / ti / te* no *le / la / se* gustas a mi hermana.
20. A nosotros no *nos / nosotros / les* sienta bien que nos traten así.

十、请正确使用代词回答下列问题。

1. ¿Quién es Quijote?
2. ¿Qué es Dulcinea?
3. Cuando tú te enteras de una buena noticia y tu amigo no la sabe, ¿qué haces?
4. ¿Qué haces para que una planta no se seque?
5. ¿Estás enamorado/a de alguien de la Facultad?
6. ¿Crees que hay personas que viven de explotar a otras?
7. ¿Cómo abrirías una puerta, si hubieras perdido la llave?
8. ¿Son modernas las españolas?
9. ¿Qué le dirías a un perro que sostiene entre los dientes un billete de cien yuanes?
10. Si estuvieras viviendo con una persona encantadora, ¿qué haría ella cuando no te encontraras bien de salud?

十一、请分别用肯定和否定形式以及适当的代词回答下列问题。

1. ¿Has probado la tarta?
2. ¿Les has preparado la cena a los niños?
3. ¿Cuándo terminas el curso de informática?
4. ¿Le gastasteis la broma?
5. ¿Estaban de buen humor?
6. ¿Le has contestado la carta a ella?
7. ¿Has avisado a las compañeras?

8. ¿Le has traído el jersey a ella?

9. ¿Les has enviado el telegrama?

10. ¿Te han denegado la beca?

11. ¿Quién va a recoger al niño esta tarde?

12. ¿Porqué rechazaste su oferta?

13. ¿Estaban enamorados?

14. ¿Saben tus padres que estás aquí?

15. ¿Cuándo vas a realizar la inscripción?

十二、请用括号中所给动词以及适当的轻读代词填空。

1. Ya sólo _____ (quedar) un mes para casarnos.

2. Este palacio _____ (restaurar) el siglo pasado.

3. A ella _____ (doler) mucho el desprecio de su novio.

4. El aceite español _____ (exportar) a todo el mundo.

5. ¿Es que a vosotros no _____ (importar) lo que diga la gente?

6. El mes pasado a mí _____ (pagar) menos en la nómina.

7. _____ (necesitar) más gente para este trabajo.

8. Lo siento, pero en las rebajas no _____ (admitir) cambios.

9. Por favor, bajad la música, a vuestro padre _____ (costar) mucho trabajo concentrarse en su tarea.

10. _____ (dar) clases de piano.

11. Ahora _____ (tocar) a vosotros contar un chiste.

12. Yo creo que a Joaquín no _____ (hacer) falta más dinero. Ya tiene bastante.

13. He preguntado en la Secretaría y _____ (decir) que el próximo lunes no habrá clase.

14. A Josefa no _____ (faltar) nada para ser feliz.

15. ¿Todavía no _____ (venir) a arreglar el fax?

十三、请用正确的代词填空完成下列句子。

1. A ___ le gusta pasear.
2. A las amas de casa ___ exige que trabajen todo el día sin remuneración alguna.
3. ___ fue de casa porque ___ trataban mal.
4. A Cris siempre _____ escapa la risa en los momentos más inoportunos.
5. Esa universidad es antigua, ___ (de ustedes), también.
6. ¿Porqué (a ti) ___ antoja siempre estas chucherías?
7. A ___ no nos gustan los líos.
8. El conjunto *Cramberries* iba a dar un concierto en Venecia, pero ___ suspendió a última hora.
9. ¿Ha venido Román? Pues di que no ___ quiero ver.
10. Yo vivo en mi casa, él en ___.
11. Cuando se enteró de que habían suspendido a su novio, ___ cayó el alma a los pies.
12. A esos señores no ___ reserven habitaciones.
13. Espero que ___ diga usted (a ella) antes de que sea demasiado tarde.
14. Pasé un mal rato, porque ___ durmió un brazo.
15. Mi hermano está enfermo. Ayer ___ sintió mal y tuvimos que llevar ___ al hospital.

十四、下面的句子中是否有必要加上括号中所给的代词。

1. Nunca (él / ella) ve las películas enteras.
2. (Yo) no creo que (tú) tienes razón.
3. (El) abrió la puerta y (él) entró en la habitación.
4. Últimamente (se) construyen muchas casas en la costa.
5. (Nosotros) llegamos a la ciudad y (nosotros) fuimos a la

catedral.
6. (Yo) he viajado por toda Europa, pero (yo) todavía no (la) he conocido.
7. Estoy segura de que estas cosas (a él) le molestan mucho.
8. Esto no es mío, sino suyo (de usted).
9. (Yo) cené y (me) fui a la cama.
10. (Tú) lo haces pero (yo) no.
11. Algo le ha sucedido (a él / a ella).
12. ¿Tú suponías que (tú) ya tenías más dinero?
13. En este restaurante siempre (se) sirven buena carne.
14. ¡(Yo) no he dicho eso!
15. El tribunal (se) comprobará las afirmaciones del acusado.

十五、下面的句子中均缺乏轻读代词，请将其补充在适当的位置。
1. ¿Qué pasa a esta puerta?, no puede abrir.
2. ¿Sabes cuánto ha costado a Ramón el coche?
3. Este abrigo gusta mucho, llevo.
4. Pablo llevó (a nosotros) a cenar en un sitio precioso.
5. A mi madre no parece bien que la ex-mujer de Sergio venga a la fiesta.
6. —¿Cómo está tu madre?
   —No sé, hoy no he llamado por teléfono.
7. No tardéis, esperaré en la esquina.
8. Voy a contar un secreto, pero no digas a nadie.
9. Aunque he tomado una aspirina, aún duele la garganta.
10. A mí no gustó la ciudad, encontré sucia.
11. No he dado pasteles a los niños porque están castigados.
12. ¿A qué dedicáis?
13. A ellos encanta salir de noche.

14. —Aquéllos son los vecinos nuevos.

　　　—Ya sé, ya conozco.

15. La policía está persiguiendo por el robo.

十六、请改正下面句子中的错误。

1. A ustedes nos esperamos a la salida.
2. No hace falta que digas nada más: sé todo.
3. Me había ofrecido a yo un empleo.
4. Belén ha ido antes del trabajo, porque no encontraba bien.
5. Entre mí y ti haremos una tarta.
6. Se marchen por favor.
7. He roto mis zapatos.
8. A tú sí conozco, pero a lo no.
9. —Manolo, ¿acuerdas del día que nos conocimos?

　　　—Claro que sí, en la playa de Qingdao.
10. Me querían presentarla en la fiesta.
11. A mí eso no gusta nada.
12. ¿Cómo pudiste irte sin me?
13. Yo no hablo consigo.
14. Les di que acerquense.
15. —¿Sabes que Paloma y Vicente separaron?

　　　—No me extraña, no llevaban bien.

十七、下面句子中的斜体部分是否兴趣与格。

1. *Me* han manchado la chaqueta.
2. Pedro *te* dejó una nota.
3. *Me* regaló a mí un reloj.
4. Se *me* ha roto el pantalón.
5. ¿Pregunta usted por mi hija? *Me* la han detenido por una

tontería.
6. Se *le* aproximó y *le* saludó.
7. Ella *le* dio a usted cien yuanes.
8. Acaban de partir*me* la cara.
9. *Le* compraron una moto.
10. A mi marido *me le* mataron en la guerra.

7.7　小品词 se

Se 的功能主要有：间接宾语轻读代词、自复代词、构成无人称句和自复被动句。

- 当一个动词的直接宾语轻读代词和间接宾语轻读代词接踵出现、并且二者均为第三人称时，间接宾语用 se 指代而不是 le 或 les。也就是说，没有*lelo, *leslo, *lela, *lesla, *lelos, *lelas 这样的组合形式，而只能是 selo, sela, selos, selas 组合形式。例如：Echó una pera al compañero.(她向同伴扔过去一个梨)→*Se* la echó.(她把它给他扔了过去)，Contamos a sus padres lo ocurrido.(我们把发生的事情向他的家长讲了)→*Se* lo contamos.(我们把事情向他们讲述了)，*Le* cortaron la cola.(人们割了它的尾巴)→*Se* la cortaron.(人们把那个给它割了)，Les devolvieron las revistas.(有人把杂志还给了他们)→*Se* las devolvieron.(有人把东西还给了他们)，*Ella* iba a decirnos algo, pero *se* lo impidieron.(她要告诉我们什么，但是别人阻止了她)。Se 无性数的区别。
- 西班牙语中大量的自复动词或代词式动词由动词加自复代词构成。各种人称和数的自复代词分别是: yo → me; tu → te; él / ella / usted → se; nosotros (-as) → nos; vosotros (-as) → os; ellos / ellas / ustedes → se。自复代词都是轻读的。

第三人称的单复数以及第二人称礼貌形式的单复数(usted, ustedes)的自复代词均为 se。例如：El / Ella / Usted / *se* lava las manos.(他/她/您洗手)，Ellos / Ellas / Ustedes *se* quejan de la comida.(他们/她们/你们抱怨伙食)，Los alumnos *se* ayudan mutuamente.(学生们互相帮助)。自复代词 se 有时与前置词补语重读代词 sí(或 sí mismo / mismos)搭配使用加强表达语气。例如：El *se* admira a *sí mismo*.(他自我欣赏)，*Se* encerraron a *sí mismos* en el calabozo.(他们把自己关进了监狱)。

- Se 与动词第三人称单数一起构成无人称句：En aquella zona *se come* de todo(那一带人们什么都吃)，No *se puede* pasar por aquí.(这儿过不去)，No *se sabe* si lo que dices es verdad.(你说的不知到是否是真的)。

- Se 与动词第三人称(数随受事主语)一起构成自复被动句：*Se descubrió* un nuevo mundo.(发现了一个新世界)，Los tomates *se venden* a un yuan el kilo.(西红柿卖一块钱一公斤)，Estos problemas no *se resolverán* nunca.(这些问题永远也解决不了)。

练 习

一、请用适当的自复代词填空。

___ viste (él), ___ limpian (ustedes), ___ ponéis, ___ despedimos, ___ acuestas, ___ peina (ella), ___ laváis, ___ quitamos, ___ detienen (ellas), ___ levanto, ___ baña (usted), ___ sientan (ellos), ___ equivocan (ustedes), ___ ayudamos, ___ servís, ___ llama (él)

二、请在句子的前面加上 **con**，然后在句子中做相应变化。

例：El estudio hace a uno inteligente.→Con el estudio uno se hace

inteligente.
1. El agua salvó a la expedición.
2. Este peinado mejora la personalidad.
3. La riqueza mejorará el nivel de vida.
4. Las fotos comprobarán tu inocencia.
5. Esta situación no arreglará las cosas.

三、下面句子中需要自复代词的地方请加上。
1. Existen todavía muchas envidias.
2. Han ido de Xian, ahora viven en Nanjing.
3. El mes que viene acabará la construcción del edificio.
4. Han revisado todos los exámenes.
5. El estudió la lección con puntos y coma.
6. Ahora los nicaragüenses ya no tienen que luchar contra nadie.
7. Lava la cara, ya que la llevas sucia de chocolate.
8. Quizás algún día podrá vivir en la luna.
9. No voy a esa peluquería porque el peluquero peina muy mal.
10. Estos dos quieren con todo el ardor de la juventud.
11. Los dirigentes deben preocupar de mejorar las condiciones de vida.
12. Hablas bien el castellano pero te nota el acento alemán.
13. El país necesita una reconciliación nacional.
14. En la actualidad en nuestro país lee mucho más que hace treinta años.
15. Conoce que a ninguno de ellos le interesa la economía.

四、请把下列句子变为自复被动句或带 se 的无人称句。
1. Fernando y Lucía interrogarán a los detenidos.
2. El escritor ha perdido el original de la novela.

3. A él lo desprecian porque es un aprovechado.
4. Plancharon la ropa con un chisme extraño.
5. María enfrió la sopa.
6. Oímos con los oídos y hablamos con las cuerdas vocales.
7. Pedro había roto el transistor.
8. El tabaco daña los pulmones.
9. A todos nos dijeron que tuviéramos mucho cuidado.
10. Vieron que Inés no era lo que parecía.
11. Reparamos automóviles.
12. A él no le tenemos en cuenta, porque no se da a valer.
13. En verano las sombrillas protegen del sol a los bañistas.
14. Oyen cantar una canción mexicana.
15. Compramos chatarra de todas las clases.
16. La gente lee *El País* en toda España.
17. Dicen que aquí curan la gripe con coñac y leche.
18. Ella abrió la ventana.
19. A ti te admiran por ser muy popular y tener gancho.
20. Buscan al hijo menor.

五、请使用 se 及动词的适当形式表达下列句子的意思。
1. El mes pasado el precio de la gasolina fue subido dos veces.
2. Sólo me prestaron cinco yuanes.
3. Prohiben cantar y bailar en las salas de clase.
4. Reconocen que tenemos razón.
5. Entonces averiguaron la verdad.
6. Solicitaron las ocho impresoras por correo certificado.
7. Vendieron los pisos a buen precio.
8. Si uno no viaja a México nunca conocerá la cultura maya.
9. Dicen que habrán lecciones pronto.

10. Todo el mundo hablaba de América Latina.

11. En este bar son preparados diariamente mil bocadillos de jamón.

12. Esta casa ha sido destruida por el fuego.

13. Aquel día detuvieron al ladrón.

14. Uno tiene que leer el periódico a diario para estar informado.

15. Saben que había unos veinte jóvenes en el jardín.

六、请把下列句子变为另一种无人称形式。

1. La han herido en la frente.

2. Se bebe demasiado en este pueblo.

3. Se venden periódicos en la esquina.

4. Habían sido aprobadas cinco nuevas leyes.

5. Siempre trabajas mejor si ganas un buen sueldo.

6. Se vendieron todas las entradas para el concierto.

7. Ha sido descubierto un medicamento contra el cáncer.

8. Han empezado el curso.

9. Cuentan que Pablo ha estado en Bolivia.

10. No dejan ver a los enfermos.

11. Se dice que nos van a subir el sueldo.

12. Me han enviado un paquete.

13. Aquí se respeta a los mayores.

14. Fue inaugurada la fábrica de automóviles.

15. Supongo que habrán detenido a los culpables.

七、请用括号中动词的适当形式填空，注意在需要使用自复代词 se 的地方加上。

例：Tú _____ (creer) cualquier cosa. →Tu te crees cualquier cosa.

1. Era un sinvergüenza; _____ (reír) de todo el mundo.

2. Mañana yo _____ (ir) a Nanjing.

3. Mi suegra _____ (caer) muy mal.
4. ¿Quieres que _____ (comer, nosotros) juntos?
5. Fernando _____ (salir) de cura.
6. Ahora mismo tú _____ (ir) de esta casa.
7. Mañana ella _____ (ir) a salir hacia Xian.
8. _____ (Perder) la mitad de mis discos.
9. Ella _____ (conocer) toda la obra de Hunamuno.
10. No, yo no _____ (creer) en los profetas.

八、下面句子的斜体部分哪种形式正确，请在下面划一横线指出。

1. Yo no podría vivir, si él *muriera / se muriera*.
2. Ella *se / le / te* preocupa mucho por ti.
3. Juan *bebió / se bebió* todo el zumo.
4. Ayer todos *divirtieron / se divirtieron* mucho en la fiesta.
5. Yo *mí / me / le / lo* visto de torero.
6. El no *se quitó / quitó / los quitó / les quitó* los zapatos en casa.
7. Cuando le conté el cuento, *se rio / rio* mucho.
8. Todos *ríen / se ríen* de él.
9. Ambos *se ofrecieron / ofrecieron / les ofrecieron* de voluntarios.
10. Le llevaron al circo para que *divirtiera / se divirtiera* y no *sintiera / se sintiera* tan triste.
11. Ella *se baña / baña / la baña / le baña* con agua fría.
12. No llevaba paraguas y *caló / se caló*.
13. Saludó a varios y *marchó / les marchó / los marchó / se marchó*.
14. Ellos solos *se arreglan / les arreglan / se las arreglan / se les arreglan* muy bien.
15. *Acomodó / Se acomodó / Nos acomodó* alegremente a nuestro lado.

九、请改正下面句子中的错误。

1. Se ha edificado muchas casas este barrio.
2. En la Edad Media uno mataba moros todos los días.
3. Con tanta lluvia, se ven crecer las hierbas.
4. Se prohibe bañarse en este lago.
5. Se necesitaban a unos especialistas para recuperar lo perdido.
6. No se vive mal aquí, la verdad.
7. Desde aquí se ven cortar las hierbas.
8. Se buscaron los mejores profesores.
9. En este país siempre se han temido a los dictadores.
10. No te preocupes; se examinará tus argumentos.

7.8 物主代词

物主形容词与主语人称代词有极为密切的关系。除第三人称和第二人称礼貌式以外，不同的物主形容词分别与特定的主语人称代词相对应，既说明物与主的关系，又代表着主语。例如：*mi* casa – casa de *mí* (yo)（我的房子），*nuestro* asunto – asunto de *nosotros*（我们的事情）。我们知道，物主形容词有两个系列，一个是轻读的：mi(我的)，tu(你的)，su(他/她的)，nuestro(我们的)，vuestro(你们的)，su(他/她们的)，用于所限制的名词之前；一个是重读的：mío(我的)，tuyo(你的)，suyo(他/她的)，nuestro(我们的)，vuestro(你们的)，suyo(他/她们的)，用于所限制的名词之后。

重读物主形容词，和其它形容词一样，可以被冠词名词化。例如：A la izquierda colocó la fotografía *mía,* y a la derecha, *la suya.*（在左边她放了我的照片，在右边放了她的），Al contrario de la sensación de todos, *la mía* es triste.（与大家的感觉相反，我的感觉是悲伤）。被名词化的物主形容词具有代词功能。如：Saluda de mi parte a *los tuyos.*(请替我向你的家人问好)，Pedro vive con *los suyos.*(佩德罗和自己家的人住在一起)，Estas habitaciones son de las muchachas, *las nuestras* están abajo.(这些房间是姑娘们的，我们的在楼下)。其实，在*冠词＋形容词* 结构中，主要是冠词起指代作用，复指前文或后文中的"同类项"，并与之保持性数一致。例如：Nuestro cuarto es pequeño, *el vuestro*, mucho mayor.(我们的房间小，你们的大多了)，Igual que la hermana de Luis, *la mía* también es muy aficionada al fútbol.(和路易斯的妹妹一样，我妹妹也很喜欢足球)。

7.9　指示代词

指示代词和指示形容词不同，后者与名词相伴出现，对之起限定作用：*este* árbol(这棵树)，*esa* lámpara(那盏灯)，*aquellas* hojas(那些叶子)；而前者替代名词，具有代词功能：¿Qué es *esto*?(这是什么)，*Eso* que me cuentas me encanta.(你给我讲的那个我觉得太有趣了)，与指示形容词相对应，指示代词的形式分别是：este – éste(这个)，ese – ése(那个)，aquel – aquél(那个)，以及各自的阴性和复数形式等。

指示代词与所指代的名词性数一致，它们一般带有重音符号，以示与指示形容词的区别。另外，指示代词还有一个中性系列：esto(这)，eso(那)，aquello(那)。

指示代词也有空间或时间内涵。éste, esto, 指与第一人称较近的客体；ése, eso, 指与第二人称较近的客体；aquél, aquello, 指与第三人称较近的客体。例如：*Esta* es otra cosa.(这是另一码事)，¡*Eso* sí que no te lo perdono!(那事我确实不能原谅你)，*Aquélla* que está allá me llama más la atención.(我最看中的是那边那个)，*Esto* es patata con carne.(这是土豆炖肉)，¿Te ha devuelto *aquélla* que le prestaste?(你借给他的那个他归还你了吗)，¿Me puedes pasar *ésa* blanca?(你可以把那件白色的递给我吗)，*Aquello* que ellos están haciendo me molesta mucho.(我很讨厌他们现在做的事情)，*Esto* de cazar requiere habilidad.(打猎这活儿需要技艺)。

7.10 不定代词

7.10.1 不定代词

不定代词是不具体地即模糊地指代人或事物的词。指代人的主要有：alguien(某人)，nadie(没人)，quienquiera(任何人)；指代事物的主要是：algo(某物)，nada(无物)；另外，不少不定形容词名词化以后作不定代词，如：uno(一个)，alguno(某个)，ninguno(没一个)，todo(所有)，mucho(多)，poco(少)，bastante(相当多)，varios(几个)，cierto(某个)，cualquiera(任何一个)，otro(另一个)，demás(其余)等。和这些名词化的不定代词不同，alguien, nadie, nada 无性数变化；quienquiera 及其独特的复数形式 quien*es*quiera 都很少使用。

7.10.2 不定代词的用法及意义

- 表示肯定意义和否定意义的对立的不定代词成对存在。如：
  Alguien / Nadie tocó los papeles de la mesa.(有人/没人碰过桌子上的纸)，*Algo / Nada* ocurrió.(发生了什么/什么也没发生)。
- Nadie 和 nada 位于句子的核心动词之后时，该动词前面要使用 no。如：Nadie lo supo. / No lo supo *nadie.*(没人晓得这个)，Nada le interesa. / No le interesa *nada.*(什么他都不感兴趣)。
- 不定代词均为中性，用作第三人称单数，可以带有自己的定语。例如：Me lo ha dicho *alguien* que lo ha visto personalmente.(这是一个亲眼看见过的人告诉我的)，No encontró a *nadie* conocido y se marchó.(没找到一个认识的人，他就走了)，No

nos ha contado *nada* divertido.(他没向我们讲任何开心的事)，*Algo* dentro del saco está podrido.(麻袋里有什么腐烂了)，Sea *quienquiera*, no le creo.(无论是谁，我都不信他)。

- Algo(有点)和 nada (一点也不)也可作副词：El café está *algo* frío.(咖啡有点凉)，No le alteran *nada* esas críticas.(那些批评一点也不影响她的情绪)。

- 名词化的不定形容词与被指代的对象保持性数一致。例如：Llevaban muchas plumas, me dejaron *algunas / varias*.(他们带着许多钢笔，给我留了几支)，Conozco a *bastantes* del mismo apellido.(我认识相当多的人姓这个姓)，Tiene muchos empleados, pero *pocos* son expertos.(他有很多雇工，但没几个是行家)，*Unos* se fueron, *otros* se quedaron con nosotros.(几个走了，其余的和我们留在了一起)。

- 名词化的不定形容词往往带有前置词 de 或 entre 等引导的定语。例如：Cualquiera *de* ellos te lo puede explicar.(他们任何一位都可以给你解释这个)，Alguno *de* nosotros nos ha denunciado.(我们当中某人告发了我们)，Muchas *entre* esas mujeres confiaban en ella.(那些女性当中很多人都信任她)。

- Uno(一个/某个)作为不定代词，相当于 alguno(某个)，可以有复数形式。例如：Había *unos / algunos* que no estaban de acuerdo.(有一些人/某些人不同意)。单数 uno 作句子的主语时，句子常常相当于无人称句。例如：Allí *uno* hace lo que quiera. / Allí *se hace* lo que quiera.(那儿一个人想干什么就干什么)，*Uno* goza del derecho a trabajar y así mismo goza del derecho a descansar. / *Se goza* del derecho a trabajar y así mismo goza del derecho a descansar.(人有权劳动，同样也有权休息)。特别是当动词为自复动词或代词式动词时，由于动词本身带有 se，这种情况下若依然使用 se 表示无人称，很容易造成误解，于是常常使用 uno 作主语，构成无人称句：Estudiando, *uno* se da cuenta de que sabe muy poco.(只有学习一个人才会发觉自己知之甚少),En tal caso, *uno* se volverá loco seguramente.(在这种情况下,人肯定会发疯的),Uno debe conocerse bien a sí mismo.(一个人应该很好地了解自己)。

说话人经常使用 uno 间接地指称自己(yo),将"我"泛化。如:Ya sabe *uno* lo que se debe hacer.(我知道该怎么做了),A *uno* no le importa lo que dicen los demás.(本人并不在乎别人说什么)。Uno 的这种用法有时体现说话人自谦:*Uno* no ha hecho nada más de lo que le han confiado.(我只不过完成了人家委托给我的事情而已)。

7.11 数量代词

不仅表示不定数量的形容词如 mucho(多),poco(少),todo(一切),vario(一些)等可以用作代词,表示具体数量的基数词和序数词等也能作代词使用。例如:Han venido *dos* preguntando por ti.(来了两位打听你的),Detuvieron a *cuatro* de los sospechosos.(抓捕了嫌疑犯中的四个),El *primero* que se despierte, que prepare el desayuno.(谁第一个醒来,请准备早餐),Aquí cabe el *doble* de gente que allí.(这儿容纳的人是那儿的两倍)。

7.12 关系代词

7.12.1 关系代词

关系代词一般出现在含有定语从句的复合句当中,确立主从句之间的关系,确切地说,即先行词与定语从句之间的关系。关系代词一方面替代主句中的一个名词即其先行词,另一方面为从句的构成要素。例如：Este es el libro *que* buscaste ayer.（这是你昨天找的书）。在这个句子中，名词 libro（书）是关系代词 que 的先行词，que 替代它在从句中充当动词 buscaste（你找）的直接宾语。

关系代词主要是：que, quien, cual, cuanto 和 cuyo 等。

7.12.2 关系代词的用法

- que 用得最为普遍，无性数变化，既可以指代人，也可以指代物。例如：Pregúntale al hombre *que* viene.（你问问走过来的那个男的），Hoy he visto las películas *que* me recomendaste.（今天我看了你向我推荐的那些电影）。Que 有时带有定冠词：el / la / los / las / lo que（当然，也可以认为这种语境中的冠词具有代词功能），明示先行词的性数：Voy a mostrarte unas fotos de mis padres, principalmente *las que* han hecho últimamente en Europa.（我给你看看我父母的一些照片，主要是那些最近在欧洲照的），*Los que* aprueben, levanten la mano.（同意的，请举手）。

- quien 用来指代人或被拟人化的物，无性的标志，但有复数形式 quienes：Tú eres la muchacha de *quien* mi amigo está enamorado.（你就是我的朋友喜欢上的那位姑娘），Son precisamente estos profesores *quienes* emprendieron el nuevo sistema de enseñanza.（正是这些老师们启用了新的教育体制）。Quien 有时无先行词，含 la persona（人）或 el hombre（人）之意：*Quien / El que* calla, otorga.（谁沉默，就是认可 / 沉默者，在认可）。

- cual 一般与定冠词相伴而行；定冠词与其先行词保持性数一致。Cual 既能指人也能代物。例如：El abogado quiere visitar a la hermana de Pedro, *la cual* sabe algo del acusado.（律师想拜访佩德罗的姐姐，她知道被告的一些情况），Te traigo unos libros en *los cuales* he encontrado datos útiles para tu tesis.（我

给你带来几本书，在这些书里我看到了对你毕业论文有用的资料）。Cual 前面也可以是中性定冠词 lo，指代一件事情：Se acordaba de nosotros, *lo cual* nos tranquiliza.（他还记着我们，这我们就放心了）。

- cuanto 只指代数量，除中性形式 cuanto 以外，有性数标志，与先行词性数一致。其先行词常常是 todo, tanto, 或者 *todo / tanto＋名词*。例如：Le dije *cuanto* sabía.（我知道多少，告诉了他多少），Te di *todo cuanto* tenía.（我当时有的，全都给了你），Los novios invitaron a *tantos cuantos* parientes tenían.（新郎和新娘有多少亲戚，就请了多少），Le admiran *tantas* personas *cuantas* le conocen.（所有认识他的人，个个敬慕他），No fui capaz de escuchar *cuantas* tonterías dijo.（我听不进去他那么多荒诞无稽的话）。

- cuyo 具有形容词特征。与其他关系代词不同，它不和先行词保持性数一致，而是和从句中的相关名词在性数上相统一，该名词与从句的先行词之间有所属关系。例如：Es necesario ayudar a los alumnos *cuyos padres* están en paro.（必须帮助那些父母失业的学生），Te presentaré a un conocido *cuyas aficiones* son iguales que las tuyas.（我将给你介绍一个熟人，他的爱好和你的一样），Han detenido al hombre en *cuyo coche* descubrieron armas.（拘捕了一位男子，在他的汽车里发现了武器）。

7.13 疑问代词

疑问代词替代一个暂时未知的人或者事物的名称，并就此发问。疑问代词主要有：quién（谁）、qué（什么）、cuál（哪个）、cuánto（多少）等。与关系代词不同，疑问代词都是重读的且带有重音符号，尽管

它们也都可以兼作关系词。下面是这些疑问词的主要用法:

- quién 用来询问人名,无性的标志,但有复数形式 quiénes: ¿*Quién* es aquella mujer?(那个女的是谁),¿*Quiénes* hicieron tanto ruido?(谁/什么人弄出那么大噪音),¿*Quién* te lo ha dicho?(谁告诉你的这个)。

- qué 用来询问物名或人的职业等,中性词,无性数标志: ¿*Qué* es esto?(这是什么),¿*Qué* son tus padres?(你的父母是干什么的),¿*Qué* me traes?(你给我带什么来了)。

- cuál 就同类对象(人或事物)中的一个或几个提出疑问,无性的标志,有复数形式 cuáles: ¿*Cuál* te gusta?(你喜欢哪个),¿*Cuál* de aquéllos es el mejor?(哪个是其中最好的),¿A *cuáles* de los compañeros has invitado?(同事们当中你请了哪些人)。

- cuánto 对人或事物的数量发问,与所指对象保持性数一致: ¿*Cuántos / Cuántas* llegaron?(到了多少),¿*Cuánto* costó?(花了多少)。

- 在感叹句中,疑问代词并不发问,而是增强语气,表达感叹,充满情感:¡*Quién* no se ríe!(谁不笑话呀),¡*Cuánto* has gastado!(你花了多少),¡*Qué* has dicho!(你说的什么呀)。

练　习

一、下列句子中的斜体词是不是代词,若是,属于哪种代词。

1. La habitación *que* hemos reservado es para *cuatro*.
2. ¿*Cuántos* son?
3. Llegaron Jorge y Jaime; *éste* enojado y *aquél* pensativo.
4. El hombre *que* trabaja merece recompensa.
5. ¿Trajo usted *esto* para mí?
6. Dame *tres* libras de azúcar y *cuatro* de arroz.
7. Yo me encargaré de *eso* hoy.

8. Están *todas* enfermas.
9. *Unos* lo afirman, *otros* lo niegan; *unos* y *otros* tienen parte de razón.
10. Los niños agitaban sus banderines *verdes* y *azules*.
11. ¿Por *quién* me has tomado?
12. No sabe *uno qué* responder en ciertas ocasiones.
13. Acusan a *tres* de *ese* robo.
14. —¿*Qué* es *esto*? —*Nada*.
15. El libro *que* lees es interesante.
16. *Todos* deben llevar sólo lo necesario.
17. Hay magníficos hoteles en *esa* ciudad.
18. Antonio pagó *treinta* dólares por *ese* diccionario, yo pagué treinta y cinco.
19. *Nuestra* profesora es *ésa*.
20. Yo soy *quien* dice la verdad.

二、请选用 **qué** 或 **quién** 的适当形式填空。

1. ¿____ vas a hacer?
2. ¿De ____ es el jabón?
3. ¿____ ruido más insoportable?
4. ¿____ se acuerda de esto?
5. ¿A ____ has visto?
6. ¿____ esperáis?
7. ¿Con ____ estabas hablando?
8. ¿De ____ son los plátanos?
9. ¿____ conduce el coche?
10. ¿____ me ha culpado?

三、请选用 **todo** 或 **nada** 填空。

1. ____ de lo que dijo es verdad.
2. ____ que ha hecho merece ser tan recompensado.
3. Es muy ambicioso; no se conforma con ____.
4. Te estoy muy agradecido por ____.
5. Es que no estudia ____.
6. —¡Muchas gracias!
   —¡De ____!
7. Creo que ya tengo ____ arreglado.
8. —¿Qué es esto?
   —____.
9. No le divierte ____.
10. Me gusta ____.

四、请选用 **algo** 或 **nada** 填空。

1. Por ____ lo habrá hecho.
2. ¿Me llevo ____ de comer?
3. Metió ____ en mi bolsillo.
4. ¿Quiere usted ____ más?
5. Este aparato no sirve para ____.
6. ¿Te pasa ____?
7. Es muy buena persona; no se enfada por ____.
8. No han querido tomar ____.
9. Como dijo Calderón: ____ es verdad ni es mentira.
10. No, no le digas ____.

五、请选用 **alguien** 或 **nadie** 填空。

1. ¡____ te entiende!
2. Seguramente ha utilizado la bicicleta de ____.

3. No fue ____ a la reunión.
4. Esto debe de ser de ____.
5. Esta carta debe ser para ____.
6. ____ entre vosotros se lo ha dicho.
7. No ha salido con ____ en la semana pasada.
8. ¿Ha visto ____ a Enrique?
9. No se molesta por ____.
10. Esto es un misterio: ____ sabe lo que pasa.

六、请选用 **alguien** 或 **alguno** 的适当形式填空。

1. ____ no quieren hacer el más mínimo esfuerzo.
2. ¿Ha visto ____ lo que has hecho?
3. ¿Ha llamado ____?
4. ____ de sus hijos está enfermo.
5. ¿Hay por aquí ____ encargado?
6. ¿Ha preguntado ____ por mí?
7. ¿____ podrá echarme una mano?
8. Dijo que era ____ que trabajaba antes contigo.
9. ¡____ de ellos tendrá que saberlo!
10. ¿____ de estas periodistas hizo la entrevista?

七、请选用 **qué** 或 **cuál** 的适当形式填空。

1. ¿____ llegó tarde a la charla?
2. ¿Con ____ se cortan las telas?
3. ¿Para ____ sirve el lápiz?
4. ¿____ hace usted, hombre?
5. Usted tiene tres coches, ¿____ utiliza normalmente?
6. ¿____ es tu prima Cristina?
7. ¿De ____ es la taza?

8. ¿En ____ piensas?
9. ¿____ es el mamífero más grande?
10. ¿____ de esos países vieron ellos el verano pasado?
11. ¿Con ____ lo escribiste?
12. ¿____ de vosotros es abogado?
13. ¿____ es la diferencia entre estas dos palabras?
14. ¿____ son ellos?
15. ¿____ es tu deporte favorito?
16. ¿____ de estos asuntos te interesa?
17. ¿Con ____ has hecho esta salsa?
18. ¿____ de todos ellos es el más barato?
19. ¿Para ____ nos sirve el ordenador?
20. ¿____ de ellos te parece mejor?

八、请选用 que 或 cuyo 的适当形式填空。

1. La casa ____ plano acabamos de ver me parece muy pequeña.
2. Eres tú la ____ está siempre cansada.
3. La siesta, ____ es una costumbre española, es buena para la salud.
4. Los datos a ____ te refieres son falsos.
5. El país ____ cultura te gusta tanto es ocupado por los invasores.
6. Esta casa, ____ puerta principal es de madera, tiene más de trescientos años.
7. El libro ____ páginas han leído ustedes me lo regaló mi tío.
8. La contaminación es lo ____ hace peligrosa a esta región.
9. Ha venido el señor ____ vimos ayer por la tarde.
10. El periódico ____ suelo comprar los domingos es *El País*.

九、请选用 **todo** 或 **cualquiera** 的适当形式填空。

1. Con tanto abuso, ____ se vuelve desconfiado.
2. ¿Ha visto ____ lo que has hecho?
3. Está ____ el mundo aquí.
4. ____ que lo haya hecho, le descubriremos.
5. ¡____ a una!
6. —¿Y los niños?
   —Yo qué sé, ____ sabe dónde se han metido ahora.
7. En español hay un refrán que dice: "de noche, ____ los gatos son pardos", y otro dice: "____ oveja, con su pareja".
8. Vamos allí ____ los jueves.
9. ____ que nos vea pensará que estamos locos.
10. ____ día compraré algo en esa joyería.
11. Hoy, ____ puede triunfar en la vida.
12. Eso que dices lo sabe ____.
13. Lo sabemos ____.
14. Esa es la opinión de ____.
15. ____ de ellos te lo podrá traducir.

十、请选用 **alguno** 或 **ninguno** 的适当形式填空。

1. Teníamos ____ cosas que discutir.
2. Pregunté a ____ de ellos, pero ____ lo sabía.
3. ____ de ellos se lo habrá dicho.
4. Tengo ____ discos de flamenco, pero no tengo ____ disco de zarzuela.
5. No había ____ barco en el puerto.
6. Llamé a su puerta, pero ____ me respondió.
7. Pregunté a varias personas, pero no lo sabía ____.
8. Tiene ____ pájaros en casa, pero ____ canta.

9. —Al final, no te has comprado ____ vestido.

   —Es que no me gusta ____ de los que he visto.

   —¿Quieres que te preste yo ____?

   —No, gracias, Me compraré ____ pantalón.

10. En líneas generales, estoy de acuerdo contigo, pero no comprendo ____ de tus puntos de vista.

十一、请选用 **algo, poco, mucho, alguien, alguno, otro, uno, nada, ninguno, nadie, quienquiera** 或其别的适当形式填空。

1. ¿Busca a ____?
2. ¿Hay ____ importante en ese cajón?
3. —¿Tienes alguna foto de tu novio?

   —Sí, tengo ____.
4. —¿Has visto a ____ de mis amigos?

   —No, no he visto a ____.
5. No quiero ver a ____ en este patio.
6. A ____ les gusta trabajar en verano.
7. ¿Quieres ____ de beber?
8. —¿Tú no tenías varias linternas?

   —Sí, pero hoy no he traído ____.
9. Esperan a ____ más.
10. Me he olvidado de los calcetines y en este cajón tienes ____, ¿me los prestas ____?
11. En parte ____ he visto tales maravillas.
12. ____ me ha robado el reloj.
13. ¿Conoces a ____ de Tianjin?
14. Es un ignorante; no sabe absolutamente ____ de ____.
15. La policía preguntó a ____ gente que había allí, pero ____ supo contestarle.

16. —¿Dice ____ nuevo el periódico?
    —No, no dice ____ nuevo.
17. ____ que haya hecho esto, demuestra muy mala idea.
18. Creo que hay ____ en la puerta.
19. ____ de vosotros me traicionará.
20. El trabajo está bien, pero a ____ le gusta divertirse de vez en cuando.

十二、请选用 **que, quien, el que, lo que, el cual, cuyo, cuanto, como, cuando, donde** 或其别的适当形式填空(有时会不止一种选择)，并在需要加前置词的地方加上前置词。

1. Esa no es la llamada ____ esperaba.
2. Fue Pedro ____ abrió la puerta, yo no.
3. Este es el café ____ nos conocimos.
4. ____ pasa es que no quiere vernos.
5. No me gustan las personas ____ invitaste.
6. ____ he visto mucho esta temporada es a José.
7. El niño ____ has besado está cojito.
8. Puedes llevarte ____ necesites.
9. ¿Esas son todas ____ que tienes?
10. No te he comprado las carpetas porque no sabía ____ querías.
11. La compañía ____ trabajo es americana.
12. ¿Es este diccionario ____ necesitas?
13. En este momento ____ atravesamos circunstancias difíciles, es preferible no arriesgarse.
14. Te voy a presentar a las chicas ____ hablábamos ayer.
15. Por fin encontraron a Andrés, ____ se llevó una gran sorpresa al verlos.
16. Ayudamos ____ necesitan.

17. Fue en Madrid _____ estuvimos, no en Barcelona.

18. Te he comprado todo _____ necesitabas.

19. Vive en una calle _____ nombre he olvidado.

20. Nos reuniremos en el puente _____ cruza el río Bahe.

十三、请在下面句子的空白处填上适当的疑问代词。

1. ¿Con _____ está tu suegra?
2. ¿_____ llegó tarde a la charla?
3. ¿Por _____ me saldría el arreglo?
4. ¿Para _____ le han dado recuerdos?
5. ¿A _____ le has regalado tu coche?
6. ¿Con _____ vives?
7. ¿_____ de ellas sabe tu dirección?
8. Dime _____ de los niños es tu hijo.
9. ¿De _____ estaba hablando Eva?
10. ¿_____ de ellos has elegido?
11. Sé que Juailán tiene uno de mis trajes, pero no sé _____.
12. ¿Para _____ es este regalo?
13. ¿_____ es tu prima Carmen?
14. ¿Sabes _____ le gustaría?
15. ¿_____ estás esperando?
16. ¿_____ de ellos te parece mejor?
17. Pregúntale _____ de sus alumnos son los mejores.
18. ¿_____ eran esos señores?
19. ¿_____ tardarías?
20. ¿De _____ es esta cartera?

十四、下面句子中的斜体词是否需要重音符号，请在需要的地方加上。

1. No, prefiero *aquél*.
2. —¿El señor Hernández?
   —Es *aquel* de allí.
3. Nunca estaba en casa los fines de semana, pero *aquel* me quedé.
4. ¿Vas a dormir en *esa* cama?
5. *Aquel* día nos lo pasamos muy bien.
6. Nos habló de la Exposición Universal de 1992. *Esta* se celebró en Sevilla.
7. *Esto* que te digo no lo digas a nadie.
8. Por *esta* carretera de aquí se llega antes.
9. ¿Dónde has puesto *aquellas* cintas que te grabé?
10. *Eso* me parece increíble.
11. Nunca bebo vino, pero *esta* vez haré una excepción.
12. *Esto* se está poniendo feo, vámonos.
13. Quiero irme de *esta* ciudad.
14. Suspendieron sólo a dos alumnas. *Estas* no habían estudiado nada.
15. ¿Qué es *esto*?

十五、请在下面句子的空白处填写适当的指示代词。

1. Esta carne es de vaca; ____ de ahí , no.
2. ____ de aquí es una toalla.
3. Aquella película era muy aburrida, pero ____ es muy entretenida.
4. No me vuelvas a decir ____ de "lo haré mañana".
5. ____ ahí es un pastel.

6. A ustedes les gustan esos helados; ____ de aquí, no.

7. Estos caballos no son purasangres, ____ sí lo es.

8. Aquella lámpara es de plástico; ____ de aquí, no.

9. ¡Mira! ¡Ven a ver ____!

10. ____ de allí es una lata de conservas.

11. Esa naranja es dulce; pero ____ son agrias.

12. Pediré un menú como ____ de la foto.

13. ¡Estoy harto! ____ no puede seguir así.

14. Esta cuchara es de plata; ____ de allí, no.

15. Esa luz estaba apagada ayer; pero ____ estaban encendidas.

16. Este paquete pesa mucho; pero ____ pesan poco.

17. Esas niñas estaban tristes; pero ____ estaban contentas.

18. ¿Qué traes?, ¿qué es ____?

19. A ella le gusta aquel periódico; ____ de aquí, no.

20. ____ de allí es una piscina.

十六、下面的句子若为肯定形式，写出其否定形式；若为否定形式，写出其肯定形式。

1. ¿Oye usted algo?

2. No quiero que me hagas nada.

3. ¿Busca usted a alguien?

4. Todo es verdad.

5. Por aquí debe de haber algo oculto.

6. ¿No veis a nadie?

7. Tengo que decirte algo.

8. He visto algo.

9. Ahora todo está bien.

10. ¿No piensas en nadie?

十七、请用否定形式及适当的代词回答下列问题。

1. ¿Es ésa tu vecina?
2. ¿Encuentras algo útil?
3. ¿Todo el mundo está contento con su suerte?
4. ¿Allí todo funciona bien?
5. ¿Comes en este restaurante?
6. ¿Vives en aquél edificio?
7. ¿Nadie estaba dispuesto a declarar en contra del acusado?
8. ¿Te ha caído algo?
9. ¿Me ha llamado alguien?
10. ¿Hay alguien aquí?

第八章 连 词

8.1 连词

连词将两个或两个以上的词、词组以及句子连接起来，并说明其间的语法和逻辑关系，无词尾变化。如：La madre *y* el niño están buenos.（母子安然无恙），Canta con ánimo, *pero* con poca voz.（她起劲地唱，可是没什么声音），¿Se lo daré a su padre *o* a su suegro?（我把它给他父亲还是给他岳父），有些连词是一个单词，如 y（和）、ni（也不）、o（或）、pero（但）等，但更多的则是由两个或多个单词构成的具有连词功能的词组即连词短语。如：sin embargo（然而）、de modo que（这样）、con tal (de) que（只要）、tanto es así que（因此）等等。连词最常见的是出现在复合句当中，表明两个或者更多的句子之间的关系。

8.2 连词的种类

按照连词所连接起来的词或句子之间的关系，可分为表示并列关系的连词和表示主从关系的连词两大类。属于前一类的主要是：

- 并列：y (e), ni: Está cansada *y* aburrida.（她又累又烦）。y 的后面为 i 或者 hi 时，换为 e。例如：Llevaba aguja *e* hilo.（她带着针和线），Trabaja en una empresa de exportación *e* importación de equipos completos.(他在一家成套设备进出口公司工作)。但是，y 后面的 i 与 a, e 或 o 构成双重元音时，y 不变：Hay que poner agua *y hielo.*(应该放水和冰)。ni 连接两个或两个以上被否定的成分：No fue al colegio *ni* se quedó en casa.(他没去上学，也没在家里)，*Ni* comió *ni* bebió nada.(她什么也没吃没喝)。

- 选择：o (u)：¿Quieres ir al teatro o al cine?(你想去看戏还是看电影)。O 后面为 o 或 ho 时，换成 u。如：Llegará al mismo resultado operando de una *u* otra manera.(不管这样还是那样操作，他都将归于同一种结果)。

- 分布：ahora ... ahora(一会……一会)，ora ... ora(时而……时而)，ya ... ya....(时而……时而)，bien ... bien ...(要么……要么/不是……就是)等：Tomaba ora la pluma *ora* el lápiz.(她时而拿起钢笔，时而拿起铅笔)，Se te enviará el diploma *bien* por el correo de hoy *bien* por el de mañana.(证书不是今天就是明天将邮递给你)。

表示主从关系的连词一般都出现在主从复合句中，把主句与相当于主句的句子成分的从句连接起来。主要有以下情况：

- 表示原因的：como(由于)，porque(因为)，ya que(因为)，pues(原因是)，que(原因是)等：*Como* hacía mucho viento, no quise salir.(当时在刮大风，我不想出去)，Tiene que descansar, *porque* está muy malo.(您必须休息，因为您的状态很不好)。

- 表示结果的：tanto / tan ... que(这么……结果)，de modo que(这样)，por eso(所以)，por lo tanto(因此)等：Ha bebido *tanto que* se emborrachó.(他喝了那么多，结果醉了)，Es *tan alto que* no cabe en la cama.(他这么高，床上躺不下)，Llegó demasiado tarde, *por eso* no la dejaron entrar.(她到得太晚了，所以人家没让她进去)。

- 表示时间的：cuando(当……的时候)，mientras(与……同时)

等: Hablaba por teléfono *mientras* tomaba apuntes.(他一边打电话，一边做记录)。
- 表示地点的：donde(……的地方)，adonde(向……地方)：Iremos a donde hacemos falta.(我们去需要我们的地方)。
- 表示条件的：si(如果)，con tal (de) que(只要)，siempre que(只要)：*Si* me ayudas, podré terminar el trabajo antes.(要是你帮我，我就能早完成工作)。
- 表示让步的：aunque(尽管/哪怕)，si bien(尽管)，aun(即使)，a pesar de que(虽然)等：*Aunque* lo mates, no te lo dirá.(哪怕你杀了他，他也不会告诉你)。
- 表示目的的：para que(为的是)，a fin de que(为了)等：Levantó la voz *para que* todos le oyeran.(他抬高嗓门，以便大家都能听得见)。
- 表示方式的：como(像……一样)，como si(似乎)，así como(像……一样)等：Me contó lo ocurrido *como si* lo hubiera presenciado.(她向我讲述了发生的事情，似乎她亲眼目睹过一样)。
- 引导名词性从句的 que: Dijo *que* eso era verdad.(他说那是真的)，Dedicó todo su esfuerzo a *que* el negocio prosperara.(他尽了自己的一切努力使生意兴旺)，Tengo miedo de *que* caigan ustedes en trampa.(我怕你们落入圈套)。

练 习

一、请将意义相同或相近的连词用直线连接起来。

cuando   ya que
si   con objeto de que
pero   en cuanto
porque   a condición de que

por lo tanto	de ahí que
no obstante	mas
por más que	a pesar de que
de modo que	sin embargo
para que	de manera que

二、请选用下列所给连词或连词短语替换句子中的斜体部分。

por consiguiente, con tal que, a pesar de que, para que, cada vez que, porque, en cuanto, si, como, aunque

1. Le mandamos a España *a fin de que* aprenda castellano.
2. *Ya que* has venido, quédate a comer.
3. *Que lo diga* él no significa que sea cierto.
4. Está desanimado *debido a* que ha suspendido.
5. *Aunque* se levante a tiempo, no irá.
6. No ha sonado el despertador, *así es que* no me he despertado.
7. *A la vez que* sacas a pasear al perro, compra el pan.
8. *Que te vayas* no me importa.
9. Te lo prestaré *siempre que* me lo devuelvas pronto.
10. *Que vivan* aquí no quiere decir que sean ricos.

三、请用表示相当意义的连词替换下列句子中的斜体部分。

1. Encendí el horno *tan pronto como* entré en casa.
2. Les digo todo *a condiciones de que* dejen libres a mis amigos.
3. Pásame el balón, *pues* voy a intentar encestar.
4. Le hemos hecho venir *con objeto de que* conozca la empresa.
5. Se le estropeó la bicicleta en medio camino, *de ahí que* haya llegado tarde.
6. No insistas, *porque* no tiene arreglo.
7. *En caso de que* recibamos otros modelos, le avisaremos.

8. Llama a la policía *cuando* vuelvan a molestarte.
9. No podían abrir la puerta, *de modo que* entraron por la ventana.
10. No grites, *porque* me duele la cabeza.

四、下面句子中的斜体部分哪种形式正确，请在下面划一横线指出。

1. Haré el trabajo esta semana, *ya que / por lo tanto / en cuanto* así me lo ordenan.
2. *¿Porque / Porqué / Por qué* no puedo hacer lo mismo que ellos?
3. Los vi en el teatro *luego / con tal de que / mas* no me saludaron.
4. Digo *que / qué* vengas.
5. Llévame la pulsera a la joyería *para que / en vista de que / con tal de que* me la arreglen.
6. Es muy mal estudiante, *así que / así como / sin embargo* dibuja muy bien.
7. Iré a verte *porque / siempre que / dado que* tú me lo permitas.
8. No sale a la calle *y / ni / si* quiere hablar con nadie.
9. No hubo clase *porque / por qué / porqué* la profesora estaba enferma.
10. *No bien / No obstante / Si* hubo amanecido, salimos del hotel.
11. No se atrevió a preguntar *por miedo a que / apenas / de manera que* se enfadara el profesor.
12. No se espera *porqué / porque / por qué* tiene cosas que hacer.
13. No busco recomendaciones, *sin embargo / no obstante / sino* méritos.
14. La directora del colegio vendrá a visitarte hoy; *conque / antes bien / sin embargo* ya estás sobre aviso.
15. Cuesta caro *puesto que / si bien / por lo tanto* es un mueble valioso.

五、请选用所给连词填空完成句子。

A. *y, o, ni, pero, sino, e, u*
1. ____ tengo tiempo ____ me apetece hacerlo.
2. Tendrá siete ____ ocho años.
3. La exposición se inaugura hoy, ____ mañana.
4. Te hablo, ____ parece que no me escuchas.
5. Es simpático ____ inteligente.

B. *si no, sino, pero*
1. ____ fuera porque le debo ese favor le hubiera mandado a freír espárragos.
2. ____ vienen ustedes a tiempo anularemos las reservas de localidades.
3. Convendría que nos pasáramos por su oficina, _____, no podremos cobrar.
4. ¡____ no me ha dicho usted que iba a estar allí toda la tarde!
5. El chico tiene inteligencia, ____ le falta aplicación.
6. No sólo se codeaba con la alta sociedad, ____ que también alternaba con los humildes.

C. *para que, que, aunque, igual que si, en cuanto*
1. Se comporta ____ fuera tímido.
2. ____ se case cambiará de opinión.
3. Llévaselo ____ lo arreglen.
4. Desde ____ le conozco, no ha cambiado en absoluto.
5. Lo haré ____ no me den permiso.

D. *que, o que, antes que, o, pues, sin embargo*
1. ____ te vienes, ____ me voy.
2. _____ si le duele algo, _____ si está cansado, ...¡siempre quejándose!
3. Prefiero quedarme en casa ____ salir con ellos.

4. Es bastante orgulloso y, ____, lo quiero.
5. ¿No decías que no tenías ganas de ir? ____ no vayas.

E. *pues, como, mientras, porque, ya que, puesto que*

1. Vendió el coche, ____ le ocasionaba más gastos de los que le permitía su presupuesto.
2. ____ subía las escaleras oí una discusión en la portería.
3. ¿Así es ____ os gusta mi cuadro?
4. Abandonó la Universidad ____ quería dedicarse a hacer cine.
5. Decidimos hacer el viaje por carretera, ____ los trenes iban demasiado llenos.
6. El centro de España es seco, ____ que el norte es húmedo.

F. *ni, que, luego, conque, pues*

1. No tienes gana, ____ no lo hagas.
2. Se ve luz, ____ están en casa.
3. Date prisa, ____ nos están esperando.
4. ¡____ vive ____ deja vivir!
5. ¿No lo has invitado tú? ____ lo recibes tú.

G. *como, cuando, donde, cuanto, según*

1. ____ bebió más de la cuenta, tuvimos que llevarlo a casa.
2. Iban acomodándose ____ entraban.
3. ____ no sabía inglés le denegaron la beca para Estados Unidos.
4. Te lo digo ____ me lo contaron, sin omitir una palabra.
5. Ha subido el pan, de ____ se deduce que los demás artículos también van a subir.
6. Escriba ____ quiera, no hay límite de palabras.
7. ____ no estudies, suspenderás otra vez.
8. Para ____ mi hijo esté en edad de casarse, estaré ya hecho un viejo.
9. Dijeron que bajarían al pueblo ____ cayeran las primeras

nieves.

10. Ese palacio destruido es ____ la guerra.

H. *y eso que, así, por mucho (más) que, aun cuando, si bien, por poco que*

1. ____ frotes no sacarás esa mancha.
2. No cedas ____ te lo pida de rodillas.
3. ____ tiempo que le dediques, lo harás perfectamente.
4. Van pavimentando todas las calles del pueblo, ____ está costando un dineral.
5. No tenía ni idea de inglés, _____ había vivido en Australia muchos años.
6. _____ ese profesor tenía gran facilidad de palabra, sus conferencias resultan muy superficiales.
7. ____ sabía tocar el piano le disgustaba hacerlo en público.
8. No te confíes ____ insista, te la puede jugar.

六、请在下面句子的空白处填写适当的连词。

1. Parece que sabe menos del asunto ____ nosotros.
2. ____ quieres triunfar, trabaja.
3. Iré a verte mañana, ____ no salgas.
4. Recorrieron Francia ____ Inglaterra.
5. ____ en la Facultad ____ en la calle se porta mal.
6. ____ dieron las doce, abrieron las puertas del comedor.
7. Tengo que hacerlo ____ no me guste.
8. ____ estudia ____ deja estudiar.
9. Te haré un obsequio ____ me acompañes.
10. Georgette ____ Vonne son nombres franceses.
11. Los seres vivos nacen ____ mueren.
12. Su amigo no es alemán ____ sueco.

13. Cuando lleguen, debe estar todo listo: pon la mesa ____ venga.

14. Papá ____ mamá salieron.

15. Las minas de Venezuela son más ricas ____ las de este país.

16. Nos pidieron pasaporte, ____ tuvimos que presentarlo.

17. Dibuja bien, ____ estudiará pintura.

18. Ignacio ____ su novia estuvieron en México ____ en Colombia.

19. Es delgado, ____ es fuerte.

20. Se presentará al examen ____ no lo haya preparado.

七、请模仿例句变换下列说法。

例：Escúchame. → Que me escuches.

1. Vete ya.
2. Apague la música. Nos está molestando.
3. Parad de gritar.
4. Hablen más alto. No podemos oírles desde aquí.
5. Dile lo que pasa.
6. Tened paciencia.
7. No salgas de casa. Está lloviendo a mares.
8. Pásame el agua.
9. Devuélveme el diccionario. Lo tienes ya más de tres meses.
10. Ponte el abrigo.

第九章 感叹词

9.1 感叹词

感叹词是用来表达说话人情感、态度、感觉、慨叹或呼唤等的词汇。这类词往往是不假思索说出来的，是突然发自内心的。其语法特征，首先是具有很大的独立性：与名词、动词、形容词不同，感叹词无任何句法功能，一般不作句子成分，而是自成独立的句子；其次是这类词无形式变化；再次是它们一般位于句首或者插入句子中间。在语气、语调上，与所表达的强烈的情感相适应，感叹词均为重读词，语调一般比较高。例如：¡*Oh, qué* maravilla!（噢，多美妙呀）, ¡Hola!（喂）, ¡*Eh, tú!*（哎，你）, ¡Caramba!（糟糕）。同一个感叹词在不同的语境中会表达不同的情绪，因此，离开具体的语境，其语义便无从确定。

9.2 感叹词的种类

几乎所有的词类都可以当感叹词用。例如，名词类：cuidado（小心）、diablo（见鬼）、atención（注意）等；形容词类：bueno（好）、bravo（真棒）、espléndido（好极了）等；副词类：arriba（起来）、adelante（前进/请进）、ya（好了）等；动词类：anda（啊）、venga（加油）、oiga（喂）、vaya（呵）等；代词类：qué（什么)；连词类：pues(果然)等。因此，感叹词可以分为专职感叹词和由其他词类而来的临时感叹词两种。显然，专职感叹词是专供表示感叹的词语，常见的如：¡ay!(哎呀)、¡bah!(呸)、¡ea!(嘿)、¡hola!(喂/嘿)、¡huy!(嚯)、¡oh!(噢)、¡ojalá!(但愿/要是……该多好啊)、¡quia!(不行)、¡puf!(呸)、¡uf!(吁)等，由其他词类而来的感叹词，除上面举过的例子以外，常见的还有：¡cómo!(什么)、¡demonio!(见鬼)、¡toma!(啊哈)、¡hombre!(好家伙)、¡vamos!(得了)、¡mira!(瞧瞧)、¡Jesús!(天哪)、¡caramba!(糟糕)等。

9.3 感叹词的用法

- 感叹词可以独立使用，构成独词句。例如：¡Bravo!(加油)，¡Santiago!(加油)，*Vaya*!, ya llegó el agua(哎哟！水已经来了。)
- 单独使用，后面跟一称呼语。例如：¡*Ay*, hijo! no sé(唉，儿子！我不知道)，¡*Eh*, tú!, ven aquí(哎，你！过来)，¡*Venga*, vosotros!(来吧，你们！)
- 感叹词后面可以带有补足语。后者一般为名词，二者通过前置词联系起来。例如：¡*Ah* de mí!(唉，可怜的我呀)，¡*Ay* de los vencidos!(唉，不幸的失败者哪)，¡*Caramba* con la niña!(咦，这倒霉孩子)，¡*Jodó* con tus tíos!(呸，你那些讨厌的叔叔)。
- 感叹词后面可以是被 que 或 si 名词化的句子。例如：¡*Claro que* me doy cuenta!(我当然意识到了)，¡*Anda que* ha cambiado tan pronto el tiempo!(好嘛，天气这么快就变了)，¡*Vaya si* es capaz!(呵，她可能干了)，¡*Ojalá* viviéramos en otro mundo!(要是我们住在另一个世界该多好啊)。有 ojalá 的句子中，动词应使用虚拟式，ojalá(但愿/要是……该多好啊)后面一般不出现 que 或 si。

- 感叹词后面可以再加上一个感叹句，对其表达的情感补充说明。例如：¡*Uf, qué* calor!（呀，真热），¡*Oh, qué* pena!（唉，太遗憾了），¡*Mi madre, qué* horror!（我的妈呀，太可怕了）。

- 疑问词大都可以用来表达感叹，此时这类词似乎是充当其后面名词、形容词或副词的修饰语。例如：¡*Qué* calor!（太热了），¡*Qué* raro!（真奇怪），¡*Cuántas* veces te lo he dicho!（这个我给你说过多少遍了），¡*Cómo* se ha envejecido!（他老得太快了），¡*Hasta cuándo* dejará de llover!（到什么时候雨才停啊），¡*Dónde* se encontrará una persona igual!（这样的人上哪儿去找啊）。

- 经常使用感叹词 vaya＋名词／形容词／副词（这时 vaya 似乎在作其后面句子成分的修饰语）形式来表达 qué＋名词／形容词／副词 结构的意义。例如：¡*Vaya* río hermoso que tenéis!（啊，你们的河真漂亮），¡*Vaya* vida!（唉，生活），¡*Vaya* manos que tienes!（哎哟，你的手），¡*Vaya* listo que es usted!（嘿，您可真机灵），¡*Vaya* cariñoso que estaba con uno!（呵，跟我那个亲热劲）。

练 习

一、请选用下列所给词语填空完成句子。

    A. *qué, quién, cuánto, que*

1. ¡____ ruido más insoportable!
2. ¡____ susto!
3. ¡____ guapo es!
4. ¿____ dices?
5. ¡____ tráfico hay hoy!
6. Digo ____ vengas.
7. ¿____ tal?

8. ¡____ supiera bailar como él!
9. ¡____ te echo de menos!
10. ¡____ tengas suerte!

B. *socorro, bravo, ay, basta, vaya*

1. ¡____, qué dolor!
2. ¡____ de mí!, qué desgraciado soy.
3. Ya estoy harto de gritos, ¡____!
4. ¡____!, ¿tú por aquí?
5. ¡Qué bien canta! ¡____!
6. ¡____, ayúdenme!

C. *eh, olé, arre burro, caramba, hola, ay Dios mío*

1. Pues, ¡____!, te ves estupendamente bien.
2. Estos, ¡____!, son las víctimas de la guerra.
3. ¡____!, ven acá.
4. ¡____! ¿Tú por aquí a estas horas?
5. ¡____ las niñas guapas!
6. ¡____!, que llegamos tarde.

D. *No importa, Un momento, Lo siento, Encantado, Buena suerte, Buen viaje, Vale*

1. —¿Cierro la puerta?
   —¡____!
2. —Este coche es muy caro.
   —¡____! Tengo dinero.
3. —Papá está muy mal.
   —¡____!
4. —Mañana tengo un examen.
   —¡____!
5. —¡Juan, ésta es María!
   —¡____!

6. —Nos vemos esta tarde.
   —¡_____!
7. —Mañana llego a Londres.
   —¡_____!

二、下面哪个句子中 **qué** 与 **cuánto** 或 **cuán** 可以互换。

1. ¡Cuántas librerías hay en este barrio!
2. ¡Qué lejos!
3. ¡Qué hombre más bruto!
4. ¡Qué calor tengo!
5. ¡Cuántas ganas tengo de ir!
6. ¡Qué suerte!
7. ¡Qué casa!
8. ¿Cuántas alumnas hay en clase?
9. ¡Qué alegría!
10. ¡Qué frío hace!
11. ¿Qué animal tiene trompa?
12. ¡Cuánto sueño tengo!
13. ¡Qué fácil!
14. ¡Qué dolor!
15. ¿Cada cuánto hay tertulia?

三、请说明下列语境中感叹词的意义。

1. —Decía que si no te importa que esta noche lleve a mi hermano...
   —¡Hombre!, cómo me va a importar...
2. Tómate una copa, anda.
3. ¡Caramba con el señorito este!
4. ¡Oye! ¿Tienes un cigarrillo?

5. ¡Chico, qué mujer!
6. ¡Ah!, pues no es mala idea...
7. ¡Pero hombre! ¿Cómo tú por aquí?
8. ¡Caramba! Aquél ya floreció.
9. ¡Oiga, señorita! ¿Es suyo ese bolso?
10. ¡Ahí va, se me ha olvidado llamarle!
11. ¡Ay, qué preocupación me da usted!
12. ¡Bendito! Se cayó el niño.
13. ¡Toma, si resulta que está aquí Alfredo!
14. ¡Dios mío! ¡Qué horrible!
15. ¡Arrea, qué trastazo se ha dado ese coche!

四、请把下列句子变为含有 **qué pena** 或 **qué raro** 的感叹句。

例：Los vecinos eran muy simpáticos, pero se han mudado de piso.
→ ¡*Qué pena*! Los vecinos se han mudado de piso.
No conocéis a Teresa, vive en vuestro bloque. → ¡*Qué raro*! No conocéis a Teresa, vive en vuestro bloque.

1. Los jóvenes toman drogas y alcohol.
2. Ellos no se dirigen la palabra.
3. No sabe nada de su hija.
4. No oímos a los niños, ¿qué estarán haciendo?
5. Ellos siempre salen los fines de semana y éste no han salido.
6. No han visto mi colección de insectos. Quizá la próxima vez.
7. Tu hijo no quiere ir a la Universidad.
8. Ella no llega todavía, es muy puntual.
9. Las vacaciones se nos han terminado.
10. No nos enteramos de ese crimen.
11. No ha empezado todavía el partido del fútbol.
12. Lo despidieron del trabajo, es muy trabajador.

13. Él siempre viene a buscarme al aeropuerto, pero hoy no ha venido.
14. Ella ha venido en tren.
15. Mi madre no contesta al teléfono, debería estar en casa a esta hora.

五、请把下列句子变为感叹句。

1. Aquí se está muy bien.
2. Le ha dado mucha vergüenza hablar en clase.
3. Hace un día precioso.
4. Esa chica es una cursi.
5. Estoy muy cansado.
6. Había mucha gente en el cine.
7. Ese chico es muy simpático.
8. Me gustaría poder ir a esa fiesta.
9. Aquella música está muy alta.
10. Se ha llevado un buen premio.

六、请用下列所给感叹词造句。

1. ¿Cómo?
2. ¡Cuidado!
3. ¡Vamos!
4. ¡Caramba!
5. ¡Venga!
6. ¡Claro!
7. ¡Oye!
8. ¡Dios mío!
9. ¡Qué rollo!
10. ¡Uy!
11. ¡Socorro!
12. ¡Jesús!
13. ¡Hombre!
14. ¡Vaya!
15. ¡Qué horror!
16. ¡Qué barbaridad!
17. ¡Vale!
18. ¡Qué va!
19. ¡Qué suerte!
20. ¡Qué desastre!

附录 1

练习参考答案

1.1.1－1.1.2

一、从略

二、abrasar, abrazar, abreviar, abrigo abril, abrir, absoluto, abstracto, abstraer, abundar, abusar, abuso （4, 1, 3, 2, 6, 5, 10, 11, 12, 8, 9,7）

三、baba, bacilo, bacteria, baile, baja, bajar, bala, banco, bañar, barco, barrio, batalla （11, 12, 10, 9, 8, 7, 5, 4, 3, 2, 1, 6）

四、
1. Todo en mayúscula: i-ene-eme-a-ce-u-ele-a-de-a.
2. Todo en mayúscula: efe-e-ele-i-pe-e.
3. Todo en mayúscula: eme-i-ge-u-e-ele.
4. Todo en mayúscula: a-ene-de-ere-e-ese.
5. u-ere-u-ge-u-a-i griega.
6. uve-e-ene-e-zeta-u-e-ele-a.
7. Todo en mayúscula: be-e-a-te-ere-i-zeta.
8. Todo en mayúscula: e-ele-i-ese-a.
9. Todo en mayúscula: i-ene-e-ese.
10. Todo en mayúscula: ene-i-ce-o-ele-a-ese.
11. eme-e-equis-ce-o.
12. ca-e-ene-i-a.
13. Todo en mayúscula: ce-o-ene-che-a.
14. Todo en mayúscula: ere-a-eme-o-ene.
15. Todo en mayúscula: ese-a-ele-uve-a-de-o-ere.
16. Todo en mayúscula: uve-i-ce-te-o-ere.
17. i-ene-ge-ele-a-te-e-erre-a.
18. doble uve-a-ese-hache-i-ene-ge-te-o-ene.

五、 1. llave. 2. chaqueta. 3. España.
4. yate. 5. concebir. 6. zambomba.
7. clavel. 8. reducción. 9. taxi.
10. pasaporte. 11. manual.

1.2.1—1.2.2

一、 ca/rro,   rei/na,   re/vis/ta,   ca/llar,
    se/guir,   fo/to/gra/fí/a, ciu/dad,   ma/es/tro,
    via/je,   chi/qui/llo,   in/mó/vil,   re/cu/rrir,
    me/mo/ria,   nie/ve,   i/no/cen/cia,   so/cial,
    pie/dras,   en/car/ce/la/mien/to,   es/ce/na/rios,
    me/dios,   puer/ta,   vue/los,   güi/ro,
    ben/ju/í,   po/e/ma/rio,   des/pre/cia/rí/a/is,
    náu/ti/co,   con/fiéis,   for/tui/to,   in/co/he/ren/cia,
    men/guáis,   mues/tra/rio,   cui/do,   de/sa/güe,
    pro/hi/bi/ción, lin/güís/ta, ex/pia/ción,   vio/len/cia,
    es/ta/rí/a/is, cohi/bir,   o/í/a/mos,   po/e/sí/a,
    a/cre/e/do/res, des/ti/tui/mos, sar/cás/ti/ca/men/te,
    seis,   ac/tual,   in/com/pa/ti/bi/li/dad,
    re/ga/dí/o, ahu/ma/do

二、 1. d) 2. c) 3. a) 4. d) 5. a)
    6. d) 7. d) 8. c) 9. b) 10. b)

三、 torren<u>ci</u>al, d<u>í</u>gaselo,   am<u>én</u>,   Aust<u>ra</u>lia,
    cruel<u>dad</u>,   per<u>ju</u>icio,   archip<u>ié</u>lago, cr<u>uz</u>,
    ho<u>rr</u>ibl<u>e</u>mente, mendi<u>g</u>o, rub<u>í</u>,
    veinti<u>trés</u>, R<u>uiz</u>,   viol<u>e</u>ta,   g<u>uá</u>rdamelo,
    ro<u>í</u>do,   m<u>io</u>pe,   in<u>cl</u>uso,   coordina<u>ción</u>,
    distra<u>er</u>,   instan<u>tá</u>neo,   coinci<u>den</u>cia, balne<u>a</u>rio,
    ata<u>úd</u>,   escas<u>ea</u>ba,   to<u>a</u>lla,   am<u>bi</u>guo,
    sa<u>gaz</u>,   arbi<u>tra</u>rio,   inau<u>di</u>to,   tri<u>vi</u>al,
    ef<u>í</u>mero,   per<u>pl</u>ejo,   so<u>sie</u>go,   f<u>ie</u>les,

inteligente, difícilmente, agridulce, adjetivos,
llaman, sean, tardan, ideas
四、vértebra, volvéis, ardua, acentuación,
simplemente, laúd, martirio, huida,
irreal, inquietud, prohibido, cuéntamelo,
tapiz, pensamiento, buey, cualquiera,
aparecen, pronombre, buscaban, desconocidos,
objetivo, interrogación, guardias, propiedades,
construcciones, guardián, bebés,
porqué, camarón, vacunaron, fuimos,
profesor

五、1. b)　2. b)　3. a)　4. b)　5. a)
　　6. b)　7. a)　8. a)　9. b)　10. a)

六、fé (→fe), genuino,
espectro, carguéis,
velozmente, vaiven (→vaivén),
hibrido (→híbrido), quietud,
periódo (→período), décimosegundo (→decimosegundo),
destruido, climax (→clímax),
audaz, poseé (→posee),
contribuí, díos (→dios),
sombrio (→sombrío), leyóle (→leyole),
dadiva (→dádiva), Félix,
lingüistica (→lingüística),
intúido (→intuido), puéril (→pueril),
sintaxis, analisis (→análisis),
aliviáis, heroícidad (→heroicidad),
mediodia (→mediodía), pués (→pues),
comunmente (→comúnmente),
voraz, portatil (→portátil),

freir (→freír), soís (→sois)

1.3

一、segun (→según), norma,
continuacion (→continuación),
acentuan (→acentúan), asimismo,
debil (→débil), finalmente,
entonces, acuerdo,
historico (→histórico), escribiome,
tambien (→también), fuimos,
partiamos (→partíamos),
deciais (→decíais), gramatica (→gramática),
crisis, ultimo (→último),
monumento, estentoreo (→estentóreo),
comodamente (→cómodamente),
obvio, vio,
resumen, policia (→policía),
aplauso, quedense (→quédense)

二、从略

三、1. *joven*/ *jóv*enes 2. *régi*men/ *regí*menes
3. cora*zón*/ cora*z*ones 4. esca*l*era/ esca*l*eras
5. Navi*dad*/ Navi*d*ades 6. *c*anon/ *cán*ones
7. ca*rác*ter/ ca*rac*teres 8. japo*nés*/ japo*n*eses
9. za*guán*/ za*gu*anes 10. elec*ción*/ elec*c*iones

四、1. aún. 2. sólo. 3. tú. 4. él. 5. aun.

五、sinverguenza (→sinvergüenza), arguir (→argüir),
pague, guirnalda,
linguística (→lingüística), gerra,
cigueña (→cigüeña)

六、1. Muchos visitantes americanos visitan diariamente el castillo de El Moro y su interesante museo.

2. La llegada del Año Nuevo se celebra con gran júbilo en Madrid en la Puerta del Sol.
3. En Belén nació el Salvador.
4. En 1513 Balboa descubrió el Océano Pacífico.
5. El generalísimo Francisco Franco murió en noviembre de 1975 en el hospital La Paz a los ochenta y dos años de edad.
6. Es profesora del Departamento de Ciencias Secretariales de la Universidad de Puerto Rico.
7. Hay una región de América, la del Río de la Plata, o sea, el Uruguay y la Argentina, que llegó a producir un tipo muy pintoresco: el Gaucho.
8. En la sierra de Guadarrama, no muy lejos del Monasterio de San Lorenzo del Escorial, queda la gigantesca Basílica del Valle de los Caídos.
9. Leí ese artículo en *Horizontes*, la revista que publica la Universidad Católica.
10. Cuando Miguel Ángel cumplió veinticinco años esculpió su famosa *Piedad*, una figura de la Virgen María con Cristo muerto en los brazos.
11. Esa obra se presentará en el festival de teatro del Instituto de Cultura Hispánica.
12. Vive en el paseo de la Castellana, cerca de la Plaza de Colón.
13. Cuando vayas a la Ciudad México, no dejes de visitar el maravilloso Museo de Antropología e Historia Natural.
14. La mancha lechosa que cruza el espacio se llama Vía Láctea.
15. Según la mitología griega, Apolo, hijo de Júpiter, era el Dios del sol.
16. Ha publicado artículos en las revistas *Cuadernos Americanos*, *Hispania* y *La Torre*.
17. Atletas de todas las naciones se reunieron en Montreal, Canadá, para la celebración de los Juegos Olímpicos de 1976.

18. Mercurio, Venus, la Tierra y Marte son los planetas que se encuentran más cerca del sol.

七、 1. E<u>m</u>paca bien a<u>m</u>bos eje<u>m</u>plares de la novela.
2. La a<u>m</u>bulancia se llevó al i<u>n</u>válido.
3. Debes e<u>n</u>viar esos e<u>n</u> vasos vacíos al super<u>m</u>ercado.
4. Su a<u>m</u>bición es des<u>m</u>edida.
5. Todas las oraciones i<u>m</u>pares de ese ejercicio lleva<u>n</u> el sujeto i<u>m</u>plícito.
6. Nuestro equipo quedó i<u>n</u>victo en el ca<u>m</u>peonato de balo<u>n</u>cesto.
7. Ese hombre i<u>m</u>prudente me miraba e<u>m</u>bobado.
8. Sus respuestas son a<u>m</u>biguas.
9. El e<u>m</u>balaje del colu<u>m</u>pio nos va a costar mucho dinero.

八、 1. a.   2. a.   3. c.   4. a.   5. a.   6. b.
7. a.   8. b.   9. b.   10. b.   11. a.   12. a.
13. b.

九、 1. Realizó hazañas que han causado admiración a la generación coetánea.
2. Empecé a sentir frío, aunque luchara aún ventajosamente con él.
3. El disco del fonógrafo giraba junto a un fénix de mármol.
4. Oí después cómo él paseaba al niño monótonamente por el recibidor.
5. El tiempo era húmedo y aquella mañana tenía olor a nubes y a neumáticos mojados.
6. ¿Decíais que aquélla era nuestra patria?
7. Argüí que así había menos peligro, mas no pude convencer al capitán del navío.
8. Lo erróneo de tus cálculos puede costarte caro.
9. Echóse al tronco encima con ademán ligero.
10. La lluvia se precipitó interceptándonos el horizonte.
11. Compré un bellísimo jarrón color ámbar.

12. El señor Santacana nos saludó fríamente.
13. Acercose a la ventana, agitó súbitamente las alas y voló al cielo.
14. Raúl palpó el cuerpo frágil del animal.
15. Un mareo azul y alivioso le volteó el cráneo.
16. Se transformó en un personaje patético en el hazmerreír de los muelles.
17. Murió víctima de la mordida de un áspid.
18. Compuso óperas, sinfonías y música de cámara.

╋╲ 1. ésa. 2. quién, eso, Sí, fue.
3. sólo, tú, sé. 4. Como, dónde.
5. Mi, fe, más. 6. quién, ese.
7. Bien, mal, solo. 8. Aún, sé, dónde, este, ese.
9. qué, solo. 10. Aquello, fue.
11. porqué, cuándo, cómo. 12. Aún, cuál.

╋━╲ 1. más. 2. sé. 3. Sí, dé. 4. se, que.
5. qué, mas. 6. él. 7. ti, mí. 8. Sé, irá.
9. tú, que, mi. 10. Tú, más, que, él. 11. Sí, el, té.
12. sí, aún, se. 13. Te, más. 14. sé, qué, se, mas.
15. ti, mí.

╋═╲ 1. a, b. 2. a, b. 3. a, a. 4. b. 5. b, b.
6. b, a. 7. b. 8. b, b. 9. b. 10. a, a.
11. b, b. 12. b. 13. a, a. 14. a, a.

2.1.1 – 2.1.4

━╲ amiga, novia, abuela, gata, tía, chica, niña, hermana, perra, maestra, princesa, reina, madre, jugadora, deportista, hija, campesina, actriz, vecina, leona, estudiante, mujer, madrina, hembra, jinete, emperatriz, nuera, heroína, gallina, llega, poetisa, presidenta, suegra, sobrina, pastora.

二、
1. Necesitamos un *secretario*.
2. ¿Es él tu *sobrino*?
3. Quiero hablar con el *director*.
4. El *profesor* dijo que trajéramos los trabajos mañana.
5. Viene nuestro *primo* a visitarnos.
6. Hay 80 *alumnos* en el departamento de español.
7. ¿Dónde están los *compañeros*?
8. Hemos conocido al *duque*.
9. Su *esposo* fue a trabajar en Europa.
10. ¿Has visto a mi *marido*?

三、从略

四、从略

五、Nombres masculinos:
1. periodista, deportista. 2. viaje. 3. Madrid.
4. Andrés, cura. 5. problemas. 8. coche.
9. papel. 10. paraguas, impermeable.
11. días. 13. ajo. 14. gas.
15. pan, perro. 其余均为阴性名词。

六、1. artista. 2. nuera. 3. cantante. 4. electricista.
5. testigo. 6. médica. 7. estudiantes. 8. intérpretes.
9. pianista. 10. jóvenes. 11. yegua. 12. gallinas.
13. conductora. 14. mujer. 15. princesa.

七、hombre—mujer,   padre—madre,   esposo—esposa,
cólera—cólera,   bolso—bolsa,   ramo—rama,
manzano—manzana, capital—capital, policía—policía,
papá—mamá,   caballo—yegua,   toro—vaca.

八、el alcalde,   el pianista,   el policía,   el barco,
el estudiante, el culpable,   el huerto,   el artista

2.1.5－2.1.7

一、从略

二、从略

三、指小词：

israelita,   pueblecito,   rabillo,   hermanito,
pajarillo,   animalote,   casita,   cuentecito,
caramelito,   pececillo,   librito,   angelito,
portezuela,   historieta,   florecilla,   chiquitín

四、指大词：

callejón,   botellón,   hombretón,   palabrota,
librote,   mujerona,   raigón

五、cigarrillo-cigarro,   carrito-carro,   banqueta-banco,
gachupín-cacho,   quitecito-quieto,   poquito-poco,
chiquillo-chico,   granito-grano,   boquita-boca,
corpachón-cuerpo,   pelucona-peluca,   raigón-raíz,
burlón-burla,   juguetón-juguete,   preguntón-pregunta,
rabón-rabo,   cochinillo-cochino,   tenacillas-tenazas,
dominguillo-domingo,   boquete-boca,   membrete-nombre,
camilla-cama,   camarilla-cámara,   pitillo-pito,
tornillo-torno,   pajarito-pájaro,   librito-libro,
papaíto-papá,   Joselito-José,   estatuilla-estatua,
historieta-historia,   iglesuela-iglesia,   Antoniuela-Antonia,
amorcillo-amor,   florecilla-flor,   pececillo-pez,
manecita-mano,   maletín-maleta,   neblina-niebla,
casquete-casco,   platillo-plato,   calorcillo-calor

六、1. 亲切。 2. 轻视。 3. 喜欢。 4. 短暂。
5. 清早。 6. 渺小。 7. 渺小。

七、1. los padres. 2. los hermanos. 3. los hijos.
4. los tíos. 5. los amigos. 6. los abuelos.
7. los alumnos. 8. los novios. 9. mis suegros.
10. sus cuñados.

八、从略

九、lunes, martes, paraguas, anteojos, pantalones, tijeras, tenis, parálisis

十、
1. Las madrinas están en el bautizo.
2. Los niños esperan a sus padres.
3. Han llegado las profesoras.
4. Los barcos van al puerto.
5. Son las agendas de Pilar.
6. Se marcharon los nuevos ministros.
7. Son catalanes, de Barcelona.
8. Los escultores han ganado el premio.
9. Los autobuses están en la parada.
10. Tienen que adelantar el reloj.
11. Las fotos se cuelgan de las paredes.
12. Se nos han roto los esquíes.
13. En esas paredes no hay enchufes.
14. ¿Se saben ya las lecciones?
15. ¿Habéis visto ya los menús?
16. Los jerseyes que habéis comprado son preciosos.

十一、
1. ¿Tiene zapato la chica?
2. La niña viene el martes.
3. El pez está en el mar.
4. El poeta escribe poesía.
5. El sillón es para el invitado.
6. No conozco la nueva ley.
7. Ha visitado un país extranjero.
8. El profesor ha explicado la lección.
9. Se ha rayado el parabrisas.
10. Tienes que preparar el sacacorchos.
11. Puedes dormir en la cama-nido.
12. Ha hecho el régimen que le había aconsejado.

13. Para la tesis, hay que matricularse en junio.

2.2.1—2.2.5

一、从略

二、从略

三、el/ una alma inmorta<u>l</u>,　　　　　　el/ una hada chin<u>a</u>,
　　el/ una águila alpin<u>a</u>,　　　　　　el/ una aula pequeñ<u>a</u>,
　　el/ una agua salad<u>a</u>,　　　　　　 el/ una hacha nuev<u>a</u>,
　　el/ la/ un/ una amante cariñ<u>o</u>so/a,　　el/ una ancla oxidad<u>a</u>,
　　el/ una habla popul<u>ar</u>,　　　　　 el/ una harina blanc<u>a</u>,
　　las/ unas arenas fin<u>as</u>,　　　　　 el/ una ache gord<u>a</u>,
　　las/ unas amas simpátic<u>as</u>,　　　 las/ unas aves gran<u>des</u>,
　　las/ unas habilidades impresionan<u>tes</u>, las/ unas acciones gradu<u>ales</u>,
　　el/ una hambre insoportab<u>le</u>,　　 la/ una alegría sincer<u>a</u>,
　　las/ unas hamacas cómod<u>as</u>,　　 la/ una actitud rebel<u>de</u>,
　　el/ una *a* mayúscu<u>la</u>,　　　　　 el/ una *h* minúscu<u>la</u>,
　　el/ una hábi<u>l</u> cazadora,　　　　　las/ unas altas montañas,
　　las/ unas árid<u>as</u> llanuras.

四、1. al.　2. del.　3. del.　4. al.　5. al.　6. al.
　　7. al.　8. del.　9. del.　10. del.　11. al.　12. al, del.
　　13. del.　14. del.　15. al.　16. al.

五、1. 无。　2. 无。　3. una, unas, 无。　4. unos.
　　5. 无。　6. unos.　7. una.　8. un.
　　9. 无, unas　10. 无。　11. 无。　12. un.
　　13. una.　14. un.　15. una.

六、1. del.　2. el.　3. el.　4. 无。
　　5. 无。　6. Los.　7. El.　8. la.
　　9. 无。　10. al, la.　11. los.　12. 无，无。
　　13. la.　14. al.　15. lo.

七、1. El.　2. un.　3. 无。　4. El/无。
　　5. una.　6. una.　7. un.　8. una.

	9. lo.	10. la.	11. La, un.	12. lo.
	13. 无/El, la.	14. El/ Un, la, las	15. lo.	16. al, unas.
	17. un, el.	18. una.	19. 无。	20. los, el.
八、	1. lo.	2. el de.	3. Lo que.	4. lo de.
	5. lo.	6. lo, lo de.	7. lo de.	8. el, el.
	9. el, lo.	10. lo que.	11. Lo.	12. lo.
	13. Lo.	14. el.	15. el.	

九、la India,   el Brasil,   los Estados Unidos.   其余不需要。

十、2. Alfredo es profesor de la universidad Complutense.

    4. A aquella hora yo estaba en casa.

    5. El Museo del Prado está en Madrid.

    7. Mis padres viven en la calle de Santa María.

    8. La Plata se extiende en Sudamérica.

    9. Buenos Aires es una ciudad muy hermosa.

    10. Cuando voy a Londres, siempre me alojo en el Hotel Carland.

    11. A mí me gusta mucho la ópera de Pekín.

    12. Andalucía está en el sur de España.

    其余正确。

十一、应划掉的是：

    1. la.   2. los.   3. el.   4. el.   5. la.

    6. una, una.   7. una, el.   8. una.   9. una.

    10. del, unos.

十二、1. el, un, la, el, la, el, del, 无, al, los, la, unas.

    2. la, al, un, una, 无, la, del, 无, el, la.

    3. 无, un, el, la, la, las, las, la, el, el, unos.

十三、1. los. 他闭上了眼睛。

    2. la. 您头疼吗？

    3. las. 我的手很凉。

    4. la. 他的右腿断了。

    5. las. 你们为什么捂住鼻子？

6. la. 我在地铁里丢了钱包。
7. la. 他张开了嘴。
8. los. 我这双鞋夹脚。
9. el. 他剪了头发。
10. los. 我们去看望爷爷奶奶。

3.1.1－3.1.3
一、从略
二、从略
三、métodos ideal<u>es</u>,　　　　modelos corrient<u>es</u>,
　　costumbres árab<u>es</u>,　　　escapes posibl<u>es</u>,
　　determinaciones siguient<u>es</u>,　fuente abundant<u>e</u>,
　　billetes fals<u>os</u>,　　　　　papeles important<u>es</u>,
　　paquete pesad<u>o</u>,　　　　chicas aleg<u>res</u>,
　　buitres grand<u>es</u>,　　　　manzanas dulc<u>es</u>,
　　paisajes hermos<u>os</u>,　　　servicios buen<u>os</u>,
　　postre ric<u>o</u>,　　　　　　sobres bonit<u>os</u>,
　　buen profesor,　　　　　alumnas locua<u>ces</u>,
　　nubes obscur<u>as</u>,　　　　productos español<u>es</u>,
　　buen<u>a</u> gente,　　　　　　aves fero<u>ces</u>,
　　problema difíc<u>il</u>.
　　1. important<u>es</u>.　2. aquel<u>los</u> enorm<u>es</u>.　3. Grandios<u>as</u>.
　　4. azu<u>les</u>.　5. práctic<u>os</u>.　6. renovad<u>os</u>.
　　7. aleman<u>as</u>.　8. necesari<u>as</u>.　9. san<u>as</u>.
　　10. Est<u>os</u>, mejo<u>res</u>.
四、boda civil; asuntos civiles.
　　gobierno vietnamita; aduanas vietnamitas.
　　libros interesantes; revistas interesantes.
　　cielo gris; pared gris.
　　uniforme azul; camisas azules.
　　casos importantes; visitas importantes.

cantantes populares; canciones populares.
triste marinero; pueblo triste.
buen trabajador; buenos trabajadores.
gran figura; gran escritor.
decisión acertada; conjetura acertada.
fenómeno común; construcciones comunes.
actividades militares; práctica militar.
agua caliente; té caliente.

五、1. Su mujer es muy amable.
2. Visitará a nuestro país la reina sueca.
3. Su madre es una música genial.
4. Sus hijas están bien educadas.
5. Es una directora gentil.
6. La líder es musulmana.
7. Unas amigas españolas se interesan por vuestro sistema de trabajo.
8. La vaca se arroja hacia ella.
9. Una profesora nos llevará allí.
10. Muchas periodistas presenciaron el concurso.
11. Esta cantante siempre lleva sombrero.
12. La nueva alcaldesa es paisana mía.

六、1. Los taxis son muy caros.
2. Mis gatos son negros.
3. Sus hijas son pequeñas.
4. Las bufandas son verdes.
5. Las máquinas son nuevas.
6. Los sofás son cómodos.
7. Los paraguas son antiguos.
8. Llevan uno sombreros grises.
9. Los autobuses son más baratos.
10. Sus novias son inteligentes.

3.2.1－3.2.3

一、
1. primaverales－限定，árida－说明。
2. preciosos－说明，campestres－限定。
3. vengativos－限定。
4. bueno－限定。
5. descompuesto－限定。
6. menudos－说明，joven－说明，italiano 限定。
7. lívido－说明，mortecinas－说明。
8. extranjeros－限定。
9. nueva －限定。
10. gran －说明。

二、
1. cuántas -C, ese -D, mío-D.
2. cuarta-D.
3. valiosas -C.
4. este -D, bastantes -C.
5. otra -D.
6. almidonada -D.
7. amargo -C.
8. pocas-C, artístico -D.
9. poco -C.
10. ningún -C.

三、
1. unas, japonesas.
2. negro.
3. algunos, peruanos.
4. rotos.
5. israelíes.
6. contentas.
7. dulces.
8. grosera.
9. verdes.
10. flaco, alto.

3.2.3.1

一、从略

二、从略

三、从略

四、从略

五、
1. Dame esos periódicos.
2. Aquellos autobuses van a Toledo.
3. Estos vasos están llenos.
4. Los servicios de estos hoteles me parece perfecto.
5. Esas lechugas todavía están frescas.

6. Muéstreme esas revistas.
7. Aquellos señores son médicos.
8. Estos mapas son demasiado viejos.
9. Aquellos días salió con unas amigas.
10. No me gusta aquellas gentes.

六、A. 从略
B. 1. Esta.　　2. estos.　　3. ese.　　4. Ese.
　　5. aquel.　　6. Estos.　　7. este.　　8. Aquel.
　　9. Aquel.　　10. esta.

七、1. allí.　　2. aquí.　　3. allí.　　4. Aquí.
　　5. ahí.　　6. aquí.　　7. Ahí.　　8. aquí.
　　9. aquí.　　10. ahí.　　11. allí.　　12. Allí.

八、1. ¿Conoces a esos hombres de ahí?
2. ¿Te acuerdas de aquel hombre que conocimos allí en Madrid?
3. ¿Vives en aquella casa de allí?
4. Vamos a ese cine de ahí.
5. Nunca hemos comido en ese restaurante de ahí.
6. Dejo estas sillas aquí.
7. Aquel coche de allí es mío.
8. Juan e Ignacio están en aquel coche nuevo de allí.
9. Mañana vendré a buscarte en esta cafetería de aquí.
10. Llamo a ese señor que anda por ahí.

九、1. Prefiero ese plato de ahí.
2. ¿Cuánto vale esta camisa de aquí?
3. ¿Ves ese parque de ahí?
4. En esta taberna de aquí se hacen unas copas riquísimas.
5. Vamos a sentarnos en aquel sillón de allá.
6. ¿A qué hora abre ese bar de ahí?
7. Me gustaría probarme estos zapatos de aquí.
8. ¿Qué hacen aquellos niños de allí?
9. ¿Te molesta esa lámpara de ahí?

10. Por aquella carretera de allí se llega antes.
11. ¿La señora Hernández? Es esa de ahí.
12. Los veo a lo lejos: vienen por allí.
13. Mi casa está allí en aquella esquina.

3.2.3.2

一、从略

二、1. Mi.　　　2. Mis.　　　3. Mi.　　　4. mi.
　　5. mi.　　　6. mis.　　　7. mi.　　　8. mi.
　　9. mis.　　 10. mi.　　 11. mis.　　 12. mi.

三、从略

四、1. tu.　　　2. tus.　　　3. Tu.　　　4. tus.
　　5. tu.　　　6. tu.　　　 7. Tus.　　　8. tu.
　　9. tus.　　 10. tus.

五、从略

六、1. Nuestras. 2. nuestra. 3. Nuestros. 4. Nuestras.
　　5. nuestra. 6. nuestra. 7. nuestras. 8. nuestra.
　　9. Nuestro. 10. nuestros

七、从略

八、1. Vuestros. 2. vuestras. 3. vuestra. 4. Vuestras.
　　5. Vuestra. 6. vuestro. 7. vuestra. 8. vuestra.
　　9. vuestros. 10. vuestras.

九、从略

十、1. Sus.　　　2. sus.　　　3. Su.　　　4. sus.
　　5. sus.　　　6. su.　　　 7. su.　　　8. su.
　　9. su.　　　10. su.

十一、从略

十二、1. tus.　　2. sus.　　　3. Su.　　　4. sus.
　　　5. tus.　　6. su.　　　 7. sus.　　　8. su.
　　　9. sus.　　10. tu/ su.

十三、 1. vuestra.　　2. nuestra.　　3. vuestros.　　4. nuestros.
　　　 5. vuestro.　　6. vuestras.　　7. Nuestro.　　8. vuestro.
　　　 9. vuestra.　　10. vuestras.

十四、 1. Son muy expresivos los gestos suyos.
　　　 2. Varios de los compañeros vuestros están ya en vacaciones.
　　　 3. El coche tuyo no lleva aire acondicionado.
　　　 4. Todas las excursiones nuestras las realizamos a pie.
　　　 5. Es uno de los discos míos más divertidos.
　　　 6. Muchos de los profesores tuyos me dieron clase a mí.
　　　 7. No me gusta nada el plan suyo.
　　　 8. Me interesa mucho la recomendación vuestra.
　　　 9. Los zapatos míos no son de piel.
　　　 10. El hijo nuestro estudia menos que la hija.

十五、 1. sus.　　2. mi.　　3. mis.　　4. nuestros.
　　　 5. mi.　　6. Su.　　7. Su.　　8. Su.
　　　 9. Mi.　　10. Su.

十六、 1. vuestra.　　2. su.　　3. vuestros.　　4. sus.
　　　 5. vuestros.　　6. sus.　　7. vuestros.　　8. sus.

十七、 1. mía, tuya.　　2. mías.　　3. mis.　　4. tuyas.
　　　 5. míos.　　6. suyo.　　7. sus.
　　　 8. nuestra, suya.　　9. vuestros.　　10. suyo, mío.

十八、从略

十九、 1. Tu profesora es muy simpática.
　　　 2. Su pulsera es de oro.
　　　 3. Su cocina es muy moderna.
　　　 4. ¿Tu coche es azul?
　　　 5. Sus platos son estupendos.
　　　 6. Nuestros sillones son muy cómodos.
　　　 7. Nuestro frigorífico está estropeado.
　　　 8. Vuestro jardín es grande.
　　　 9. Sus dos hijas son muy guapas.

10. Mi máquina de fotos es japonesa.

3.2.3.3 — 3.2.3.7

一、A. 从略。

    B.   1/2→la mitad;

         1/3→un tercio/ una tercera parte;

         1/4→un cuarto/ una cuarta parte;

         2/3→dos tercios/ las dos terceras partes;

         3/4→tres cuartos/ las tres cuartas partes;

         4/5→cuatro quintos/ las cuatro quintas partes;

         5/6→cinco sextos/ las cinco sextas partes;

         5/7→cinco séptimo/ las cinco séptimas partes;

         3/8→tres octavos/ las tres octavas partes;

         4/9→cuatro novenos/ las cuatro novenas partes;

         1/10→un décimo/ una décima parte;

         7/10→siete décimos/ las siete décimas partes;

         9/10→nueve décimos/ las nueve décimas partes;

         4/11→cuatro undécimos/ las cuatro undécimas partes;

         5/12→cinco duodécimos/ las cinco duodécimas partes;

    C.   25,4→veinticinco coma cuatro;

         48,83→cuarenta y ocho coma ocho tres;

      982,07→novecientos ochenta y dos coma cero siete;

    356,986→trescientos cincuenta y seis coma nueve ocho seis;

  8934,01→ocho mil novecientos treinta y cuatro coma cero uno;

87,656,56→ochenta y siete mil seiscientos cuarenta y cinco coma cinco seis;

21,004,55→veintiún mil cuatro coma cinco cinco;

800,583,20→ochocientos mil quinientos ochenta y tres coma dos cero;

    D.   1%→uno por ciento;

         15%→quince por ciento;

23%→veintitrés por ciento;
56%→cincuenta y seis por ciento;
70%→setenta por ciento;
98,64%→noventa y ocho coma seis cuatro por ciento;
99,87%→noventa y nueve coma ocho siete por ciento.

二、A. un kilómetro;   una impresora;
Juan Carlos primero;   diez hombres;
once horas;   once discos;
veintiuna revistas;   treinta y un libros;
cuarenta y dos diccionarios;   cincuenta y una mesas;
sesenta y un bolígrafos;   setenta y un expertos;
ochenta alumnas;   noventa y un gramos;
el quinto piso;   cien sellos;
cien cartas;   ciento una hojas;
las cuarta línea;
ciento cincuenta y una personas;
ciento un billetes;   la duodécima vez;
doscientos periódicos;   doscientos un calentadores;
Isabel segunda;   trescientas veintiuna cintas;
quinientas cuarenta y una cajas;
setecientas jornadas;   la novena sinfonía;
mil una noches;   mil quinientos un árboles;
veintiún mil doscientos euros;
cinco mil novecientos tubos;
dieciocho mil seiscientas toneladas;
veinticinco millones cuatrocientas ochenta y cinco mil trescientas sesenta pesetas;
doscientos millones cuatrocientas dos mil trescientas onzas;
cien millones de libras;
la décima lección/ la lección diez;
ciento once mil quinientas una liras;

León décimo;
cien mil novecientos treinta francos;
veintiún mil doscientos un dólares;
ochocientos noventa millones quinientos treinta y una mil cien entradas;
ciento once millones ciento once mil ciento once litros;
ciento veintiún millones ciento sesenta y una mil ciento cuarenta y una letras.

B.
1. Son las veinte.
2. Son las veintitrés y media.
3. Son las siete y cinco de la tarde.
4. Eran las siete menos veinte de la mañana.
5. Son las dos y media.
6. El tren sale a las veintiuna menos cuatro.
7. Son las diez veinticinco.
8. Son las nueve y media de la mañana.
9. Salí al teatro a las cinco y cuarto de la tarde.
10. El avión llegó a las doce de la noche.

C.
1. ...tres litros ...
2. ...ocho metros...
3. ...veintiuna toneladas.
4. ...un kilo y medio...
5. dos mil kilómetros ...
6. ...un coma siete ocho metros.
7. ...mil metros.
8. ...trescientos cincuenta gramos.
9. ...cincuenta y siete kilos.
10. ...quinientas hojas.

D.
1. ...ciento cincuenta pesetas.
2. ...veintiuno de abril.
3. ...en el año mil novecientos cuarenta y nueve.

4. ...treinta y ocho grados centígrados.
5. ...cincuenta y ocho coma cinco por ciento...
6. ...veinticuatro de diciembre.
7. ...doscientos kilómetros ...
8. ...primer piso.
9. ...nueve ocho nueve cero uno nueve dos cero.
10. ...treinta y seis coma ocho (por ciento) ... cuarenta y siete coma dos por ciento...

三、A. 11;   15;   22;   27;
       36;   82;   304;   519;
       1,021;   8,700;   10,473;   81,101;
       651,310; 220,500; 1,000,003; 100,701,418;
       1,000,900,500

B. 1. ...36...   2. ...1,600,000...
   3. ...2360...   4. ...189,252...
   5. ...180...   6. ...491,258...
   7. ...5,014...   8. ...7,272...
   9. ...503,544...   10. ...583,500...

四、treinta y tres,   veinticuatro,
    cincuenta y ocho,   veintiuno,
    cuatrocientos tres,   doscientos once,
    cinco mil seiscientos,   quinientos cuarenta y cinco,
    ciento uno,   cuatrocientos veintidós mil treinta,
    un millón cien mil,   ciento un millones mil,
    mil millones seiscientos,   setenta y siete mil dos

五、1. uno.   2. un.   3. cien.   4. uno.
    5. una.   6. ciento. 7. cien.   8. un.
    9. un.   10. ciento.

六、1. Aquí hay unos setenta alumnos.
   2. Los profesores son colocados en la primera fila.
   3. Esta maleta vale veintiuna mil seiscientas pesetas.

4. Estamos en tercero de Lingüística.
5. Este año hemos plantado unos doscientos mil cien árboles.
6. Gana mensualmente cien mil pesetas.
7. Su novia es alumna del primer curso.
8. Hace sólo un año que vivo aquí.
9. Miles de trabajadores participaron en la manifestación.
10. Fueron conmigo ochenta y un alumnos.

七、从略

八、1. primer.　　　　　　2. primero.
3. primer/ tercer.　　　4. primera/ tercera.
5. primero/ tercero.　　6. primera/ tercera.
7. primero/ tercero.　　8. primera/ tercera.
9. primer/ tercer.　　　10. tercer

3.2.3.8—3.2.3.9

一、1. bastantes.　　2. muchas.　　3. sendos.
4. todos, algún.　5. bastante.　6. ningún.
7. tanta.　　　　8. todas.　　　9. cada.
10. tantas.

二、1. Mucho/ poco, mucho/ poco, poco/ mucho.
2. muchas/ pocas, muchas/ pocas, pocas/ muchas.
3. muchas, muchas, pocas.
4. mucha/ poca, mucha/ poca, poca/ mucha.
5. mucho/ poco, mucho/ poco, poco/ mucho.
6. muchas/ pocas, muchas/ pocas, pocas/ muchas.
7. mucho/ poco, mucho/ poco, poco/ mucho.
8. muchos/ pocos, muchos/ pocos, pocos/ muchos.

三、1. bastante.　　2. bastante.　　3. bastantes.
4. bastante.　　5. bastante.　　6. bastante.
7. bastante　　 8. bastantes.

四、1. otro. 2. otro. 3. otra. 4. Otras.
5. otro. 6. otros. 7. otras. 8. otro.
五、1. demasiada. 2. demasiadas. 3. demasiada.
4. demasiados. 5. demasiadas. 6. demasiado.
7. demasiadas. 8. demasiadas.
六、1. algunas. 2. algún. 3. algunos, ninguno.
4. ningún. 5. Algún. 6. algún.
7. algún. 8. ninguna. 9. alguna.
10. ningún.
七、1. Ambos. 2. Ambos. 3. Cada.
4. ambos. 5. Ambos.
八、1. cada momento. 2. cada cinco años.
3. cada tres meses. 4. cada ocho horas.
5. cada cuarto de hora. 6. cada uno o dos años.
7. cada momento.
九、1. Cada. 2. cada. 3. cualquiera.
4. cada. 5. cada. 6. cualquier.
7. todos. 8. cualquier. 9. todo.
10. Cada.
十、1. demasiadas. 2. bastante 3. bastante
4. demasiado. 5. demasiados. 6. demasiado.
7. demasiadas/ bastantes. 8. demasiada.
9. demasiada. 10. bastante.
十一、1. mismos. 2. poca. 3. cualquier, algún.
4. propia. 5. algunos. 6. alguna.
7. demás. 8. bastantes/ muchas.
9. tal/ semejante. 10. alguna.

3.2.3.10

一、1. Qué. 2. qué. 3. qué. 4. Qué.
5. qué. 6. Qué. 7. Qué. 8. qué.

9. qué.   10. Qué.

二、1. ¿Cuántos años tiene tu novia?
2. ¿De qué talla son sus vaqueros?
3. ¿A qué hora te levantas?
4. ¿Qué libros le gustan?/ ¿Qué tipo de libros le gusta?
5. ¿Cuál de los vestidos prefieres?
6. ¿Cuál de los llaveros te gusta?
7. ¿De qué color son sus ojos?
8. ¿Qué libros?/ ¿Qué tipo de libros sus padres le han comprado?
9. ¿Cuántos hijos tiene usted?
10. ¿Cuál de los coches es tuyo?

三、1. ¡Qué tumulto se produjo!
2. ¡Cuánto verde hay en este país!
3. ¡Qué día más especial fue ayer!
4. ¡Cuánto dinero necesita!
5. ¡Cuánta ignorancia tiene!
6. ¡Cuánta población tiene nuestro país!
7. ¡Qué/ Cuánta risa me dan sus palabras!
8. ¡Qué hermosura más extraordinaria ofrece la vida!

四、1. ¿Qué día es hoy?
2. ¿Cuántos años tienes?
3. ¿Cuántos hijos tenéis?
4. ¿Cuál de las chaquetas prefieres?
5. ¿A qué hora partirá el barco?
6. ¿Qué hora prefieres?
7. ¿Cuál es tu profesora?
8. ¿Cuántas veces a la semana tienes clases de lengua española?
9. ¿Qué hora es?
10. ¿Cuántos kilos de leña come el horno al día?

五、1. Cuánto.   2. Qué.   3. Qué.   4. Qué.
5. Cuánta.   6. Qué.   7. Qué/ Cuánta.   8. Qué.

　　　　9. Cuántas.　10. Cuántas
六、1. cuánta.　2. cuántas.　3. cuál.　4. cuántas.
　　5. cuál.　6. cuánta.　7. qué.　8. qué.
　　9. qué　10. cuál.

3.3—3.4
一、1. ninguno→ningún.　　2. grande→gran.
　　3. algún→algunos.　　4. malo→mal.
　　5. tercero→tercer.　　6. cientos→cien.
　　7. buen→buena.　　8. cualquier→cualquiera.
　　9. algún→alguno.　　10. uno→un
二、1. malas.　2. mal.　3. mala　4. un mal.
　　5. bueno.　6. buenos.　7. buena.　8. un.
　　9. una.　10. gran.
三、1. Es un muchacho bueno.
　　2. Es un año malo.
　　3. Tiene costumbres malas.
　　4. Fue un día malo.
　　5. Tenéis un buen profesor.
　　6. Es un mal hospital.
　　7. Usted es una amiga mala.
　　8. Les prestan condiciones de vida buenas.
　　9. Siempre saca buenas notas en la filosofía.
　　10. Usted es un mal conductor.
四、la cocina nuestra,　　las tortillas vuestras,
　　las mantas nuestras,　el sombrero tuyo,
　　las ideas suyas,　　los cacharros vuestros,
　　el armario mío,　　la puerta suya,
　　el pueblo nuestro,　las botellas mías,
　　los vestidos tuyos,　las cucharas vuestras,
　　los hermanos tuyos,　los guantes míos,

las sábanas tuyas,   las guitarras nuestras,
la pelota vuestra,   la decisión nuestra,
el plan suyo,   las palabras suyas,
el alma mío,   el corazón tuyo,
el corazón nuestro,   las condiciones suyas,
las acciones vuestras,   las conductas tuyas,
los parientes nuestros.

五、1. a) Es una persona de malos instintos.
 这人本质很坏。

 b) ¡Mal negocio me propones!
 你给我提出的生意简直糟透了。

2. a) Me contó una historia triste que me hizo llorar.
 他给我讲了一个悲惨的故事，使人泪下。

 b) Es un triste empleado, no gana ni para zapatos.
 他是一位普通员工，收入不足以买鞋。

3. a) ¡Bonitos plantones nos han dado!
 你们/他们让我们好等啊！

 b) Esa chica tiene una cara bonita.
 那个姑娘脸蛋很漂亮。

4. a) ¡En buen lío me has metido!
 你给我们找的好麻烦！

 b) ¡Buena faena me habéis hecho!
 你们给我干的好活！

5. a) ¡Pobre doña María! Aún se cree joven.
 可怜的玛丽亚夫人，她还自以为年轻呐。

 b) Es un miserable con parientes pobres.
 他是一个可怜人，亲戚也很穷。

6. a) Tuvo un gesto valiente al enfrentarse con ese problema.
 面对问题，他神情勇敢。

 b) ¡Valiente soldado eres tú!

你可真是勇敢的战士啊！

7. a) Muchos grandes hombres tienen cuerpo menudo.
   许多伟人身材矮小。
   b) ¡Menudo sinvergüenza estás hecho!
   你可真是个死不要脸的。

六、1. Pero aquellos tiempos pasaron como pasa todo. De jovenzuelos llegamos a ser hombres formados. Y sus durezas no fueron en adelante ni un recuerdo siquiera en mi memoria atraída a otros asuntos y anhelos. Diez años más tarde, entre la correspondencia que abría en mi despacho de abogado encontré una carta trazada en gruesos caracteres y firmada por Alegret...

2. Las investigaciones actuales en la tecnología de los ordenadores siguen también otros rumbos. Por ejemplo, los que utilizan líquidos o gases en lugar de corrientes eléctricas. Una ventaja importante sobre los ordenadores convencionales estriba en que ofrecen mayor seguridad que éstos en circunstancias adversas, por ejemplo, si están sometidos a grandes variaciones de temperatura, como ocurre en los vehículos especiales.

七、可接受的：

1. a) 经济拮据。
2. a) 只有咖啡。
3. a) 伟人；b) 高大的人。
4. a) 美国/美洲语言学。
5. a) 半法国人；b) 中级法语。
6. a) 和蔼的黑人（意味着和蔼是所有黑人的特点）；
   b) 和蔼的黑人（区别于不和蔼的）。
7. a) 王家宫殿。
8. a) 社会历史。
9. a) 穷夫人；b) 可怜的夫人。

10. a) 小鸟(意味着小是鸟的特征); b) 小鸟(区别于大鸟)。
11. a) 绿色的田野(意味着绿是田野的特征);
    b) 绿色的田野(区别于不绿的田野)。
12. a) 新衣服(崭新的衣服/另一件衣服);
    b) 新衣服(区别于旧衣服)。
13. b) 俄罗斯餐馆。
14. a) 办公室普通职员。b) 头脑简单的办公室职员。
15. a) 政治权利。b) 正直的政治家。
16. a) 私有海滩。

八、1. lo. 2. Lo. 3. El. 4. lo. 5. lo.
    6. las. 7. lo, lo. 8. lo. 9. el. 10. los.

九、1. No sabes lo grande que es aquella plaza.
    2. Mira lo contentos que juegan los chicos.
    3. No sabes lo diferentes que son las dos hermanas.
    4. Me ha contado lo triste que se puso su madre al saberlo.
    5. Te dará cuenta de lo lejos de su residencia.
    6. Ya verás lo peligro de aquellos animales.
    7. Fíjense en lo hábiles que se muestran en el trabajo.
    8. Ya os contaré lo atrevidas de sus palabras.
    9. No sabes lo húmedo del clima de aquella zona.
    10. Le he advertido lo profunda que es el agua.

十、1. 吃好对人来说是最重要的。
    2. 瞧瞧玛尔塔(Marta)人多好。
    3. 最重要的是你恢复健康。
    4. 我看不出这事情的难点在哪里。
    5. 那就是这件事情里最好的部分。
    6. 我不明白为什么他的总应该比我的好。
    7. 最好就这样放下。
    8. 钟楼顶上闪烁的那是什么。
    9. 我们不能走着去,你知道那有多远吗?

10. 他尽了一切可能甚至于作了不可能的事情来消灭老鼠。

十一、escritor mexicano,　　　　parque fiero,
　　　conceptos poéticos,　　　　periódico vespertino,
　　　hilo metálico,　　　　　　　noche tormentosa,
　　　reacción infantil,　　　　　palabras fogosas,
　　　mundo americano,　　　　　 errores juveniles,
　　　panorama urbano,　　　　　 industria textil,
　　　industria agrícola,　　　　 correo aéreo,
　　　las fiestas navideñas,　　　 paz hogareña,
　　　vida humana,　　　　　　　vestidos femeninos,
　　　turistas estadounidenses.

十二、día de labor,　　　　　　　telegrama de urgencia,
　　　joyas de valor,　　　　　　clases de noche,
　　　rostro de virgen,　　　　　voces de confusión,
　　　violines de Hungria,　　　 expresión de júbilo,
　　　sala con iluminación,　　　 idea de genio,
　　　blusa con bordadura,　　　 animales del mar,
　　　persona de la pobreza,　　 palco del centro,
　　　café sin azúcar,　　　　　 sonrisa con tristeza,
　　　vida de miseria,　　　　　 bofetada con fuerza,
　　　pretérito sin definición,　　tierra sin población.

3.5.1－3.5.4

一、1. P.　2. R.　3. P.　4. R.　5. R.　6. S.　7. I.
　　8. R.　9. S.　10. R.　11. R.　12. A.　13. I.　14. S.
　　15. S.

二、

原级	比较级			最高级		
	较高	等同	较低	绝对最高 -ísimo	绝对最高 muy	相对最高
mucho	más	tanto como	menos	muchísimo		
poco				poquísimo	muy poco	
grande	mayor	tan grande como	menor	grandísimo	muy grande	máximo
pequeño	menor	tan pequeño como		pequeñísimo	muy pequeño	mínimo
bueno	mejor	tan bueno como	peor	buenísimo bonísimo	muy bueno	óptimo
malo	peor	tan malo como		malísimo	muy malo	pésimo
bonito	más bonito	tan bonito como	menos bonito	bonitísimo	muy bonito	el más bonito
feo	más feo	tan feo como	menos feo	feísimo	muy feo	el más feo
fuerte	más fuerte	tan fuerte como	menos fuerte	fuertísimo fortísimo	muy fuerte	el más fuerte
débil	más débil	tan débil como	menos débil	debilísimo	muy débil	el más débil

三、 1. tan...como.   2. tan...como.   3. tan...como.
   4. tanta...como. 5. tanto...como. 6. tanta...como.
   7. tantas...como. 8. tan...como.   9. tan...como.
   10. tan...como.

四、 1. Tanto Sandra como Ana son discretas.
   2. Tanto el paraguas como el sombrero son prácticos.
   3. Tanto el ordenador como el teléfono son muy útiles.

4. Tanto el colegio como la Universidad son importantes.
5. Tanto la inteligencia como la memoria son necesarias.
6. Tanto los toros como el fútbol son populares.
7. Tanto las frutas como las verduras son sanas.
8. Tanto el mar como el cielo son azules.
9. Tanto el padre como el hijo son inteligentes.
10. Tanto los maestros como las maestras son exigentes.

五、
1. El mercado es más viejo que la iglesia.
2. La chica es más lista que el chico.
3. El bolígrafo es más barato que la pluma.
4. Este gato es mayor/ más grande que el tuyo.
5. El té está más dulce que el café.
6. La sopa está más caliente que la carne.
7. En invierno la noche es más larga que el día.
8. El vídeo es mayor/ más grande que la calculadora.
9. Virginia es más atenta que su prima.
10. El padre es más alto que el hijo.

六、
1. Soy mayor que él.
2. Sus hermanos son menos rubios que ella.
3. Aquellos libros son peores que éstos.
4. El francés es menos difícil/ más fácil que el ruso.
5. La película que vimos ayer es mejor que ésta.
6. Aquellas casas son menos modernas que éstas.
7. La cerveza es menos cara que el vino.
8. La vieja traducción es peor que la nueva.
9. Tus compañeros saben menos que tú.
10. Los alumnos tienen más dinero que los profesores.

七、
1. que.   2. como.   3. más.   4. que.
5. que.   6. tanto.   7. tanta.   8. que.
9. que.   10. tan.

八、 1. Fernando no es tan feliz como Laura.
2. Esta camisa no es tan nueva como estos pantalones.
3. La carretera no es tan estrecha como el sendero.
4. Mi padre no es tan joven como mi tío.
5. Las camareras no son tan amables como los camareros.
6. La señora no es tan generosa como el señor.
7. En la primavera no cae tanta agua como en el otoño.
8. La banca no es tan cómoda como el sillón.
9. El director no es tan educado como la secretaria.
10. Los comedores no están tan iluminados como la biblioteca.

九、 1. más antigua.   2. más vieja/ mayor.
3. más fuerte.   4. mayor.
5. más vaga.   6. tan pesada.
7. mejor.   8. más formal.
9. peores.   10. peor.

十、 1. mejor.   2. mejor.   3. menor.   4. mayor.
5. peor.   6. peor.   7. menor.   8. mayor.
9. peor.   10. mayor.

十一、 1. muy ancha   2. muy largo   3. muy difícil
4. muy dulce   5. muy popular   6. muy bella
7. muy pesado   8. muy rápido

十二、 1. normalísimo.   2. aburridísima.   3. guapísimo.
4. importantísima.   5. tristísima.   6. gravísimo.
7. listísimas.   8. riquísimos.   9. animadísimos.
10. cansadísimos.

十三、 1. superior.   2. máximo.
3. mayor, superiores.   4. mínimo.
5. supremo.   6. supremo, máximo.
7. óptimo.   8. ínfima, suprema.
9. menor.   10. óptimo.

十四、
1. Es la canción más bonita que he oído.
2. Es la bebida más deliciosa que he probado.
3. Es la alumna más pesada que he enseñado.
4. Es el libro peor que he leído.
5. Es la mujer más cariñosa que he conocido.
6. Es el pez más grande/ mayor que he visto.
7. Es el caballo más rápido en que he montado.
8. Es la escena más horrible que he presenciado.
9. Es la fiesta más divertida a que he asistido.
10. Son las personas más encantadoras que he conocido.

4.1.1－4.1.11
一、从略
二、从略
三、从略
四、从略
五、主动语态：1. 2. 7. 9. 12.
　　被动语态：3. 4. 5. 6. 8. 10. 11. 13. 14.
六、从略
七、从略

4.2.1－4.2.3
一、从略
二、从略
三、1. como.　　　2. estudian.　　3. cuento.
　　4. miente.　　5. aprendemos.　6. bebo.
　　7. encontráis.　8. sirven.　　　9. abres.
　　10. prueba.　　11. sois.　　　12. demuestra, saben.
　　13. suelen.　　14. Sigues.　　15. dormimos.
　　16. construyen.　17. Os despertáis.　18. llama.
　　19. saludáis.　　20. siento.

四、从略

五、1. ..., pero nosotros no desayunamos tarde.
2. ..., pero tú no lo exiges.
3. ..., pero los hijos no sufren por sus padres.
4. ..., pero ustedes no trabajan.
5. ..., pero yo cojo el autobús.
6. ..., pero yo limpio mi cuarto.
7. ..., pero él no lo toca.
8. ..., pero yo no lo consigo.

六、1. El sábado/ Los sábados no trabajamos.
2. Estudiamos español.
3. ¿A qué hora coméis en vuestro país?
4. ¿Viajáis mucho?
5. En esos balcones/ ese balcón hay muchas flores.
6. Los caballos de mis tíos/ mi tío son muy rápidos.
7. Llevamos unos papeles en nuestras carteras.
8. Mis hijos dominan muy bien el inglés.
9. ¿Qué idiomas habláis?
10. Nosotros os escribimos todos los meses. Pero vosotros nos escribís muy poco.

七、1. Ella se ha mudado de casa.
2. Tú no nos invitas nunca.
3. Me canso mucho.
4. Usted no quiere ayudarnos.
5. ¿Va a bañarse usted en el mar?
6. Ella os lo da.
7. Tú te pones los guantes.
8. Él se viste rápidamente.
9. No nos gusta esta canción.
10. Se nos regala/ nos regala unos jarrones.

八、1. 习惯。 2. 习惯。 3. 命令。 4. 习惯。
5. 命令。 6. 将来。 7. 习惯。 8. 习惯。
9. 将来。 10. 将来。

九、1. quere→quiere. 2. pensa→piensa.
3. puedéis→podéis. 4. deslia→deslía.
5. Cabo→quepo. 6. confíamos→confiamos.
7. oymos→oímos. 8. averigúan→averiguan.
9. actuas→actúas. 10. 正确。

4.2.4－4.2.5
一、从略
二、从略
三、从略
四、1. Abrió. 2. tomé. 3. Aprendiste.
4. Anduviste. 5. vivió. 6. Bailasteis.
7. puso. 8. Tuvieron. 9. subió.
10. Jugué. 11. visteis. 12. Supimos.
13. llegaron. 14. dio. 15. me equivoqué.

五、从略
六、1. Salí... 2. Limpié... 3. Practiqué...
4. Bailé... 5. Jugué... 6. Corrí...
7. Planté... 8. Pesqué... 9. Asistí...
10. Leí...

七、1. comprasteis. 2. limpió. 3. nació.
4. vi 5. llamó. 6. abrí.
7. corrieron. 8. ganó. 9. desayunó.
10. vivimos.

4.2.6－4.2.7
一、从略

二、从略

三、从略

四、
1. llevaba.
2. pensaba.
3. empezaba.
4. caía.
5. estudiaba, veía.
6. terminaba, escribía.
7. tomaba, observaba.
8. vivía.
9. enseñaban.
10. viajaba, tardaba.
11. paseabais, discutíais.
12. trabajaba.
13. estaba.
14. íbamos.
15. dictaba, se paseaba

五、
1. ...dormía...
2. ...iba...
3. ...llegaba...
4. ...comía...
5. ...te acostabas...
6. ...se afeitaba...
7. os duchabais...
8. ...veíamos...

六、从略

七、
1. desayuno, desayunaba.
2. me sentía.
3. venía.
4. me levanto, me levantaba.
5. vive, vivía.
6. existían.
7. tenía, trabajaba.
8. come, comía.
9. toma, gustaba.
10. pensaba, hablaban.

八、
1. No te llamé porque no tenía tu teléfono.
   Como no tenía tu teléfono, no te llamé.
2. Me acosté pronto porque estaba cansada.
   Como estaba cansada, me acosté pronto.
3. Ella no fue a trabajar porque estaba enferma.
   Como estaba enferma, ella no fue a trabajar.
4. Cogí un taxi porque había huelga de metro.
   Como había huelga de metro, cogí un taxi.
5. Él no fue a la discoteca con usted porque tenía que estudiar.
   Como tenía que estudiar, él no fue a la discoteca con usted.
6. No salimos porque estaba lloviendo.
   Como estaba lloviendo, no salimos.

7. Llegó tarde a clase porque había demasiado tráfico.
   Como había demasiado tráfico, llegó tarde a clase.
8. No cenaron las niñas porque no tenían hambre.
   Como no tenía hambre, no cenaron las niñas.
9. No vimos la telenovela porque el televisor estaba estropeado.
   Como el televisor estaba estropeado, no vimos la telenovela.
10. Te quedaste todo el día en casa porque te dolían los pies.
    Como te dolían los pies, te quedaste todo el día en casa.

4.2.8

1. Eran.   2. nos casamos.   3. fueron.
4. estuvo.   5. Recibieron.   6. parecía.
7. hizo.   8. creías.   9. se paseaba.
10. llegué, tenías.   11. Solía, se afeitaba.   12. llevaba.
13. eran.   14. tomaba.   15. fui.
16. pasé.   17. queríais, interrumpí.   18. estuve.
19. supieron.   20. tomaban.   21. repasó.
22. tiraban.   23. utilizaban.   24. venía.

1. compraron, tenía.   2. vivieron.
3. recibí, puse.   4. fumaba.
5. estuve.   6. compré, eran.
7. salimos.   8. era, odiaba.
9. pudieron, tenían.   10. comió, había.
11. se duchaba.   12. vi, actuaba.
13. cantó.   14. llevaba.
15. vivía, pescaba.   16. hicimos, eran.
17. cogimos, fue, queríamos.   18. cantaba.
19. tocó, estuvo.   20. recibía, ponía.
21. discutíamos.   22. era, regalaron, hablaba.
23. eran.   24. pude, estaba.

三、1. 埃尔·莱迪罗(El Retiro)旧货市场古典汽车展示从前是上午十一点进行。
2. 埃尔·莱迪罗(El Retiro)旧货市场的展示是在上午十一点进行的。
3. 银行的抢劫凌晨三点整正在进行。
4. 银行的抢劫发生在凌晨三点整。
5. 我们在一家迪斯科舞厅认识了玛尔嘎丽达(Margarita)。
6. 当时我们认识玛尔嘎丽达(Margarita)。
7. 他们在从马德里到伦敦的飞行旅途中认识了我们。
8. 他们通过与我们共同的朋友了解我们。
9. 昨天我得知你的哥哥/弟弟佩德罗(Pedro)是一位出色的演员。
10. 当时我知道你的哥哥/弟弟是一位出色的演员。

四、A. era, tenía, llevó, comenzó, fue, fue, fue, se enteró, tuvimos.

B. 1. Aquel fin de semana.
2. siempre/ a menudo/ cada vez/ habitualmente, en 1995.
3. cada vez.
4. una sola hora.
5. siempre/ a menudo, una vez.
6. Siempre, un buen día/ una vez.

4.2.9—4.2.10

一、从略

二、1. ha subido. 2. Hemos comprado.
3. has hecho. 4. han llegado.
5. han parecido. 6. me he puesto.
7. ha cosido. 8. he roto.
9. hemos preparado. 10. han dicho.
11. Has bebido. 12. he hecho.
13. han devuelto. 14. ha arreglado.

15. se ha acostado.

二、A. 1. ha sido. 2. se ha caído.
3. ha perdido. 4. hemos tenido.
5. hemos estado. 6. se ha dicho.
7. ha abierto. 8. ha costado.
9. se ha visto. 10. has comprado.
B. 1. ha ido/ salido/ vuelto. 2. han salido/ ido.
3. has vuelto. 4. han tenido.
5. han visto. 6. has leído.
7. has estado. 8. he vuelto/ salido/ ido.
C. 1. han bebido. 2. hemos jugado.
3. se ha despertado/ cerrado. 4. han entrado.
5. ha recibido. 6. hemos visitado.
7. se ha atrevido. 8. me he despertado.

4.2.11

一、1. hice. 2. probé.
3. estuve. 4. llamé.
5. apagamos. 6. hemos recogido.
7. se han tranquilizado. 8. he arrancado.
9. se ha revolcado. 10. se ha marchado.
11. fui. 12. creyó.
13. ganaste. 14. pasaste.
15. hiciste. 16. nos divertimos.
17. pagué. 18. nos mojamos.
19. hemos salido. 20. se lo di.
21. fue. 22. rio.
23. han salido. 24. ronqué.

二、1. 正确。
2. Ha estado en el cine.

3. 正确。
4. Ella nunca ha montado a caballo.
5. Ayer el espejo del salón se rompió.
6. Mi madre no lo supo hasta el día siguiente.
7. Colón descubrió América en 1492.
8. Yo nunca he hecho el paracaidismo.
9. ¿Vosotros habéis escrito alguna vez un poema?
10. ¿A qué hora terminaste de trabajar?

三、1. volvimos. 2. se ha comportado.
3. me he despertado. 4. ha llovido.
5. ha vivido/ vivió. 6. has oído.
7. estaba, tiró. 8. hemos pasado.
9. hizo. 10. Creías/ Crees, iba/ voy.
11. la he llamado, he tenido. 12. dejó.
13. lo he probado. 14. andaba, atropelló.
15. pudo, había.

4.2.12－4.2.13

一、从略

二、1. Cada vez que le decía que la quería, otros lo habían dicho antes.
2. Cuando llamaron a Nicolás, ya se había enterado de la noticia.
3. Os multaron porque habíais aparcado mal.
4. Yo desayuné pan con mantequilla, tú sólo habías desayunado cereal.
5. Cuando Julián llegó a casa, su familia ya había cenado.
6. No le admitieron porque no había entregado el expediente completo.
7. Cada vez que quería sacar buenas localidades, otras personas las habían sacado antes.
8. Cuando tú estabas a la mitad de trabajo, Marta ya había

terminado el suyo.
9. Se enfadaron porque no habían llegado a un acuerdo.
10. Vosotras no hicisteis ninguna pregunta, pero ellos habían hecho muchas.

三、 1. ha estudiado.　　　　　2. había estudiado.
3. ha salido.　　　　　　　4. había salido.
5. ha oído.　　　　　　　　6. había oído.
7. han cenado.　　　　　　8. habían cenado.
9. había empezado.　　　　10. había visto.

四、 1. regresaron.　　　　　　2. has estado, estuve.
3. he visto.　　　　　　　4. han vivido.
5. lo vi, dijo, había tenido, estaba.　　6. había hecho.
7. había salido.　　　　　　8. ha invitado.
9. ha declarado, han encontrado.　　10. se me acercó.
11. se sacrificó.　　　　　　12. lo había contado.
13. iba, se me acercó, había visto, se puso.
14. ha cambiado.　　　　　15. habían destrozado.

4.2.14 — 4.2.15

一、从略

二、 1. veré.　　　　2. aprobarás.　　　3. pensará.
4. explicará.　　5. sabrán.　　　　6. Entenderás.
7. dormirás.　　8. me servirá.　　9. limpiaré.
10. se quejará.　11. Conduciré.　　12. querrá.
13. Jugaremos.　14. volverá.　　　15. se divertirá.

三、 A.　1. Iré.　　　　　2. Estrenaré.　　3. Esquiaré.
　　4. Me bañaré.　5. Empezaré.　　6. Comeré.
　　7. Pediré.　　　8. Veré, daré.　　9. iré.
B.　1. Prepararé.　2. Compraré.　　3. Pediré.
　　4. Iré.　　　　　5. Sacaré.　　　　6. Preguntaré.
　　7. Diré.　　　　8. Llamaré.

四、1. será. 我的车启动不了。大概是没电了。
2. pensará. 妻子对丈夫莫名其妙的旅行会怎么想呢?
3. habrá. 灯不着，可能是停电了。
4. estará. 她在跟他耳语些什么呢?
5. Estará. 他不接电话，也许在外面。
6. se creerán. 他们在多大程度上相信别人的话呢?
7. Las necesitarán. 教室里没有一把椅子，大概别的教室里用着。
8. Estará. 她呆的地方每天都有一朵玫瑰花，一定是有人爱上她了。
9. Le dolerá. 我的狗不想吃东西，可能是哪儿疼。
10. Tendrá. 我的邻居在哭，一定是有什么问题。

五、1. 安娜(Ana)和苏珊娜(Susana) 在组织一个聚会。
Ana y Susana organizarán una fiesta.
安娜和苏珊娜将组织一次聚会/……可能在组织……。
2. 现在是下午两点钟。
Ahora serán las dos de la tarde.
现在大概是下午两点钟。
3. 她送了一个生日蛋糕给他。
Ella le regalará un pastel de cumpleaños.
她将送一个生日蛋糕给他/她可能送给他一个……
4. 您有道理。
Tendrá usted razón.
您也许有道理。
5. 把奖发给他。
A él le darán el premio.
将会把奖发给他/可能把奖发给他。
6. 这条街离这儿三个街区。
Esta calle estará a tres manzanas de aquí.
……大概有……

7. 这位夫人是俄国人。
   Será rusa esta señora.
   ……可能是……
8. 他表姐/表妹有二十多岁了。
   Su prima tendrá más de veinte años.
   ……大概有……
9. 巴布罗没参加聚会。
   Pablo no estará en la fiesta.
   ……将不参加聚会/大概没参加聚会。
10. 事情他知道，但不想告诉你。
    Lo sabrá pero no querrá decírtelo.
    事情他也许知道，……

六、从略

七、1. 他们将在/大概会在我家吃饭。
    Van a comer en mi casa.
    他们打算在/将在……
2. 何塞(José)和玛丽索尔(Marisol)将在英国居住/可能住在英国。
   José y Marisol van a vivir en Inglaterra.
   ……打算在/将在……
3. 气候要变了。
   El clima cambiará.
   气候要/可能要变了。
4. 比赛要开始了。
   El concurso empezará.
   比赛要开始了/会开始的。
5. 我们将带你去散步。
   Vamos a llevarte a pasear.
   我们将/打算……
6. 孩子们将和他们的父母一起玩。
   Los niños van a jugar con sus padres.

孩子们将和……

7. 今年夏季雨水将会很多。

   Va a llover mucho este verano.

   今年夏季雨水将会很多。

8. 大家要问她很多问题。

   Le harán muchas preguntas.

   大家将会/可能……

9. 他们将/可能为他们的婚礼准备一次庆典。

   Ellos van a preparar una fiesta para su boda.

   他们打算/将为……

10. 你会有鸿运。

    Vas a tener mucha suerte.

    你会有鸿运。

八、从略

4.2.16－4.2.18

一、从略

二、1. habremos regresado.　　2. será.
　　3. acabará.　　4. pasará, habrá pasado.
　　5. habrás cenado.　　6. se habrán realizado.
　　7. habrá puesto, lo habrá puesto.　8. se habrá hecho.
　　9. Iremos.　　10. tendremos.
　　11. veremos.　　12. se quedará, habrá dormido.
　　13. habrán terminado.　　14. habrá estado.
　　15. te devolveré, te habré devuelto.　16. habrá cumplido.
　　17. habrá.　　18. habremos llegado.
　　19. terminará, habrá terminado.　　20. estará.

三、从略

四、1. 来这儿以前他们已经吵了很长时间了。

   habrán estado discutiendo.

......他们大概已经......

2. 你们花了多长时间到达的？
   habrán tardado.
   你们大概花了多长时间到达的？

3. 是佩德罗(Pedro)把结果告诉他的。
   habrá sido.
   可能是……

4. 这会儿他已经离开了。
   se habrá marchado.
   这会儿他肯定已经离开了。

5. 孩子们安静得出奇，干坏事了。
   habrán hecho.
   ……，大概是干坏事了。

6. 马诺罗(Manolo)的车花了多少钱？
   habrá costado.
   ……大概花了多少钱哪？

7. 给他换了大学了？
   habrán cambiado.
   大概给他换了大学了吧？

8. 爸爸带走了箱子的钥匙。
   se habrá llevado.
   爸爸可能带走了……

9. 他们把事情告诉你，为的是想得到你的建议。
   habrán dicho.
   ……，可能是想得到……

10. 他起来这么早锻炼身体。
    se habrá levantado.
    他可能起来这么早……

4.3.1—4.3.4

一、从略

二、
1. descanses.　　2. podáis.　　3. recuerde.
4. compartan.　　5. me dé.　　6. salga.
7. haya.　　8. llueva. Podamos.　　9. esté.
10. tenga.　　11. entiendan.　　12. esté.
13. seáis.　　14. resulte.　　15. disfrutes.
16. sea.　　17. quiera.　　18. nos ayuden.
19. lleves.　　20. nos preocupemos.

三、
1. Dudo que <u>él sea amigo de Pedro</u>.
2. No creo que <u>vaya a llover</u>.
3. ...Quiero que lo <u>arregles</u>.
4. ...Te he dicho que lo <u>saques</u>.
5. ¿Les importa que <u>duerma un poco</u>? ...
6. ...Os ordeno que <u>los recojáis</u>.
7. ...Espero que se <u>tranquilice</u>.
8. Es probable que <u>lleguen mañana</u>.
9. El médico te aconseja que <u>descanses unos días más</u>.
10. Es lógico que <u>se moleste ella</u>.

四、从略

五、肯定形式：
1. es.　　2. es.　　3. aprobar.　　4. desconfie.
5. vengáis.　　6. van.　　7. hables.　　8. apruebas.
9. hagan.　　10. madrugamos.

否定形式：
1. sea.　　2. sea.　　3. aprobar.　　4. desconfie.
5. vengáis.　　6. vayan.　　7. hables.　　8. apruebes.
9. hagan.　　10. madruguéis.

六、
1. compre.　　2. hagan.　　3. disculpe.　　4. juguemos.
5. sepa.　　6. haya.　　7. salga.　　8. llueva.
9. viene.　　10. llegará.　　11. es/sea.　　12. es.

13. quiera. 14. escribiré. 15. digan.

七、1. llueva. 2. vaya. 3. seáis. 4. vengo.
5. vuelva. 6. nieve. 7. nieve. 8. toques.
9. termine. 10. les gusta. 11. tengas. 12. estén.
13. tiene. 14. llegar. 15. traerme.

八、1. hablar. 2. que, sean. 3. que se independice.
4. trabajar. 5. que, conocen. 6. acabar.
7. estudiar. 8. que, digan. 9. que, me digan.
10. conducir

4.3.5－4.3.6
一、从略

二、1. se haya ido. 2. se haya olvide.
3. te hayan ascendido. 4. hayas leído.
5. le haya gustado. 6. hayan madrugado.
7. haya ganado. 8. haya escrito.
9. les haya satisfecho. 10. haya leído.
11. se haya presentado. 12. hayan paseado.
13. hayan llegado. 14. hayan vuelto.
15. haya bebido.

1. 弗兰西斯科大概已经走了。
2. 他把我忘了,使我很伤心。
3. 他们提拔了你,你却不高兴。
4. 我没有一本你没看过的书。
5. 他可能不喜欢那部电影。
6. 他们可能今天一大早就起来了。
7. 丈夫获得了诺贝尔化学奖,妻子为此感到自豪。
8. 我希望在黑板上写这个的人立即来找我。
9. 我们希望老师们对表演是满意的。
10. 她读了那封信,我很高兴。

11. 但愿他今天到过办事处。

12. 你们和我们一起散步，我们甚为高兴。

13. 旅游者们也许已经乘火车到达了。

14. 我希望他们已经下班了。

15. 他可能喝得太多了。

4.3.7－4.3.8

一、从略

二、1. abriera.   2. se lo pidiera.   3. respetara.
    4. fuera.   5. anduviera.   6. fuera.
    7. descansaras.   8. hicieran.   9. estuviera.
    10. supiera.

三、1. nos llamaran.   2. protestara.   3. hablen.
    4. me enviaran.   5. llegara.   6. Hagan.
    7. preparemos, subamos.   8. esté.   9. lo hagan/ hicieran
    10. se mencione.

四、1. Al despedirme de ella le dije que no me olvidara jamás.

2. Me comentó que no vino porque quisiera verme a mí.

3. Yo le propongo que se esté tranquilo, y que no se levante hasta que salga el sol.

4. ... me recomendaron que colaborara en varios proyectos de ayuda al Medio Ambiente.

5. Nos sugirió que entráramos en la puerta sin fijarnos en nadie, como si no hubiera guardias.

6. Le dicen a ella que utilice el dinero para escapar.

7. La niña dijo que quería que la llevaran a casa.

8. Él telefoneó a María y le pidió que regresara y que estaba ansioso por verla.

9. Ayer dijo a sus compañeros que no volvieran a trabajar más.

10. Comentó que si tuvieran dinero, compraría muchos libros.

五、1. dijeras. 2. cierren. 3. hablaras. 4. andes.
　　5. parezca. 6. estemos. 7. aportaran. 8. hacer.
　　9. poder. 10. pusieran.

六、从略

七、1. No era seguro que estuviera donde me contaste.
　　2. Prefería que él no viniera conmigo.
　　3. No era imposible que los holandeses comieran tantas patatas como los irlandeses.
　　4. Era imposible que se comiera toda aquella comida.
　　5. Se alegró de que te acordaras de él.
　　6. ¿Era posible que las cosas fueran como las había contado ella?
　　7. Era lógico que los alquileres subieran tanto como el coste de la vida.
　　8. Necesitaba que me dijera la verdad.
　　9. Le aconsejó que dejara a su padre para ir a donde quisiera.
　　10. Era deseable que las familias europeas tuvieran más hijos.

八、1. No creía que eso fuera verdad.
　　2. No pensaba que a ti ese problema no te afectara.
　　3. No me dijo que viniera hoy.
　　4. No pensaba que le esperáramos.
　　5. ¿Usted no se imaginaba que yo solo podía hacerlo?
　　6. El no creía que le enviara dinero su padre.
　　7. No suponía que él se quedara ahí.
　　8. ¿No dudabais de que fuéramos capaces de terminarlo en tan corto tiempo?
　　9. No decía que conociera China.

4.3.9－4.3.11

一、从略

二、1. le hubiera regalado.　　2. nos hubiéramos.
　　3. hubiera sido.　　4. hubieran reñido.

5. lo hubieran admitido. 6. hubiera decidido.
7. os hubierais ido. 8. os hubiera tocado.
9. hubieran vuelto. 10. hubiera terminado.
11. hubiera suspendido. 12. nos hubiéramos ocupado.
13. hubiera celebrado. 14. se hubiera marchado.
15. se hubieran quedado

二、1. vinierais. 2. arrancaran. 3. perdieras.
4. se buscara 5. hubieran estado. 6. fueran.
7. usaran. 8. traiga. 9. nieve.
10. se presentan.

4.4.1－4.4.3
一、从略

二、no salgas, no vuelvas, no digas,
no las eches, no tengas, no te lo pruebes,
no pidáis, no se lo digáis, no te las arregles,
no lo pague, no huyas, no se lo escriban,
no salgáis, no seáis, no nos lo enviéis,
no me lo confíes, no te la guardes, no se lo vendáis,
no os lo pongáis, no vengas, no cierren,
no pongas, no se la mandes, no te lo pongas,
no se la traiga, no vaya, no oigáis,
no huelas, no me lo compres, no lo cojas,
no traduzcáis, no lo hagan, no seas,
no te vayas

三、1. tome. 2. Reparte. 3. Auto evalúa.
4. Pon. 5. tires. 6. Escribe.
7. Hazlo. 8. minitas. 9. Trabajad.
10. Acostémonos. 11. Conduzca. 12. Di.
13. piséis. 14. Repite. 15. Levantémonos.

四、 1. ¡No se pare usted ahí!
2. ¡No abráis las ventanas!
3. ¡No me esperen en el restaurante!
4. ¡No te hagas un traje nuevo!
5. ¡No os lavéis las manos!
6. ¡No saque la lengua!
7. ¡No vayas despacio!
8. ¡No pongas la radio!
9. ¡No muevas las piernas!
10. ¡No se sienten aquí!

五、 1. ¡Señora García, hable alto, por favor!
2. ¡Dámele dinero al niño!
3. ¡Olvídese de esa fecha!
4. ¡Subid al árbol!
5. ¡Lo repitamos!
6. ¡Haced los deberes ahora!
7. ¡Mete la leche en el frigorífico!
8. ¡Señor, salga por ahí!
9. ¡Levantaos!
10. ¡Despertéis al niño!

六、 1. ¿Pueden pensar en lo que les he dicho y darme la contestación mañana?
2. ¿Puedes ponerte al teléfono, por favor, Paloma?
3. ¿Podéis no bañaros en agua fría, por favor?
4. ¿Puede usted andar más aprisa, por favor?
5. ¿Podéis entregar los billetes al interventor para que los pique?
6. Camarero, ¿puede darme una Coca-Cola, por favor?
7. Te ruego que no digas tonterías.
8. ¿Podéis venir pronto, por favor?
9. Tienes que limpiarte esa cara; ¡la tienes suicísima!
10. No debes tomar demasiado sol.

七、 1. ¡Venga, trabaja/ trabajad/ trabaje/ trabajen!
2. ¡No entren ustedes!
3. ¡Estudiad más!
4. ¡Hágame la cuenta, por favor!
5. ¡Ve a casa de la abuela!
6. ¡No se lo digas, por favor!
7. ¡Dejen eso!
8. ¡Corran más!
9. ¡Niño, lávate!
10. ¡Sal/ salid/ salga/ salgan a la calle!

八、 1. ...por favor, <u>dámelo</u>.   2. ...<u>nos lo explique</u>.
3. ...—Sí, <u>lléveselo</u>.   4. ...—Sí, <u>llévamelas</u>.
5. ...—No, <u>no se la digas</u>.   6. ...—Sí, <u>díselo</u>.
7. ...—No, <u>no se lo prestes</u>.   8. ...por favor, <u>dánoslos</u>.
9. ...—Sí, <u>cómpraselo</u>.   10. ...por favor, <u>pásamelos</u>.

九、从略

十、 1. Les dijimos: "¡Daos prisa!"
2. Dile al carnicero: "¡Guárdenos lo de siempre!".
3. Le dije: "¡Muévase!"
4. Os dijo: "¡Dormíos!"
5. Nos dijo: "¡Váyanse!"
6. Me dijo: "¡Sal!"
7. Diles a tus hermanos: "¡Apagad la luz!"
8. Te dije: "¡Sé amable!"
9. Dile a Nicolás: "¡Pídele perdón!"
10. Dile a tu hijo: "¡Sal y disfruta!"

4.5.1－4.5.3

一、从略

二、 1. lo aceptaríais.   2. sería.   3. gustaría.
4. repararían.   5. podrían.   6. se pondría.

7. gustaría.   8. llegarían.   9. lo resolvería.
10. dirías.   11. nos despertaría.   12. sabríamos.
13. jugarían.   14. encantaría.   15. lo harías.

二、1. lo diría.   2. conozco.   3. la encontraba.
4. es.   5. serás.   6. será.
7. te ayudaría.   8. prefiero.   9. va.
10. debo.   11. seríais.   12. los ve.
13. tendremos.   14. se maravillarán.   15. veríais.

四、1. Estaría embarazada.   2. Serían gemelos.
3. Llegarían en tren.   4. Se conocerían.
5. Tendría usted razón.   6. Se querrían.
7. Esperaría a alguien.   8. Tendría más de treinta años.
9. Lo sabría.   10. Sería japonesa.

1. （原句、新句）她大概怀孕了。
2. （原句、新句）他们可能是双胞胎。
3. （原句）他们肯定乘火车到达。（新句）他们可能乘火车到达。
4. （原句）他们肯定认识。（新句）他们可能认识。
5. （原句、新句）您也许有道理。
6. （原句、新句）也许他们互相钟爱。
7. （原句）他们肯定在等人。（新句）他们可能在等人。
8. （原句）他肯定有三十多岁。（新句）他大概有三十多岁。
9. （原句）他一定知道。（新句）他或许知道。
10. （原句、新句）她大概是日本人。

五、从略

4.5.4－4.5.5

一、从略

二、1. lo habría cogido.   2. habrías aprobado.
3. te habría dicho.   4. nos habría respondido.
5. le habría metido.   6. te lo habría dado.
7. habrías pasado.   8. se habría chocado.

9. habríais visto a Marta. 10. lo habríamos comprado.
11. lo habría visto. 12. le habríamos dejado.
13. me habría saludado. 14. habríamos salido.
15. se os habrían multado.

三、1. lo cogería/ habría cogido. 2. la invitaría.
3. Te habrían ayudado.
4. debo/ deberé/ dcbía/ debí/ debiera/ hubiera debido.
5. se os secarían. 6. Te habría comprado.
7. venga. 8. habría ganado.
9. pondría/ habría puesto. 10. habrían sabido.
11. se lo habría dicho. 12. vieran/ habrían visto.
13. llegaríais. 14. deben/ deberán.
15. habrían llegado.

四、1. Le habría costado cien pesetas.
2. Ayer habríamos corrido diez kilómetros.
3. Iría al teatro dos o tres veces al mes.
4. La habitación medirá cinco metros de largo.
5. Tendría cincuenta años.
6. Fumaría cuarenta pitillos al día.
7. Habría andado seis kilómetros.
8. Sería muy viejo.
9. Lo habríamos visto a las doce de la noche.
10. Habrían entrado cien personas en la sala.

五、从略
六、从略

4.6.1—4.6.5

一、从略
二、1. leyendo. 2. midiendo. 3. comiendo.
4. sabiendo. 5. besando. 6. Enseñando.
7. viendo. 8. eligiendo. 9. hirviendo.

10. viajando.

三、十个句子的意思均不会不改变。

四、1. fijar.   2. fabricar.   3. entregar.
4. el votar.   5. reconocer.   6. producir acero es bueno.
7. edificar.   8. salir.   9. ir.
10. ver.

五、1. el leer.   2. hablando.
3. va a llegar.   4. dando.
5. llegar.   6. habiendo leído.
7. por comer.   8. (aun) tratándose de.
9. al comer/ apenas comido.   10. oyendo.

六、1. correr.   2. prepararse.   3. dejarlo.
4. imprimido/ impreso.   5. decidido.   6. habido.
7. hecho.   8. casarte.   9. verme.
10. ha estudiado.   11. viviendo.   12. estudiando.
13. conozcas.   14. ir preparando.   15. había hecho

七、1. Cuando comía con su familia...
2. Lo hizo mientras protestaba...
3. Cuando pasó por el lado de las chicas...
4. Como/ mientras estaba el decano presente...
5. Aunque es tan simpática como es...
6. Si estás tú presente...
7. Ya que pensaba en el futuro...
8. ...a la vez que cometió muchas faltas de ortografía.
9. ...cuando bajaba del avión.
10. ...aunque te conocen bien...
11. Si sé/ cuando sepa que sois vosotros...
12. Si colaboramos/ colaboran todos...
13. Si le contamos/ Cuando le contemos la verdad...
14. Aunque es tan difícil hacerlo...
15. Cuando eran compañeros de trabajo...

4.7.1—4.7.2

一、 1. ...se encontraron.   2. se mejora
3. se criticó mucho.   4. se mejorará.
5. se halló.   6. se convocarán.
7. se salvó.   8. se publicó.
9. se declaró.   10. se arregló.

二、 1. Fue ascendido a jefe de negocio por la dirección.
2. El fraude fue denunciado por los empleados.
3. El novio fue besado por la novia.
4. A su regreso, no fue hecha ningún tipo de declaraciones.
5. La penicilina fue descubierta por Fleming.
6. El pacto fue firmado por los ministros de la Unión Europea.
7. Ayer por la mañana dos personas fueron atropelladas por un autobús.
8. El perdón fue solicitado para los vencidos.
9. Tres presuntos terroristas fueron detenidos por los sucesos del día.
10. Treinta personas fueron echadas por la empresa.
11. Un industrial fue secuestrado por los terroristas.
12. Este edificio fue construido hace más de mil años.
13. Fueron conducidos al castillo por el guía.
14. Todos los pros y las contras fueron analizados por los especialistas.
15. Todas las luces de la sala fueron arregladas por Víctor.

三、 1. Se vendieron los pisos a buen precio.
2. Se regaron las calles.
3. Se necesita un empleado en esta tienda.
4. Se tomarán todas las medidas posibles.
5. Se examinarán los documentos.
6. Ya se ha preparado su llegada.
7. No se habló del tema.

8. Se convenció de su error pronto por Belén.
9. Se inventó el aeroplano a principio del siglo XX.
10. Se detuvo el sospechoso esta mañana por la policía.
11. Se servirá la comida a las doce.
12. Se estudiarán todos los problemas.
13. Entonces se averiguó la verdad.
14. Estos trajes ya se han enviado a la tintorería.
15. Se busca al hijo menor.

四、 1. El acomodador colocó a los espectadores.
2. El público acogerá muy bien este coche.
3. El fuego destruyó la casa.
4. Unos vecinos han adoptado al niño.
5. El ingeniero presentó el proyecto.
6. Un médico reconocía a los candidatos.
7. Le pusieron una multa por aparcar mal.
8. Extendieron un puente sobre la autopista.
9. El Parlamento no había aprobado la ley.
10. Se juzgó al ladrón en la ciudad.

五、 1. se dice. 2. se arregló/ fue arreglada.
3. se adquirió. 4. se ve.
5. se venderán. 6. se escribió/ fue escrita
7. se exige. 8. se inauguró.
9. se comía. 10. se observa.

4.8.1 — 4.8.2

一、 1. ¿Estás hablando por teléfono?
2. Mamá, estoy estudiando, mañana tengo un examen.
3. Ellos están jugando en su habitación.
4. Mi abuelo está oyendo las noticias.
5. Mis padres están cenando fuera con unos amigos.
6. Nosotros estamos cenando.

7. Ayer a las ocho yo estaba regando las plantas de la terraza.
8. ¿Os estáis preparando para salir?
9. Yo estoy afeitándome.
10. Los niños estaban saliendo del colegio.

二、1. está jugando. 2. ven.
3. está saliendo. 4. comprendo, puede.
5. está cantando. 6. está bañándose.
7. estará escribiendo. 8. puede, está cenando.
9. está comunicando. 10. llevo.

三、1. estábamos volviendo/ volvíamos. 2. preparada.
3. tenía. 4. andar.
5. corrigiendo. 6. volverías a/ irías a.
7. era. 8. escritos.
9. trabajando. 10. sigue buscando.

四、A. 1. se puso a llover. 2. llegó a acabar.
3. va diciendo. 4. dejan de hacer.
5. tengo dicho. 6. vendrá a costar.
7. Tienes preparados. 8. venimos ganando.
9. he vuelto a ver. 10. acabo de verlo.

B. 1. se echaron a volar. 2. vas a ir.
3. va a salir. 4. fuera a marcharse.
5. va a caerse. 6. se puso a llover.
7. voy a comprarme. 8. se puso a llorar.
9. se echó a reír. 10. se echaron a correr.

C. 1. hay que hacer. 2. hay que vestirse.
3. se pone a reír. 4. se puso a llorar.
5. debe de/ debe. 6. hay que pensar.
7. tuve que. 8. vuelve a fumar.
9. vuelve a averiar. 10. vuelve a insultar.
11. debe fregar. 12. hay que llamar.
13. Debe de/ debe. 14. ha vuelto a preguntar.

15. vuelve a pasar.

D. 1. Empezó a tomar.   2. me puse a planchar.
    3. Estábamos paseando, empezó a diluviar.
    4. Lleva tocando.   5. empezará a ir.
    6. deja de ordenar/ acaba de ordenar.
    7. empieza a escribir.   8. Lleva.
    9. está.   10. acaba de irse.
    11. deja de tocar.   12. empieza a comer.
    13. estoy esperando.   14. Deja de venir.
    15. Llevan viviendo

五、1. a.   2. a.   3. de.   4. que.   5. de.
    6. a.   7. a.   8. que.   9. de.   10. a.
    11. 无.   12. de.   13. a.   14. de.   15. a.

六、1. tienes que.   2. tengo que.   3. tenían que.
    4. tienes que.   5. tenemos que.   6. tiene que.
    7. tienen que.   8. tenemos que.   9. tienes que.
    10. tienes que.

七、1. Hay que decidirse rápidamente.
    2. Entonces había que salir a toda prisa.
    3. Hay que sacar al perro a pasear.
    4. Hay que colocarlo bien.
    5. Esta mañana hay que ir al banco.
    6. Hay que invitarlos.
    7. Hay que comer.
    8. No hay que devolver la invitación.
    9. Hay que arreglar el frigorífico.
    10. ¿Qué hay que hacer?
1. （原）他得快下决心。（新）得快下决心。
2. （原）当时/于是他们不得不全速出动。（新）当时/于是必须全速出动。

3. （原）你们得把狗带出去蹓蹓。（新）应该把狗带出去蹓蹓。
4. （原）他必须把那东西放好。（新）那东西必须放好。
5. （原）今天上午我们得去银行。（新）今天上午必须去银行。
6. （原）我们必须请他们。（新）应该请他们。
7. （原）我得吃饭。（新）必须吃饭。
8. （原）你们不必退回请帖。（新）没有必要退回请帖。
9. （原）他得拾掇拾掇冰箱。（新）应该拾掇拾掇冰箱。
10. （原）你们需要做什么。（新）需要做什么。

八、
1. 我*去*告诉他这事，可是没找着人。
2. 他们*想*偷珠宝店，被警察发现了。
3. 我*准备*吃饭，可你们不让我吃。
4. 他们已*去*收谷子了。
5. 我*正要*睡觉，华金打来电话，我就*去*和他喝了几杯。
6. 她*正准备*过生日，可她妈死了。
7. 他上朋友家学习*去了*。
8. 我*正要去*旅行，这时候我家里人来拉
9. 你*滚开*。
10. 我并不知道维科多已经*去*学建筑了。

九、
1. Lleva cuarenta minutos hablando por teléfono.
2. Llevaba seis años escribiendo poesía.
3. Llevaban discutiendo dos horas.
4. Lleva hablando con ella dos meses.
5. Lleva tres días bebiendo sólo leche.
6. Llevaba cinco años estudiando español.
7. Lleva media hora esperándote.
8. El niño llevaba veinte minutos gritando.
9. Llevan tres horas operando al enfermo.
10. Lleva ocho horas trabajando allí.

十、
1. Llevamos. 2. has. 3. está. 4. se echó.
5. Hay. 6. Está. 7. está. 8. Lleva.
9. está. 10. estaba.

十一、1. Viene trabajando.
    十年以来他一直在这所大学工作。

2. Viene pensando.
   至少两年前至今他一直都在想买一件蓝色的衬衫。

3. Siguieron disparando.
   他们一宿都在不停地打枪。

4. estoy preparándola.
   我想通过这门考试，因为我天天都在准备。

5. estaba deseando, venía deseándola.
   他死的时候还在想着拥有一辆汽车，十五或者二十年以来他就一直期望着有车。

6. sigues viviendo.
   要是你一直按这种节奏活着，会老得很快。

7. Estamos encontrándonos.
   我们每时每刻都和这对蠢货相遇。

8. voy haciendo.
   我一点一点地收拾屋子。

9. Vas haciendo.
   你慢慢准备行李吧，公共汽车九点开。

10. está hablándose.
    说提前选举已经有些日子了。

11. lleva leyendo.
    我不知道，至少有五个小时他一直在看书。

12. iba a ganar.
    恰恰在我快赢的时候他们把桌子收了。

13. Seguían discutiendo.
    他们吵来吵去，要是我们不把他们分开，最后肯定会打起来。

14. Vienen pasando.
    自从巴布罗死了以后发生了很多事情。

15. viene fastidiándome.

这张瘸腿桌子，自从我买来就一直腻味着我。

十二、 1. Anden escribiendo. 2. Seguimos estudiando.
3. Ha vuelto a casarse. 4. vais mejorando.
5. vas a comer. 6. lleva haciéndose.
7. estaba haciendo. 8. voy a pagarte.
9. han ido construyéndose. 10. tenía vendida.
11. seguimos pensando. 12. estaba limpiando.
13. deje de fumar. 14. llevamos esperándole.
15. Sigo viendo.

4.9

一、 1. son. 2. es. 3. es/será. 4. sois. 5. fue.
6. son. 7. es. 8. somos. 9. es. 10. son.
11. somos. 12. es. 13. soy. 14. soy. 15. son, son.

二、 1. está. 2. estás. 3. están. 4. Estoy.
5. está. 6. está. 7. está. 8. Estamos.
9. estamos. 10. estás.

三、 1. El concierto—es—a las siete y media.
2. La corrida de toros—es—a las cuatro.
3. Mi lapicero—está—encima de una silla.
4. Salamanca—es—una maravilla.
5. La clase—será—a las ocho en punto.
6. La conferencia—es—a las cuatro.
7. El profesor—es—una persona muy seria.
8. El guardia—está—detrás de la iglesia.
9. La cena—será—las siete en mi casa.
10. El mitin—fue—a las cuatro.
11. La novela—es—una obra maestra.
12. Mi madre—es—periodista.
13. El divorcio—fue—aprobado.

14. la boda—será—el año que viene.

15. La noticia—es—leída por todo el mundo.

16. Andrés—es—profesor.

四、 Ser presentable.　　Estar asustado.　　Ser de color azul.
Estar en paz.　　Estar denudo.　　Ser inútil.
Estar ofendido.　　Estar preparado.　　Ser ordinario.
Ser deseable.　　Ser encantado.　　Ser enfermizo.
Ser culpable.　　Estar delante.　　Ser temido.
Ser increíble.　　Estar fatigado.　　Estar dormido.

五、 1. está. 　2. están. 　3. es. 　4. es. 　5. Es.
6. es. 　7. Estoy. 　8. Eres. 　9. es. 　10. está.
11. está. 　12. estuvo. 　13. fue. 　14. Es. 　15. Está, es.

六、 1. 我再给你说一遍，这辆汽车是安全的。
2. 我再给你说一遍，那辆汽车停得稳稳当当的。
3. 这小伙子，以我看，是个正派人。
4. 这小伙子，以我看，表现体面。
5. 梨是绿色的。
6. 梨还绿着那。
7. 华金在数学方面很弱。
8. 艾娃钱很多，很富裕。
9. 我喜欢这种食品，很好吃。
10. 那位歌手很乏味。

七、 1. está. 平时他注意力不集中，一只苍蝇也会使他分神。
2. es. 他很殷勤，去我家吃饭时总会带花给我母亲。
3. 这位先生真厚道，跟他交往很愉快。
4. estamos. 在课堂上我们总是聚精会神。
5. es, está. 马诺罗的未婚妻既勤快又懂事，可是失业了，没有工作。
6. está. 他没来，是因为生病了。
7. es. 吸烟不好。

8. estuvo. 昨天他没能去上课，因为不舒服。
9. son. 这家宾馆的服务很差。
10. es. 他这孩子不赖，而她的品德更好。
11. sea. 我并不认为年轻人晚上外出是坏事。
12. era. 他小时候很坏，从不听父母的话。
13. estarás. 你明天去看病，要是再拖，会更糟糕。
14. son. 这家超市里的产品很棒。
15. 这些核桃不能吃了，坏了。

八、1. es. 2. están. 3. son. 4. es, está. 5. fue.
6. estamos. 7. está. 8. es. 9. son. 10. soy.
11. es. 12. está. 13. está. 14. es. 15. está.

九、1. 人们把它埋在花园里。
Fue enterrado en el jardín/ 它被埋在花园里。
Está enterrado en el jardín/ 它在花园里埋着。
2. 警察逮捕了他。
Fue detenido por la policía/ 他被警察逮捕了。
Está detenido/ 他在受监禁。
4. 有人把他弄醒了。
Fue deportado/ 他被弄醒了。
Está despertado/ 他醒了。
5. 经理在函件上签了字。
La carta fue firmada por el administrador/ 函件被经理签过字了。
La carta está firmada/ 函件已经签过字了。
6. 保姆把洗衣机搞坏了。
La lavadora fue estropeada por la asistenta/ 洗衣机被保姆搞坏了。
La lavadora está estropeada/ 洗衣机坏了。
7. 工人们把马路修理好了。
La carretera fue arreglada por los obreros/ 马路被工人们修

理好了。

La carretera está arreglada/ 马路修理好了。

8. 市长禁止了夜间的噪音。

Los ruidos nocturnos fueron prohibidos por el alcalde/ 夜间的噪音被市长禁止了。

Los ruidos nocturnos están prohibidos/ 夜间禁止噪音。

9. 已经把那匹马逮住了。

El caballo fue prendido ya/ 那匹马已经被逮住了。

El caballo está prendido/ 那匹马逮住了。

10. 昨天他供认了偷窃。

El robo fue declarado ayer por él/ 偷窃昨天被他供认了。

El robo está declarado/ 偷窃已经供认了。

十、1. hay. 2. tengo. 3. estáis. 4. estás.
5. tienes. 6. está. 7. están. 8. está.
9. hay. 10. es, tiene. 11. es, son. 12. hay, estaba.
13. es. 14. soy, estoy. 15. hubo, fue.

5.1—5.19

一、1. a. 2. 无 3. 无 4. 无 5. a.
6. 无 7. 无 8. a, a. 9. 无. 10. 无, 无
11. 无 12. 无 13. A. 14. a. 15. a.

二、1. para. 2. para. 3. para. 4. para.
5. Para. 6. para. 7. Para. 8. Para.
9. Para. 10. para.

三、1. Por. 2. por. 3. por. 4. Por. 5. Por.
6. por. 7. por. 8. por. 9. por. 10. por.

四、1. En. 2. En, en/无 3. en. 4. en. 5. en.
6. en. 7. en. 8. en. 9. En. 10. en.

五、1. a. 2. a. 3. a. 4. En. 5. en.
6. en, a. 7. a. 8. en. 9. A. 10. a.
11. En. 12. A. 13. a, en. 14. en. 15. A.

六、1. en.　　2. de.　　3. de.　　4. en.　　5. en.
6. de.　　7. de.　　8. de.　　9. del.　　10. de.
11. de.　　12. de.　　13. en.　　14. de.　　15. de, en.

七、1. por.　　2. Para.　　3. Para.　　4. para.
5. por.　　6. Por.　　7. Para.　　8. por.
9. para.　　10. Por, para.　　11. Para.　　12. por.
13. por.　　14. por, para.　　15. por.

八、1. por.　　2. por.　　3. por.　　4. en.　　5. por.
6. por.　　7. por.　　8. por.　　9. en.　　10. en.
11. por.　　12. por.　　13. por.　　14. por.　　15. a.

九、1. por.　　2. 五, por.　　3. por.　　4. por.　　5. a.
6. 无, por.　　7. al, al.　　8. 无, por.　　9. al.　　10. por.
11. 无, por.　　12. por.　　13. por.　　14. por.　　15. al.

十、1. por.　　2. por/ durante.　　3. durante/ por.
4. por.　　5. Por.　　6. durante.
7. por/ durante.　　8. durante/ pór.　　9. por.
10. por.

十一、1. con.　　2. de.　　3. de.　　4. de.　　5. de.
6. de.　　7. de.　　8. de.　　9. de.　　10. del.
11. De, de.　　12. con.　　13. con, de.　　14. de.　　15. de, de.

十二、1. de.　　2. por.　　3. por.　　4. por, por.
5. por.　　6. por.　　7. por.　　8. por.
9. por.　　10. Por.　　11. por.　　12. de.
13. por.　　14. de.　　15. por.

十三、1. en.　　2. en.　　3. con.　　4. en.
5. durante.　　6. a.　　7. en.　　8. con.
9. a.　　10. por.　　11. de, con.　　12. Por/ A.
13. por.　　14. a, de, del.　　15. de.

十四、1. de.　　2. Desde.　　3. De, a.
4. de.　　5. de.　　6. desde.
7. desde/ hasta. 8. de, a/ desde, hasta.　　9. De, a/ Desde, hasta.

10. desde.   11. al.   12. de.
13. de.   14. desde.   15. desde.

十五、1. para.   2. a.   3. hacia.   4. para.
5. sin.   6. a, para.   7. a/ hasta.   8. a, hacia.
9. para, para.   10. a.   11. con/ sin.   12. a.
13. a.   14. a.   15. a.

十六、1. Ante/ Delante de. 2. ante/ delante de. 3. Antes de.
4. Ante.   5. antes de.   6. Delante de/ Ante.
7. ante.   8. Antes de.

十七、1. en.   2. en.   3. ante.   4. entre.   5. hacia.
6. a.   7. a.   8. a.   9. en / entre.   10. entre.
11. en.   12. al.   13. a, a.   14. por.   15. a.

十八、1. de.   2. a.   3. a.   4. a.
5. Contra.   6. de, en.   7. por.   8. sobre.
9. Desde, hasta.   10. al, contra.   11. en, de.   12. sobre.
13. hasta.   14. por, a.   15. a.   16. en.
17. sin, a, de.   18. ante.   19. a, para.   20. por.

十九、1. de.   2. con.   3. de, del.   4. en.   5. a.
6. a.   7. según.   8. para.   9. con.   10. a.
11. contra.   12. de.   13. para.   14. en.   15. de.
16. al.   17. a.   18. a.   19. a.   20. por.

二十、从略

二十一、从略

二十二、1. 一杯水/一只有水的杯子。
2. 一筐土豆/一个装有土豆的筐子。
3. 一个西红柿罐头/一个装有西红柿的铁盒。
4. 一袋子米(一个米袋子)/一个装着米的袋子。
5. 一座大理石的房子/一座有大理石的房子。
6. 木头桌子/有木头的桌子。
7. 他从学校步行来的/他从学校那儿一直走过来。

8. 我把装证件的夹子丢了/我把装着证件的夹子丢了。
9. 他两天内就会到这儿。
10. 玩具给他后两个小时就弄坏了。

6.1－6.3
一、从略

二、bien－mal,   mucho－poco,
    siempre－nunca,   más－menos,
    cariñosamente－fríamente,   fuera－dentro,
    en detalle－en concreto,   antes－después,
    todo－nada,   cerca－lejos,
    encima－abajo,   algo－muy,
    tristemente－alegremente,   arriba－abajo,
    despacio－deprisa,   claramente－confusamente,
    adelante－atrás,   tranquilamente－escandalosamente,
    demasiado－escasamente.

三、fácilmente－con facilidad,   eficazmente－con eficacia,
    sencillamente－con sencillez,   rápidamente－aprisa,
    personalmente－en persona,   comúnmente－por lo común,
    generalmente－por lo general,   dificilmente－a duras penas,
    repentinamente－de repente,   silenciosamente－en silencio,
    tranquilamente－en calma,   detalladamente－en detalle

四、nunca－jamás,   de verdad－sinceramente,
    después－luego,   aun－incluso,
    probablemente－a lo mejor,   sólo－solamente,
    aún－todavía,   sí－ya,
    desde luego－por supuesto,   de este modo－así,
    en absoluto－de ningún modo,   de repente－de pronto,
    fuera－excepto,   en realidad－de hecho,
    en lugar de－en vez de

五、从略

六、从略

七、1. solamente.　　2. por lo menos.　3. a lo máximo.
　　4. seriamente.　　5. luego.　　　　6. aún.
　　7. a cántaros.　　 8. sin duda.　　 9. en la lejanía.
　　10. inmediatamente.　11. más o menos.　12. todavía.
　　13. casi.　　　　14. un poco.　　15. después.

八、1. Quizá/ Tal vez/ Posiblemente.
　　2. Quizá/ Tal vez/ Posiblemente.
　　3. quizá/ tal vez/ posiblemente.
　　4. Quizá/ Tal vez/ Posiblemente.
　　5. Seguro.

九、1. también.　　　　　　　　　　2. no/ también.
　　3. Cómo no/ Por supuesto/ Desde luego.　4. no/ también.
　　5. no/ también.　　　　　　　　6. tampoco.
　　7. Sí/ No/ Nunca.　　　　　　　 8. también/ nunca.
　　9. nunca/ jamás.　　　　　　　　10. Sí/ Nunca.

十、1. Nunca va a pie.
　　2. Nunca piensa en su novio.
　　3. Mi padre tampoco duerme bien.
　　4. Nunca los veo en la discoteca.
　　5. Nosotros tampoco jugamos al tenis.
　　6. Ellas tampoco compran en este supermercado.
　　7. Nunca fuma puros.
　　8. Vosotros tampoco vais al cine.
　　9. Nunca leemos en la biblioteca.
　　10. Nosotros tampoco vivimos aquí.

十一、1. ¿De qué hablaban?
　　　2. ¿cómo estás?
　　　3. ¿Cuándo estarán de vuelta?
　　　4. ¿Cuándo vino?

5. ¿Con qué frecuencia ibais a visitarlos?
6. ¿Por qué andáis tan rápido?
7. ¿Cómo camináis por aquellos lugares desconocidos?
8. ¿Desde cuándo salían juntos?
9. ¿Con quién iráis?
10. ¿Hasta dónde los acompañaron?

十二、 1. muy.　　　2. mal.　　　3. encima.　　4. Apenas.
5. Nunca.　　6. bien.　　7. nada.　　8. bastante.
9. casi.　　　10. malas.　　11. buena.　　12. abajo.
13. demasiado.　14. malo.　　15. mucho y bien.

十三、 A. 1. Todavía.　　2. Primero.　　3. Todavía.
4. Siempre.　　5. Nunca.
B. 1. ya.　　　2. Jamás.　　　3. pronto/ antes.
4. Ya.　　　5. jamás.
C. 1. Cuánto.　　2. Cómo/ Dónde.　　3. Cuándo.
4. Cómo.　　5. Dónde.　　6. Por qué.
7. Cuándo.　　8. Cuándo.
9. Para qué/ Por qué/ Cómo.　　10. Cuánto.
D. 1. detrás.　　2. delante, atrás.　　3. lejos.
4. antes.　　5. alrededor/ encima/ delante/ detrás.
E. 1. bajo.　　2. Abajo.　　3. abajo.
4. bajo.　　5. abajo.　　6. debajo.
7. bajo.　　8. bajo.　　9. Bajo.
10. bajo.
F. 1. entonces.　　2. entonces.　　3. luego.
4. después.　　5. luego.
G. 1. incluso/ hasta.　　　　　2. también.
3. ni, además/ encima.　　　4. menos/ excepto.
5. ni siquiera/ ni

十四、 1. más.　　　2. Nunca.　　　3. no/ ni, ni.
4. tan.　　　5. tan.　　　　6. muy.

  7. como.   8. Ya/ Pronto.   9. tan.
  10. tan.   11. tantos.   12. como.
  13. tan.   14. más.   15. más.

十五、从略

7.1－7.6

一、从略

二、从略

三、1. ellos, 是，主语。Mí, 是，前置词补语。
  2. me, 间接宾语。la, 否。
  3. 是。
  4. 是，前置词补语。
  5. tú, 是，主语。té, 否。
  6. él, 是，主语。la, 否。
  7. 是，直接宾语。
  8. la, 否。Les, 是，间接宾语。
  9. me, 是，间接宾语。los, 否。
  10. el, 否。sí, 是，前置词补语。

四、1. Los.   2. los.   3. lo, lo.   4. las.
  5. lo.   6. las.   7. los.   8. los.
  9. lo.   10. lo.   11. lo.   12. lo/ te.
  13. se, se.   14. les.   15. se.   16. se, les.
  17. les.   18. lo.   19. se.   20. lo.

五、A. 1. Los, se.   2. nos, ti.   3. yo.
   4. le/ les.   5. nos/ me/ le, se.
  B. 1. usted.   2. Nosotros.   3. ustedes.
   4. tú, yo.   5. vosotros.
  C. 1. te.   2. les.   3. os.
   4. le.   5. se.
   6. me/ te/ te/ los/ las/ nos/ os/ le.   7. me.
   8. lo.   9. Le, Se/ me.   10. lo.

六、1. vosotros.   2. ti, te.   3. ti.   4. mí.
5. él, le.   6. ti.   7. ti.   8. lo.
9. ti.   10. Nos.   11. usted, mí.   12. ellos.
13. vosotras, os.   14. Te, él.   15. me.
七、1. La cantan.   2. No los aprecia nada.
3. Yo se las llevé.   4. Se lo explico.
5. ..., los tuyos también terminándolo.
6. Nos saludan todos los días.   7. Él te las dejó.
8. La ha comprado.   9. Las llevo.
10. Se lo prometí.   11. Me lo reparó.
12. Te la han puesto.   13. Su padre se lo exigió.
14. Él se la hace.   15. El ladrón te la robó.
16. Te lo ofrecemos.   17. ..., el nuestro no lo es.
18. La conozco.
19. ..., el nuestro es obedecerlos.
20. La tienen que dejar/ Tienen que dejarla a las doce.
八、1. Córrete. No te corras nada.
2. nos ha dicho. Juan, Carlos no nos ha dicho la verdad a nosotros.
3. Tome, llévela. No tome el agua ni la lleve a la mesa.
4. sáquelos. ..., no los saquen a la terraza.
5. Vámonos. No nos vayamos.
6. Pongámonos. No nos pongamos de acuerdo.
7. siéntense. Señores, no se sienten, por favor.
8. lléveselos. Estos libros, no se los lleven de aquí, por favor.
9. Discúlpate. No te disculpes.
10. Tráigamelo. No me lo traigas.
九、1. él.   2. les.   3. mí.   4. ustedes.
5. mí.   6. les.   7. ti.   8. le, se.
9. mí.   10. eso.   11. le.   12. le.
13. me.   14. os vistáis.   15. yo.   16. le.
17. se le.   18. probársela.   19. tú, le.   20. nos.

十、从略

十一、从略

十二、
1. queda/ nos queda.
2. se restauró.
3. le duele.
4. se exporta.
5. les importa.
6. me pagaron.
7. Se necesita.
8. se admiten.
9. le cuesta.
10. Se dan.
11. os toca.
12. le hace.
13. me han dicho.
14. le falta.
15. se ha venido.

十三、
1. él/ella/usted.
2. se les.
3. Se, Le.
4. le.
5. la suya.
6. se te.
7. nosotros/ nosotras.
8. se.
9. lo.
10. la suya.
11. se le.
12. les.
13. se lo.
14. se le.
15. se, lo.

十四、
1. él/ ella.
2. 否, 否。
3. 否, 否。
4. se.
5. 否。
6. 否, 否, la.
7. a él.
8. de usted.
9. 否, me.
10. tú, yo.
11. 否。
12. 否。
13. 否。
14. 否。
15. 否。

十五、
1. ..., no se puede.
2. ¿Sabes cuánto le ha costado...?
3. Este abrigo me gusta mucho, me lo llevo.
4. Pablo nos llevó...
5. A mi madre no le parece...
6. ...hoy no la he llamado por teléfono.
7. ..., os esperaré en la esquina.
8. Voy a contarte/ te voy a contar un secreto, pero no lo digas a nadie.
9. ...aún me duele la garganta.
10. A mí no me gustó la ciudad, la encontré sucia.
11. No he dado/ No les he dado pasteles a los niños...
12. ¿A qué os dedicáis?
13. A ellos les encanta salir de noche.

14. Ya lo sé, ya los conozco.
15. La policía lo está persiguiendo/ está persiguiéndolo por el robo.

十六、1. A ustedes los esperamos a la salida.
2. ...: lo sé todo.
3. Me habían ofrecido a mí un trabajo.
4. Belén se ha ido antes del trabajo, porque no se encontraba bien.
5. Entre tú y yo haremos una tarta.
6. Márchense por favor.
7. Me he roto los zapatos.
8. A ti sí te conozco, pero a él, no.
9. Manolo, ¿te acuerdas del días que nos conocimos?
10. Me querían presentar/ presentarla en la fiesta.
11. A mí eso no me gusta nada.
12. ¿Cómo pudiste irte sin mí?
13. Yo no hablo conmigo.
14. Diles que se acerquen.
15. ¿Sabes que Paloma y Vicente se separaron? —No me extraña, no se llevaban bien.

十七、1. 是。 2. 否。 3. 否。 4. 是。
5. 是。 6. 否。 7. 否。 8. 是。
9. 否。 10. me, 是；le, 否。

7.7

一、从略

二、1. Con el agua se salvó la expedición.
2. Con este peinado se mejora la personalidad.
3. Con la riqueza se mejorará el nivel de vida.
4. Con las fotos se comprobará tu inocencia.
5. Con estas situaciones no se arreglarán las cosas.

三、1. 否。
2. Se han ido de Sian...
3. se acabará.
4. Se han revisado...
5. 否。
6. 否。
7. Lávate la cara, ...
8. Quizá algún día se podrá vivir/ podrá vivirse en la luna.
9. 否。
10. Estos dos se quieren...
11. Los dirigentes deben preocuparse/ se deben preocupar de ...
12. ... pero se te nota el acento alemán.
13. 否。
14. ... se lee mucho que hace treinta años.
15. Se conoce que...

四、1. Se interrogará a los detenidos.
2. Se ha perdido el original de la novela.
3. A él se lo desprecia porque es un aprovechado.
4. Se planchó la ropa con un chisme extraño.
5. Se enfrió la sopa.
6. Se oye con los oídos y se habla con las cuerdas vocales.
7. Se había roto el transistor.
8. Los pulmones se dañan con el tabaco.
9. A todos se nos dijo que tuviéramos mucho cuidado.
10. Se vio que Inés no era lo que parecía.
11. Se reparan automóviles.
12. A él no se le tiene en cuenta, porque no se da a valer.
13. En verano los bañistas se protegen del sol bajo las sombrillas.
14. Se oye cantar una canción mexicana.
15. Se compró chatarra de todas las clases.
16. Se lee *El País* en toda España.

17. Se dice que aquí se cura la gripe con coñac y leche.
18. Se abrió la ventana.
19. A ti se te admira por ser popular y tener gancho.
20. Se busca al hijo menor.

五、1. El mes pasado el precio de la gasolina se subió dos veces.
2. Sólo se me prestó/ se me prestaron cinco yuanes.
3. Se prohibe cantar y bailar en las salas de clase.
4. Se reconoce que tenemos razón.
5. Entonces se averiguó la verdad.
6. Se solicitaron las ocho impresoras por correo certificado.
7. Se vendieron los pisos a buen precio.
8. Si no se viaja a México nunca conocerá la cultura maya.
9. Se dice que habrán lecciones pronto.
10. En todo el mundo se hablaba de América Latina.
11. En este bar se preparan diariamente mil bocadillos de jamón.
12. Esta casa se destruyó por el fuego.
13. Aquel día se detuvo al ladrón.
14. Se tiene que leer el periódico a diario para estar informado.
15. Se sabe que había unos veinte jóvenes en el jardín.

六、1. Se la han herido en la frente.
2. Beben demasiado en este pueblo.
3. Venden periódicos en la esquina.
4. Se han aprobado cino nuevas leyes.
5. Siempre se trabaja mejor si se gana un buen sueldo.
6. Vendieron todas las entradas para el concierto.
7. Se ha descubierto un medicamento contra el cáncer.
8. Se ha empezado el curso.
9. Se cuenta que Pablo ha estado en Bolivia.
10. No se deja ver a los enfermos.
11. Dicen que se nos va subir/ va a subírsenos el suelo.
12. Se me ha enviado un paquete.

13. Aquí respetan a los mayores.
14. Se inauguró la fábrica de automóviles.
15. Se supone que se habrá detenido a los culpables.

七、1. se ríe.   2. me voy.   3. cayó.   4. comemos.
5. salió.   6. vete.   7. va.   8. He perdido.
9. se conoció.   10. me creo.

八、1. muriera.   2. se.   3. se bebió.
4. se divirtieron.   5. me.   6. se quitó.
7. rio.   8. se ríen.   9. se ofrecieron.
10. se divirtiera, se sintiera.   11. se baña.   12. se caló.
13. se marchó.   14. se las arreglan.   15. se acomodó.

九、1. Se han edificado muchas casas en este barrio.
2. En la edad media se mataba a moros todos los días.
3. Con tanta lluvia, se ve crecer las hierbas.
4. Prohiben bañarse en en este lago.
5. Se necesitaba unos especialistas para recuperar lo perdido.
6. No se vive mal aquí/ No viven mal aquí, la verdad.
7. Desde aquí se ve cortar las hierbas.
8. Se buscó/ buscaron a los mejores profesores.
9. En este país siempre se ha temido a los dictadores.
10. No te preocupes; se examinará/ examinarán/ se examinarán tus argumentos.

7.8—7.13

一、1. 是，关系；是，数量。   2. 是，数量。
3. 是，指示。   4. 是，关系。
5. 是，指示。   6. 否；是，数量。
7. 是，指示。   8. 是，不定。
9. 都是，不定。   10. 均否。
11. 是，疑问。   12. 是，不定，疑问。
13. 是，数量；否。

14. 是，疑问；是，指示；是，不定。
15. 是，关系。　　　　16. 是，不定。
17. 否。　　　　　　　18. 否；否；是，数量。
19. 否；是。　　　　　20. 是，关系。

二、1. Qué.　　　2. quién.　　3. Qué.　　4. Quién.
　　5. quién.　　6. Qué.　　　7. quién.　　8. quién.
　　9. Quién.　　10. Quién.

三、1. Nada.　　2. Todo.　　3. nada.　　4. todo.
　　5. nada.　　6. nada.　　7. todo.　　8. nada.
　　9. nada.　　10. todo.

四、1. algo.　　2. algo.　　3. algo.　　4. algo.
　　5. nada.　　6. algo.　　7. nada.　　8. nada.
　　9. nada.　　10. nada.

五、1. Nadie.　　2. alguien.　3. nadie.　　4. alguien.
　　5. alguien.　6. Nadie.　　7. nadie.　　8. alguien.
　　9. nadie.　　10. nadie.

六、1. Algunos.　2. alguien.　3. alguien.　4. Alguno.
　　5. alguien.　6. alguien.　7. Alguien.　8. alguien.
　　9. Alguno.　10. Alguna.

七、1. Cuál.　　2. qué.　　　3. qué.　　　4. Qué.
　　5. cuál.　　6. Qué/ Cuál. 7. qué.　　　8. qué.
　　9. Qué.　　10. Cuál.　　11. qué.　　12. Cuál.
　　13. Qué.　　14. Qué.　　15. Qué.　　16. Cuál.
　　17. qué.　　18. Cuál.　　19. qué.　　20. Cuál.

八、1. cuyo.　　2. que.　　　3. que.　　　4. que.
　　5. cuya.　　6. cuya.　　　7. cuyas.　　8. que.
　　9. que.　　10. que.

九、1. cualquiera.　　2. todo.　　　　3. todo.
　　4. Cualquiera.　　5. Todos.　　　6. cualquiera.
　　7. todos, toda.　　8. todos.　　　9. Cualquiera.
　　10. Cualquier.　　11. cualquiera.　12. cualquiera.

13. todo. 14. todos. 15. Cualquiera.

十、1. algunas. 2. algunos, ninguno.
3. Alguno. 4. algunos, ningún.
5. ningún. 6. ninguno.
7. ninguna. 8. algunos, ninguno.
9. ningún, ninguno, alguno, algún. 10. ninguno.

十一、1. alguien. 2. algo.
3. muchas. 4. alguno, ninguno.
5. nadie. 6. muchos/ algunos.
7. algo. 8. ninguna.
9. alguien. 10. unos/ algunos, unos/ algunos.
11. alguna. 12. Alguien.
13. alguno/ muchos/ pocos. 14. nada, nada.
15. alguna, nadie. 16. algo, nada.
17. Cualquiera. 18. alguien/ algo.
19. Alguno/ Uno/ Ninguno/ Cualquiera.
20. uno/ cualquiera.

十二、1. que. 2. quien/ el que.
3. donde. 4. Lo que.
5. que. 6. A quien/ al que.
7. que/ a quien/ al que. 8. lo que.
9. las que. 10. las que.
11. donde. 12. lo que/ el que.
13. cuando. 14. de quienes/ de las que.
15. quien. 16. a los que/ a quienes.
17. donde. 18. cuanto/ lo que.
19. cuya. 20. que.

十三、1. quién. 2. Quién. 3. qué.
4. qué. 5. quién. 6. quién.
7. Cuál. 8. cuál. 9. qué/ quién.
10. Cuál. 11. cuál. 12. quién.

~ 437 ~

13. Qué. 14. qué. 15. Qué.
16. Cuál. 17. cuáles. 18. Qué/ Quiénes.
19. Cuánto. 20. quién.

十四、1. 否。 2. aquél. 3. aquél. 4. 否。
5. 否。 6. Ésta. 7. 否。 8. 否。
9. 否。 10. 否。 11. 否。 12. 否。
13. 否。 14. Éstas. 15. 否。

十五、1. ésa. 2. Esto.
3. Esta. 4. eso.
5. eso. 6. éstos.
7. aquéllos/ ésos. 8. ésta.
9. esto. 10. Aquello.
11. éstas/ aquéllas. 12. éste/ ése/ aquél.
13. esto. 14. aquélla.
15. éstas/ aquéllas. 16. ésas/ aquéllas.
17. éstas/ aquéllas. 18. eso.
19. éste. 20. Aquello.

十六、1. ¿No oye usted nada?
2. Quiero que me hagas algo/ todo.
3. ¿No busca usted a nadie?
4. Nada es verdad.
5. Por aquí no debe de haber nada oculto.
6. ¿Habéis visto a alguien?
7. No tengo que decirte nada.
8. No he visto nada.
9. Ahora nada está bien.
10. ¿Piensas en alguien?

十七、从略

8.1—8.2

一、cuando—en cuanto, si—a condición de que,

pero—mas,
por lo tanto—de ahí que,
por más que—a pesar de que,
para que—con objeto de que

porque—ya que,
no obstante—sin embargo,
de modo que—de manera que,

二、 1. para que. 2. como.
3. aunque/ a pesar de que. 4. porque.
5. a pesar de que. 6. por consiguiente.
7. en cuanto. 8. aunque/ a pesar de que.
9. con tal de que/ si. 10. aunque/ a pesar de que.

三、 1. en cuanto. 2. con tal de que.
3. porque. 4. para que.
5. de modo que. 6. ya que.
7. si. 8. si.
9. de manera que. 10. puesto que.

四、 1. ya que. 2. por qué.
3. mas. 4. que.
5. para que. 6. sin embargo.
7. siempre que. 8. ni.
9. porque. 10. no bien.
11. por miedo a que. 12. por que.
13. sino. 14. conque.
15. puesto que.

五、 A. 1. Ni, ni. 2. u.
3. o. 4. pero.
5. e. 6.
B. 1. Si no. 2. Si.
3. si no. 4. Pero.
5. pero. 6. sino.
C. 1. igual que si. 2. En cuanto.
3. para que. 4. que.
5. aunque.

D. 1. O, o. 2. Que, que.
3. antes que. 4. sin embargo.
5. pues.
E. 1. pues/ porque/ ya que/ puesto que.
2. Mientras.
3. como.
4. porque.
5. pues/ porque/ ya que/ puesto que.
6. mientras.
F. 1. que/ conque/ luego. 2. conque.
3. que/ pues. 4. Ni, ni.
5. conque/ pues
G. 1. Como. 2. según.
3. Como. 4. según.
5. donde. 6. cuanto.
7. Como. 8. cuando.
9. cuando. 10. cuando.
H. 1. Por mucho que. 2. aun cuando.
3. Por mucho. 4. así.
5. y eso que/ si bien. 6. Si bien.
7. Si bien. 8. por mucho que

六、1. que. 2. Si. 3. conque.
4. e. 5. Tanto...como. 6. Tan pronto como.
7. aunque. 8. Ni, ni. 9. a condición de que.
10. y. 11. y. 12. ni/ sino.
13. antes de que. 14. y. 15. que.
16. y/ por eso. 17. de modo que. 18. y, y.
19. pero. 20. aunque.

七、1. Que te vayas ya.
2. Que apague la música. Nos está molestando./ Apague la música, que nos está molestando.

3. Que paréis de gritar.
4. Que hablen más alto. No podemos oírles desde aquí./ Hablen más alto, que no podemos oírles desde aquí.
5. Que le digas lo que pasa.
6. Que tengáis paciencia.
7. Que no salgas de casa. Está lloviendo a mares./ No salgas de casa, que está lloviendo a mares.
8. Que me pases el agua.
9. Que me devuelvas el diccionario. Lo tienes ya más de tres meses.
10. Que te pongas el abrigo.

9.1－9.3

一、A. 1. Qué. 2. Qué. 3. Qué.
4. Qué. 5. Cuánto. 6. que.
7. Qué. 8. Quién. 9. Cuánto.
10. Que.

B. 1. Vaya. 2. Ay. 3. basta.
4. Vaya. 5. bravo. 6. Socorro.

C. 1. olé. 2. ay Dios mío. 3. Eh.
4. Hola. 5. Caramba. 6. Arre burro.

D. 1. Un momento. 2. No importa. 3. Lo siento.
4. Buena suerte. 5. Encantado. 6. Vale.
7. Buen viaje.

二、1. 否。 2. 否。 3. 否。 4. 可。
5. 否。 6. 否。 7. 否。 8. 否。
9. 否。 10. 可。 11. 否。 12. 可。
13. 否。 14. 可。 15. 否。

三、1. 否定。 2. 鼓励。 3. 蔑视。 4. 呼唤。
5. 赞叹。 6. 肯定。 7. 惊讶。 8. 惊讶。
9. 呼唤。 10. 顿悟。 11. 抱怨。 12. 心疼。

13. 后悔。 14. 恐惧。 15. 厌恶。

四、
1. ¡Qué pena! Los jóvenes toman drogas y alcohol.
2. ¡Qué pena! Ellos no se dirigen la palabra.
3. ¡Qué raro! No sabe nada de su hija.
4. ¡Qué raro! No oímos a los niños, ¿qué estarán haciendo?
5. ¡Qué raro! Ellos siempre salen los fines de semana y éste no salen.
6. ¡Qué lástima! No han visto mi colección de insectos. Quizá la próxima vez.
7. ¡Qué pena! Tu hijo no quiere ir a la Universidad.
8. ¡Qué raro! Ella no llega todavía, es muy puntual.
9. ¡Qué rápido! Las vacaciones se nos han terminado.
10. ¡Qué pena! No nos enteramos de ese crimen.
11. ¡Qué raro! No han empezado todavía el partido del fútbol.
12. ¡Qué raro! Lo despidieron del trabajo, es muy trabajador.
13. ¡Qué raro! Él siempre viene a buscarme al aeropuerto, pero hoy no ha venido.
14. ¡Qué raro! Ella ha venido en tren.
15. ¡Qué raro! Mi madre no contesta al teléfono, debería estar en casa a esta hora.

五、
1. ¡Qué bien se está aquí!
2. ¡Cuánta vergüenza le ha dado hablar en clase!
3. ¡Qué día más precioso hace!
4. ¡Qué cursi es esa chica!
5. ¡Huy, lo cansado que estoy!
6. ¡Cuánta gente hay en el cine!
7. ¡Qué chico más simpático!
8. ¡Cuántas ganas tengo de ir a esa fiesta!
9. ¡Qué alta está aquella música!
10. ¡Qué premio más bueno se ha llevado!

六、从略

附录 2

参 考 书 目

Álvero, Almendros, *Lengua española*, Imprenta nacional de Cuba, la Habana, (年代不详).

Amador, Emilio M. Martínez, *Diccionario gramatical*, Editorial Ramón Sopena, S., A., Barcelona, 1961.

Arribas, Jesús, Castro, Rosa María de, *Diploma básico— Preparación para el diploma básico de español lengua extranjera*, Edelsa grupo Didascalia, Madrid, 2001.

Baralo, Marta, Gibert, Berta, Ríos, Belén Moreno de los, *Certificado inicial —Preparación para el certificado inicial de español lengua extranjera*, Edelsa grupo Didascalia, S. A., Madrid, 2000.

Castro, Francisco, *Uso de la gramática española (elemental)*, Edelsa grupo Didascalia, S. A., Madrid, 2000.

Castro, Francisco, *Uso de la gramática española (intermedio)*, Edelsa grupo Didascalia, S. A., Madrid, 2000.

Castro, Francisco, *Uso de la gramática española (avanzado)*, Edelsa grupo Didascalia, S., A., Madrid, 2000.

Copeland, John G., Kite Ralph, Sandstedt, Lynn, *Conversación y repaso*, CBS College Publishing, Holt, Rinehart and Winston, 1985.

Fernández, J., Fente, R., Siles, J., *Curso intensivo de español — Ejercicios prácticos (niveles iniciación-elemental)*, Sociedad general española de librerías, S. A., Madrid, 1990.

Fernández, J., Fente, R., Siles, J., *Curso intensivo de español — Ejercicios prácticos (niveles elemental-intermedio)*, Sociedad general española de librerías, S. A., Madrid, 1990.

Fernández, J., Fente, R., Siles, J., *Curso intensivo de español —*

Ejercicios prácticos (niveles intermedio-superior), Sociedad general española de librería, S. A., Madrid, 1999.

Fernández-Pello, Yvette, *2 Manual de ejercicios gramaticales*, Ediciones Partenón, S. A., Madrid, 1980.

Fernández-Pello, Yvette, *Manual de ejercicios gramaticales*, Ediciones Partenón, S. A., Madrid, 1982.

Fitzgibbon, J. P., Roldan, J., *El español práctico*, Editorial Alhambra, S.A, Madrid, 1987.

Gálvez, Dolores, Gálvez, Natividad, Infante, Teresa, López, Isabel, Montiel, Amelia, *Diploma superior—Preparación para el diploma superior de español lengua extranjera*, Edelsa grupo Didascalia, S. A., Madrid, 2001.

Hermoso, A. González, Alfaro, M. Sánchez, *Español lengua extranjera - Curso práctico ejercicios (nivel 1)*, Edelsa grupo Didascalia, S. A., Madrid, 1999.

Hermoso, A. González, Alfaro, M. Sánchez, *Español lengua extranjera - Curso práctico ejercicios (nivel 2)*, Edelsa grupo Didascalia, S. A., Madrid, 1999.

Hermoso, A. González, Alfaro, M. Sánchez, *Español lengua extranjera - Curso práctico ejercicios (nivel 3)*, Edelsa grupo Didascalia, S. A., Madrid, 1999.

Hermoso, A. González, Cuenot, J. R., Alfaro, M. Sánchez, *Gramática de español lengua extranjera — Normas y recuerdos para la comunicación*, Edelsa grupo Didascalia, S. A., Madrid, 1998.

Llorach, Emilio Alarcos, *Gramática de la lengua española*, Espasa Calpe, S. A., Madrid, 1995.

Montero, Carlos G. Medrina, *Sin duda— Usos del español: Teoría y práctica comunicativa (nivel intermedio)*, Sociedad general española de librería, S. A., Madrid, 2001.

Nieto, Julio Borrego, Asencio, José J. Gómez, Mozos, Emilio Prieto de los, *Progresos — Curso intermedio de español*, Editorial Universidad de Salamanca, Salamanca, 1986.

Nieto, Julio Borrego, Asencio, José, J. Gómez, Mozos, Emilio Prieto de los, *Temas de gramática española (teoría y práctica)*, Editorial universidad de Salamanca, Salamanca, 1986.

Podadera, Luis Miranda, *Gramática española— Curso elemental con prácticas de análisis*, Librería y casa editorial Hernando, S. A., Madrid, 1986.

Real academia española (Comisión de gramática), *Esbozo de una nueva gramática de la lengua española*, Espasa-Calpe, S., A., Madrid, 1973.

Sánchez, Aquilino, Espinet, María Teresa, Pascual, Cantos, *Cumbre— Curso de español para extranjeros (libro del alumno, nivel elemental)*, Sociedad general española de librería, S. A., Madrid, 2000.

Sánchez, Aquilino, Espinet, María Teresa, Pascual, Cantos, *Cumbre— Curso de español para extranjeros (cuaderno de ejercicios, nivel elemental)*, Sociedad general española de librería, S. A., Madrid, 2000.

Sánchez, Aquilino, Espinet, María Teresa, Pascual, Cantos, *Cumbre— Curso de español para extranjeros (libro del alumno, nivel medio)*, Sociedad general española de librería, S. A., Madrid, 2000.

Sánchez, Aquilino, Espinet, María Teresa, Pascual, Cantos, *Cumbre— Curso de español para extranjeros (cuaderno de ejercicios, nivel medio)*, Sociedad general española de librería, S. A., Madrid, 1999.

Sánchez, Aquilino, Espinet, María Teresa, Pascual, Cantos, *Cumbre— Curso de español para extranjeros (libro del alumno, nivel superior)*, Sociedad general española de librería, S. A., Madrid, 1999.

Sánchez, Aquilino, Espinet, María Teresa, Pascual, Cantos, *Cumbre— Curso de español para extranjeros (cuaderno de ejercicios, nivel superior)*, Sociedad general española de librería, S. A., Madrid, 2001.

Sarmiento, Ramón, Sánchez, Aquilino, *Gramática básica del español— Norma y uso*, Sociedad general española de librería, S. A., Madrid, 1997.

Seco, Rafael, *Manual de Gramática española*, Editorial Aguilar, Madrid, 1980.